江西省社会科学规划课题"习近平法治思想图式内党规与国法协同话语体系构建研究"(21FX04)

国家铁路局课题"新时代新型监管内容方式法治化支撑服务"(KFJF2023-029)

刑法学视野下的利益输送犯罪研究

Research on the Crime of Interest Transfer from the Perspective of Criminal Law

杨晓培 ◎ 著

人民出版社

前　言

　　2018 年通过的《中华人民共和国监察法》(第 11 条第 2 款)与 2023 年新修订的《中国共产党纪律处分条例》(第 29 条)均明确规定"利益输送"是一种职务违法行为,而随着法益保护的提升,现行刑法不仅存在文本意义上的阙如,司法实践更是容易导致"同案异判"。腐败是不当运用公权力进行利益分配,其实质为公权力与公民权利交往关系中的一种利益失衡。"利益输送"则是腐败术语库中的一种"利他"而"没有装入口袋"的新型腐败基本样态,在公权力资源配置过程中,通过公共权威或超估、虚估公共资源价值采用价格双轨制形式进行不法输送,主要表现为高权行为范式与公共资源交易范式。利益输送是公权力配置资源过程中的职务违背,严重侵害了权力配置公共资源公平性的保护法益,即破坏了公权力与公民权利(体系)之间交往关系的平衡秩序或状态。从而导致了资源配置"结构性紧张"与社会心理失衡的"结构性怨恨",表征出渎职犯罪的"家族相似性"。"同等情况相同对待",刑法理应从"现实关注"提升到系统的"理论自觉",并作出一种妥当性回应。广义的利益输送是一种职务犯罪的模型集合——概括性范畴或"腐败之门"。而本书仅指狭义上的利益输送,即国家工作人员明知违背法律、法规而利用职务之便为他人谋取不正当利益致使公共财产、国家利益遭受重大损失,且并未收受或者难以查明是否收受他人财物的严重危害社会的行为。

有了行为"恶害",就会有刑法的意义。利益输送的刑法意义,不仅在于利益输送犯罪化的必要性、最后手段性、可行性以及价值澄清与价值认知,也在于刑法还是一种"修复权力与权利平衡"的结构性、功能性技术调控工具。本书通过对域内外"图利罪""背信罪"的梳理与适用分析,认为利益输送犯罪是图利罪、背信罪的特殊态样,考虑到我国刑事立法对贿赂行为的从严规制趋向,《刑法修正案(十二)》亦升格了对贿赂犯罪的法定刑,进一步加大了对行贿行为的惩治力度,故未来应当将利益输送犯罪采用修正案的立法方式归入"贪污贿赂罪"一章。在"严而不厉"的刑罚政策下,基于利益输送的危害与刑罚对等,应设置"一年以上五年以下有期徒刑,并处罚金""五年以上十年以下有期徒刑,并处罚金""十年以上有期徒刑或无期徒刑,并处罚金"不同档的法定刑幅度,且采取自由刑与财产刑、保安刑相互配合的刑罚体系。此外,辅之公务伦理法制化、权力监督体系与市场机制并行、执法机制相互衔接等治理政策,与刑法形成联动、协同,以"点的突破"带动"面的推进",力图提升犯罪阻力,增加犯罪风险,形成一种阻遏利益输送的秩序或状态,有效对权力配置公共资源的公平性法益进行保护,达致公权力与公民权利(体系)交往的利益平衡,最终将刑法的治理态度与构想塑造为一种"目的善""工具善"相互融合的"善治"。既益于法治反腐从"厉而不严"转向"严而不厉",也彰显了刑法哀矜勿喜的谦抑主义与"自我修正"机制,妥当地契合了社会治理的内在逻辑及实践诉求。

目　　录

绪　　论

一、选题背景

"时代是思想之母"。关于人民日益增长的美好生活需要和不平衡不充分的发展之间的社会主要矛盾的判断,反映了社会治理的客观现实和公权力与公民权利交往方式的显著变化。如果异质性社会问题长期相互叠加伴生,那么将导致公平性缺失之下严重的社会分化与利益对立,人们将会更加依赖权力的"官僚主义"①来协调和控制。是故,诸多裁量权滥用之现象便会时有发生,如利益输送。② 刑法则需要做出一种妥当性因应以保障人们对公平、正义的美好期待。

一方面,我们应为刑法适用提供价值标准,确立逻辑前提,勘定行为边界。具体表现为:其一,"公平"是社会的首要价值与最大保障。马克思曾说过,问题是时代的格言,是表现时代自己内心状态的最实际的呼声,任何一个时代都

---

① "官僚主义是一种客观的权力矩阵,各级官员都被纳入这种矩阵,他们的活动由这个矩阵安排,而且按照这个矩阵,他们被当作'需要命令和只需要命令'的人那样无名无姓地受到非政治化和管理。"([英]约翰·基恩:《公共生活与晚期资本主义》,刘利圭译,社会科学文献出版社1999年版,第67页)

② 利益输送较早之前指的是一种特定金融交易的口语化术语,"对企业具有一定控制力的人员将资产和利益从企业中转移出去,而构成对其他股东或外部人利益的侵占",即一种资本交易的不公平现象。现在通常指行贿或者公职人员将公共利益不当授受给他人。

有属于他自己的问题,准确把握并解决这些问题,就会把理论思想和社会大大地向前推进。① 当前,我国不平衡不充分的发展容易使社会矛盾交织叠加,社会"折叠"风险也会随之加大。公共资源的"蛋糕"恒定之下,剧烈的振荡与不平衡感容易让身处其中的民众不公平感、被剥夺感不断被激起——"焦虑感"也油然而生,尤其是民生领域、经济领域资源配置的不均衡。即使对中小企业亦应遵循竞争中性给予平等地位和保护。吴敬琏在分析中国贫富差距悬殊的原因时说,贫富差别扩大的首要原因是腐败和垄断。为此,在公共利益作为权力行为的环境主题与根本目的之下,公权力公平分配资源表现的是一种具体分配正义,其实质上则是权利义务关系公平分配的抽象正义即实质正义。其二,法治是时代主题——法治反腐是关键与保障。腐败是描述历史存在的重要刻度,是指为了谋求私利而不恰当地运用公共权威。② 在新时代背景下,反腐的思维、内容、方式也应"苟日新,日日新,又日新"。作为腐败森林的一种新型样态——利益输送,不是指一般主体向国家工作人员输送利益(行贿),而是指"公职人员利用职权或者职务影响,以违反或者规避法律法规的手段,将公共财产等利益不正当授受给有关组织、个人的行为"③。即区别于一般贪污、贿赂行为的"公用事业与公共资源贱卖化"形态。④ 广义的利益输送是权力腐败的"支点",需要用法治的杠杆来撬动。该行为不仅是权力"公共性"的冲突与权力责任虚假意识的过程,还是公权力与资本复杂而隐秘的对话,是利益链的完美诠释。

另一方面,刑法为新时代保驾护航,深化依法治国实践。自从社会秩序成

---

① 参见孙伟平:《大变革时代的哲学》,广西人民出版社2017年版,第12页。

② 参见[美]魏德安:《双重悖论:腐败如何影响中国经济的增长》,蒋宗强译,中信出版社2014年版,第4页。

③ 中共中央纪律检查委员会、中华人民共和国国家监察委员会法规室:《〈中华人民共和国监察法〉释义》,中国方正出版社2018年版,第93页。

④ 参见高鑫、周凌如:《"打干亲"成腐败新温床"一禁了之"难以治本》,《检察日报》2015年8月18日。

为必需品,治理需要就成为人类社会的中心。① 当前,法治反腐虽已经取得压倒性态势及胜利,但仍需要改变"厉而不严"而非"又严又厉"的状态,即意味着法治反腐即将进入"深水区",而刑法反腐机制应趋向更加有效融合打击犯罪与人权保障功能。矛盾与解决矛盾的方法需要同生共长。马克思指出:"理论在一个国家实现的程度,总是取决于理论满足这个国家的需要的程度。"②法治反腐是新时代下的必然要求与现实需求。社会治理体系亦需要深刻重塑、拓展与延伸反腐的理论之"理"与技术之"力"。是故,刑法在最大化保障人们生活利益之下,应理性、适度地延伸法治反腐的"新触角",推动全体人民稳步迈向共同富裕。

(一)利益输送是新时代下的一个刑法命题

在我国,"利益输送"作为一个比较新的概念,多为经济学场域中资本市场上的一种不公平现象。随着近年来腐败治理的深入,"利益输送"成为反腐术语且被赋予了新的含义,即公职人员故意将公共财产等利益不正当授受给有关组织、个人的行为。2015 年 6 月 5 日,中央全面深化改革领导小组第十三次会议审议通过的《关于在深化国有企业改革中坚持党的领导加强党的建设的若干意见》提出,要严厉查处利益输送、侵吞、挥霍国有资产、腐化堕落等违纪违法问题。十七届中央纪委七次全会在部署反腐办案工作时,首次明确提出要严肃查办"国有企业和金融机构中内幕交易、关联交易、利益输送的案件"。这些落马高官往往都不是一人腐败,其背后多存有一群或一串"共同利益"人,形成错综复杂或明或暗的腐败利益链。③ 党的十八大以来,"利益输送"在巡视国企、央企以及国家机关的反馈意见中反复出现。投资 2000 多亿

---

① 参见何荣功:《刑法与现代社会治理》,法律出版社 2020 年版,第 164 页。
② 《马克思恩格斯选集》第 1 卷,人民出版社 2012 年版,第 11 页。
③ 参见何家弘、徐月笛:《腐败利益链的成因与阻断——十八大后落马高官贪腐案的实证分析》,《政法论坛》2016 年第 3 期。

元的京沪高铁建设项目,被刘志军和丁书苗等人当作他们黑色利益帝国的提款机,①周永康利用裙带关系借助行业垄断获得巨大利益,形成了内幕操纵及利益输送。② "中国电科存在通过关联交易进行利益输送问题"③"中国邮政集团设备采购中利益输送突出"④"中国铝业利益输送严重,一些领导吃里扒外"⑤"中石化管理人员利用掌握资源搞利益输送",⑥2004 年至 2011 年,中国移动计划部以及所属 6 个省级分公司部分管理人员在大宗采购等业务中,涉嫌利用职权向亲友及特定关系企业输送利益,并从中收受贿赂。从中央巡视组第一轮专项巡视 26 家央企反馈情况公布,国有企业蚕食国有资产、利益输送问题严重……2014 年,审计署发布的《西电东送 21 个输变电项目审计结果》公告(以下简称公告)透露,西电东送 7 家公司私设巨额小金库近 14 亿元,9 个项目被查出利益输送超 8 亿元。⑦ 裁量权滥用造成利益输送腐败痼疾久治不愈。企业领导人员借合资合作之机内外勾结、输送利益。⑧

首先,利益输送犹如"灰犀牛"和"屋中之象"。主要表现在:其一,广义的利益输送是一扇"腐败之门",作为腐败的上游行为,不仅引发"多米诺骨牌"效应,起到"总闸"的功能,若"阀门"松动或失控,腐败的洪水岂能滔滔不绝?

---

① 参见刘世昕:《审计揭开丁书苗与刘志军间的黑色利益链》,《中国青年报》2015 年 7 月 20 日。

② 参见赵秉志:《略谈周永康案件的罪与罚》,《法学杂志》2016 年第 10 期。

③ 《巡视组:中国电科存在通过关联交易进行利益输送问题》,人民网,http://politics. people.com.cn/n/2015/0617/c1001-27172043.html。

④ 《中央巡视组:中国邮政集团设备采购中利益输送突出》,央广网,http://news.cnr.cn/n-ative/gd/20151022/t20151022_520241767.shtml。

⑤ 《中央巡视组:中国铝业一些领导人员内外勾结、吃里扒外》,央广网,http://news.cnr.cn/native/gd/20151018/t20151018_520185355.shtml。

⑥ 《巡视组:中石化管理人员利用掌握资源搞利益输送》,中国新闻网,https://www.chinanews.com.cn/gn/2015/02-06/7043365.shtml。

⑦ 参见郄建荣:《9 个项目被查出利益输送超 8 亿元:西电东送 7 家公司私设巨额小金库近 14 亿元》,《法制日报》2014 年 6 月 17 日。

⑧ 参见中央纪委国家监委网站,https://www.ccdi.gov.cn/special/zyxszt/2014dsl_zyxs/fkqk_2014dsl_zyxs/201502/t20150209_51128.html,2016 年 12 月 18 日访问。

同时,利益输送之下游的利益流向直接决定了成立贪污罪(A→A)、受贿罪(A⇄B)以及狭义利益输送(A→B;A→B→C;B→A→C)等不同的罪名。其二,利益输送作为裁量权滥用,将凸显"垄断性"公权力的利己性延伸,改变资源的公平配置,重新对利益格局进行非法性调整,致使公共资源的分配出现狭隘化、倾斜化和僵硬化等,加剧"权力公共性"——"生活在总体上的私人化"的困境。其还将导致公共资源配置失衡——破坏社会公平,致使资源配置"结构性紧张"、贫富差距继续扩大、特权集团生成、道德文化弱化,形成"塔西佗陷阱"与社会心理失衡的"结构性怨恨",严重动摇社会根本,影响社会可持续发展与政权的稳定,是一种社会不能承受之重。

其次,利益输送犹如"黑天鹅"和"隐藏在海平面下的冰山",主要表现在犯罪主体的假公济私、犯罪黑数大、"破窗效应"强以及潜藏着严重的社会危害性。正如有论者所指出:"长期以来,不少人存有这样一个误区:不把钱揣进个人腰包就不算腐败。由此助长了某些领导干部的肆意妄为,将职务消费演变成'不落腰包的腐败'。"①对于不敬畏规则的群体,出轨则是一种情结,失序与犯罪共生。这些漫长的人治时代形成的"权力"潜规则,已经成为少数人的集体无意识。它们有强大的免疫力,不为法治时代的规则所动。② 利益输送是一种"不落入腰包的腐败"(无法查明获利或者仅图利他人),不仅易于与"便民"混淆,其犯罪黑数亦构成了海平面下的巨大冰山,相较已明确规定的贪污受贿如同裸露在海平面之上的部分,刑法单纯地把露出海面的部分削平并不能保证社会"航行"安全,甚至会被误认为潜藏着严重威胁的安全。"破窗理论"(broken window theory)③也告诉我们,对利益输送规制的漠视,可以对人们产生强烈的暗示和诱导性。利益输送对权力"公共性"这一"公共资源"造成的破坏若任由其持续肆

---

① 《"不落腰包"也算腐败》,中国共产党新闻网,http://cpc.people.com.cn/pinglun/n/2013/0816/c78779-22588195.html。

② 参见娄耀雄:《法理》,法律出版社2014年版,第20页。

③ See Wilson J Q, Kelling G L.Broken Windows:"The Police and Neighborhood Safety".*Atlantic monthly*,1982.

虐,就有可能出现公众信赖破产的一天。在公平价值与正义分配双重机制作用下,刑法的漠视会让民众"从无感到痛感",民意郁积的"惩罚与改变"会在发酵中燃烧。正义不仅要得到实现,而且要以人们能看得见的方式得到实现。① 为此,"利益输送"当然具有很大的社会危害性,应当作为一种犯罪行为进行刑事处罚。② "国家有权禁止被视为危害社会的行为"是国家法律制度的一项重要指导原则,对危害社会的行为加以禁止是国家为保护公共健康、安全、福利和道德的基本管理权力,而制定刑法以防止危害公共利益的这种权力被称为国家的治安权。③

(二)利益输送在法规文本中的衔接

法治建设的初始力量,其实正是从人们对社会状况的不满和道德不安中表现出来的。2018 年 3 月 20 日,第十三届全国人大一次会议表决通过的《中华人民共和国监察法》(以下简称《监察法》)第 11 条第 2 款明确将"利益输送"作为职务违法和职务犯罪进行调查。而列入该条的权力滥用行为"都是党的十八大以来,通过执纪审查巡视中发现的比较突出的职务违法犯罪行为"。④ 2023 年 12 月 19 日,《中国共产党纪律处分条例》(以下简称《纪律处分条例》)第三次修订,将"利益输送"与贪污贿赂、滥用职权、玩忽职守、权力寻租、徇私舞弊、浪费国家资财等行为新增为"第 29 条"。并规定了"应当给予撤销党内职务、留党察看或者开除党籍处分"。且在第 124 条⑤具体规定了

---

① 森村.J.R."Lucas:On Justice,1980". *Journal of the Association of Political & Social Sciences*,1982,95。

② 参见张义健:《〈刑法修正案(十二)〉的理解与适用》,《法律适用》2024 年第 2 期。

③ 参见[美]D.斯坦利·艾兹恩、杜格·A.蒂默:《犯罪学》,谢正权等译,群众出版社 1988 年版,第 58 页。

④ 中共中央纪律检查委员会、中华人民共和国监察委员会法规室:《〈中华人民共和国监察法〉释义》,中国方正出版社 2018 年版,第 92 页。

⑤ 第 124 条规定:"在社会保障、社会救助、政策扶持、扶贫脱贫、救灾救济款物分配等事项中优亲厚友、明显有失公平的,给予警告或者严重警告处分;情节较重的,给予撤销党内职务或者留党察看处分;情节严重的,给予开除党籍处分。"

公共资源分配事项中"优亲厚友、明显有失公平的"利益输送若干情形，根据情节不同，给予不同程度的党纪处分。

为此，从不同文本规范可以看出，"利益输送"应为一种职务违法或犯罪。如 2018 年 6 月江西省能源集团公司原总经理、党委副书记李良仕进行利益输送和利益交换，依据《纪律处分条例》《监察法》以及参照《行政机关公务员处分条例》等相关规定，进行了纪律审查和监察调查。

从文中上述分析可知，区别于传统贪污受贿滥用职权"教科书式腐败"的利益输送具有多发性、普遍性以及最危险性，且长期"腐而不败"，应当坚决切断利益输送的"隐形桥梁"，将权力关进制度的笼子里，①而刑法文本却是"一片空白"，致使制度间"卯榫难以相扣"，犹如牙齿间咬合错位而无法形成咬合力。正如西方有一句谚语："属于上帝的，让上帝去管；属于恺撒的，应该让恺撒来管。"②制度文本之间既需要相互独立存在，又同在宪法精神下规范性叙事，表征为理想的"共栖"关系与象征空间。其衔接不仅是党和国家意志的融合，也是确保法规制度体系系统性、统一性、协调性，还是文本"工具意识"下文本功能互补与意义延伸——有效对利益输送行为"精准"规范。另外，利益输送与贪污贿赂、滥用职权不仅是在文本规范中并列为语言层面的形式一致性，还具有危害权力纯粹性、公平性等腐败行为的"家族相似性"等特征。鉴于"法律一旦被滥用或废除，共同体的毁灭也就不远了；但若法律支配着权力，权力成为法律驯服的奴仆，那么人类的拯救和上苍对社会的赐福也就到来了。"③新时代，应有相应的社会需求和社会性格，制度必须反映这种需求和性格。刑法对现代社会提供充分而不过分、完整而不多余的法治保障。为此，依据利益输送的社会危害的等值逻辑，应构建一种规制的"同位"关系。刑法无论面对激情燃烧的岁月还是

---

① 参见潘铎印：《切断利益输送的"隐形桥梁"》，《人民法院报》2016 年 7 月 6 日。

② 江平：《依然谨慎的乐观：法治中国的历史与未来》，浙江人民出版社 2016 年版，第118 页。

③ 柏拉图：《法篇》，715A—D，转引自沈夏珠：《灵魂与统治——柏拉图政治哲学研究》，合肥工业大学出版社 2017 年版，第 181 页。

冰冷沉重的现实,"关键时刻要有关键担当",不仅是一种态度,更是一种责任。

(三)利益输送在现实司法实务中的处遇

在刑法文本中仍然空缺的"利益输送",作为一种权力不法的恶害,可以表现为"国家工作人员利用公共资源的审批权、权限、建设项目管理权等职权,让特定关系人获得公共资源经营权或建设项目实施权或违背公平原则,为特定关系人谋取竞争优势,从而使特定关系人获取经济利益"。① 这种情形根据具体情况的不同可能成立滥用职权罪或不构成犯罪。基于此,笔者从北大法宝、中国裁判文书网搜索了含有关键词"利益输送"的刑事案件,排除重复案例后计有 49 个刑事案例。统计、梳理后发现,案例主要涉及的罪名有单位行贿罪、行贿罪、受贿罪、贪污罪、对非国家工作人员行贿罪等 11 个罪名,部分案件涉及多个罪名,其中,受贿罪出现频率最高,其案件数量的样本比例高达52.63%。如图表 0-1 所示:

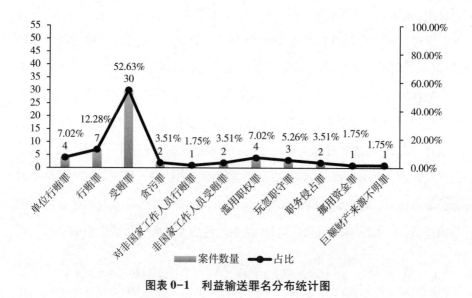

图表 0-1 利益输送罪名分布统计图

① 薛建颖、李勇:《"利益输送"型职务犯罪模式及其认定》,《人民检察》2014 年第 18 期。

　　然而,根据罪刑法定原则,将"利益输送"作为受贿罪论处明显存在不当涵射(受贿罪通常存在明显的对价关系)。实际上,当国家工作人员利用职权为特定关系人谋利未给国家财产造成重大损失的,不构成渎职犯罪;如果给国家财产造成重大损失则可能构成滥用职权罪,滥用职权主要是越权而违法处理公共事务,且往往致使公共利益遭受严重损失的行为。(利益输送通常为职权范围内"利用职务便利"),同时滥用职权罪主体是国家机关工作人员,该主体外的其他国家工作人员是否会被遗漏?若适用滥用职权罪处理,也容易导致罪刑严重不相适应,通常滥用职权罪的刑罚为3年以下有期徒刑或者拘役,若情节特别严重,可处3年以上7年以下有期徒刑。正如文中上述所言,利益输送是一种"普遍性""最危险"的权力腐败与权力背信行为,其法定刑理应高于滥用职权罪。如2019年1月29日上午,安徽省安庆市中级人民法院对于江西铜业集团公司原董事长的李贻煌所涉"利益输送"①而造成国有资产损失2087万余元的违法行为,一审认定为"国有企业人员滥用职权罪",判处有期徒刑4年。与贪污、贿赂罪相比,该罪的认定,明显存在罪刑不相适应。

　　同时,从49个样本案件来看,在部分案件中"利益输送"是作为定罪情节,而部分案件中"利益输送"是辩护情节,二者所占的比例相当,如图表0-2。但是,即便是将"利益输送"作为辩护情节,其使用的语境都是"不存在利益输送""不属于利益输送"等否定的语境,其言外之意是"利益输送"属于严重职务违法行为。因此,我们可以认为在这49个样本案件中,裁判文书中都是将"利益输送"作为犯罪行为的描述或者使用,只是所涉及的罪名有所不同而已。

　　综上所述,利益输送在刑法文本的空缺与意义阙如,致使背离司法公正的

---

　　①　在江西铜业集团公司收购江西省银珠山银矿探矿权期间,江西铜业集团公司原董事长李贻煌违反相关规定,为他人谋取利益,在明知银珠山银矿探矿权价值被高估的情况下决定收购该探矿权,造成国有资产损失人民币2087万余元。

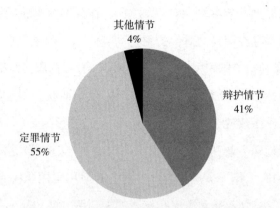

图表 0-2 利益输送在案件中的情节类型统计图

"同案不同判""同罪异罚"的现象越来越被人们所关注。当然,这种"同案同判"也并非一种纯机械的数学运算,绝对意义的"同案"也不存在,社会各界对司法公正的要求更多是一种"罚当其罪"的精准化。"同案异判"导致司法不确定,危害法制统一,损害法律权威,严重背离司法公正。"同案同判"既为自然正义使然,也为宪法法制所需。是故,利益输送"立法的犯罪化在我国目前几乎成为必然的趋势"。① 只有最大限度满足特定社会普遍信奉的公正观的刑法才可能受到公民的尊重、支持与遵守。

二、选题目的及意义

(一)选题目的

"看得见的污染,是流入汀江的铜酸;而看不见的污染,是权力寻租与利益输送"。② 正如前文所描述的,随着权力与市场不断纠葛、异化,其公共性被遮蔽,公职人员、国有企业的利益输送行为与现象大量出现、快速扩散与蔓延,只要手里有权力、有资源,都可以通过花样百出的关联交易方式,实现

---

① 毛玲玲:《犯罪化与非犯罪化的价值与边界》,《华东政法大学学报》2011 年第 4 期。
② 莫丰齐:《有一种污染源自利益输送》,《京华时报》2010 年 7 月 27 日。

利益输送。①"绝对权力导致绝对腐败",②"利益输送"已赫然成为国家工作人员与国有企业腐败表现的高频词和新形式。"利益输送"不仅损害国家工作人员职务的廉洁性,破坏了市场经济秩序,也造成公共利益和社会秩序的严重损失,引起了社会公众的强烈不满和国家的高度重视。习近平强调:"市县领导机关、领导干部和基层单位同人民群众的联系更直接,其不良作风更直接损害群众利益、伤害群众感情。"③李克强指出,对国有资产和企业要从严监管,……杜绝暗箱操作,坚决堵住利益输送的"黑色管道"。④

为此,"贪似火,无制则燎原;欲如水,不遏必滔天。"当国家承受力、社会忍耐力以及道德的容忍度已经达到了极限,法律必须通过利益分配和利益保护来实现对社会的调整(控制)。"法律既为满足人类欲望的有用工具,又为提升人类文明的杠杆"。"利民之事,丝发必兴;厉民之事,毫末必去。"而就刑法的调整而言,则主要是通过对权利义务关系的分配、平衡来实现利益的保护。刑法需要合理地组织对犯罪的反应。⑤

综上所述,本书旨在新时代语境下,基于现实或事实维度,在价值理性与技术理性互构之下,围绕利益输送建构一种结构合理、机制顺畅的刑法实践态样与话语体系,即构建一种对利益输送阻遏的秩序或状态,强化权力配置公共资源的公平性法益保护,实现公务伦理复归、公权力与公民权利(体系)交往的利益平衡,满足人们本能的权利保障与秩序需求,且能够实现刑法自身的"检视"与"修复",有效表征为新时代法治反腐与社会治理的一个缩影和窗口。

①　《今年首轮巡视 26 家央企:利益输送链触目惊心》,载中国新闻网,https://www.chinanews.com.cn/m/cj/2015/02-12/7056574.shtml。

②　[英]阿克顿:《自由与权力》,侯建、范亚峰译,商务印书馆 2001 年版,第 342 页。

③　《习近平关于党的群众路线教育实践活动论述摘编》,党建读物出版社、中国方正出版社 2014 年版,第 13 页。

④　参见《李克强在国务院第三次廉政工作会议上发表重要讲话》,中国政府网,https://www.gov.cn/xinwen/2020-07/23/content_5529484.html。

⑤　参见姜涛:《现代刑法的立法转型与再法典化》,《中国刑事法杂志》2023 年第 2 期。

（二）选题意义

利益输送犯罪化的刑法意义研究，不仅是一个道德判断、伦理决策与价值选择的理论阐释与拓展的问题，还是一个借助刑法对利益输送行为治理的范式的实现，实现权力"公共性"，公平配置公共资源、最大化保障公共利益等为法治反腐提供制度支撑的重要现实问题。

1. 理论意义

（1）利益输送犯罪化是治理腐败犯罪的新思维、新标准的诠释，丰富了职务犯罪的形态与内容、体系与内涵。将"利益输送"引入刑法中，拓展了对权力不法规制的范围，延伸了刑法治理腐败的触角，弥补了现行刑法理论对利益输送规制、指导的不足，综合平衡了"受贿罪"和"滥用职权罪"畸轻畸重的量刑标准，与贪污罪、受贿罪共同构成遏制腐败犯罪的理论基础与框架支撑。

（2）利益输送犯罪化是利益输送在刑法话语体系内上升为普遍性的概念体系和经验范式，不仅衔接了现行法规制度所涉"利益输送"内容，也从广度和深度上构建了一种能够紧紧"咬住现实"的理论制度，使得对利益输送规制的基础理论体系化、系统化，从不均衡转向基本均衡、优质均衡。

（3）利益输送不法的进一步明确，不仅保障了刑法的行为规范、评价规范及裁判规范，具有对抗司法任意、擅断的根本性，也使得罪刑法定由抽象的基本原则转换为具体规范制度内容，为新时代法治反腐的制度化、规范化及法治化水平提供了刑法方案，使制度反腐上升为法治反腐。

（4）具体践行了"良法善治"和"公平"价值的法治理念与时代精神。研究进一步明晰国家权力与公民权利在资源配置中的刑法界限。有效维护了公平价值的优先、普遍、永恒及神圣。"通过一个行之有效的公法制度，它可以努力限定和约束政府官员的权力，以防止或救济这种权力对确获保障的私人权益领域的不恰当侵损、以预防任意的暴政统治。"[①]

---

① ［美］E.博登海默:《法理学:法律哲学与法律方法》，邓正来译，中国政法大学出版社2017年版，第251页。

2. 现实意义

利益输送作为一种公职人员利用职权将公共利益不当授受于他人或组织的行为，犹如挖掘隧道掏空粮仓的"硕鼠之害"①。利益输送的刑法意义是对法治反腐的具体诠释与理性实践。不仅有助于与《刑法》、党内法规的制度衔接，还有益于以刑事规制裁量权的滥用，巩固现有反腐成果，稳定社会预期，也有益于刑法的一种自我修复和完善，提升刑事治理能力。而制度设立的目的就是要对无赖行为加以制约，对人的自私天性进行约束，使人在私利面前不能为所欲为，以维护社会或公共利益。②

(1)诛一恶则众恶惧，③提升了权力不法与犯罪的成本，进一步强化了刑法风险防控机能。扬汤止沸，不如釜底抽薪。当问题已严重到要动手术的程度时，"缠纱布"的治疗方式已无济于事，利益输送入罪即是刑法"手术"的方式，从职务犯罪理论的漏缺中发现瓦解腐败链条的新制度，更易形成对腐败犯罪的追诉机制，实现刑法的报应主义与功利主义目的。

(2)按图索骥，利益输送的刑法适用标准规范、统一，避免了司法实践中"同案异判"，维护了司法公正。有效解决现行实践中《刑法》《监察法》文本衔接不畅与刑事司法适用混乱的问题，"木受绳则直，金就砺则利"④。

(3)亡羊补牢，及时并最大限度地恢(修)复被利益输送破坏的资源配置秩序、权力与权利交往平衡体系以及公众的价值信赖。"见兔而顾犬，未为晚也；亡羊而补牢，未为迟也"。⑤ 试图通过以刑法保障权力配置公共资源的公平性，以有效回应法治反腐关键在于平衡公权力与公民权利(体系)，实现权

---

① 《硕鼠》出自《诗经·国风》。"硕鼠硕鼠，无食我黍！三岁贯女，莫我肯顾。逝将去女，适彼乐土。"意思是：大老鼠啊大老鼠，别再吃我的黍。多年侍奉你，全然不把我顾。发誓要离开你，到那舒心地。

② 参见[英]休谟：《人性论》，关文运译，商务印书馆2016年版，第567页。

③ 参见陆景：《典语》。

④ 《荀子·劝学》。

⑤ 《战国策·楚策四》。

力效能与权利保障,最大化维护公共利益。

(4)未雨绸缪,利益输送入罪将法治反腐与职务犯罪预防"关口"前移。如此,可以让"危险"的预期时刻提醒着行为人,将规制点从利益流向、利益获取提前到利益输送行为的开始,可以进行有效的追踪、取证,提早发现、预防、规制,有效将贪腐行为的"逻辑性""完整性"重组还原与再现。"蠹众而木折,隙大而墙坏"①,防微杜渐之意义不言而喻。同时,利益输送入罪也可以与贪污贿赂犯罪结成由多个区别性"网格"构成的犹如蜘蛛网般的捕猎工具,严密、结实而不至于猎物"逃脱",预防胜于救济。

为此,"法律是治国之重器,良法是善治之前提"。利益输送入罪不仅有利于防止利益链式或利益网式的腐败,减少社会矛盾、维护社会稳定,也利于实现权力主体与客体的双重解放,防止政府公信力下滑而积极回应社会大众对廉洁政治与法治市场经济的需求,从而促进社会公众对党和政府规范用权的认同过程,符合国家治理体系的制度化、科学化、规范化、程序化目标要求。从长远看,也是推进和完善国家廉政体系建设,提升和优化国家反腐能力,对进一步推进国家治理体系和治理能力现代化具有深远意义。

三、国内外研究现状及存在的主要问题

利益输送(Tunneling)的概念,最早是由哈佛大学经济学教授 Simon Johnson、Rafael La Porta Florencio Lopez-De-Silanes 及 Andrei Shleifer 等人在 2000 年提出,原指对一种特定金融交易的口语化术语,是"对企业具有一定控制权力的人员将资产和利益从企业中转移出来",②通常被用于描述企业的控制者或内部人为了个人私利将企业的资产和利润转移出去,构成对少数股东或外

---

① 《商君书·修权》。

② See Johnson,Simon;La Porta,Rafael;Lopez-de-Silanes,Florencio;Shleifer,Andrei(2000). "Tunneling".*American Economic Review*.90(2):22-27.JSTOR 117,185.

部人利益的侵占的行为。① 该概念提出后,迅速引起理论界的关注。西方及域外在原意的基础上开展研究,取得一定成果。相比之下,国内对利益输送也开展了原意基础之上的初步研究,"利益输送"作为一个新的概念,多数学者基于经济、政治领域展开研究,而从法律的角度来界定"利益输送"及其理论分析则更是十分有限,无法对现行利益输送现象的普遍性、特殊性、严重社会危害性及其规制提供充足与必要的理论解读。

(一)域外研究的基本概况

一是利益输送在经济域内的基本内涵。首先,利益输送的概念及范畴。Simon Johnson、Rafael La Porta、Florencio Lopez-de-Silanes 及 Andrei Shleifer 将利益输送定义为控股股东为获取私利而转移公司的资产和利益的行为。② 也有学者认为,利益输送通常是作为本公司管理层或控股股东谋划的方案,是一种合法抑或非法的经济活动。非法利益输送包括蓄意盗取公司资产,使自己公司获益。它也指攫取公司股权,并将其转移至第三方的一种犯罪手段。③例如,公司可以高价购买与其配合的公司的产品,或将机器和原材料带走并售卖,也可以利用客户数据库等。银行等金融机构也可能因为滥用信贷而受到利益输送的牵连。持有任何银行股份的人从他的银行获得贷款,这笔贷款比他的抵押品价值高得多,但他最终没有偿还这笔贷款。这类信贷欺诈的另一种手段是为银行信贷提供估值过高的抵押品(最常见的是估价过高的房地产或宝石)。④ 公司内部人员通常采取以下几种形式的利益输送来盗取公司

---

① 参见王丹芳:《所有权、控制权和利益输送行为研究——来自中国自然人控制公司的证据》,厦门大学 2006 年博士学位论文,第 12 页。

② Johnson,Simon and La Porta, Rafael and Lopez de Silanes, Florencio and Shleifer, Andrei,"Tunnelling". *American Economic Review Papers & Proceedings*, May 2000.

③ Lin,S.-K. "Corporate Fraud and Internal Control: A Framework for Prevention". By Richard E. Cascarino,Wiley,2013; *Sustainability* 2013,5,pp.774-778.

④ Baloun, V., & Scheinost, M. Economy and crime in the society in transition. Petrus C. van Duyne Klaus von Lampe,pp.46-47.

财产:(1)现金流利益输送,指受害公司被迷惑甚至被迫以高价购买卖方产品,而卖方公司通常与受害公司董事会勾结。在某些情况下,受害公司所购买的物资对本公司毫无价值。此类交易可能涉嫌公然窃取及欺诈。① (2)资产利益传输,指滥用公司职权者以低于市价的价格将公司的资产卖给第三方,或与其签订售后回租协议,这些协议的内容有损受害公司的利益。② (3)股权利益输送,涉及股权稀释和股权冻结。通常以稀释性股票发行,内幕交易和操控收购方式让少数股东的股权被冻结。任何一种方式都可以使原股权持有者失去大部分股权。③ David Altshuler 认为利益输送是一种特定的腐败模式,即发生在资本的大规模清算和公司、银行或投资基金的持有中的利益输送(tunelování)行为和输送者(tunneler),并以此考量以利益输送为代表的(腐败)行为如何成为后社会主义的捷克的聚合和分解力量。在过去的几十年里,捷克社会充斥着大量关于腐败丑闻的报道,而最明显例子就是利益输送,一种独特的捷克形式的大规模腐败,植根于私有化和后社会主义经济改革。自 1996 年首次出现以来,利益输送就已成为捷克媒体和公共话语的主要内容。④ 如捷克社会转型期的"CS 基金公司一案"⑤"摩拉维亚

---

① Lin,S.-K."Corporate Fraud and Internal Control:A Framework for Prevention".By Richard E. Cascarino,Wiley,2013;*Sustainability* 2013,5,pp.774-778.

② Lin,S.-K."Corporate Fraud and Internal Control:A Framework for Prevention".By Richard E. Cascarino,Wiley,2013;*Sustainability* 2013,5,pp.774-778.

③ Lin,S.-K."Corporate Fraud and Internal Control:A Framework for Prevention".By Richard E. Cascarino,Wiley,2013;*Sustainability* 2013,5,pp.774-778.

④ Altshuler D S."Tunneling Towards Capitalism in the Czech Republic".*Ethnography*,2001,2(1),pp.115-138.

⑤ Baloun,V.,& Scheinost, M. *Economy and crime in the society in transition.* Petrus C. van Duyne Klaus von Lampe,pp.46-48."CS 基金公司一案",CS 基金公司是捷克转型历史上最成功的利益输送案例。自 1995 年以来,这家投资公司由颇具争议的金融集团 MotoInvest 领导,1997 年 2 月被出售给不知名的 Austel 企业。不过,在出售前,CS 基金公司账户内的股份早已兑换成现金。在接下来的几周里,CS 基金公司的所有权又发生了两次变化,接着在 1997 年 3 月,1240 亿捷克克朗从该公司转移到了几家外国公司的账户中。会计记录中的资产变为一些无价值的股份(例如,一些家禽养殖场的股份从未转入 CS 基金公司的账户)。在这一案例中,本应阻止这种欺诈的各种安全措施都已失效。作为 CS 基金公司的利益攸关方的银行尽管收到了这笔交易可疑的

银行一案"①。

学者 Vladimir Atanasov，Bernard Black，Conrad S.Ciccotello 则将上述定义扩张包含"将公司的资源移转至不具控制股东身份的公司经营"，②如公司经营者领取过高的薪资。

其次，利益输送的分类。Simon Johnson、Rafael La Porta 等人将利益输送分为两种类型：一种是"自我交易"型（self-dealing transactions），包含转移定价（transfer pricing）、领取过高的薪酬（excessive compensation）、夺取公司机会（taking of corporate opportunities）及资产买卖（assel sales）等；另一种类型是"金融交易"型（financial transactions），此种交易往往对少数股东造成歧视性差别待遇（discriminate against minorities），例如造成稀释少数股东股权效果的发行新股（dilutive equity offerings）及逐出少数股东等。③ 另外，学者 Vladimir Atanasov，Bernard Black，Conrad S.Ciccotello 等人为了更深入地分析利益输送行为，则依利益输送客体的不同将利益输送分为：现金流量型利益输送（cash flow tunneling），资产型利益输送（asset tunneling），股份型利益输送（equity tunneling）。这项分类法是将上述学者 Simon Johnson 等分类中的"自我交易"型再细分为现金流量型利益输送及资产型利益输送。④

警告但也未能阻止其向财政部的转移，而财政部又允许转移了逾 10 亿克朗。经过深入调查后，被骗股东的律师只归还了大约 1800 万克朗。据未经证实的情报称，整个骗局都是在国外策划的，涉及捷克共和国的诸多企业家。但没有足够的证据来证实这一说法，调查仍在进行中。

①　Id.p.51."摩拉维亚银行一案"，从某种意义上讲，这起案件是捷克经济犯罪的典型案例，它是银行所有者自己对银行操作的一次利益输送。因此，这可能说明这样一个事实：经济犯罪可以表现为"所有者对自己财产的侵犯，就如同其他形式的"经济犯罪"一般"。此外，这一案例也证实了 Van Duyne 的观点（1993，1996），即经济犯罪可能因其自身的性质而被定性为有组织的犯罪，但未必具有其他更为传统的如"黑社会"组织犯罪般的特征。

②　See Vladimir Atanasov and Bernard Black and Conrad S.Ciccotello，*Law and Tunneling*，37：1J.Corp.L.1，5（2011）.

③　See La Porta et al.，supra note 141，at 1-13；Vladimir Atanasov and Bernard Black and ConradS.Ciccotello，Unbundling and Measuring Tunneling，Univ.Tex.sch.of law，Law & Econ.Res.*Working Paper* No.117（2008）.

④　See Vladimir Atanasov et al，Id，at2-3.

二是利益输送的研究范式与治理方面。利益输送的治理主要集中在公司、企业当中进行,并未过多涉及公权力滥用腐败的利益输送治理。LLSV(2002)最早建立了一个利益输送行为的理论分析模型。模型揭示,控股股东利益输送的收益大小取决于控股股东所拥有的所有权多少,以及外部法律对投资者保护的程度。企业利益输送有赖于关系人交易控制、交易资讯的完全揭露,以及公司内部人的受任人义务之完整建构等机制共同监督,以此保护大众股东并健全投资市场。美国主要是通过四种类型的法规来规制的,公司治理规定(Corporate governance rules)、揭露规定(Disclosure rules)、税务规定(Tax ruler)、投资人保护规定(Creditor protection rules)。同时,完善法律法规可以阻止利益输送或关联交易,比如加强实质审查力度,执行财务公开政策,或强化执法机制。①尽管相关法律和某些措施一定程度上能约束利益输送,但其作用有限。尤其是资产利益输送和(或)股权利益输送交易复杂,非法律的一些措施很难发挥作用。需靠公司内外各种监察机构的尽职调查来评估利益输送,这些监察机构包括媒体、分析员、股东和独立董事。② 通常意义上看,采用普通法原则判例的国家很少出现利益输送现象,因为在这些国家,少数股东的权益得到充分保障,他们很容易举证说明自己遭到蓄意欺诈。正因为这些拥有成熟民法的国家充分保障了少数股东的权益,所以成为热门的投资中心。③

三是与本书所涉利益输送相关行为的规制。通过使用诸多俄罗斯公司的客观金融数据发现,利益输送的现金很有可能会直接交给政客来换取采购分

① Gilson 提出了三种消除效率低下的控股股东制度的方法:完善法律制度,增加对市场的控制,以及增加进入全球资本市场的机会。Ronald J. Gilson, *Controlling Shareholders and Corporate Governance: Complicating the Comparative Taxonomy*, 119 HARV. L. REv. 1641, 1653&1673−78(2006).

② Atanasov, Vladimir & S. Black, Bernard & Ciccotello, Conrad. (2011). Law and Tunneling. *Journal of Corporation* Law. 37, pp.39−40.

③ Lin, S.K. "Corporate Fraud and Internal Control: A Framework for Prevention". By Richard E. Cascarino, Wiley, 2013; 388 Pages. Sustainability 2013, 5, pp.774−778.

配合同,而成为采购资源分配中的腐败是一个主要的渠道,没有政府采购合同公司的利益输送并未显示有政治周期的循环。① 可见,利益输送是与公权力密切相关的腐败形式。韩国的"强要罪"、意大利刑法第 324 条、泰国刑法第 152 条等对于"具有主管、监督职事的公务员图利自己或他人"的规定均具有一定程度的参考价值。并且,在"图利罪"情形无法适用的情况下,往往会考虑公务员的"特殊背信",因为所有权力不法行为都是一种对权力"公共性"的悖反,人民信赖的违背。如德国刑法第 266 条第 1 项、日本刑法第 247 条、俄罗斯刑法典 165 条、新加坡刑法 405 条、韩国刑法典第 355、第 356 条等均规定了背信犯罪。"公务员可以是适合的背信罪行为人",背信罪构成要件必须也应用于公共行政领域。②

同时,在《日本六法全书》③、《苏俄新法典》④、《德国六法全书》⑤(当然,德国反腐的主要法律依据是《德意志联邦共和国刑法典》)、《法国六法全书》⑥、《黑山刑法典》第 34 章专门规定了违背公职人员职责的犯罪。⑦ 芬兰没有专门反腐败的法律或机构,腐败被视为刑事犯罪的一种。日本公务员非常重视自我修养和一种职业的荣誉。通过多种法律对廉洁行为、资产公开做出规定,在刑法中设置不同形式的职务犯罪,进行威慑,强调预防效用。2008年俄罗斯宣布建立"反腐败国家计划",《俄罗斯联邦反腐败法》《俄罗斯联邦

① *Corruption in Procurement and the Political Cycle in Tunneling*:*Evidence from Financial Transactions Data*(2016),p.36.

② 完整的讨论参见 Neye,Untreue,S.12 ff,25 ff;关于德国刑法典第 263 条用于公共财产保护的适用性见 Berger,Schutz,S.46 ff。

③ 参见李秀清、陈颐:《日本六法全书(清末民国法律史料丛刊·汉译六法)》,上海人民出版社 2013 年版,第 341 页。

④ 参见李秀清、陈颐:《苏俄新法典(清末民国法律史料丛刊·汉译六法)》,上海人民出版社 2013 年版,第 160 页。

⑤ 参见李秀清、陈颐:《德国六法全书(清末民国法律史料丛刊·汉译六法)》,上海人民出版社 2013 年版,第 160 页。

⑥ 参见李秀清、陈颐:《法国六法全书(清末民国法律史料丛刊·汉译六法)》,上海人民出版社 2013 年版,第 489 页。

⑦ 参见《黑山刑法典》,王立志译,中国人民公安大学出版社 2012 年版,第 180—184 页。

反贪污贿赂法》接连颁布实施,从"权力反腐"向"制度反腐"、"分散反腐"向"系统反腐",同时,相继成立反腐败委员会(2008 年)、"反腐败事务局"(2013 年),非政府国际性组织"国际透明"发布清廉指数显示,俄罗斯得分排名显著上升。① 同时,英美法系国家刑法中,严格责任通常适用于"公共利益犯罪","侵犯公共利益之犯罪的惩罚通常比较轻"②。但严格责任因为没有对主观方面限定,而往往违背了"责任与行为同时并存原则",之所以将这些行为规定为犯罪,是为了维护社会大众的利益,提高诉讼效率。③ 除此之外,许多国家充分运用刑法与宪法、民法、行政管理法、公务伦理法规等法律的协同进行权力腐败治理。从上可知,利益输送作为"图利他人"的权力公共性的违法行为,自然与"图利罪""背信罪"紧密相关。

(二)国内关于利益输送的研究现状

国内关于利益输送的研究还较为粗浅,受制于理论研究和经济、金融发展实践的限制,时至今日,我国对利益输送的研究基本停留在原意基础上的翻译和简单的运用,其文献基本集中在经济学或金融学领域,多数文章刊发在中国经营报、证券时报、证券日报、经济、金融、证券类报刊上,学术性与理论性价值不是很高。而法律涉及利益输送的更少,即使有涉及,也大多比较笼统和宽泛,④而利益输送与刑法相关内容则更为稀缺,以下列"关键词"为主题在CNKI 搜索,显示、统计结果如下:

---

① 参见苏东民:《俄罗斯职务犯罪研究》,黑龙江大学 2015 年博士学位论文,第1—2 页。
② [美]约书亚·德雷斯勒:《美国刑法纲要》,姜敏译,中国法制出版社 2016 年版,第21 页。
③ 参见孙锐:《从"预设之辨"到"差异实现":论定罪证明标准的认知过程》,《法学》2024 年第 4 期,第 154 页。
④ 参见关福金:《国家公职人员输送利益的认定与处理》,《检察日报》2014 年 10 月 15 日。

图表 0-3　利益输送文献统计表

篇名	文献	期刊	博硕论文	报纸
利益输送	782	248	330	194
利益输送犯罪	3	2	0	1
利益输送刑法化	0	0	0	0
利益输送腐败	2	2	0	0

来源:中国知网(CNKI)(2025 年 2 月 7 日)。

　　与利益输送犯罪直接相关的文章,搜索结果显示 2 篇,分别为薛建颖、李勇的论文《"利益输送"型职务犯罪模式及其认定》发表在《人民检察》(2014年第 18 期),鄂州市人民检察院反贪局于 2014 年 12 月刊发在《法制博览》(中旬刊)的《职务犯罪的新形式——"利益输送"》,其他的则散落在《检察日报》《人民法院报》《中国纪检监察报》等报纸之中,具有间接参考价值的受贿罪一类文献则较多。为此,如果像沃格林(Eric Voegelin)所说,"象征背后的真理不是知识性的(informative),而是启发性的(evocative)",①则是研究的一种意图和期待。本着利益输送原意与引申意相异及在不同学科应用的实际,为了更好地将源于经济学本意的利益输送进行刑法意义的界定和使用,文献研究梳理、分析如下:

　　一是主要介绍利益输送与公司、企业及资本市场的关系。我国资本市场中控股股东的利益输送行为更普遍、更广泛。② 360 百科和百度百科皆把利益输送描述为一种资本不公平交易的现象。多数学者认为,利益输送是一种上市公司大股东利用其控股地位或绝对股权而通过不法手段转移资本(产)从

---

　　①　Eric Voegelin:《福音和文化》("The Gospel and Culture"),见《沃格林文集》(*Published Essays 1966-1985, The Collected Works of Eric Voegelin*) 卷 12, Ellis Sandoz 编, Baton Rouge1990, p.344。

　　②　参见于静:《大股东利益输送行为研究综述与展望》,《商业时代》2012 年第 26 期。

而严重侵害中小股东利益、损害公私利益的行为。① 具体研究内容主要包括：第一，股权再融资与利益输送行为。张祥建、徐晋（2005）认为大股东凭借对上市公司的超强控制能力，掌握一切可能的利益制造机会和利益输送机制。王志强、张玮婷及林丽芳（2010）、赵玉芳（2012）、沈德胜（2016）等对定向增发与利益输送行为进行了研究，发现定向增发实施过程中，该行为反而成了大股东进行利益输送的工具。第二，对关联交易与利益输送行为进行研究方面：Cheung，P.Rraghavendra and Stouraitis（2004）、秦琴（2011）、曹细钟（2014）、夏康健（2016）、陈亚超（2016）等，发现控制性股东利用关联交易进行利益输送。在公司利益输送治理中，贺宝成（2014）运用 Apriori 算法等数据挖掘技术分析认为，利益输送路径防范的重点是"违规信息披露"，治理的关键在于监控时点前移。在我国当前资本市场环境下，市场的自发纠偏机制，政府、法律的强制纠偏机制，都无法有效约束大股东滥用控制权的行为。②

二是利益输送的法律界定与其他内涵的涉及。2012 年，第十七届中纪委第七次全体会议公报中首次提出严肃查办、处理国有企业与金融机构中的利益输送的问题，标志着利益输送治理新的开端。之后，利益输送一词便频繁出现在中央的巡视报告中。③ 在我国，"利益输送"尽管被经济学界经常"高高擎起"，但在法学界却很少涉及，也只是简单把"利益输送"看作"为他人谋利"的贿赂犯罪来加以研究。

从具体内容上看：第一，利益输送的界定。薛建颖、李勇（2014）、最高人民检察院渎职侵权检察厅副厅长关福金（2014）认为利益输送是国家工作人

---

① 参见贺建刚：《大股东控制、利益输送与投资者保护》，东北财经大学出版社 2009 年版，第 2 页；诸耀琼：《从"隧道行为"看公司财务危机——以浙江海纳为例》，《财会研究》2008 年第 21 期；周晨松：《浅谈我国上市公司利益输送的形式、原因及对策》，《财会学习》2010 年第 7 期。

② 参见贺建刚、魏明海、刘峰：《利益输送、媒体监督与公司治理：五粮液案例研究》，《管理世界》2008 年第 10 期。

③ 参见杨中艳：《廉政视域下的利益输送：内涵要素与发展演变》，《河南大学学报（社会科学版）》2016 年第 5 期。

员利用职务便利将公共财产(利益)转给他人的权力滥用行为,并致使公共利益遭受严重损失。但薛建颖、李勇强调"采取有别于传统方式的手段"进行利益输送,且"使自己或特定关系人受益"。① 关福金强调了"亵渎公众信任"。② 从限制权力滥用与保障公务行为正当性、廉洁性的现实需要出发,蒋荣志与苏丹(2012)的文章《"利益输送"入罪考量》③、李春波(2014)的文章《关于完善"利益输送"职务犯罪法律规制的思考》④均强调"国家工作人员为他人谋取不当利益而并未收受或者难以查明是否有收受他人财物的行为"。吉星(2016)在文章《利益输送入罪的法理学考量》⑤,彭顺清、袁媛(2014)则主张,在国家工作人员未收受或难以查明是否收受他人财物的基础上,还需所输送公共利益"达到较大数额"。张驰(2012)在《刑事案件中利益输送现象特点简述》⑥中认为,利益输送是请托方根据受托方授意而将相关财物交给受托方的特定关系人,强调"以市场运作的方式"将相关财物置于受托方控制之下。杨中艳从廉政意义上界定利益输送为一种以权力为杠杆和通道实现利益的交换和转移,其行为具有职务违法和经济违法双重属性。⑦ 另外,刘世昕通过在审计署查处的一些大案、要案中,在《利益输送、特定关系人成大案突破口》一文中,将利益输送解释为:"个别人员利用公权为亲友牟利或向特定关系人输送利益并从中获取私利的行为。"⑧此外,也有作者将利益输送界定为国家工作人员以获取非法利益为目的,将利用职务便利谋取的非法所得通过隐蔽方式

---

① 薛建颖、李勇:《"利益输送"型职务犯罪模式及其认定》,《人民检察》2014 年第 18 期。

② 关福金:《国家公职人员输送利益的认定与处理》,《检察日报》2014 年 10 月 15 日。

③ 参见蒋荣志、苏丹:《"利益输送"入罪考量》,《江苏法制报》2012 年 9 月 11 日。

④ 参见李春波:《关于完善"利益输送"职务犯罪法律规制的思考》,《人民检察(湖北版)》2014 年第 7 期。

⑤ 参见吉星:《利益输送入罪的法理学思考》,道客巴巴网,2016 年 7 月 4 日,https://www.doc88.com/p-2488952567971.html。

⑥ 参见张驰:《刑事案件中利益输送现象特点简述》,《江苏经济报》2012 年 10 月 25 日。

⑦ 参见杨中艳:《廉政视域下的利益输送:内涵要素与发展演变》,《河南大学学报(社会科学版)》2016 年第 5 期。

⑧ 刘世昕:《利益输送、特定关系人成大案突破口》,《中国青年报》2012 年 12 月 25 日。

漂白转化为"正当利益"的过程。① 毛昭晖、朱星宇（2022）②，庄德水（2021）③，赵军（2022）④认为"利益输送"是涉贿犯罪的一种形式，是学理上广义受贿罪的一种。李春波在《关于完善"利益输送"职务犯罪法律规制的思考》一文中认为，国家工作人员所实施的"利益输送"行为，应当属于渎职犯罪中滥用职权的一种，按照客观归罪的原则，其本质上损害了公权力的正当性、廉洁性，应属渎职犯罪，而非经济犯罪。⑤ 而最新的概念界定则是根据《〈中华人民共和国监察法〉释义》对"利益输送"的一种定义，"主要指公职人员利用职权或者职务影响，以违反或者规避法律法规的手段，将公共财产等利益不正当授受给有关组织、个人的行为"⑥。

第二，利益输送的特征、分类及现象简单性的描述。根据利益输出对象的差异，利益输送可分为"直接型"和"间接型"两种形态。"直接型"利益输送，即指国家工作人员利用职权将公共利益直接转移到自己或特定关系人名下。典型表现：一是以对外投资、业务往来等合法名义掩盖其挪用国有资金的不法目的。二是利用公权力的垄断性、强制性进行显失公平的交易行为而转移国有资产。三是利用虚构、隐瞒的经济行为套取并转移国有资产。"间接型"利益输送，即指国家工作人员利用职权将公共利益转移给他人，并从中获得个人利益。一是利用职权为他人承揽和介绍业务并从中牟利。二是为他人违规发放贷款或以其他方式提供资金并从中牟利。三是以不合理的高价向他人支付

① 参见静女棋书：《新型职务犯罪案件中有关利益输送的思考》，360doc 个人图书馆网站，http://www.360doc.cn/article/343613_473056787.html。
② 参见毛昭晖、朱星宇：《新型腐败的特征与类型——警惕传统型腐败向新型腐败的嬗变》，《理论与改革》2022 年第 4 期。
③ 参见庄德水：《新型腐败的发生特点和整治策略》，《中国党政干部论坛》2021 年第 3 期。
④ 参见赵军：《贿赂犯罪治理策略的定量研究》，《法学研究》2022 年第 6 期。
⑤ 参见李春波：《关于完善"利益输送"职务犯罪法律规制的思考》，《人民检察（湖北版）》2014 年第 7 期。
⑥ 中共中央纪律检查委员会、中华人民共和国监察委员会法规室：《〈中华人民共和国监察法〉释义》，中国方正出版社 2018 年版，第 93 页。

费用或分配收益并从中牟利。四是干预工程招投标、土地招拍挂、政府采购等并从中牟利。有学者将利益输送型职务犯罪的行为模型分为以下八种:公共财产输送给本人,输送给特定关系人,利用职权为特定关系人谋利,利用职权为请托人谋利,请托人输送利益给公职人员,公职人员利用职权为请托人谋利,请托人向国家工作人员的特定关系人输送利益,国家工作人员之间利用职权互相为对方本人或对方的特定关系人输送利益。① 特征方面,张驰(2012)②认为利益输送职务犯罪具有作案的隐蔽性和行为的"漂白"性,犯罪行为"市场化",贿赂过程"期权化",犯罪手段多样性。薛建颖、李勇认为,利益输送型职务犯罪的特点具有行为的权力依附性、行为的利益驱动性、行为方式的隐藏性、行为趋势的智能性、行为手段的多样性、行为过程的复杂性。③ 吉星认为,"利益输送"犯罪往往是以国家工作人员为核心,利用特定关系规避法律的一种"家庭腐败"。赵军认为,"公权力掌控者在贿赂犯罪中占据的结构性支配地位,以及行贿犯罪在社会危害性上通常表现出的'间接性、依赖性'特点。"④

　　第三,对利益输送的法定刑设置及刑罚等做了论断。蒋荣志、苏丹认为,"利益输送罪"的法定刑设置,应遵循罪刑法定原则,参照受贿罪的法定刑制定。可以有两种设定模式:一是参照受贿罪的法定刑相对同等情形下降低刑罚力度;二是参照受贿罪的数额设定范围,相对提高涉罪起点。⑤ 关福金则认为,实践中,对一些国家公职人员既输送利益,同时又收受达到法定标准的贿赂,则应以滥用职权罪和受贿罪数罪并罚。⑥ 同时,有学者主张法律的目的不是废除或限制自由,而是保护和扩大自由。⑦ 也有学者在刑事廉政视野下对

---

① 参见薛建颖、李勇:《"利益输送"型职务犯罪模式及其认定》,《人民检察》2014年第18期。

② 参见张驰:《刑事案件中利益输送现象特点简述》,《江苏经济报》2012年10月25日。

③ 参见薛建颖、李勇:《"利益输送"型职务犯罪模式及其认定》,《人民检察》2014年第18期。

④ 赵军:《贿赂犯罪治理策略的定量研究》,《法学研究》2022年第6期。

⑤ 参见蒋荣志、苏丹:《"利益输送"入罪考量》,《江苏法制报》2012年9月11日。

⑥ 参见关福金:《国家公职人员输送利益的认定与处理》,《检察日报》2014年10月15日。

⑦ 参见[英]洛克:《政府论(下篇)》,叶启芳、瞿菊农译,商务印书馆1964年版,第127页。

职务犯罪进行了研究。① 预防和惩治职务犯罪之关键在于治理功能前移,使职务犯罪发生前就得以遏制。② 利益输送行为是国家工作人员须遵守"公法上之契约"③,承担"公法上之责任"④,而履行"公法上之服务关系"⑤。"官吏当执行其职务之际,依一己之判断,务求适合于国家之利益而力避不利益于国家之事之义务也。"⑥在法家学派看来,中国古代"刑""法""律"的主要功能就在于"定分止争"与"兴功惧暴",⑦实质上就是一种统治工具。在"礼"观念、"刑"观念之下所掩盖的是"权力"意识。⑧

(三)既有研究成果存在的主要问题

学术研究是前人不断沉淀铺陈和实践探索的过程,知识体系的特性决定了任何创新须立足于已有研究主题域的传统智慧、文献积累与考察分析,……如果缺了这一步,研究者就容易陷入"雾里看花""盲人摸象"。本书通过现有文献梳理、分析,不仅为进一步研究提供必要的基础理论资源,也进一步说明了利益输送防治研究的意义价值。任何科学研究都是源起于"问题"开始。⑨

---

① 参见李永升:《廉政建设与刑事法治研究》,中国人民公安大学出版社 2011 年版,第233—328 页。

② 参见付艳茹、马强:《大数据背景下职务犯罪预防途径和方法》,《中国人民公安大学学报(社会科学版)》2015 年第 6 期。

③ 李祖荫:《法律辞典(清末民国法律史料丛刊·法律辞书)》,上海人民出版社 2013 年版,第 19 页。

④ 汪翰章:《法律大辞典(清末民国法律史料丛刊·法律辞书)》,上海人民出版社 2014 年版,第 77 页。

⑤ 汪翰章:《法律大辞典(清末民国法律史料丛刊·法律辞书)》,上海人民出版社 2014 年版,第 20 页。

⑥ 李秀清、陈颐:《朝阳法科讲义(清末民国法律史料丛刊·朝阳法科讲义)》,上海人民出版社 2013 年版,第 147 页。

⑦ 参见(清)戴望:《管子校正》,见国学整理社辑:《诸子集成》第五册,中华书局 1954 年版,第 288 页。

⑧ 参见李力等:《古代远东法(法律文明史·第 3 卷)》,商务印书馆 2015 年版,第 81 页。

⑨ 参见[英]卡尔·波普尔:《猜想与反驳——科学知识的增长》,傅季重等译,上海译文出版社 2005 年版,第 319 页。

研究发现,已经正式发表的文献基本都集中在金融学或经济学领域,关注点也仅局限于利益输送与公司、企业的资本性关联研究以及一些对国外利益输送原意分析基础上的广义使用,而利益输送与权力腐败或刑法相关联的文献寥寥无几,至多被视为职务犯罪的碎屑或者"边角料",偶有涉猎,也被作为"拾遗补阙"。理论单薄、苍白、虚弱的现状使巍峨的"利益输送防治的刑法意义"大厦难以立锥,自然无法支撑其行为的指导。在系统性上,也是众说纷纭,各吹各的号,缺乏整体性、体系化研究。在内容上,呈现"常识性""碎片化"的现实关注与理论诠释。而无法化解利益输送行为的"井喷式""塌方式"暴发及其严重的社会危害性。在方法上,以非批判性的直线反映式思维较为单一、固化。为防止"挂一漏万"之象,对既有研究成果之问题梳理如下:

首先,研究整体处于一种"管窥"状浅显描述。利益输送的理论研究目前尚处于起步阶段,仍徘徊于一种初步认识"一鳞半爪"的了解或以偏概全的"只见树木不见森林"零碎状态,司法实践当中更是莫衷一是、无法认定。即使有个别学者用刑法视角谈论利益输送职务犯罪问题,也是寥寥数语对其基本内涵与犯罪规制问题进行"蜻蜓点水""走马观花"式的自言自语。

其次,研究仍处于低水平重复的"流俗"。相关文献微乎其微,重复性、应景式研究占比较大。在制度负担与因袭观念双重作用下,多数现有研究遮蔽利益输送本性,异化刑法功能,法益保护的性质也多语焉不详或亦步亦趋,缺少创新性分析与系统性理论诠释,进入循环往复式的论证状态。

最后,研究欠缺深度的学理批判与理论建构。语境产生意义。刑法话语体系内,多数学者直接将利益输送界定为广义的贿赂犯罪或职务犯罪,然后进行流于形式,失于空洞的简单化的概念式描述,或者话语窄化、以偏概全式的"盲人摸象",或话语转换无序、笼统、宽泛"放之四海而皆准",难以真实还原利益输送在刑法话语体系中的原貌和行为本质。

是故,本书立足新时代社会主要矛盾与法治反腐的双重动力驱使下,从国内外研究现状中梳理利益输送的构成与规律,发现和捕捉该类型腐败现象的新情况、新特点及新趋势,力图通过"对话""协同"的视角揭示利益输送在刑法话语体系中的完整图式,为法治反腐与社会治理提供有益启示与规律性经验。此外,为使利益输送在权力不法的视野下进行有效研究,该处的"利益"限定为一种经济性利益。

四、研究的内容和方法

(一)研究内容

本书以新时代社会主要矛盾、法治反腐"厉而不严"的实际现状为切题的逻辑起点和问题言说的客观依据。《监察法》(第 11 条第 9 款)与新修订的《中国共产党纪律处分条例》(第 27 条)均明确规定"利益输送"是一种职务违法行为,而现行刑法文本却存在意义的阙如与司法实践的法律适用偏差。新的社会问题需求一种新的社会理论来解释和指导解决。为了更好治理利益输送,实现制度文本衔接,完善职务犯罪理论体系以及实现刑法的自我修复,本书提出在社会平衡、公共选择、法律保留等多种理论工具指导下,结合"5W1H"①分析逻辑,由表入里,渐次深入,在刑法话语体系内围绕利益输送进行技术(工具)理性与价值理性②的互构、融通,建构一种以刑法话语诠释的

---

① 1932 年,美国政治学家拉斯韦尔提出"5W 分析法",后经总结、发展,逐步形成了一套成熟的 5W1H 分析模式,也就是六何分析法,"何人 Who、何因 Why、何时 When、何事 What、何地 Where、何法 How"六个方面进行思考,从而系统、全面地了解某一事物或行为。

② 本书认为技术理性为强调手段的合适性、有效性、形式合理化的"条件"或"手段"。价值理性往往只为强调一种目的、意识及精神价值的合理性。价值理性和工具(技术)理性源于德国社会学家马克斯·韦伯(Max Weber)。(参见[德]韦伯:《社会学的基本概念》,顾忠华译,广西师范大学出版社 2005 年版,第 31—34 页;[德]马克斯·韦伯:《经济与社会:上卷》,林荣远译,商务印书馆 1997 年版,第 56 页;夏征农等主编:《大辞海·哲学卷》,上海辞书出版社 2003 年版,第 715 页;李彦、肖维青:《翻译技术的理性批判:工具理性与价值理性的冲突与融合》,《上海翻译》2018 年第 5 期)

"意义"①并与隐藏文中的暗线"利益平衡"形成映衬、互为关照。

在具体内容上主要涉及：一是识别基准：利益输送的基本图式。对利益输送的概念、分类、表征、态势作了事实性识别，"利益输送"是腐败术语库中的一种"利他"而"没有装入口袋"的新型腐败，实质是裁量权滥用的一种权力异化，严重破坏权力分配资源的公平性。随后，对利益输送进行了规范性判断，做出了建立在多种理论工具支撑基础之上的法律识别，既与传统"教科书式"腐败犯罪具有"家族相似性"特征，又存在结构——功能与法益保护的实质性差异，并区别于"为民服务"，结合后现代的"多元"与"差异"特质分析了利益输送犯罪场的形成。二是价值理性：利益输送犯罪化的刑法根据。利益输送的刑事治理并非纯粹是刑法完美主义的体现，主要从刑法的应刑罚性、必要性、正当性、有效性的价值澄清与认知进行刑法意义诠释。三是话语借鉴：利益输送犯罪的立法与理论反思。通过对域内外"图利罪"（图利国库）、"背信罪"的比较、梳理与适用分析，认为图利罪是一种特殊的背信罪，利益输送犯罪可以作为图利罪的一类态样。四是逻辑展开：利益输送犯罪的构成与排除。利益输送犯罪的归责基础、构成标准、犯罪实现以及排除进行了解读。五是技术理性：利益输送犯罪的刑罚与适用。该章则以刑罚为基础，基于正义的"半衡原则"（Massprinzip），采取功利为主兼采报应的并合主义，并注重刑罚轻缓、渐进、非监禁刑的繁荣以及传播仪式化的进化方向。六是协同机制：利益输送社会防卫政策的衔接与适用。在刑法之外，辅之以多模态监督、引入市场机制、公务伦理认同以及由公务伦理、行政法、刑法构建的"三级预防"空间规划

---

① 利益输送的刑法的意义，即指一种广义范畴下的认识、意图、价值、知识等精神内容。该认识源于以下：（1）该"意义"根据字典、文本规定"信息具有的特性、内涵和价值"。意义（meaning）：信息具有的特性、内涵和价值；美国心理学家铁钦纳提出的术语；人本主义心理学的研究对象。（参见夏征农、陈至立：《大辞海・心理学卷》，上海辞书出版社 2013 年版，第 330—331 页）（2）"语言文字等的内容、价值、作用、思想、情态、样子"。（参见汉语大字典编纂处：《3000 词现代汉语词典》，四川辞书出版社 2014 年版，第 704 页；王玮：《部首演绎通用规范汉字字典》，四川辞书出版社 2016 年版，第 407 页）

等,以期与刑法形成良性互动、合作、调适的共生关系,充分体现刑法哀矜勿喜的谦抑与新时代社会治理的系统性、规范性、有效性。如图表0-4所示。

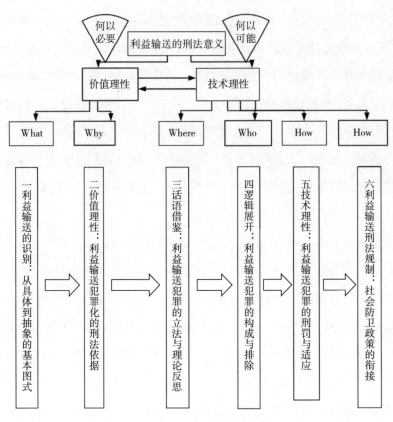

图表0-4　本书结构示意图

(二)研究方法

学术研究的头等任务就在于设计研究方法,[1]"不解决桥或船的问题,过河就是一句空话。不解决方法问题,任务也只是瞎说一顿。"[2]本书基于利

①　参见[俄]巴甫洛夫·伊凡·彼德洛维奇:《巴甫洛夫选集》,吴生林等译,科学出版社1955年版,第49页。

②　《毛泽东选集》第一卷,人民出版社1991年版,第139页。

益输送行为的结构、特质与刑法的性质,坚持马克思主义认识论、辩证主义视角,采取"想看到什么,就会选择什么样的透镜"的方式,对我国利益输送的罪与罚进行了系统而深入的研究。总体上采用发现问题、分析问题和解决问题的研究思路。"工欲善其事,必先利其器"。本书使用研究方法如下:

第一,语义分析法。亦称语言分析,是通过对语言要素、结构、语源、语境进行分析,以避免语义混乱的一种逻辑实证方法。一方面,语义会发生流变,但总会向边缘扩展,"一个词的通常意义是在逐渐发展的,在事实的不断出现中形成的"。① 另一方面,语词的意义具有多重性,语境转换往往是概念产生与衍化的多发诱因。以此解释利益输送的概念从原型经济场域中的通说到刑法话语转换的演进,以及与传统腐败犯罪概念的区隔。本书亦是在刑法话语体系内对利益输送展开的研究。

第二,文本与实证分析法。法国著名哲学家奥古斯特·孔德认为"观察优于想象"。② 为弥补思辨方法过于空泛的缺陷,增强研究的客观性,本书以刑法学和犯罪学理论为基础,多渠道搜集、整理既有的研究成果,又对域外国家(地区)的"背信罪""公务员图利罪""公务伦理制度化"以及我国刑法修正案(十二)以来受贿罪演变、所涉广义利益输送的 15 项罪名裁量刑罚等进行文本考察、统计、分析,践行"法律的生命不是逻辑而是经验",③意图寻找文本中的"共性"与规律,为利益输送犯罪与刑罚提供既贴近法理又具有操作性的参考。

第三,历史与比较分析法。霍姆斯曾言:"历史研究之一页当抵逻辑分析之一卷(A page of history is worth a volume of logic)。"④历史与逻辑相统一是

---

① 张明楷:《刑法分则的解释原理》,中国人民大学出版社 2004 年版,第 5 页。
② 陈兴良:《刑法哲学》(第五版),中国人民大学出版社 2015 年版,第 873 页。
③ Oliver Wendell Holmes, Jr. *The Common Law*, *with an introduction by Thomas A. Schweich*, Barnes&Noble, Inc, 2004, p.l.
④ New York Co.v.Eisner, 256 U.S.345,349(1921).

一种基本而又科学的研究方法。本书对新中国成立前后与利益输送相关的刑事立法分与罪名进行梳理分析,并对清末与北洋政府时期、南京国民政府时期献、共产党革命根据地时期的"图利罪(图利国库)""背信罪(诈欺取财罪)"的刑法立法文献进行比较分析,从历史、批判的视角探索、归纳利益输送治理的一般性经验。此外,利益输送的刑法意义作为一种腐败治理模式,具有一种辩证、进化的思维。"……这个方法的目的在于认识事物之变的方面,动的方面,察其变迁转化之迹,而了解其整体。而不在于静止的方面去分析严察其片面。"①以此说明应从运动、进化的视角认识利益输送及其刑法意义,"刑法随着社会的进化而进化",②刑罚自然也需要完成相应的进化与适应。

第四,跨学科分析法。腐败作为一种社会学范畴,已很难适用单一学科来管窥其全貌。利益输送是经济学、政治学乃至刑法等各个领域共享的概念,为了更好研究刑法中的利益输送,需依赖"科际整合"思维,借助学科之间的渗透与合作,综合做出免于人为藩篱而一叶障目的评判。经济学自然的、实证的性质往往使用成本效益解释和预测经济人、理性人的行为与刑罚的经济性。"经济学的角色就像是一个旁观者的第三者",③在社会学上,犯罪是被作为一种社会矛盾来认识的。④ 利益输送的刑法治理目的就是需解决因利益输送行为而产生的社会矛盾,该治理也显然具有政治学意义。同时,刑法学作为社会科学,其理论上的突破也往往依托于多学科、多视角、综合性的研究进路。

当然,问题的研究不能仅从技术、方法论上考量,更要凸显研究的目的和价值,保持研究的理论意义、实践价值应与公众利益根本一致。

---

① 贺麟:《道德进化问题》,《清华大学学报(自然科学版)》1934年第1期。
② 龙腾云:《刑罚进化研究》,法律出版社2014年版,第19页。
③ 熊秉元:《法学的经济思维》,台湾华艺学术出版社2013年版,第135页。
④ 参见冯军、孙学军:《通过刑事司法的社会治理》,人民出版社2016年版,第17页。

五、主要创新点和不足

（一）主要创新点

时代是思想之母，实践是理论之源。现实长期"厉而不严"的腐败刑事治理体系都是以利益流向为结果导向的贪污罪、贿赂罪为基本形态而建立的。习惯性的路径依赖让人们不经意间错过重要"发现"与"创新"。唯创新引领新时代。创新即在已有文献积累、分析的基础上，不断深化问题研究的过程。本书立足于新时代的社会主要矛盾，以不同社会结构与环境下权力腐败呈现不同的样态为研究背景，从《监察法》《纪律处分条例》明确规定"利益输送"为职务违法行为逻辑起点。针对普遍性、最危险性的"利益输送"，缺席的刑法需做出妥当性因应——前瞻性指导回应，还原利益输送的刑法意义及其完整性、真实性的法律地位，促使刑法反腐机制趋向"严而不厉"。或将在以下几个方面有所创新：

1. 选题新颖

从经济场域中通说的利益输送转向刑法的叙事立场就是一种创新的话语转换。语境创设意义。随着法治反腐逐渐深入，之前常见于中央巡视、纪检监察各种报告、通报中的"利益输送"首次被正式写入《监察法》与《纪律处分条例》等法律法规文本。"利益输送"作为腐败术语库中的一种"利他"而"没有装入口袋"的新型腐败行为，常见多发，表征出贪腐犯罪的"家族相似性"，犯罪黑（暗）数高，社会危害严重。"利益输送"一定程度是开启腐败研究新领域的一把钥匙。是故，利益输送是一个刑事法治视野下技术属性、价值属性新颖的研究话题。

2. 视角新颖

（1）从新时代和历史的视角看待利益输送。社会结构决定着行为人社会化进程的不同态样与行为选择方式。权力腐败在不同社会环境下运行，会呈现不同的样态——"普罗透斯的脸",而人们对腐败的认知能力是与社会发展水平相适应的。新时代下的社会主要矛盾不仅决定了公平价值的优先,也勘定了刑法的行为边界,决定了利益输送侵害的法益保护。同时,本书从历史视角,首次对新中国成立前后、域内外的近似利益输送行为之"图利罪"(图利国库)、背信罪(诈欺取财罪)进行了较为系统的梳理、比较,尽可能客观、系统地对利益输送进行了识别、分析,以在刑法话语体系内围绕利益输送进行技术(工具)理性与价值理性的互构、融通,建构一种以刑法话语诠释的制度空间。

(2)从"进化""共生"的视角看待利益输送的刑事治理。进化的动力来自矛盾的运动。刑法认识利益输送的过程,也是一个权力滥用的社会变迁演进过程,包含刑法的自我历史认知、制度间协同性"共生"认知。"行政不法——利益输送犯罪——规制犯罪——刑罚进化——协同治理"也是当前利益输送内容不断变化与刑法安定性、适应性之间开展的一种学理对话。

3. 内容新颖

(1)首次系统对利益输送的刑事立法与相关罪名进行了梳理、分析。本书通过新中国成立前后对利益输送相关的罪名、刑事立法的"历时性"梳理分析,不仅发现与利益输送近似犯罪的罪刑关系"钟摆效应"明显,亦发现图利罪是一种特殊的背信罪。从"即时性"看,利益输送是图利罪的特殊样态。利益输送治理需控制在一种与社会发展相适应、社会容忍度可接受的范围。并首次提出"公务伦理制度化""三级预防"规划,贯彻刑法"前瞻式优于回应式"的治理原则。

(2)首次明确了利益输送侵害的法益是公权力对资源配置的公平性。公平是当前社会价值合理性的主要形态,也是正义的首要价值,还是当前新时代下社会政治、经济发展的最大福利,利益输送侵害的是复合法益,但公共资源分配的公平性是最大法益。其实质是公权力与公民权利交往的失衡。并围绕利益输送法益保护的层升,以法律资源配置的成本、效益与公共利益保障最大化为基础,定性与定量、数额与情节相结合来识别利益输送的行政不法与犯罪认定。利益输送犯罪作为图利罪的一种态样,应以刑事立法方式归入第八章"贪污贿赂罪"。

(3)首次明确了对利益输送刑罚的进化方案与刑法治理腐败的"公权力与公民权利(体系)的利益平衡"的主张。利益输送犯罪后的刑罚与国家政治观念、刑事政策保持一致,自然应随着社会的发展而进化。本书基于一种正义的利益衡量原则,采取"功利为主兼采报应"的并合主义,并注重刑罚轻缓、渐进的方向。同时,本书认为,利益输送的刑事治理不应仅仅看作是权力滥用的腐败行为与刑法规范之间的供给关系,也不应仅仅视为刑法简单的"空间转换"关系,而更应被看作是人们如何认识自我与如何对待自己及对待这个现实世界的一种方式,是实现公权力与公民权利体系(公共利益)相统一的内在需求的反映与表现之一。权力与权利平衡既可以修复或恢复因腐败而致损的"平衡",也可以有效保障"权力配置公共资源的公平性",充分发挥刑法制度的正义分配。

(二)存在不足

1.研究存在学科与视野局限下问题"全面"诠释之不足

研究存在一定的学科局限与问题局限。单一学科不足以客观、全面窥看与刻画利益输送的刑法意义之全貌,虽已认识到学科间的交叉、融合会缩小与"真理"的距离,然而受本人知识积累与视野之限,难免会存在"以管窥天,以蠡测海",[1]理论解读的不足。具体来看,本书研究涉及刑法学、犯罪学、社会学、经济学等多种学科,笔者虽力图围绕利益输送在刑法话语体系进行"全方位"的解读,但仍难免存在因所涉问题"信息量过大"而顾此失彼、"盲人摸象"之局限。

---

① 黄俊杰:《"中国诠释学"的类型与研究方法》,《山东大学学报(哲学社会科学版)》2023年第6期。

2.研究存在样本与方法局限下问题"深度"延伸之困惑

研究存在样本选取与方法分析的局限。在研究过程中,利益输送作为新型腐败,司法实践的案例材料收集、使用有限。虽使用了诸多文本统计、分析,但在一定程度上仍缺乏实证分析研究的严密、有效性设计。腐败犯罪在性质上属于权力冲突(异化)程度最高的一种社会矛盾类型,所以刑法治理效果是社会治理效果体系中最为重要的考量指标,亦需要量化、质化相互结合研究。本书虽已力图构建完善的利益输送的刑法意义研究体系与逻辑框架,但篇幅有限,解码利益输送在不同文本制度间的关系、在刑法话语体系中的逻辑言说殊为不易。是故,利益输送刑事治理的相关延伸和后续,亦有待深入研究。

第一章　识别基准：利益输送的基本图式

法治思维有赖于公共权力的可问责性建构。长期以来，人们习惯了以贪污罪、贿赂罪为基本形态而建立的腐败刑事治理体系，忽视了将目光沿着权力不法的过程进行逆向或立体式检视。而利益输送（Tunneling）作为现行刑法无法规制的裁量权滥用行为，其可以从广义与狭义视角观之。广义的利益输送是一个"腐败之门"，起到"总闸"和"通道"的作用，它是所有利益输送行为的概括性范畴与腐败的"母体""背景"，又是衍生其他腐败的工具性"桥梁"。而狭义的利益输送，即国家工作人员明知违背或故意规避法律、法规而利用职务便利为他人谋取不正当利益致使公共利益遭受重大损失，且未收受或者难以查明是否收受他人财物的行为。其是腐败的一种基本形态或"具象"。并在扶贫、征地、工程、国有资产并购、公共资源交易等多领域通过公共权威或者采用超估或虚估的价格双轨制等形式进行。是故，欲解问题，先识问题。自然，利益输送的识别不能超越社会认知与发展水平，治理的根本动力在于寻求法益保护的社会接受与自我实现。利益输送是一种权力滥用，严重破坏资源分配的公平性，致使公共资源并未根据市场原则进行有效分配和调控，这也是公权力与公民权利博弈失衡的结果。权力继续对资源分配进行直接和间接的控制，利益输送之恶仍然在蔓延。"有权力的人们使用权力一直到遇有界限的地方才休止。"①其次才是识别的规范面向。根据利益输送的法益侵害程度而进行不同的价值识别与制度供给。如1789年《人权宣言》第5条第1句话，"Law can only prohibit such actions as are hurtful to society"（法律所能禁止的，只有对社会有害之行为）。"公共福祉是刑罚的最大目标"，国家只有为了保护人民能继续享有社会契约所创设的和平秩序，才被允许使用刑罚。②

第一节　利益输送的事实识别：裁量权的滥用

利益输送是一种自由裁量权的滥用，是一种严重破坏资源公平分配且违背公众信赖的腐败行为。这种公平通常意味着机会平等、权利平等、结果平等。自由裁量权，是国家机关及其工作人员在法律、法规的范围内有选择空间的处置权力。一旦恶意滥用，就会形成一种挑战社会秩序的腐败行为，而因为其主观意识的自由而成为腐败的最大风险。联合国反腐败公约第19条规定：各缔约国均应当考虑采取必要的立法和其他措施，将下述故意实施的行为规定为犯罪：滥用职权或者地位，……以为其本人或者其他人员或实体获得不正当好处。③"为个别利益侵犯共同利益的行为是腐败，"④即公职人员利用垄断性权力侵害公民权利而违反公共性的行为。不平衡、不充分为权力自由裁量之下的利益输送提供了便利机会，同时利益输送破坏了资源的公平，极大地扩大了不平衡、不充分。正如英国法学家韦德所说，"法治的实质是防止滥用自由裁量权的一整套规则"。⑤

---

① ［法］孟德斯鸠：《论法的精神》，张雁深译，商务印书馆2007年版，第100页。
② 参见陈兴良：《刑法教义学中的规范评价》，《法律科学（西北政法大学学报）》2023年第2期。
③ 参见陈正云等：《〈联合国反腐败公约〉全球反腐败的法律基石》，中国民主法制出版社2006年版，第222页。
④ 王沪宁：《腐败与反腐败》，上海人民出版社1989年版，第19页。
⑤ ［英］威廉·韦德：《行政法》，楚建译，中国大百科全书出版社1997年版，第26页。

一、利益输送概念的原型与演进

(一)利益输送的原义:经济场域中的通说

利益输送作为一种资本不公平的现象,是一种"先赋角色"[1]和惯性认同。利益输送或隧道挖掘(Tunneling)最早是由哈佛大学经济学教授约翰森·拉安特(Johnson)等在 2000 年提出的一个概念,它被用于描述企业的控制者或内部人为了个人私利将企业的资产和利润转移出去,构成对少数股东或外部人利益的侵占的行为。[2] 也包含"将公司的资源移转至不具控制股东身份的公司经营"[3]。这种经济学上的"利益输送"常常通过形式上的正当经济往来或者其他合法行为进行掩护,很难被察觉。另外,这种"利益输送"可能"期权化"即先办事不收钱或者先给钱不办事,[4]利益输送通常作为经济学领域中资本市场上的一种不公平现象,于法律而言,还是一个比较新的概念。当前,国内学者对其也进行了原意基础之上的诸多研究,然而,法律方面尤其是刑法话语却鲜有涉及。

(二)利益输送的话语转换:刑法的叙事立场

利益输送在刑法世界长期的沉默是一个公民权利世界的式微。因为,在律法的衣饰背后,我们发现的反而是没有律法的情况下人的兽性。[5] 说到底,法律是一种围绕价值性进行的阐释性概念和言语。言语作为打破沉默的姿

---

①　程继隆:《社会学大辞典》,中国人事出版社 1995 年版,第 402 页。

②　参见王丹芳:《所有权、控制权和利益输送行为研究——来自中国自然人控制公司的证据》,厦门大学 2006 年博士学位论文,第 12 页。

③　See Vladimir Atanasov and Bernard Black and ConradS.Ciccotello,*Law and Tunneling*,37:1J. Corp.L.1,5(2011).

④　参见张驰:《刑事案件中利益输送现象特点简述》,《江苏经济报》2012 年 10 月 25 日。

⑤　参见彭磊:《律法与政治哲学》,华夏出版社 2013 年版,第 37 页。

势,其来临,不是意指一个思想或意义,而是唤醒一个全部之世界。① 公职人员的利益输送也可理解为是一种无涉不法的权力"公共性"行为,利益输送(合法的)是一种非异动的资源分配,通常会依照特定程序,在已设置或固定好的时间、空间中输送。然而,人的认识具有目的性和能动性。随着新时期反腐主题的不断深入,法治反腐的语境启迪我们进入权力不法领域,利益输送被赋予了"角色期望"②,重新"符号化"并被赋予新的含义,从经济学或金融语境转换到刑法话语体系的研究范畴。这是"闭合性原则"使然,因为人们在认知系统与过程中,人们能够自觉地把不完整的图像补充完整,从而将其知觉为整体。③ 实际上,早在十七届中央纪委七次全会在部署反腐办案工作时,就已首次明确提出要严肃查办"国有企业和金融机构利益输送的案件",利益输送成为反腐域内的一个特定的廉政用语——一种"文明社会的野蛮行径",其实质是公共权力的非公共性使用,其外在表现为公职人员利用公共权力将公共利益转换成为私人利益的活动过程,是一种新型的腐败现象。④

除此之外,为探究利益输送行为以何种方式"存在"或"变形",利益输送概念的表达在层次递进的基础上,非此即彼的对立远远不够,应最大限度地从实际的认知出发,以"刑法话语"为分析单位,根据现实需求与利益输送的结构、表征,像一个画师把感受到的人物性格特征都画进肖像中去一样。基于上述,本书认同相关学者将"利益输送"意译为"Tunneling",与"掏空""隧道挖掘"是同样的意思。⑤

---

① Donald A Landes. *The Merleau-Ponty Dictionary. British Library Cataloguing-in-Publication Data*,2013,p.89.

② 程继隆:《社会学大辞典》,中国人事出版社 1995 年版,第 409 页。

③ 参见张克定:《空间关系构式的认知研究》,高等教育出版社 2016 年版,第 82—83 页。

④ 参见杨中艳:《廉政视域下的利益输送:内涵要素与发展演变》,《河南大学学报(社会科学版)》2016 年第 5 期。

⑤ 参见贺建刚:《大股东控制、利益输送与投资者保护》,东北财经大学出版社 2009 年版,第 1 页。

（三）利益输送概念的聚讼与界定

1. 利益输送的聚讼：利益输送是一种新型职务犯罪

概念，反映客观事物本质特征的思维形式，是"构成一个特殊类别的表象……，只能被思维，不能加以直观"。[1] 利益输送的概念之前虽被学界引入到职务违法和职务犯罪领域，但囿于对其行为的认知受特定语境、知识存储、信息采集的主客观之因，导致人们提炼、浓缩之后所做出的经验性推论"横看成岭侧成峰，远近高低各不同"，亦容易陷入"盲人摸象"、以偏概全或笼统、宽泛，难以还原利益输送行为的真实原貌和本质。有学者认为，"利益输送"是职务犯罪的一种特殊表现形式，表现为"为获得不正当利益，请托方在受托方授意下，通过市场运作将相关财物置于受托方或特定关系人的实际控制下的行为"[2]。这种观点将"利益输送"简单地理解为是行贿罪的表现形式，有简单化之嫌，失去了在刑事领域引入"利益输送"概念的意义。比较有代表性的观点认为"利益输送"就是为他人谋利，是涉贿犯罪的一种形式，是学理上广义受贿罪的一种，并指出"利益输送"是"指国家工作人员利用职务之便为他人谋取不正当利益而并未收受或者难以查明是否收受他人财物的行为"[3]。这种观点强调的是国家工作人员为他人谋利而未收受或者难以查明是否收受他人财物，把有证据证明收受他人财物的情况排除在外，以示与传统受贿犯罪的区别，具有可取之处，但是与"利益输送"在经济学上的本意相差较远。

相比较而言，以下两种观点值得参酌。一种认为，"利益输送"是指"国家公职人员利用其身份、权力和地位形成的便利和影响，亵渎公众信任，违反规定将公共利益转移他人而使他人获利，致使公共财产、国家和人民利益遭受重

---

① ［德］叔本华：《作为意志和表象的世界》，石冲白译，商务印书馆1995年版，第74页。
② 张驰：《刑事案件中利益输送现象特点简述》，《江苏经济报》2012年10月25日。
③ 蒋荣志、苏丹：《"利益输送"入罪考量》，《江苏法制报》2012年9月11日。

大损失的行为"。① 另一种认为,"利益输送"是指"国家工作人员利用职权采取有别于传统方式的手段,将公共财产转移至本人或特定关系人控制以及利用掌握的公共资源为特定关系人或他人谋利,使自己或特定关系人受益的严重危害社会的应受刑事制裁的行为"。② 一方面,这两种观点均强调对公共利益的转移或者损害,与"利益输送"在经济学上的本意更为接近;另一方面,这两种观点所界定的"利益输送"与传统的职务犯罪又有所区别,凸显在刑事领域引入"利益输送"概念的可行性。本人更认同第一种观点,是在于其强调为他人谋取利益,而并未指出自身有无获利情形,而后者强调为自己或特定关系人谋取利益,容易与贪污、私分国有资产罪等混淆。但该种观点在主观意识上仅强调了"故意违反"而忽略了"故意规避"相关法律法规。同时,"利益输送"是作为一种新型的职务犯罪,其本身就有应受刑罚惩罚性的特点,而在概念中强调"应受刑事制裁"具有循环定义之嫌;再者,"利益输送"之所以被作为一种新型的职务犯罪提出,原因在于其犯罪手段与传统手段的不同,而在概念中定义为"采取有别于传统方式的手段……"具有同义反复且不明晰之嫌。

2. 利益输送的界定:以《监察法》为基础的狭义说之采纳

定义是一般方法论的内容之一,而定义本身又可分为唯名论定义和唯实论定义。唯名论定义将定义理解为对事物名字的解释即确定一个词在什么意义上使用,只要给出意义相同的词就够了,例如所有权即完全物权就是一个唯名论定义。唯实论定义则解释事物本身,列举出那些说明事物特征的标记。例如,所有权是对于物有绝对无限制的使用、收益及处分的权利。③ 根据《〈中华人民共和国监察法〉释义》对"利益输送"的定义以及利益输送行为的主客体关系,笔者以为,利益输送本为一种中性的事实概念(没有任何价值色彩)演绎为资本不法的规范判断以及文化(情景)语境下腐败的一种新型符

---

① 关福金:《国家公职人员输送利益的认定与处理》,《检察日报》2014 年 10 月 15 日。

② 薛建颖、李勇:《"利益输送"型职务犯罪模式及其认定》,《人民检察》2014 年第 18 期。

③ 参见刘艳红、周佑勇:《行政刑法的一般理论》,北京大学出版社 2008 年版,第 89 页。

号——职务犯罪。其包含广义的贪污罪(国家工作人员输送利益于本人)、受贿罪(存在对价关系与不同"利益"性质的"输送")、狭义的利益输送、私分国有资产罪、为亲友非法牟利罪、低价出让国有土地使用权罪、徇私舞弊不征、少征税款罪、违法发放林木采伐许可证罪等。"尤其是事物越往抽象层次,就越容易找到某种类似性,以这种类似性为处罚依据,等于架空了罪刑法定原则。"①为此,对利益输送的概念进行准确的界定是增强现代化治理实效性的前提基础,对基本概念的模糊和误解常常导致治理实践中的偏差。结合我国港澳台地区利益输送的文本定义,"以高买低卖等非正当手段,将财物或有价证券等团体或公众利益,转让与自己利益相关的人或团体"。② 而本书仅指狭义上的利益输送,即国家工作人员明知违背法律、法规或故意规避法律、法规而利用职务之便为他人谋取不正当利益致使公共财产、国家利益遭受重大损失,且并未收受或者难以查明是否收受他人财物的严重危害社会的行为。即主观要件→明知违法或故意规避法律+行为直接故意;客观要件→违背职务行为+使他人获得利益之行为+因而获得利益。

二、利益输送的分类:基于"二分法"的表述

根据结构功能主义理论,利益输送既可以作为广义的法治反腐的"背景"——一种没有明显分界轮廓的概括性范畴,也可以作为具有明显标志、特征的狭义"图形"——一种与贪污贿赂罪并列的罪名,既可以作为贪污贿赂腐败犯罪的上游行为或者工具、桥梁,将公共利益分不同流向而致使不同犯罪结果呈现,也可以直接作为一种犯罪化的罪名而直接呈现权力不法的结果。需要是价值的基础。目的则是选择利益输送作为何种图示呈现的关键,且会因研究中利益输送行为的"权重"而定。而本书所主张的狭义的利益输送行为,则认为利益输送行为作为贪污、贿赂的上游行为不再仅为桥梁或过渡行为,也

① [日]佐久间修、桥本正博:《刑法基本讲义》,东京有斐阁 2009 年版,第 29 页。
② 李鎏、单耀海:《中华大词林》,五南图书股份有限公司 2012 年版,第 293 页。

不再只是利益流向或结果的助力者、被动者,而应是主动者、规划者的角色。在犯罪整体过程中,利益输送不仅是行为的"参与",而应是一种"发起",从被动设计到主动出击。

(一)利益输送的范畴划分:背景 VS 图形

如果从语义学中的范畴解释利益输送,则需要借用语言学上"能指"(Signifier)与"所指"(Signified)两个概念进行分析。"能指",是表示物质实体或抽象概念的一系列语言或文字符号;"所指",是用一系列语音或文字符号表示的具体事物或抽象思想。① 为此,广义的利益输送则是一种背景的"能指",狭义的利益输送则是一种图形的"所指"。

1. 背景是图形的"延伸"

从背景视角看,背景似乎是在图形的背后延伸,没有明显分界的一种"衬托"。利益输送是一种包含合法与不法两部分的"能指"。其一,它是一种价值无涉的正当权力行为,所有权力的行使都是公权力公共资源配置的利益输送;其二,利益输送是一种职务犯罪的模型集合或庞大家族,即为一种广义范畴。它强调的不是某一特定行为,而是职务犯罪的整体性内容,利益输送与多种罪名是一种包含关系,整体与部分的关系。"利益输送"是对贪污、受贿、为亲友非法牟利等罪的概括和凝聚,是对权力滥用关系的概括和抽象,它的本意就是不法地将公共利益输送给自己或他人,是权力不法的"类"行为准则;而贪污、受贿、为亲友非法牟利罪等则是利益输送的具体化和个别化,是广义利益输送犯罪的外显,或者是其内在的组成结构。只不过"利益输送"属于整体、广义、抽象层次的一般规定或概括规定,其他犯罪属于具体层次。如同普

---

① 如 star(星)这个词可用来表达"明亮的天体",那么它的能指就是"星",所指就是"明亮的天体"。(参见[英]哈特曼、斯托克:《语言与语言学词典》,上海辞书出版社 1981 年版,第 316 页;周少华:《刑法理性与规范技术:刑法功能的发生机理》,中国法制出版社 2007 年版,第 293 页)

遍与特殊的关系、一般与个别的关系。

2.图形是背景的"具状"

图形有具体形状,而背景则没有。利益输送是一种具有明显特征、凸显在"背景"之前,异于贪污、贿赂而"没有装入口袋"的新型腐败。然而其实质依然是自由裁量权滥用的权力异化,致使公平价值严重受损,公共资源严重流失。利益输送与贪污贿赂犯罪如同"腐败三兄弟"而共同居于"职务犯罪之家",三类行为结构相异、关系密切、并列同位、适用差异,刑法若为一位医生,则需要针对性地展开望、闻、问、切,实事求是,"因病制宜"。

(二)利益输送的行为划分:高权行为范式 VS 公共资源交易范式

政治权力不过是用来实现经济利益的手段。[①] 而权力依然犹如一驾马车,载着人民的命运狂奔,一旦失去控制,它会把人们带向深渊。腐败通常依赖权力从两个方面影响利益分配:资源分配与收入分配。这两种分配往往相互作用、影响,致使利益分配差距扩大,侵害社会公平。利益输送则是通过在公域与私域的不同进行资源分配而划分为两种范式。其一,是高权行为范式,借助在公域实行"公共权威"而实现的非交易型腐败。其二,是公共资源交易范式,借助在私域市场交换中超估或虚估的形式,实行"价格双轨制"而实现的交易型腐败。涉及利益输送的权力包含立法权、司法权与行政权,而统称为"高权行为(hoheitliche Akte)"[②]即管理与服从、非平等关系公权力统称,如:

---

① 参见中共中央马克思恩格斯列宁斯大林著作编译局:《马克思恩格斯选集》第4卷,人民出版社2012年版,第258—259页。

② Hoheitsakt 高权行为,Unter einem Hoheitsakt(staatlicher Hoheitsakt)versteht man eine Anordnung,die der Staat von oben herab(hoheitlich)beschließt,bei der somit Staat und Bürger in einem Über-Unterordnungsverhältnis(Subordinationsverhältnis)zueinander stehen.高权行为(国家高权行为)指国家自上而下地(高权地)下达的指令/命令,在此指令下,国家和公民彼此之间处于上下级关系(主从关系)。来源于:德语维基百科 https://de.wikipedia.org/wiki/Hoheitsakt,2018.11.22.根据"基本法"第33条第4款,高权行为通常由公职人员(如公务员)在其公务范围内执行(警察局、财政局、政府部门的官僚机构、官医或法医等)。可简单理解为,具有管理服从关系的权力行为的统称,可理解为公权力行为。

行政征收、行政给付、行政命令等行政处理行为。为了和公权力作为市场主体进行公共资源交易的"平等性"作出区隔,本书使用了"高权行为"。詹姆尔·Q.威尔逊将腐败区分为大腐败与小腐败,他更加憎恶大腐败。他说:"我宁愿容忍某些市民腐败的形式……但我不能容忍贬损执法过程,使执法者丧失信誉,或导致人们认为,只有付出代价才能得到平等公正的腐败。"①司法机关,握有国家司法和执法大权,可以对密切的关系当事人进行司法资源的倾向与关照,如我国古代"出入人罪"②,亦是一种司法工作人员的利益输送。近年来,作为我国金钱与权力深度纠缠、利益和资源相对集中的"高地"金融、财经领域利益输送问题时有发生。在法治反腐下,保监会原主席项俊波、银监会原主席助理杨家才、中国人保集团原总裁王银成、证监会原副主席姚刚、证监会原主席助理张育军等,均将权力视为"利己性"的工具,蜕变为金融"毒瘤",破坏了金融市场秩序,使市场无法有效发挥配置金融资源的决定性作用,这种"反作用"具有极强的隐蔽性和复杂性,危害性严重且治理难度大。

在具体司法实践过程中,利益输送的认定情况也较为复杂。在"李跃进犯受贿罪案"[(2015)金婺刑初字第 790 号]中,"李某利用职权或地位形成的便利条件,曾经、当时、或将来为送托人谋取利益,存在利益输送关系",被认定为"受贿罪"。③ 在"徐某生等贪污、受贿案"[(2014)湘高法刑二终字第 107 号]中,"徐某生、黄兴宇等人在华升工贸改制过程中,先成立新世瑞公司,在经营过程中,逐渐将华升工贸(或华升集团)的利益输送到新世瑞公司",本案认定徐某生、黄兴宇等人为贪污罪。④

---

① 周琪:《西方学者对腐败的理论研究》,《美国研究》2005 年第 4 期。

② 出入人罪,中国旧制称审判官吏判无罪者有罪、轻罪者重罪为"入罪",判有罪者无罪、重罪者轻罪为"出罪"。有故意与过失之分。(参见夏征农、陈至立主编:《大辞海·法学卷》修订版,上海辞书出版社 2015 年版,第 513 页)

③ 参见金华市婺城区人民法院刑事判决书(2015)金婺刑初字第 790 号。

④ 参见湖南省高级人民法院刑事判决书(2014)湘高法刑二终字第 107 号。本案根据"两高"《关于办理国家出资企业中职务犯罪案件具体应用法律若干问题的意见》的规定,认定为贪污罪。

1.高权行为范式:行政权利益输送是"关键"

首先,当前我国存在一定的"泛行政化"趋势。"泛行政化"是一种行政化在整个社会系统中的全面延伸和肆意泛滥。而其实质是,人们对公权力的过度依赖从而使得社会组织中行政功能容易出现膨胀,进而导致这种行政公权力在社会发展中的过度扩张,一定程度上导致了公权力与公民权利(体系)的失衡,使得政治生态与上层建筑的架构受到破坏,阻滞市场经济及社会主义民主政治建设的进程,这也是权力、利益分配格局下不平衡的产物。

其次,行政权力是自古以来所有公权力中最直接、最广泛的可以与公共事务发生关系、与公众生活利益联系最为紧密的一种权力形式。权力作为社会生活中的一个普遍现象,就其社会范围来讲,行政权最为强大(数量多、规模大),与民众联系最为紧密,直接治理或服务民众,接触的机会也最多,自由裁量的项目、范围更为广泛,渗入社会的能力最强,对社会生活的影响也最大。从国际社会的实践来看,在公共管理领域,公共权力是最为重要的一个资源,对其合理的分配和利用,在很大程度上影响到一个国家政治结构,经济发展。正因为如此,有人甚至将公务伦理化约为行政伦理,或等同于行政伦理。[①] 有学者认为高权行为下利益输送表现形态有四个方面:(1)"官倒"形态——利用价格双轨制,获取不正当利益的官商勾结现象。(2)国有资产私有化形态——国有中小企业与集体所有制经济领域的民营化实践过程中,实行简单地一卖了之或暗地实行"国有资产私有化"浪潮。这是权力与资本合谋的一种。(3)公用事业与公共资源贱卖化形态——将公共资源或公共利益用低价贱卖给民营资本或外资,由于有效监管缺失,诸多的森林、矿藏资源通过低估、隐瞒等方式低价贱卖,实现利益输送。(4)项目运作腐败化形态。由于对公共权力缺乏有效制约以及透明、监督机制,公共项目运作领域等产生了"暗箱

---

① 参见刘昊洲:《公务伦理暨法制论》(初版),五南图书出版股份有限公司 2015 年版,第84 页。

操作"、利益输送等权钱交易的腐败状况。① 当然,具有垄断的、缺乏竞争的领域,权力参与利益输送的几率一定程度上都是较高的。

2. 公共资源交易范式

公共资源交易是利益输送的主要表现形式,如国有公司、企业对国有资产的处置、政府的市场采购活动等。公权力介入市场依赖行政合同进行公共资源交易,具有先天的优势,容易裁量权滥用,尤其是国有公司、企业主体。市场经济是社会的不同主体在相同规则、制度下的一种竞争性经济,竞争过程强调平等、法治。平等意味着竞争的机会平等、权利平等、公权力的保障平等。权力的市场化会导致公共权力的腐败,使国有资产向掌握权力的人流失,直到目前,有关国有资产流失问题仍没有彻底解决,这种资源配置公平性是无法保障的,尤其是公共权力运行难以公开和规范化。② 当前,利益输送问题仍然存在,少数国有企业、行政机关、部门等通过公共资源交易致使国有资产大量流失。即便是最简单的腐败交易,也比一个简单的市场交换有着更为丰富的结构。它涉及三个当事人,而不是两个,我把他们称作委托人(T)受托人(F)和腐败者(C)。委托人不论是一个个体,诸如雇主,还是一个合体,他们都相信,在某些特定位置的人们必然要遵循一定的规则,受托人可能是同意代表委托人行动的任何人——一个选民或整个政府部门,一个新闻记者或监狱看守,腐败者是其利益受托人影响的任何人。③ 交易活动中,看得见的脚踩住看不见的手,即市场规律现象,容易直接导致国民经济各领域中,巨额租金的形成和各色人等对租金的角逐,寻租和涉足,相互刺激,腐败活动陷入恶性循环。

为此,当前国家对民营经济的发展给予重要关注、并积极鼓励。刑法介入国有公司、企业的利益输送的治理,一定程度上也是对民营经济发展的积极互

---

① 参见唐亚林:《官商利益输送四种典型形态》,《领导文萃》2015 年第 6 期。
② 参见马海军:《转型期中国腐败问题比较研究》,知识产权出版社 2007 年版,第 203 页。
③ 参见[美]伊曼纽尔·克雷克、威廉·切斯特尔·乔丹:《腐败史》上册,邱涛等译,中国方正出版社 2016 年版,第 5—6 页。

动。对于该治理行为,应观察利益输送的不法即公权力在公共资源交易中不当输送公共资源给他人,了解其习性的同时,则应观察公共资源分配的途径有哪些? 为此,刑法介入前,应健全国有资产投资决策和项目法人的约束机制,防止国有资产流失,维护国家和职工们的利益。当前,我国也尝试建立全过程电子化监控系统平台,其主要特点有过程监控、多层次监管、风险预警、远程监控。之外,我国近年开展的司法改革也在一定程度上抑制了司法工作人员将国家司法资源进行不当的输送。

(三)利益输送的功能划分:工具 VS.目的

利益输送应成为腐败与反腐败的一个支点性概念。不同视角观之,利益输送既被视为腐败的目的和结果、产物,又可被视为腐败的工具,是一种器与道的关系。根据前文所述,利益输送从目的角度看,即为一种职务犯罪背景中与贪污贿赂罪并列、同位的某类"图式",为一种狭义的利益输送犯罪。

另外,从利益输送作为一种工具看,利益输送是腐败犯罪前置行为或一般性参与行为,是不法利益流向、获取的传送带、催化剂或一种继续腐败的媒介。也可以说是腐败行为的开始、跳板,后续腐败的延伸与扩散是利益输送的一种"再生产",利益输送成为职务犯罪的入口、跳板。所有贪腐犯罪都是通过利益输送行为的完成而实现的。该角色自然形塑了"唇齿条款"式的腐败犯罪。① 为此,利益输送作为概念性工具,是一种避免发生不必要误会和无谓纷争的沟通工具。缺失了这一工具,贪污罪、受贿罪、为亲友非法牟利罪等职务犯罪都会因为不能有效沟通而难以展开。利益输送就像一个潜藏着的发动机,尽管在一个看不见的地方,但却给腐败的后续行为提供了源源不断的动

---

① 如第 166 条,为亲友非法牟利罪、第 168 条,国有公司、企业、事业单位人员滥用职权罪、第 169 条的徇私舞弊低价折股、出售国有资产罪、背信损害上市公司利益罪,第 185 条挪用资金罪、背信运用受托财产罪和违法运用资金罪。第 396 条的私分国有资产罪、私分罚没财物罪,第 404 条的税务工作人员徇私舞弊不征少征税款罪,第 407 条的违法发放林木采伐许可证罪,第 410 条的非法批准征用、占用土地罪以及非法低价出让国有土地使用权罪等。

力,影响着犯罪生成与罪名构成。

三、利益输送的表征:权力的不正当授受

利益输送是一种新型职务犯罪之具象。自 2017 年以来,金融领域债券违约、激进投资等风险事件时有发生,与个别监管人员和少数金融机构而合谋实施利益输送不无关系。沸沸扬扬的"长生生物"不仅涉及疫苗案而且国企改制和上市过程,其背后存在明显的权钱交易和利益输送。① 2018 年 6 月江西省能源集团公司原总经理、党委副书记李良仕进行利益输送和利益交换,被纪律审查和监察调查等。职务犯罪的行为人都是公职人员,他们一般要通过别人不易察觉的手段实施犯罪,而且一般会为自己的犯罪行为寻找合法的"借口"和伪装。② 在政治学层面上,"权力逻辑"追求垄断的权力控制,"资本逻辑"追求最大化的经济利益,"法律逻辑"追求正义的价值秩序,三种逻辑在社会进程中相互交织、不断博弈。一旦权力逻辑的"垄断"与资本逻辑的"图利"相遇,便会"饥渴"不止,"高贵的穷人"(公职人员)就容易"献媚",自然衍生出行为的不法与腐败③——被德国人认为的一种肌体病症,有着腐蚀和扩散的效应。④ 一项行为倘若属于公权力的法律关系,则必须满足"事前的法律保留——事中的正当程序——事后的法律救济"。利益输送则是闭环系统内权力运转异化的制度套利,缺乏透明和监督的权力内自我循环,往往会淤积风险,导致风险富集、被固化,并带来系列性伴随风险,呈现外部风险溢出与内外

① 参见马亮:《"疫苗之殇,监管何以屡屡失手"》,载凤凰网评论 http://govreform.cupl.edu.cn/info/1023/4556.html。

② 参见杜辉等:《案说职务犯罪》,知识产权出版社 2016 年版,第 1 页。

③ 参见过勇、宋伟:《腐败测量》,清华大学出版社 2015 年版,第 219 页中阐述,大腐败也称高层腐败(grand corruption),主要指的是发生于政治决策、政策制定过程中的腐败行为,如行业发展政策、出口政策、行业标准的制定等。小腐败也称下层腐败(petty corruption),主要是发生于政策执行,如交通违法执法、申办执照、卫生许可检查等过程中的腐败行为。

④ 《德国联邦公务员法 德国联邦公务员惩戒法》,徐久生译,中国方正出版社 2014 年版,第 1 页。

风险共振以及高度迷惑性、隐蔽性。

（一）权力逻辑:裁量权的失范

自由裁量权的弹性空间为利益输送提供了现实可能。随着社会转型、发展,权力依然作为垄断而进行公共资源的配置,但应满足形式和实质上的公平,尽管权力主体必须根据具体问题作出相应性决定,法律不能严格规定强求一致,所以,在对社会的管理行为设计上给权力主体留下了相对性的自由空间——行使相应的自由裁量权,该预留空间纯粹依赖主体的良心和伦理道德来支配,而道德则是一种软约束即公务伦理。然而,权力作为"某种社会关系内的一个行动者能够不顾抵制而实现其个人意志可能性",①具有可以强迫他人为一定行为而自身意志得以肆意扩张的天生属性,是一种"必要的恶"。当权力没有被监督且存在巨大的利益诱惑力时,公务伦理的防线就可能被打破,自由裁量权的滥用就可能产生。作为自由裁量权滥用的利益输送是一种权力的异化,不仅违反了人民赋予、法律授权的初衷或目的,形成对权力"公共性"和法治精神的破坏,也造成权力配置公共资源的公平性侵害。即包含除获利者外其他权力相对人合法利益的直接损害,导致他们的权利与义务发生变化——义务增加、权利减少。②

（二）资本逻辑:市场的权力化

利益输送是公权力与市场失序状态下,相互作用的一种结果和危害表现。权力是一只强大的"手",主导公共资源和利益的分配。资本的投机与图利性使得其极力寻求权力的庇护,"黄白物金银实为种种罪恶之源","金银常常是

---

① [美]E.博登海默:《法理学:法律哲学与法律方法》,邓正来译,中国政法大学出版社2017年版,第371页。

② 参见郝银钟:《遏制腐败犯罪新思维:构建以制度防腐与依法防腐为基点的国家廉政建设新体系》,中国法制出版社2013年版,第272页。

许多犯罪的原因",①尤其作为将权力可预算化、合同化的利益输送,是权力利用信息不对称性向社会输出非法控制、寻求经济利益的过程,也是权力对公共责任虚假意识的过程,进而帮助行为人利用其手中所掌握权力的最大限度变现,即因公谋私。② 利益输送是公权力与资本复杂而隐秘的对话,是利益链的完美诠释。利益链上的人群之间往往具有常态性利益输送或交换,或如上下游之供给,或如共生圈之互依,一赢俱赢,一损俱损。③ 于是,权力往往会被资本"购买"而商品化。资本对权力的依附,具有"搭便车"之嫌疑,一般需要权力为其提供谋利的合法性支持与解读。除了谋求图利的最大可能与便利。市场权力化中的权力被商品化,成为市场追逐的对象。权力一旦缺失制约机制,必然会故意放任或放弃对制度的理性遵守与坚持,为资本提供方便与支持,虽实现了权力与资本的"阴谋与爱情",但却造成了市场经济资源配置的不公平、不充分。利益冲突面前,对于不敬畏规则的群体,出轨往往是一种情结,失序伴随着犯罪共生。

(三)行为逻辑:权力的背信

西塞罗说,义务是道德上的正确。④ 利益输送是一种权力失信比失效更可怕的裁量权滥用的行为。权力应当竭力守护其"公共性",这种公共性是"共同善"优良生活的全部期待与"公有现实"世界的永久回响。⑤ 权力主体正是通过忠诚履行职责义务和公共责任,从而赢得民众的信赖与支持。在这里,由人民让渡和赋予的公权力不仅意味着对岗位和宪法法律的忠诚,也意味

---

① 转引自康树华:《犯罪学——历史·现状·未来》,群众出版社 1998 年版,第 79 页。

② 参见中共中央马克思恩格斯列宁斯大林著作编译局:《马克思恩格斯选集》第 1 卷,人民出版社 2012 年版,第 104 页。

③ 参见何家弘、徐月笛:《腐败利益链的成因与阻断——十八大后落马高官贪腐案的实证分析》,《政法论坛》2016 年第 3 期。

④ 参见[古罗马]西塞罗:《论义务》,张竹明、龙莉译,译林出版社 2015 年版,第 8 页。

⑤ 参见张方华:《共同善的镜像叙事:公共利益的西方政治哲学考量》,南京师范大学出版社 2016 年版,第 27 页。

着对公共利益的责任。利益输送则是权力由"公仆"蜕变为"主人"的渎职,不忠实于人民的"公意",应该承担道义责任和法律风险,从而使整个权力体系面临不被信任的危机和风险。我国宪法规定,国家一切权力属于人民。这是由人民与权力代理人(公职人员)所签订的政治契约。政治契约的内核就是同意和允诺,"由同意和允诺又产生某种义务和责任,产生某种自愿施加的约束"。① 这种约束力的基本点就在于"忠诚履行",忠诚、合法履行契约等于权力正义的实现,反之,则权力的代表即公职人员必须为自己职务违背、不正当的履约行为承担公务伦理上责任、法律责任,并通过该责任的劝进或强制方式,使契约者守约。

另外,利益输送行为也是国家工作人员对身份认同的拒绝或者危机表现,直接导致将自己与一般社会主体视为同一,而枉顾公职人员"公共性"的基本属性。亨廷顿认为,现在是个认同缺乏的风险时代,"现代化、经济发展、城市化和全球化都在推动人们不得不重新思考自己的认同和身份"。② 国家工作人员只有对自身"公共性"身份的认同,才能忠诚于公共利益和公务伦理,作为公共领域的治理者和服务者才能在权力实施过程中"尽言、尽行、尽心和尽性"。而制度建设可以推动和保障这些伦理道德要求在公共管理领域的实现。对受托人而言,忠诚不仅是一种信任和荣誉,需要利益冲突之际进行利益回避或者让渡,也是公务伦理与社会关系的互动。

综上所述,利益输送除上述表征之外,还具有其他特性。利益输送具有浪费性,使得合理性公共支出,配置失衡;利益输送具有掠夺性,公权力利用其自身优势和职务便利,过度或恣意掠夺特定公共资源;利益输送具有排斥性,排斥了特定群体的基本权利与竞争性利益,直接侵害了社会信赖的公平价值与法治精神;利益输送具有炫耀性,这种炫耀,不仅包含表面公众所能识别和看

---

① 何怀宏:《良心与正义的探索》,黑龙江人民出版社 2004 年版,第 257 页。
② [美]塞缪尔·亨廷顿:《我们是谁:美国国家特性面临的挑战》,程克雄译,新华出版社 2006 年版,第 11—12 页。

到的"特殊待遇",还包括特权意识的一种自我安慰和满足感,无疑破坏了权力的整体形象和公信力。

四、利益输送的态势:裁量权中立的异化

随着我国反腐败的深入开展,公职人员和社会大众对贪腐型职务犯罪有了一定直观的了解,但是对于侵权型和渎职型的职务犯罪还是知之不多,认为"只要没有经济问题,就不会承担刑事责任"的错误认识,社会公众对非贪腐型职务犯罪,也是同情多于谴责,司法机关对失职渎职犯罪适用,轻刑缓刑,免刑的比率较高,其实非贪腐型职务犯罪与贪腐型职务犯罪的危害性是相同的。① 如利益输送行为,虽然本人并没有收受好处或者无法查明是否收受好处,但只要滥用裁量权,给国家和人民利益造成严重损害,就应该承担相应的刑事责任。

(一)裁量行政权是一种行政中立行为

裁量行政行为,是"羁束行政行为"的对称,是法律允许国家行政机关在作出行政行为时判断事实要件或选择行为效果的行政行为。② 当裁量行政行为超越职权或滥用职权时则为违法行为。即法律法规缺失对行政行为某一事项(如方式、手段、范围)具体明确的规定,则国家行政机关应当根据自己的判别,而选择适当的方式来处理相应事务的行为。这种自由裁量行政行为即为一种裁量权——法律赋予公职人员斟酌决定处理业务的弹性空间,与公共利益密切相关,也是公权力运行的一部分。所谓裁量,即选择认为是正确的或较佳的方式去处理之意;任何裁量的发生,均有伦理价值的考虑。"在实际公务

---

① 参见杜辉等:《案说职务犯罪》,知识产权出版社 2016 年版,第 2 页。
② 参见夏征农等主编:《大辞海·哲学卷》,上海辞书出版社 2003 年版,第 47 页。羁束行政行为,行政行为的要件、内容完全被法律所约束,国家行政机关没有判断事实要件或选择行为效果的自由。羁束行政行为如果发生错误,则为违法行为。

行为中,有五个原则可作为行政裁量之指引,即公共利益的考虑、深思熟虑的抉择、公正正直的行为、程序规则的尊重、在手段上的限制。"①裁量权是一种具有相对自由空间的行政权,为了公共利益与公务伦理,则需要严格遵循行政中立——公平价值的保障。行政中立(administrative neutrality)乃现代民主政治体制之下,公务人员对于政党或政治活动所应信守的伦理价值。公务人员行政中立法是具有高度伦理意涵的法律,不独是规范其常任文官遵守行政中立事项的专门法律,也是当前全世界仅就行政中立单一事项予以规定的唯一法律。② 行政中立的概念被通常认为是源自德国社会学家韦伯(M.Weber)倡导的"价值中立",该"价值中立"与美国政治学家威尔逊(W.Wilson)主张"行政与政治可以分开"形成了一种结合,即行政中立。对此,学者们见解不一,不过大致上是指公务人员应严格依法履行职务公务,不应涉入政党或政治活动,应为社会大众提供相同的服务标准,禁止该特定群体因为政党属性或个人价值、观念等因素而任意改变其态度与做法,常见之相关名词包括文官中立、政治中立、公务员之中立等。美国国会于1939年通过赫奇政治活动法(The Hatch Political Activities Act),可谓全世界最早有关行政中立单一事项的立法;但已于1993年修正而纳入联邦公务员法典(第5篇第76323)。

"社会被设计成一种可以促进自由的中立模型……而这将必然会带来公共利益,这是一种经典的自由主义信念"。③《德国联邦公务员法》中规定了公务员保持中立、履行职责的要求《德国联邦公务员法》《英国公务员守则》《菲律宾公职人员行为准则及道德标准》《西班牙政府工作人员及国家机关高级官员良好治理准则》等,一致性地强调"政治中立""忠诚""公正"。

---

① 刘昊洲:《公务伦理暨法制论》(初版),五南图书出版股份有限公司2015年版,第101页。

② 参见刘昊洲:《公务伦理暨法制论》(初版),五南图书出版股份有限公司2015年版,第141页。

③ [美]罗伯特·毕夏普(Robert Bishop):《社会科学哲学:导论》,王亚男译,科学出版社2018年版,第42页。

鉴于国外的多党竞选轮流执政,为了保证公务伦理的实践理性,行政中立实际上就是对公务员价值中立的道德和行为的要求,而我国是共产党执政且代表全体人民利益,裁量权的中立即是公正执行职务,不得对任何团体或个人予以差别待遇,纯粹"为人民谋幸福,为民族谋复兴"。行政中立的抽象——价值中立,则是一种实质的政治理想,是一种民主政治的自由表达。这种表达并不是价值无涉,它包含着代表"公共的善"强有力的美好生活概念,如公共利益、公平。也就是说权力被人民授权委托后,代表全体人民的利益做出承诺,行使裁量权,而禁止徇私或者背信行为。为此,裁量权的行政中立并不是价值无涉,而应公平、公正地保障"公共性"。不幸的是,社会科学普遍集中于假借价值中立,以一种与语境无关的方式,把行为解释为工具主义,掩盖甚至否定了人类生活世界和人类经验的很多重要维度。[1]

(二)利益输送是一种裁量权的滥用

利益输送是权力的"公共性"严重式微和行政中立倾斜的裁量权失衡,也是价值中立的异化,"异化问题在很大程度上是一个价值问题"。[2] 法律授予权力主体自由裁量权,是为了使权力主体正确地执行法律,提高行政效率,弥补立法之不足。权力主体享有了自由裁量权,就可以根据具体情况正确、合理地运用法律,更好地保护相对人的合法权益,但是现实却事与愿违。……防止权力渎职、腐败的关键就是如何有效制约、监督具有空间自由的裁量权。利益输送即是国家工作人员明知违反法律或规避法律而将公共利益输送给他人的裁量权滥用,不仅违反专门法律,也破坏了公务人员动用行政资源或行使公权力的中立性。由于韦伯工具理性、政治中立等设计运用到现代官僚组织,要求

---

① 参见刘昊洲:《公务伦理暨法制论》(初版),五南图书出版股份有限公司 2015 年版,第133页。

② [苏]图加林诺夫:《马克思主义中的价值论》,齐友等译,中国人民大学出版社 1989 年版,第119页。

权力个体排除自我的价值理性,忠诚履行职责,这势必导致权力个体成为实现组织目标的手段与工具。这种逻辑上的悖论在实践中早就产生了现实的恶果。权力的利己性与利他性(公共性)经常处于一种博弈的状态,而人的有限理性往往会带来权力不法。"'官僚冲击'只会带来怨恨、道德败坏和创新的衰竭"。① 利益输送犹如权力坐标系中的一个歧途方向的轨迹,并以特有的速度与方向表现、存在。利益输送既输给文明,现行刑事法治无法规制;又败给野蛮,从根本上违背了权力的伦理性。

(三)裁量权滥用的实质:公权力与公民权利(体系)失衡

权力具有垄断性、扩张性的自然倾向,很容易驱使政府机关和工作人员谋求自身的利益,这就促使原本公权力与公民权利交往中所处的利益平衡轻而易举被打破,强大的公权力很容易破坏配置公共资源的公平性而越过平衡的边界,进而侵害公共利益。为此,单纯抽象地谈论裁量权的"价值中立"和"价值关联"是没有意义的,没有脱离现实的抽象的和普遍的价值问题,利益输送的刑法意义必须立足于社会主要现实的和欲求解决的价值实现问题。利益输送是一种裁量权的滥用,其侵害的即是权力合理配置资源的公平性,剥夺了其他参与人或社会公众的机会平等、结果平等,其实质是公权力与公民权利(体系)交往失衡的一种表征。自然,也是一种政府、社会可以预见的"灰犀牛"危险。

第二节 利益输送的法律识别:出行入刑

利益输送行为不仅是一个事实问题,更是一个关涉严重社会危害性的法律问题,对其判断应在事实识别的基础上,从刑法角度考察。"没有认识,世

---

① [美]詹姆斯・W.费斯勒、唐纳德・F.凯特尔:《行政过程的政治——公共行政学新论》(第二版),陈振明等译,中国人民大学出版社 2002 年版,第 429 页。

界就根本不能想象。"①针对利益输送具体问题的描述性而非分析式的研究视角可能忽视理论的逻辑性,无法形成具有普遍指导性解决根本问题的理论分析框架。难以实现规范制度主义所认为的制度代表着一种价值,价值判断拯救"现象",是对事实意义层次的提升。利益输送的严重危害是刑法发现与介入之基础,实际上,"法律的发现是将法律规范和真实的生活事实加以调整配合"。② 利益输送的刑法介入不仅是权力限制权力的一种"自我救赎",也是通过不同语境下原则(一般属性)——例外方案(特定意义)的处置与话语转换,重新形构利益输送的刑法话语体系——一个具有时空、域场以及主体间与社会互动的三维结构,展现一种刑法的"在场感"。

一、不法机能的触发:个案举样

(一)利益输送行为的法律适用:以案释法

根据现行的司法实践看,利益输送存在着严重的"同案异判""罪刑失衡"法律错误的情形。

1. 案例一:某市长张某"图利李某"案

如某市长张某为了偿还"人情"或者"好面子",而主动利用职务之便为李某谋取不正当利益致使国家(公共)财产或资源遭受数以千万的重大损失,但张某实际上并未收受或者无法查明他是否收受了李某给予的"好处"。刑法如何认定张某的行为呢?

第一种观点,主张贪污罪。根据相关学者观点,应当主张为贪污罪。"将自己因为职务而占有、管理的公共财物据为已有或者使第三者所有,包括对公共财物进行事实上的处分与法律上的处分"。③ 根据 2003 年 11 月 13 日的最

---

① [德]叔本华:《作为意志和表象的世界》,石冲白译,商务印书馆 1995 年版,第 62 页。
② [德]考夫曼:《法律哲学》,刘幸义等译,法律出版社 2004 年版,第 190 页。
③ 张明楷:《刑法学》(第五版),法律出版社 2016 年版,第 1184 页。

高人民法院《全国法院审理经济犯罪案件工作座谈会纪要》可知,关于贪污罪的法律适用问题,尤其强调"非法占有"为目的,以行为人是否实际控制财物作为既遂与未遂的划分标准。对于行为人已实际控制公共财物,而是否据为己有并不影响贪污既遂的认定。① 据此认为,国家工作人员占有公共资源或利益之后输送给他人,并不影响贪污罪的认定。该主张直接将利益输送行为作为已"实际控制"公共财物的贪污之后的处置行为,混淆了利益输送与贪污罪的构成及行为界限。司法实践中,"两高"《关于办理国家出资企业中职务犯罪案件具体应用法律若干问题的意见》规定,"国家出资企业工作人员在改制过程中隐匿公司、企业财产归特定关系人持有股份或者本人实际控制的公司、企业,致使国家利益遭受重大损失的"应当被认定为贪污罪。为此,"非法占有的目的"是认定贪污罪及其共犯的主要依据,利益输送并没有"非法占有目的"。

第二种观点,主张受贿罪。若按照受贿罪处置,通常对受贿罪的理解是国家工作人员利用职务上的便利索取、非法收受以及斡旋方式收受他人财物为他人谋利的行为,交易型受贿,即是"以权换利"——必须具有受贿行为,包括索取贿赂,收受贿赂为他人谋取利益。从国家工作人员的主休性动作也可管窥其中的差异,受贿罪是"收受",利益输送则是"授受"。再者,按照受贿罪保护的法益通说"国家工作人员的职务廉洁性"②(尽管还存在"不可收买说""职务公正性"说)。据此可以看出,利益输送行为无法被受贿罪涵射。也有论者倾向于将该罪视为公务员收受贿赂罪之前阶段处罚规定或补充规定,然而这两者在是否具有对待给付关系、利益流向即不法利益发生基础等规范内容,且将利益输送作为受贿的上游行为,利益流向为下游行为的话,上、下游行为谁才是"依附性"行为呢? 明显歧义且不能满足受贿罪法益保护的内容,性

---

① 参见李立众:《刑法一本通》(第十一版),法律出版社 2015 年版,第 548 页。

② 高铭暄、马克昌主编:《刑法学》(第十版),北京大学出版社、高等教育出版社 2022 年版,第 643 页。

质上应属于不同类型的犯罪,更不可混为一谈。之外,认识的模糊也决定了对不法行为规制的难以明确。

第三种观点,主张滥用职权罪。本书认为,首先,滥用职权,主要是一种超越职权,违法决定或处理其无权决定处理的事项,或者违反规定处理公务,致使公共财产、国家和人民利益遭受损失的行为,①造成了公私财物损失之外的人身、自由以及非物质性损失的法律后果。利益输送行为主要是造成公共资源的损失以及公平性分配法益的侵害。其次,滥用职权罪的主体为国家机关工作人员,即只要代表国家机关行使职权的,均应以国家机关工作人员论。②一般国家工作人员的其他主体无法被纳入规制范围,若将利益输送行为作为滥用职权罪处理,主体将会被人为限缩。最后,滥用职权罪中"重大损失"(经济损失 30 万元以上)的刑罚为 3 年以下或拘役,"情节特别严重"(经济损失 150 万元以上)的为 3 年以上 7 年以下有期徒刑。而利益输送行为作为公权力将公共资源(财产)不当授受给他人,尽管本人没有获利或无法查明本人是否获利,主观上也可能仅仅为了"还人情""卖面子",但利益输送所涉财产利益数额通常都是巨大或特别巨大,若致使国家损失"亿"计量单位,现行刑法仅以滥用职权处置则明显罪刑失衡,这种客观上的损失与贪污、贿赂所损失实质上也是一致的。且罪与罚均无法与贪污、受贿之类似罪名进行衔接、互补,致使罪刑难以相适应,毕竟利益输送是一种危害更为严重的权力腐败与背信行为,特殊指向性更为明确,其法定刑也应远远高于滥用职权罪。

2. 案例二:江西省原副省长李贻煌"利益输送"案

2018 年"江西省人民政府原副省长李贻煌受贿、贪污、挪用公款、国有企业人员滥用职权案"③于 2019 年 1 月 29 日上午,安徽省安庆市中级人民法院

---

① 参见中共中央纪律检查委员会、中华人民共和国监察委员会法规室:《〈中华人民共和国监察法〉释义》,中国方正出版社 2018 年版,第 92 页。

② 参见黎宏:《刑法学各论》第二版,法律出版社 2016 年版,第 546—547 页。

③ 《江西省人民政府原副省长李贻煌受贿、贪污、挪用公款、国有企业人员滥用职权案一审开庭》,新浪财经网,https://finance.sina.com.cn/roll/2018-11-23/doc-ihpevhck3227809.shtml。

公开作出一审宣判。①其中,对于江西铜业集团公司原董事长的李贻煌涉嫌"利益输送"②的违法行为,一审法院判决并认定为"国有企业人员滥用职权罪",判处有期徒刑四年,与其他违法犯罪行为进行数罪并罚。对此,本书认为,尽管司法实践中,公诉机关与一审判决以李贻煌在担任江西铜业集团公司董事长时,在明知银珠山银矿探矿权的价值已经被高估但仍决定收购,因其滥用职权致使国有资产损失人民币2087万余元为事实根据,以"国有企业人员滥用职权罪"追究其利益输送行为的刑事责任。该种利益输送行为不仅严重破坏市场公平、违背民众信赖,还造成国有资产巨大损失人民币2087万余元,该"损失"与贪污贿赂罪的危害程度一样"数额特别巨大""情节严重",但与国有企业人员滥用职权罪、滥用职权罪刑罚(刑期最重为3年以上7年以下)相较,贪污罪的刑罚可能会涉无期或死刑。是故,以现行刑法坚持使用滥用职权处置利益输送行为,则会存在明显的罪刑失衡,不仅难以真正实现制度的公平、公正,也动摇了"法秩序相统一"的基本原则。实质上,除去李贻煌国有企业董事长的身份,若为国家机关人员,则可能涉嫌"滥用职权罪"。如"安徽省原副省长周春雨受贿、隐瞒境外存款、滥用职权、内幕交易案"③中,其行为涉嫌"利益输送"④而被判"滥用职权罪",获刑5年。

同时,在司法实践中,因国家工作人员将公共资源不法输送给特定关系人

①　对被告人李贻煌以受贿罪判处有期徒刑十二年,并处罚金人民币200万元;以贪污罪,判处有期徒刑六年,并处罚金人民币20万元;以挪用公款罪,判处有期徒刑三年;以国有企业人员滥用职权罪,判处有期徒刑四年,决定执行有期徒刑十八年,并处罚金人民币220万元。(参见《江西省原副省长李贻煌一审被判十八年》,载人民网,http://legal.people.com.cn/n1/2019/0131/c42510-30601336.html)

②　在江西铜业集团公司收购江西省银珠山银矿探矿权期间,时任江西铜业集团公司董事长李贻煌违反相关规定,为他人谋取利益,在明知银珠山银矿探矿权价值被高估的情况下决定收购该探矿权,造成国有资产损失人民币2087万余元。

③　《安徽省原副省长周春雨受贿、隐瞒境外存款、滥用职权、内幕交易案一审宣判》,新华网,https://news.sina.com.cn/o/2019-02-22/doc-ihrfqzka8234372.shtml。

④　在周春雨担任蚌埠市市长期间,徇私舞弊,违反规定,决定向有关公司返还土地出让金6.65亿余元,给国家和人民利益造成重大损失。

的利益输送,也可能被定性为共同贪污。为此,利益输送行为的定性在理论上认识各异,司法实践中则可能存在滥用职权罪(国有企业人员滥用职权罪)、受贿罪以及共同贪污罪等,以至于判定呈现出较强的不确定性,且集中体现在效力上的不确定、内容上的不确定,从而模糊了识别、刑法规制的对象与法益保护。加之相关法律文本的静态性,其行为认定处置在先天方面就具有滞后性,自然会衍生罪名认定错误、刑罚规范错误、法律规制缺失等法律错误,致使"同案不同判""同罪异罚"的理论研究及司法认定也并未反映出利益输送犯罪的特质,只有最大限度满足特定社会普遍信奉的公正观的刑法才可能受到公民的尊重、支持与遵守,才有可能实现"同案异判"到"同案同判"。此外,我国现行刑事规范已明确知悉,贪污罪的共犯,要求国家工作人员以本人非法占有财物为目的或以本人与他人共同非法占有财物为目的。同时,根据 2010 年的"两高"《关于办理国家出资企业中职务犯罪案件具体应用法律若干问题的意见》可知,国家出资企业中的国家工作人员在公司、企业改制或者国有资产处理过程中致使国家利益遭受重大损失的,依照其行为不同予以相应刑罚。①实践中,也未能说明本书所涉利益输送侵害的特殊法益,若按滥用职权罪,则如前文所述。

根据上述,利益输送行为是基于国家工作人员的主体,在故意的意志支配下,违反相关法律规定利用职权将国有财产、公共利益不当地输送、授受给他人,以使他人获得不当利益,从而造成人民对权力信赖减损,严重破坏权力对资源分配的公平性。当然,如果利益输送的危害程度、危险程度不高,则可能为权力的不当行使而触发一般的违法行为即行政责任的承担。假设没有造成实质法益损害,则不应承担刑事责任,这也符合主客观相一致的犯罪认定标

---

① 折股或者低价出售"其本人未持有股份的公司、企业或者其他个人,"以徇私舞弊低价折股、出售国有资产罪定罪处罚。低价折股或者低价出售"给特定关系人持有股份或者本人实际控制的公司、企业",以贪污罪定罪。而"严重不负责任或者滥用职权,致使国家利益遭受重大损失的",以国有公司、企业人员失职罪或者国有公司、企业人员滥用职权罪定罪处罚。

准。为此,利益输送行为承担责任与否? 承担何种责任? 这归根源于利益输送行为的违法程度与法益保护的实现。那么,利益输送行为不法该如何来进行识别呢?

二、行为不法的识别:规范主义的"社会行为论"

通常在德日刑法理论上对行为的不法识别存在着因果行为论、社会行为论、目的行为论和人格行为论等,而社会行为论认为具有社会意义或社会重要性的人的身体动静才应当是刑法上的行为。并认为刑法是一种社会统治手段,"较好地说明了不作为犯和过失行为的行为性质,在德日获得较为普遍的支持"[1]。"行为的社会意义是对刑法所保护的法益的侵害。"[2]由此可见,行为事实是一种纯客观的存在,"人在意识状态下的特定意志所能支配的身体举止",[3]在经过相应的价值评判之后,才具有刑法意义的行为、客体、危害结果以及相应的因果关系。而社会,则永远是道德的评判者、理性法庭的审判者、公平和正义的诉求者、法律规章和政策执行的监督者。[4] 德国刑法学者谢密特(Eb.Schmidt)认为行为人有意识的举止而具有社会意义的活动,皆应被理解为行为,[5]该主张是一种强调从社会意义上观察行为、评价行为的"规范主义的行为论"。从人的举止的社会意义出发,主张行为为人类意志所支配之作为与不作为所产生之具有社会重要性状态。行为概念包括有体性、有意性、社会性(社会重要性)三种要素。[6]本书认为,在犯罪客观方面危害行为中界定刑法中的行为概念,不仅有其必要,也可以快速识别、过滤与刑法相关的

---

[1] 赵秉志:《当代刑法问题》,中国人民大学出版社 2014 年版,第 253 页。
[2] 张明楷:《外国刑法纲要》(第三版),法律出版社 2020 年版,第 50 页。
[3] 黄荣坚:《刑法问题与利益思考》,元照出版有限公司 1999 年版,第 20 页。
[4] 参见郑洁、卢汉桥:《反腐倡廉论》,社会科学文献出版社 2015 年版,第 102 页。
[5] 参见 Vgl.Wessels/Beulke,a.a.O.(Fn.19),Rn.91;苏俊雄:《刑法总论Ⅱ》,1998 年修正版,第 25 页。
[6] 参见陈兴良:《刑法总论精释》(第三版),人民法院出版社 2016 年版,第 161 页。

现象。我国刑法通说中的(危害)行为,是指在人的意志或者意识支配下实施的危害社会的身体动静。① 基于此,刑法上的行为是以法益危害性(社会危害性)来界定的。利益输送行为是否为刑法规制,则应根据其行为的社会意义来评价。

(一)利益输送的行政不法:一般性违法行为

利益输送行为是一种公权力滥用的不法,若行为内容为一般性违法而显失公正,则是行政不法。若超过必要限度——法益严重侵害则会成为刑事不法。行政违法作为一种否定性的法律后果,只有在行政主体及其工作人员的行政行为违反了合法性、合理性以及诚信原则,才有可能承担行政责任。这种责任的实现往往需要主观上的过错与客观上的违法行为实施。但在法律保留情况下,行政工作人员可能构成一种严格责任,即不需要证明主观上具有过错。因此,本书认为,利益输送的违法行政行为是其行政责任构成的首要因素。其次,我们所说的行政责任是对于违反行政法规范的行为——违反依法行政,而不是所有行政行为都要负行政责任,如工作人员的正当业务行为或依照法令的行为,行政责任在强调过罚相当之际,也是刑事责任之前的"缓冲区"。是故,利益输送的行政责任的承担要视具体情况而定,而且在特定条件下与刑事责任存在交叉和相互转换。

(二)利益输送的刑事不法:法益保护的层升

贝卡利亚认为,最严重的社会损害是毁灭社会,其次是侵害个人安全与自由之罪。② 利益输送是一种公权力对公共利益侵害不法的客观判断和实害。具有特定身份的国家工作人员之主观过错的认识从应注意—能注意—不注

① 参见高铭暄、马克昌主编:《刑法学》(第十版),北京大学出版社、高等教育出版社 2022 年版,第 60 页。

② 参见钟宏彬:《法益理论的宪法基础》,公益信托春风煦日学术基金 2012 年版,第 13 页。

意—过失—故意之主观过错的渐进，违法性渐趋严重。应注意，是规范的基本要求，尊重法益；能注意，个人对法益保护遵守的可能性，个人可能履行注意义务的方式和注意标准。对此，主体的不同行为则对应着不同标准，不注意则是其行为往往超过了容忍限度。具体表现在利益输送行为从应当—正当—失当—过当之客观危害的递增。行为对法益的侵犯性，既包括侵害性也包括危险性（威胁性），即刑法第13条所称的社会危害性。① 对于利益输送行为而言，由于其他法律也以一定手段履行着保护法益的任务，所以，刑法只能将值得科处刑罚的侵犯法益的利益输送行为规定为犯罪。利益输送的刑事不法一定也包含着层升上来的行政不法。契约论的提出，不仅限制国家权力，而且证明了国家权力的正当性。因社会契约论而生的权利侵害说，不仅使得刑罚缓和化、人性化，也使得犯罪从神权主义成为人与人之间的事情。另一个贡献在于划出刑事刑罚权和警察刑罚权的界限：侵害权利的是刑事犯罪，未侵害权利而只违反公共福祉目标的，是警察（秩序）轻罪；总之，都是犯罪。②

（三）法律规制的衔接：以"违法性"程度为介质

法律规范根植于国民的良知之中。③ 利益输送行为不法的所有规制性衔接都是从对国家工作人员这一特殊主体行为的认定开始的。规范之认识，"只需要满足外行的平行判断即可，根本无须达到专家的认识程度"④。如果缺少对主体行为"违法性"层级的技术性分析，就极有可能使违法行为不断反复。对利益输送行为的本质与结构识别则是行政法与刑法衔接的介质基础与衔接正当性的确认。对利益输送行为的识别应包含事实识别和法律识别，客

---

① 参见张明楷：《刑法学》（第五版），法律出版社2016年版，第88页。
② 参见钟宏彬：《法益理论的宪法基础》，公益信托春风煦日学术基金2012年版，第16页。
③ 参见［德］弗兰茨·冯·李斯特：《德国刑法教科书》，徐久生译，法律出版社2000年版，第4页。
④ 李涛：《违法性认识的中国语境展开》，法律出版社2016年版，第80页。

观、准确的事实识别,可以使得法律识别的"违法性阶层"判断更为准确、无误。利益输送行为识别的依次延伸和递进,可以使得文本之间的衔接更为科学、规范,这也是依宪治国、保障人权的重要表现。依据国家工作人员权力(利)的滥用本质、性质、情节程度区别违纪、违法和犯罪行为,使得党内伦理法规与监察法、行政法、刑法等法律(规)文本进行无缝衔接。对其行为进行事实识别、法律识别则是衔接的基础。若国家工作人员实施一般违法行为,则会受到行政法规或党内法规处置。若违规行为造成了严重的社会危害,保护法益逐渐层升,则衔接的文本则会过渡到刑法范畴。当然,国家工作人员的犯罪可能同时违反了刑法、行政法规以及公务伦理道德规范,具有伦理非难性和严重社会危害性。包含刑法在内的文本制度是国家与社会革除腐败、治理社会的一面正反可以相互看到的镜子,制度文本通过对约束主体的灌输与主体行为的反馈进行双向互动、相互反馈、治理。对于国家工作人员来说,刑法是一把善恶皆存的"双刃剑",文本制度通过利益输送行为识别为介质衔接,限制权力之实质即为保障权利,权力与权利之间通常存在着此消彼长的辩证关系。

(四)刑法机能的触发及责难

行政不法达到一定的量,该量要达到一定程度即临界点的"度",就会发生质变——刑事不法。这也是将行政不法与刑事不法置于同一法律体系的"法秩序统一性"的考量。犯罪是人的自由意志支配下对其让渡权利所制定的法律进行否定的一种行为。当行为的危害量达到一定严重程度时,才能真正认定为犯罪。即"只要量多些或少些,轻率行为会超过尺度,于是就会出现完全不同的东西,即犯罪。"[①]针对犯罪行为的社会危害性,除却道德上的否认之外,必须以刑罚的形式再次予以法律上的责难。当然,"没有社会危害性,

---

① [德]黑格尔:《逻辑学》(上卷),杨一之译,商务印书馆 1982 年版,第 405 页。

就没有犯罪；危害性没有达到相当程度，也不成其为犯罪。"①利益输送作为动辄对国有资产、国家利益致损以"千万""亿"为单位的一种"结果无价值"，其不仅严重侵犯了其职务行为的公共性、公民的信赖利益，也严重影响了市场经济秩序，更是造成了公共利益的巨大损失，致使社会利益格局分配严重失衡。同时，其行为恶害与犯罪暗数构成了海平面下的巨大冰山，而贪污受贿如同裸露之外的部分，若单纯将这裸露的一角去除而沾沾自喜，只会导致潜藏的危险被人为压制，进而造成更大威胁。可看到的冰山存在，"在一定程度上利大于弊，它有利于社会的反思和检讨，如此才能使公共利益稳健、安全地发展"，②而隐没于海水之下的"危险"更让人心生恐惧。此时，刑法的沉默将是现实的悲哀与其自身父爱主义的渎职，甚至是刑权力的一种腐败。是故，对利益输送而言，"立法的犯罪化在我国目前几乎成为必然的趋势"。③ 应依照刑法第13条关于犯罪的明确性规定，在公务伦理道德与行政法规等阻拦失效下，行为人应对其故意危害社会的行为与结果承担刑事责任，即利益输送已被刑法类型化为严重的社会危害性（不法）与有责性（责任），且该行为也具有期待可能性。

三、利益输送犯罪与相关罪名的共栖：同一与差异

利益输送行为在结构维度即空间维度与行为的层次、过程维度都超越了贪污、受贿等的边界限制，呈现出与现有职务犯罪相异的特征。然而，从狭义的利益输送角度看，利益输送与相关职务犯罪则存在一种较为理性的"共栖"关系，既相互依赖，又相互独立，且功能上可以互补。如图表1-2-1所示。

---

① 齐文远、刘艺兵：《刑法学》，人民法院出版社2003年版，第37页。
② 杨靖：《犯罪治理：犯罪学经典理论与中国犯罪问题研究》，厦门大学出版社2013年版，第73页。
③ 毛玲玲：《犯罪化与非犯罪化的价值与边界》，《华东政法大学学报》2011年第4期。

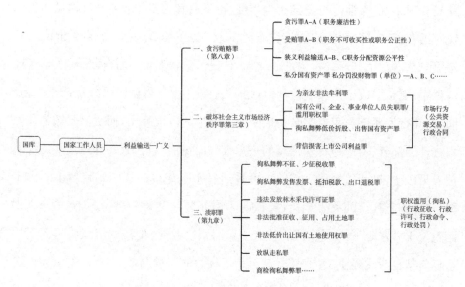

图表 1-2-1　利益输送犯罪体系、结构图

(一)利益输送与职务犯罪范畴:性质与空间的视角

利益输送犯罪是一种国家工作人员裁量权滥用而犯罪的行为,具有特定的结构空间与性质属性,应当与贪污贿赂犯罪、为亲友非法牟利罪等共同构成职务犯罪体系。

一方面,国家工作人员利用占有或管理公共资源的便利,将公共资源(财产、利益)从国库取出、分配,之后,公共资源分配处置的去向决定了权力行为的不同性质。若将公共资源不当输送给自己,则可能构成贪污罪。若将公共资源流向他人的话,则应具体分析:依照法律规定进行利益输送则是合法的;若故意违反法律或规避法律使公共资源不当流向他人,且他人为此支付了对价,不论是实际或者是承诺,则都有可能涉嫌受贿罪。当然,公共资源流向他人时,仅为国家工作人员的一种不当授受时,且主观也是"图利他人"——使他人获利,该种情形即为狭义的利益输送犯罪。为此,在空间结构上,利益输送属于职务犯罪的子集与构成。

另一方面,利益输送作为公权力将公共资源不当进行授受,应是一种权力不法,其性质应为职权滥用。有学者指出,"在任何成熟的思想体系里,必然存在三种类型的概念,即根概念,次级基础概念,贯彻根概念的工具性概念,这是发展一种成型的文化传统的最基本的要求"。"概念必须要能够制度化,制度化的任务就落在第三类概念身上。"①第一类是"基础概念"(primary concepts),就是所谓的根概念,最原初的概念。第二类是"次要概念"(secondary concepts),是在根概念的基础上推广、衍生的,这是第二位的概念,在第一位的基础上发展出来的。第三类是"执行性概念"(implementing concepts),是贯彻、实践第一类概念的工具性概念。根据以上分析,不难发现,职务犯罪应作为基础概念或根概念,在此基础上衍生出第二类概念——次要概念,即贪污贿赂犯罪、渎职罪、国家机关工作人员侵犯公民人身权利、民主权利犯罪。最后,在"次要概念"的基础上细化为多种具体罪名,成为"执行性概念"。如我国刑法第八章规定的贪污贿赂罪包含 12 个罪名,如贪污罪、挪用公款罪、受贿罪等。第九章规定的渎职罪所涵盖的滥用职权、玩忽职守等 34 个罪名,以及第四章所涉及国家机关工作人员利用职权实施的侵犯公民人身权利、民主权利犯罪有 7 个,如国家机关工作人员利用职权实施的非法拘禁罪、非法搜查罪、刑讯逼供罪等。基于此,若要实际解决权力不法的可能,单靠基础性的根概念和居于第二位的次要概念远远无法实现,只有通过概念制度化或工具化,而制度化的任务应由具有明确内涵和外延的第三类概念——执行性概念或工具性概念实现。利益输送作为权力渎职行为的一种类型,将其犯罪化是对现行职务犯罪体系无法规制而进行的漏洞填补并借助立法或司法方式制度化。从功能性质上看,利益输送满足了职务犯罪的特征。广义利益输送则是贪污贿赂罪、为亲友非法牟利罪的概括条款,在贪污受贿等罪的外壳内,带着利益输送的内核,也是利益输送的不同面向。

---

① 於兴中:《正义:从抽象到具体》,载高鸿钧、於兴中主编:《清华法治论衡:法律与正义》(第23辑),清华大学出版社 2016 年版,第8页。

(二)利益输送与相关罪名的同一与近似——基于"家族相似性"①

根据上述接近原则及在空间结构上的分析,利益输送属于职务犯罪的子集和构成部分,"在某一个场景中,相距较近的元素通常会被视为一个整体。"②从狭义视角看,利益输送与贪污、贿赂、滥用职权等传统贪腐犯罪具有"同一性",都是职务犯罪"同框"下的"共栖现象"。③ 它们之间呈现的是并列、同位、平行关系,且立场与目的相同,殊途同归,即减少、规避、惩罚权力在"垄断"状态下不法的风险与责任。

1. 结构的家族相似性:"同框"下权力官僚主义泛滥与公共性悖反

利益输送同贪污、贿赂罪与渎职犯罪的本质一样,提取公因式,勾画了"一幅契约和背信互相映衬的图画",都是裁量权滥用、权力异化为一种"恶",根据"同类解释"原则,应属于职务犯罪的"谱系",体现了"法秩序的同一性"。首先,利益输送是官僚主义泛滥的某种表现,正如有学者指出:"官僚责任有两种基本要素。一种责任:忠实地服从法律、高级官员的指令、效率和经济标准。另一种标准是符合伦理的行为:遵从道德标准,避免出现不道德的行为。"④其

---

① "家族相似性"是维特根斯坦于 20 世纪 30 年代提出的一个概念,"我们看到一种错综复杂的互相重叠、交叉的相似关系的网络:有时是总体上的相似,有时是细节上的相似。我想不出比'家族相似性'更好的表达式来刻画这种相似关系:因为一个家族的成员之间的各种各样的相似之处:体形、相貌、眼睛的颜色、步姿、性情等等,也以同样方式互相重叠和交叉。"([奥]维特根斯坦:《哲学研究》,韩林合译,商务印书馆 2013 年版,第 46 页)诸多学者已根据该概念特征进行引申适用,如:周恺在 2016 年 5 月发表在《人民法院报》的文章《法律文书的"家族相似性"》,用以描述事物的重叠、交叉的特性。本书指"相似的概念之间并不存在共有的相同点,而是呈现出一种'重叠交叉'的特点。"(陈怡梦:《多元社会正义构建的"家族相似性"——罗尔斯和沃尔泽正义理论方法比较》,《理论与现代化》2018 年第 1 期)

② 张克定:《空间关系构式的认知研究》,高等教育出版社 2016 年版,第 82 页。

③ 共栖现象是指两种生物生活在一起,对一方有利,对另一方也无害,或者对双方都有利,两者分开以后能够独立生活。如海葵常常固着在寄居蟹的外壳,海葵靠刺细胞防御敌害,能对寄居蟹间接地起到保护作用。寄居蟹到处爬动,可以使海葵得到更多的食物,又如犀牛鸟和犀牛、燕千鸟与鳄鱼的共栖等。

④ [美]詹姆斯·W.费斯勒、唐纳德·F.凯特尔:《行政过程的政治——公共行政学新论》(第二版),陈振明等译,中国人民大学出版社 2002 年版,第 430 页。

次、利益输送的危害同其他职务犯罪一样，是一种不法和应诛之"恶"，该"恶"是对权力本质——公共性的侵害与悖反，严重践踏了民众的权利。鉴于权力的示范性特征，权力的危害在社会链条中具有传递与放大功能，犹如对河流的污染，其直接从上游将水源污染了。为此，其处置方式不仅与相对人甚至整个社会都息息相关。而在滥用职权从"国库"获利的本质之外，利益输送同受贿相关罪名也存在着"家族相似性"（family resemblance）：行为标记相似性、话题相似性、表达相似性。

2. 功能的相互关联性：利益输送犯罪与贪污、受贿犯罪的"共栖现象"

利益输送犯罪化并不是权力不法的重复"计算"和危害性的重复"统计"，更不是"新瓶装旧酒"，而是独立于现行罪名的一种新型犯罪行为。其不仅丰富了职务犯罪内涵体系和依法反腐理论，也为理解权力贪腐行为与渎职行为提供了一条"纽带"。首先，在刑法定位上，利益输送犯罪化异于贪污、受贿，对其规制是对裁量权滥用进行防控的"关口"前移。国家工作人员作为社会政治精英，因为前期的预防"空转"，则直接产生了严重代价。将"利益输送"引入刑法中，不仅平衡了贪污罪、受贿罪、滥用职权罪畸轻畸重的量刑标准，也弥补了现行刑法对利益输送理论规制的不足，与贪污罪、受贿罪并列、同位，共同构成遏制腐败犯罪的理论基础与"三位一体"的框架，进一步完善了职务犯罪类型与体系。其次，利益输送的犯罪化不是弱化贪污、受贿的惩治，而是要补齐打击腐败行为的短板。利益输送事实标准的明确性、确定性、稳定性，使罪刑法定由基本原则转换为制度内容，由空想变为现实，具有了对抗司法任意、擅断的根本性，进一步保障了刑法的行为规范、评价规范及裁判规范。

（三）利益输送区别于传统"教科书式"腐败犯罪：魔鬼在细节

利益输送区别于贪污、受贿、滥用职权等传统的"教科书"式腐败。其常见、多发、隐蔽性强且难以识别，是一种严重的腐败"犯罪黑数"。如果贪污罪侵害的法益是"权力的廉洁性"，受贿罪侵害的法益是"权力的不可收买性"

71

（不可交换性），那么利益输送所侵害的法益则是"权力的公平性"。利益输送严重侵害了权力配置公共资源的公平性以及其他附随法益，并围绕该保护法益在刑法的时空里构建独特的话语体系，展开罪与罚的叙事。

首先，从行为层次性看，贪污罪直接表现为国家工作人员利用职务之便，直接将国家财产或公共利益直接输送给自己，单向性的线性关系明显，主要为"个案"，表现为一个层次"A→A"，即纯粹从"国库"拿给自己的行为或者直接将公共利益输送给本人。当然，这种情况下往往也容易构成私分国有资产罪，但该罪主体仅为单位。按照2016年4月18日开始施行的"两高"《于办理贪污贿赂刑事案件适用法律若干问题的解释》第十六条第一款的规定，非法占有公共财物后用于单位公务支出或者社会捐赠的，不影响贪污罪的认定。而利益输送则表现出多个层次与行为面向：A→B；A→B→C；B→A→C，即国家工作人员利用职务之便，从国库"拿"或通过其他国家工作人员"拿"，然后输送给他人；或者其他人员通过国家工作人员"拿"到公共资源后再进行输送。受贿罪则呈现出三个层次"A⇆B"，即"（预期或实际）收受贿赂→从'国库'拿公共资源→输送给他人"，需要注意的是，国家工作人员"拿"的行为背后是其利用职务便利对公共资源的"占有或实际控制"。此处的"输送给他人"则是存在一种"对向性"的对价关系。同时，利益输送与受贿罪一般表现为主体间的利益相关，往往形成"窝案"。

其次，从主观目的和行为面向看，贪污、受贿、利益输送的主观意图都是基于权力的"利己性"而作出的徇私裁量。相较贪污、受贿主观上的为自己谋利而言，利益输送则可能会基于"补偿人情""卖面子""自发同情心"等主观考量，获利方可能知悉也可能不知悉。从行为面向看，贪污行为是"盗窃式"的自体腐败（为本人图利）——监守自盗，将国家财产或公共利益据为己有，具有直接获利性；受贿行为是"交易式"腐败，即"相互图利"——以权换利，即不能直接获利，而需要他人给付一定的经济性利益，在被承诺或实际获利之后再将公共利益输送给他人，其不法利益则直接来自"权力交换"；利益输送则是

"欺诈式"(相对一般公众与权力监督而言)的利他性腐败,即"图利他人"——直接将公共利益输送给他人,本人没有收受或无法查明收受他人给予的"好处",不法利益来自职务不法行为所衍生的结果。按照个别学者对腐败的划分种类,贪污罪是一种不能促进或刺激经济发展而属于"退化性腐败",受贿罪、利益输送犯罪则是一种"发展性腐败"。尽管三种腐败的基本形态都属于"掠夺式"腐败,但贪污、受贿行为趋向"利己性",其权力行为体现的公共性程度很低,利益输送具有"利他性",其行为的不法性更隐蔽、装模作样的"伪装",往往与"工作失误"或"便民"相混淆。

(四)利益输送犯罪、图利罪及背信罪三者的关系

1. 利益输送犯罪属于图利罪的一种范畴

根据我国刑法规定,通常将公共财产、利益放入自身荷包的行为视为"贪污罪",将"图利他人"分为为他人谋取利益收受好处(现实的或预期的)或者未收受好处。以权换利的视为受贿,而直接为他人谋利而未收受或无法查明是否收受好处的行为,在司法实践中认定较为混乱,所涉罪名包括贪污罪、贿赂罪以及滥用职权罪等,也即本书所研究的一种狭义利益输送。即国家工作人员违法不当授受公共资源(利益)给他人的一种裁量权滥用行为,其符合图利罪中的"图利他人"。即满足图利罪的构成要件:主体为公务人员,行为人明知故意,违反法令,使他人获得不当利益。

2. 利益输送是一种特殊的背信犯罪

利益输送犯罪作为国家工作人员的一种权力渎职行为,虽在法益保护层面更为强调权力配置公共资源分配的公平性。但该行为也严重违背了公众对职务活动客观公正性的信赖,违背了权力的本质属性"公共性",还侵害了国家机关的正常秩序、活动。具体而言,利益输送犯罪是因国家工作人员在行使自由裁量权过程中,违背民众信赖关系和公平原则,未能从公共利益最大化出发配置公共资源,从而造成公共利益的损失,其致使保护法益陷入一种危险状

态,是一种背信的滥用裁量权限。为此,利益输送的犯罪化,很大程度上纾解了当前社会增设更广义的"背信罪"的压力。"为他人处理事务的人——实施违背信任的行为——造成他人财产上的损害"的犯罪行为,被称为"背信罪""背任罪"(日本翻译)、瑞士的"不忠实的经营罪""违背义务执行公务罪"以及俄罗斯的"以滥用信任的方法造成财产损失罪"。德国刑法并没有图利罪的称呼或者规定,但对于类似权力背信的行为并不是不予刑罚,而是转以国库背信(Haushaltsuntreue)的概念进行说明。① 其刑罚所适用仍是刑法第266条背信罪(untreue)的规定。背信罪是一项财产犯罪,乃是侵犯个人法益的犯罪。对于"公务员图利罪"的适用,背信罪往往作为权力渎职的"兜底罪名",图利罪属于一种特殊的背信罪,另外,从概念、内涵可知,背信罪中的"为他人处理事务"的"他人",实质即为本人或委托人,综上分析可知,应包括行为人之外的所有委托人,即自然人、法人或其他非法人团体以及国家等。是故,利益输送犯罪、图利罪、背信罪三者之间的关系应该是逐渐被包含,如图表1-2-2。

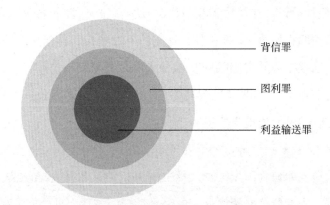

背信罪

图利罪

利益输送罪

图表1-2-2 利益输送罪、图利罪、背信罪的关系图

---

① 参见许恒达:《贪污犯罪的刑法抗制》,元照出版有限公司2016年版,第154页。

(五)为亲友非法牟利罪是主体被限缩的一种"利益输送"

从文本规定观之,民国时期的刑法及其他许多国家的刑法都规定了背信罪(或背任罪)。新中国刑法起初没有规定背信罪,在修订刑法的过程中,只是增加了一些特殊的背信罪,为亲友非法牟利罪即是背信罪的一种表现形式。① 背信罪通常表现为自己在受委托为他人处理事务中,以"图利自己"或"图利他人"抑或"故意损害委托人利益"为主观目的,从而违背受托人义务,致使本人(委托人)遭受财产损害的不法行为。而为亲友非法牟利罪构成要件:首先,本罪为身份犯——主体必须是国有公司、企业、事业单位工作人员以及其委派到国有控股、参股公司从事公务的人员。其次,需要利用职务上的便利(即利用自己主管、管理、经营、经手公司、企业业务的便利)而造成国家严重损失。据此,根据利益输送的结构特征,为亲友非法牟利罪应为一种主体被限缩的"利益输送",并归属于背信罪的范畴。

四、利益输送与工作失误及"为民服务"的划分

(一)利益输送与工作失误

利益输送由最初作为一种中性的事实概念(没有任何价值色彩),逐渐演绎为资本交易的不公平现象,一种不法的规范判断,到今天文化(情景)语境下腐败的一种新型符号——职务犯罪。作为本书研究对象狭义上的利益输送,即国家工作人员明知违背法律、法规而利用职务之便为他人谋取不正当利益致使公共财产、国家利益遭受重大损失,且并未收受或者难以查明是否收受他人财物的严重危害社会的行为。从概念特征可知,该罪是一种排斥了过失、间接故意的直接故意犯罪,是国家工作人员基于"私心"而明知违反法律或者故意规避法律,将国家公共资源(国家财产或利益)不当授受或输送给他人,

---

① 参见张明楷:《刑法学》(第五版),法律出版社2016年版,第763页。

严重破坏了资源分配的公平性,致使国家财产公共利益遭受重大损失,其明显区别于国家工作人员因失误所造成的严重损害。而国家工作人员的工作失误,主要是基于工作业务、技能的不熟悉、操作不规范以及主观意识的疏忽大意等所致,并不具备利益输送行为上的主观直接故意,该种工作过失行为不能认定为刑事上的利益输送。但这种工作失误的过失则可能会涉及行政责任。如环保执法人员因不慎遗失涉及较大数额的处罚单而导致无法处罚违规主体。

(二)利益输送与"为民服务"(便民)

从利益输送的构成要件来看,依法行使权力是法治国家的核心价值之一,也是一切公权力行为所必须遵守的首要原则。权力运行过程中,不仅要保证其"公共性"价值与廉洁效能,更要充分给予民众"便利"。国家工作人员行使权力的过程当中,在法律规范的范围内给予民众方便,为民服务,即被认为是一种合法的为民服务与便民。若明知违反法律、法规仍进行不当授受,即使让他人获得利益不多,仍然会构成利益输送,只是根据涉及数额与情节,认定为一般违法行为,还是涉及刑事不法行为。易言之,只要国家工作人员对法律法规有正确充足的认识,并时常在内心保持衡量公平、伦理的一把尺度,就能在法律规范的范围内行使一种处事的决策,而不会逾越或者滥用裁量权。

此外,利益输送的构成要件由明知违反法律法规、直接故意、使他人获得好处、造成国家严重损害等构成,只有具备上述四种要件,才能被称为利益输送。即:主观要件→明知违法或故意规避法律+行为直接故意;客观要件→违背职务行为+使他人获得利益之行为+因而获得利益。需要说明的是,该"好处",不仅指物质上的利益,还包括一种特定优势,如竞争优势等。[①] 也就是

---

① 2012年,《最高人民法院、最高人民检察院关于办理行贿刑事案件具体应用法律若干问题的解释》规定,违背公平、公正原则,在经济、组织人事管理等活动中,谋取竞争优势的,应当认定为"谋取不正当利益"。[参见全国人大常委会法制工作委员会刑法室:《中华人民共和国刑法修正案(九)解读》,中国法制出版社2015年版,第313页]

说,利益输送仅处罚故意犯,无直接故意而使他人获得好处则不会成立犯罪,同样,利益输送也不处罚过失犯,不能因为国家工作人员行为失当使他人获得不法利益,就推定其有故意违反法律或法规的故意。从司法实务来看,利益输送与为民服务,最重要的区别应该是,有无违反法律法规为重要判断。再者,利益输送是一种结果犯,需要有他人获得好处且国家造成严重损害的结果,这两种结果,是一体两面的反映。例如,国家工作人员协助企业或个人排除工程施工困难,就是为民服务或者便民,但如果在工程施工阶段,超出原有价值溢价超估、虚估或者尚未竣工、不符合竣工条件的,却通过工程报告给予合格验收,这就是利益输送。再如,新城镇建设过程中,征收土地、超估或虚估补偿费用即为利益输送,而协助被征土地人申领补偿费就是为民服务。如图表1-2-3。

图表1-2-3 利益输送与为民服务(便民)的区别

要件　　　　　　　类型	利益输送	为民服务(便民)
国家工作人员是否明知故意	有明知故意	无明知故意
是否违反或规避法律、法规	故意违反或故意规避法律法规	不违反、不规避法律法规
是否使他人获得好处或公共利益是否造成危害	不法利益	合法利益

第三节　利益输送犯罪场的形成：
基于"多元"与"差异"

利益输送是一种"回环的社会行为",人的刺激——反应是往返进行的行为。[①] 而根据李斯特在犯罪学上的基本观点——犯罪原因的"二元论"来看,犯罪是由于个人(行为人本身先天性质决定的)原因和社会(后天性质决定的

---

① 参见程继隆:《社会学大辞典》,中国人事出版社1995年版,第258页。

社会环境和外界刺激决定的)原因的结合,尤其强调社会原因是主要原因。①作为一般犯罪行为理论的基本假设是,犯罪行为仅用社会或者个人的病理因素(pathological factors)就可以获得解释。被强调的社会病理因素,是贫困以及与之相关的住房破旧、缺乏有组织消遣(organized recreation),缺乏教育以及家庭生活解体等。被用来解释犯罪行为的个人病理因素,最初是指各种生理异常(biological abnormalities)。② 李斯特也曾经指出,利用法治与犯罪作斗争,要想取得成效,必须具备两个条件,一是正确认识犯罪的原因;二是正确认识国家与刑法可能达到的效果。③ 为此,根据社会因素的多样性、个体的差异化、价值多元的冲突性以及权力关系的异质性等相关性分析,以发现利益输送多种条件综合后的"耦合",归根结底是寻犯罪场之成因,求消解之果。

一、社会根源:客观因素的多样性存在

在涂尔干看来,社会事实是由其他社会事实决定的,"一个社会事实形成的原因应该在其他先于它的社会事实之间,而不是在个体意识的状态之间去寻找"。这意味着,任何一种社会事件都是由其他社会事实所构成和决定的,每一个社会事件也都要在与某一社会事实的法定联系中寻找其解释,这些社会事实包括社会现象与社会力。④ 即使根据"犯罪饱和法则"(law of criminal saturation),菲利也同样指出:"即每一个社会都有其应有的犯罪,这些犯罪的产生是由于自然及社会条件引起的,其质和量是与每一个社会集体的发展相适应的。"⑤本书认为,从认识论来讲,人们不可能直接把握"一",他需要从

---

① 参见梁文平:《预防文化——在历史与现实之间》,中国检察出版社 2007 年版,第 69 页。

② 参见[美]萨瑟兰:《白领犯罪》,赵宝成译,中国大百科全书出版社 2007 年版,第 4 页。

③ 参见[德]李斯特:《德国刑法教科书》,徐久生译,法律出版社 2000 年版,第 13 页。

④ 参见[美]罗伯特·毕夏普(Robert Bishop):《社会科学哲学:导论》,王亚南译,科学出版社 2018 年版,第 35 页。

⑤ [意]菲利:《实证派犯罪学》,郭建安译,中国人民公安大学出版社 2004 年版,第 183 页。

"多"、从"差异"入手;反过来说,没有"多"和差异,也就不会有"一"本身。[①]
而这种"多"是否会形成个体所最终需要的"一",除了个体的差异性之外,还
在于这种社会因素"多"的属性。

(一)消费主义盛行与刺激

随着社会经济的快速发展,人们对高水平的物质文化生活需求越来越丰
富、多样,催生消费社会的到来。消费主义刺激人的欲望,制造需求,以消费和
使用物品的档次、价格来彰显自身的品位、地位以及人生成功的价值,并力图
将获取优越的消费方式作为构筑自我价值实现与表现的一种生活方式,社会
心理失衡。然而,消费主义的流行或盛行不断在强化对物质追求的"快感"和
"物性"满足,以至于长期为人们所坚守的职业操守、伦理责任被忽视、渐趋式
微,人成为社会客观存在的一种被"物化"的符号,道德精神堕落、空虚,社会
主体性责任模糊。消费主义直接或间接地不断地提示着"人与人的不平等"
和事实上的群体分化。国家工作人员作为权力的政治精英亦是无法摆脱"物
性"的诱惑,手中的垄断性权力与相对"弱势"的经济生活地位形成严重的心
理失衡,令原本锐意改革的权力层面临更为严峻的考验,导致了权力的社会危
机和意义危机,演绎出种种权力的乱象,亦如利益输送。

(二)犯罪亚文化的浸染与影响

腐败和反腐败斗争,虽然是关系政权稳定、国家存亡的严重政治斗争,而
其内里却蛰伏着深厚的社会心理和文化根源,文化则赋予主体特定的经验与
价值判断。我国是一个具有几千年封建文化传统的国家,封建思想根深蒂固,
专制、官本位、人情等文化糟粕容易得以反弹,加之,资产阶级腐朽思想的渗

---

① 参见姚国宏:《话语、权力与实践:后现代视野中的底层思想研究》,上海三联书店 2014
年版,第 89 页。

入。犯罪亚文化犹如社会的毒瘤,而权力腐败是社会毒瘤文化的一种中枢所在,腐败亚文化是权力腐败的精神家园。亚腐败是目前流行于社会的一种隐性疾病,亚腐败有着腐败因子,流淌着腐败的血液,却很难用法律衡量并给予监控,其实这是公务员在工作中存在的作风问题。① 亚当·斯密在其《国富论》中,认为,利他主义只存在于少数伟大人物身上,自利的本性使得竞争成为促使他们努力工作的有效手段。

物必自腐,而后生虫,任何事物首先是自身腐化堕落,而后被腐化。攀比是一种病态的心理现象,而往往和一些正常的生理现象相互交织,互为表里。攀高枝是人情社会的普遍心理,朋友是感情的产物,在社会交往中,友情甚至占据了中心的位置。改革开放后,许多人的价值观、人生观发生了变化,笑贫不笑娼,利益与道德开始分野。亚腐败为腐败培育了一种认同意识和接受心理,亚腐败文化是腐败的前身,为腐败提供了滋生土壤。公务员的亚腐败的六个特征主要表现为:利己性、广泛性和普遍性、模糊性、过程的半公开性、影响的衍生性。② 胡鞍钢从经济领域的角度认为,"亚腐败"具有四种形式:"寻租性腐败""地下经济腐败""税收流失性腐败"和"公共投资与公共支出性腐败"。③针对利益输送而言,虽然行为主体没有收受好处,但却是一种严重的权力滥用的腐败形式。无论如何,腐败亚文化都不是一种纯粹抽象的存在,而总是借助各种载体与各种主体相融合的方式存在,实质是一种个人中心主义发展的逻辑起点,具有同文化的感染性和传播性一样特征,但更具有渗透力和破坏力,最终会在客观上汇聚为"巧取豪夺性"的特征。

二、个体诱因:主观价值的多元性冲突

社会是一个多样性的社会,所有人都面对着同样的一个客观存在的物质

---

① 参见郑洁、卢汉桥:《反腐倡廉论》,社会科学文献出版社 2015 年版,第 212 页。
② 参见郑洁、卢汉桥:《反腐倡廉论》,社会科学文献出版社 2015 年版,第 214 页。
③ 胡鞍钢:《隐性腐败更应关注》,《当代经济》2001 年第 6 期。

世界，但是人们却并不因为此，对于这个客观存在的物质世界，有一个共同的认识。20 世纪著名的政治哲学家以赛亚·伯林，是一个典型的价值多元论者。在伯林看来，我们必须克服表现在历史与思维结构中的二元对立，即消除一元论的绝对主义的思考方式与宽容的公民文化的对立。其价值多元论，主要归结为两个方面，其一，在关系到人类命运的重大问题上，不存在唯一的答案，甚至这些问题本身就是没有答案的，是人类自我折磨与自我设计的问题。人的存在与历史，社会并没有一直存在的一成不变的本质，问题、答案都是有机的、易变的。其二，观念的冲突是正常的，不冲突，舆论一律在实践的领域，不仅是不正常的，更是人类的灾难，理想主张、信念的冲突表明，人类的价值世界，人的本性本身就是冲突的、异质性的。① 正如有人所说的，一个人有两个我，一个在黑暗中醒着，一个在光明中睡着。

（一）国家工作人员是"有限的理性经济人"

康德认为，人具有自由意志的理性，"我们必须承认每个具有意志的有理性的东西都是自由的，并且依从自由观念而行动"②。行为人主观上对权力依赖具有一种足够的自信心，对这种利益输送的危害行为，都具有自知、自控能力，俱是在自由意识支配下实施该行为的，应承担该危害行为所造成损失的法律责任与道德责难。经济学假定人是理性的，人在有限理性和环境约束下选择行为并追求行为利益最大化。有限理性的"人"常常被有意无意忽略，被无知和偏见遮蔽。这些思维，就埋在有限性意识之下，如此之深，以至于常常看不见他人，对自己也熟视无睹。当"心理欲望"被反复重复、强制，当从量转化到质时，就可能会影响犯罪的产生及属性了。有限理性的假定意味着无论是人的行为，还是在人的行为主导下的制度都具有非至上性。人们的预期总是

① 参见姚国宏：《话语、权力与实践：后现代视野中的底层思想研究》，上海三联书店 2014 年版，第 90 页。

② ［德］康德：《道德形而上学原理》，上海人民出版社 1986 年版，第 102 页。

以最小的投入换取最大的利益,而不顾手段是否正当。犯罪行为符合这样的特点,但这行为可以实现正当手段,根本不能达到目的,这是一种功利主义犯罪成因。

人的认识既受制于社会存在,也受制于已有的社会信念,意味着人的思考和目标选择是有限的理性,并非完全理性和自利。公权力具有利己性(私人性)与利他性(公共性)的双重属性。随着权力与资本的接触、交往,作为权力承载主体的国家工作人员在外界环境的刺激下不断心理自我暗示,行为认可或拒斥被不断权衡,理性平衡与风险概率考虑下形成欲望内驱力,继而产生自反性的邪恶意愿倾向,自由意志下决断其利己性行为,权力的公共性被遮蔽,主体性功能异化,国家工作人员作为"社会理性人"则会对权力的交换性、规范性作出选择,从而产生寻租。为此,有限理性意味着社会主体的认识判断和行为选择都具有局限性,在对行为信息可以全面把握的情况下,由于信息不对称或因获取信息的成本过高,行为人对行为后果的认识、判断只能集中在对少量社会事实的评价上,难以对事物做出更具科学性、真实性的全面描画。同时,由于事物具有一定的不确定性,在未能对行为信息全面把握的情况下,人们的行为甚至表现出更明显的非理性化。

(二)紧张理论下的马斯洛需求层次的升级

默顿的失范理论的重构,体现在它对特定人群的紧张状况进行了阐述,并运用这些紧张状况去解释犯罪。社会中处于一定压力下的特定的人,更容易违法乱纪,而不是遵规守纪。该理论最核心的部分认为,压力和挫折则是根源于犯罪人或青少年犯罪人的一种需求与期望所得之间的落差。[①] 20世纪 60 年代,紧张理论曾一度在犯罪学理论占有统治地位,并最终对美国联邦政府涉及犯罪和青少年犯罪的政策产生了巨大影响。卡伦(Cullen)认

---

① 参见[美]沃尔德等:《理论犯罪学》,方鹏译,中国政法大学出版社 2005 年版,第182 页。

为依据默顿的理论,处于社会结构性紧张的个人会感觉到挫折,并且这些挫折感会导致他们行为越轨。① 人作为一切社会关系的总和,"是以一种匮乏的状态出场的,人来到世界上,首先是需要解决自己的匮乏。……需要是人类活动的内部动因,是理解人的活动与人的历史的重要逻辑起点。"②在对利益目标的评判上,人都有偏好——主体行为选择时比较稳定的倾向,与经济市场一样。

同样,卡伦的解释表明,"紧张"这个术语可以指称"社会"与"个人",一是指称一种社会特征,在紧张的情景之下,社会结构无法为实现文化价值目标提供合法的手段。二是指这个术语可用来指称个人经历的感受和情绪,由挫折而生的紧张,或者焦虑或者沮丧或者愤怒。将这两者结合起来的线索是处于"社会结构性紧张"的人们(例如那些不能通过社会结构提供的合法手段,实现文化价值目标的人们)会感到"紧张"(例如会感受到压力、挫折、焦虑、沮丧、愤怒),并且这些感受,将会成为这些人群中产生高犯罪率的真实原因。③ 转型社会中,人们行为倾向性往往很明显,比如多数个体对遵纪守法的理性选择。马斯洛需求层次理论由美国心理学家亚伯拉罕·马斯洛1943年在《人类激励理论》论文中所提出的行为科学的理论之一,他认为人们的需求若阶梯一般,遵循着从低到高按层次发展,即生理需求、安全需求、社交需求、尊重需求和自我实现需求,揭示了人们对不同时期的不同"利益"具有需求性和倾向性、偏好稳定性。国家工作人员在心理失衡、外在环境刺激下,内心焦虑、攀比失落,紧张状态下,欲望如火,消费渴望升级,需求总是向上升腾。人在有限理性和环境约束下选择行为并追求行为利益最大化。对于利益输送犯罪,因为他们认为犯罪会给自己带来更大的效用。而"效用

---

① 转引自[美]沃尔德等:《理论犯罪学》,方鹏译,中国政法大学出版社2005年版,第183页。

② 沈湘平:《理性与秩序》,北京师范大学出版社2003年版,第19页。

③ 参见[美]沃尔德等:《理论犯罪学》,方鹏译,中国政法大学出版社2005年版,第184页。

代表的就是个人或组织对于自己偏好的满足程度"①,一种需求的实现与下次需求的再准备。

(三)公共角色边界的渗透与偏差

利益输送行为是国家工作人员的一种角色错位。国家工作人员是社会公民与国家公职人员双重角色的统一,具有利己性和利他性、理性和非理性的统一,作为社会公民,利己性和个人利益最大化是其自然的价值倾向,而作为国家公职人员,在公权力行使过程中,公共性是其行使权力的根本属性,社会公共利益与社会福利的最大化是公职人员承担的基本义务或职责。追求自身利益的"经济人"往往会与具有"公共性"的"政治人"产生角色冲突,偏离角色规范和权力行使规则而背离公共性质,从而造成公共悖论与腐败,其实际是一种道德情操与经济利益的冲突,生成了主观恶性与反社会的意识形态。

三、犯罪场:异质性关系的耦合

"场"本来是物理学概念,是指一定质量、能量和动量相互结合的作用领域,作用力在一定领域产生场效应。相同的电流源和电荷源置入相同的介质中,会产生相同强度的场。风险社会作为一组特定的社会、经济、政治和文化的情景,其特点是不断增长的人为制造的不确定性的普遍逻辑。它要求当前的社会结构、制度和联系向一种包含更多复杂性、偶然性和断裂性的形态转型。② 在社会领域,各种相互作用力也有其产生效应的领域,即社会的场,社会场存在于各种社会关系中。储槐植教授提出了其独特的犯罪场理论,他提

---

① 沈海平:《寻求有效率的惩罚——对犯罪刑罚问题的经济分析》,中国人民公安大学出版社 2009 年版,第 33 页。

② See Barbara Adam,Ulrich Beck and Joost van Loon,The Risk Society and Beyond:Critical Issues for Social Theory,London Sage Publications,2000.

出:"控制犯罪场比控制犯罪原因简便省力,如果控制犯罪原因难以奏效,控制犯罪场就成为犯罪控制的一条捷径,甚至成为犯罪控制的关键。"①犯罪场不是纯客观的实体范畴,是针对犯罪预防所提出的理论,是"通过环境设计预防犯罪"(Crime Prevention through Environmental Design,缩写为 CPTED,下文皆采用英文缩写)理论②的中国版本及其运用,③还是主体与客体之间的一种关系,即关系范畴。其特征包括:主体的特定性——潜在犯罪人;客体的特定的背景——时间、空间、侵犯对象(被害人)因素、社会控制疏漏因素。其中,潜在犯罪人与犯罪背景因素的结合是犯罪场结构,犯罪人体验到它们传递的犯罪易于得逞的信息,在主观与客观相结合下形成犯罪场,其基本特征是一种关系范畴。

通过分析发现,犯罪场在犯罪原因系统中的功能是将时间、空间、被害人因素、社会控制疏漏的信息促成可能的犯罪原因转变为现实的犯罪行为,转变过程就是一种信息传递机制,传递后便形成犯罪场,同时或即将实施行为则是犯罪场效应。导致犯罪率变化的原因不是贫穷,而是社会关系以及人际关系,这种关系有时与贫穷相联系,有时与富裕相联系,有时则同时与贫穷和富裕相联系。④ 对利益输送"控制犯罪场比控制犯罪原因简便省力"⑤。

(一)垄断给予权力的不同面向

垄断一方面使得权力的"公共性"便于发挥,另一方面却是"利己性"腐败

① 储槐植:《刑事一体化》,法律出版社 2004 年版,第 33 页。
② "通过环境设计预防犯罪",乃是犯罪学中一种重要的理论。英联邦国家称该理论为规划减少犯罪(Designing Out Crime)理论。CPTED 理论认为通过环境设计预防犯罪的措施包含 6 种要素:领属性(territoriality 领域感)、监控(surveillance)、出入控制(入口控制,acess control)、目标强化(target hardening)、景象/维护(image/maintenanance)、活动支持(activity support)。参见赵秉志:《当代刑法问题》,中国人民大学出版社 2014 年版,第 260—270 页。
③ 参见赵秉志:《当代刑法问题》,中国人民大学出版社 2014 年版,第 260—270 页。
④ 参见[美]萨瑟兰:《白领犯罪》,赵宝成译,中国大百科全书出版社 2007 年版,第 5—6 页。
⑤ 储槐植:《刑事一体化》,法律出版社 2004 年版,第 33 页。

滋生之源，为此，垄断成就了权力的"双面人生"。垄断权的存在，创造了最腐败的市场，这正是为什么许多腐败行为发生在公共领域，他根据不允许代售的普遍规则，并保护公共利益，通常以牺牲个体的私人利益为代价，对腐败来说，这些特点，使公共领域成为充满机会的池子。①

垄断使得经济领域存在经济政治化、权力市场化，政治领域存在权力挤压权利、权力资本化寻租产生，并形成了"公共选择理论"，该理论认为腐败是基于理性的，个人的理性计算和理性的个人在一个竞争性的"市场"上寻求实现其利益最大化的、理性选择的结果。②

腐败存在于政府部门的权力垄断、利益垄断和信息垄断之中，体现为新的腐败形式破坏手法，并不断催生出新的腐败变种，腐败行为更加集团化和隐蔽化，且具有掠夺性，公共资源变成私人福利，造成社会分配不公平，形成资源配置的"结构性紧张"与社会心理失衡的"结构性怨恨"，一种实质性的分配差距，典型如利益输送。为此，腐败之所以会发生，是因为有两个因素，一是官僚政治的垄断状态；二是存在一个"黑市"，使官僚的投机行为可以获得利益。③

（二）行政裁量权自由空间的存在

自由裁量权的能动性给滥用权力提供了空间。人类社会进入近代，经济发展迅速，生活节奏加快，由于立法行为对社会关系变化反应迟缓，所以，政府职能逐渐加强，行政范围逐渐扩大，政府开始对社会生活进行普遍干预。这种趋势一直延续到现代，在更加迅速的社会变迁中，立法机关更难预见和准确把握未来的社会发展变化，只能授权权力主体根据可能出现的情况作出相应的决定。但是，这样做的同时，必然赋予权力主体巨大的权力和使用权力的能动

---

① 参见［美］伊曼纽尔·克雷克、威廉·切斯特尔·乔丹：《腐败史·1》（上），邱涛等译，中国方正出版社 2016 年版，第 18 页。
② 参见马海军：《转型期中国腐败问题比较研究》，知识产权出版社 2007 年版，第 55 页。
③ 参见马海军：《转型期中国腐败问题比较研究》，知识产权出版社 2007 年版，第 55 页。

性,这就给权力主体滥用权力提供了制度空间。实际上,法律作为一种客观抽象的规章制度根本没有办法完全涵盖和拘束日益宽泛的行政活动,所以要根据变化的各种情况,在某种范围内承认权力主体有具体判断和选择的余地。尽管人们希望法律在授权时以明确具体的、防止权力恣意的规则来限制自由裁量,但法律和制度永远都无法把权力行为固定在某些一成不变的模式之中,它必须为权力行为留下一定的自由空间,而这个空间既有可能成为权力主体发挥创造性的前提,也有可能成为权力主体滥用权力和以权谋私的机会。因此,自由裁量权存在的合理性中往往孕育着破坏性,自由裁量权存在的合理性并不等于它行使的合理性。

(三)权力的价值性与工具性的错位

权力的价值具有优先性,然而人们倾向于把权力视为一种纯粹性工具。这种工具包含阶级统治的工具,资源配置的工具,社会调控的工具,征服他人的工具……更多考虑权力的功能强调权力的实效,而权力的价值性,如权力的目标和终极意义的问题,由于不具有明显的功利性色彩而被忽视。在现实生活中,权力工具性凸显,价值性失落,随着其政治功能的增强,权力的公务伦理价值容易式微了。人们关注手段较多,而对目的问题也就是价值问题兴趣不大,权力运行中,手段往往驾驭目的,目的或价值常常成为陪衬。价值性与工具性关系的错位让人们常常被接踵而来的一个个问题所纠缠而难以自拔。

利益输送等诸多腐败问题的存在都可以从权力缺乏有力的价值性规导、工具性存在巨大缺陷找到原因。如果明确了权力价值性的优先地位,在权力运行中偏离终极目标的几率就会小许多。而实际上这个过程根本无法排除价值因素的参与,它在本质上是政府决策者运用其掌握的政治权力,对各种社会利益集团的利益需求进行利益平衡,维护社会的公平正义,进行社会价值权威性分配的过程。目的决定手段即是立场决定策略的问题。在公共政策的制定和执行过程中,决策者的立场在潜意识中决定着他们解决问题的思路。从权力价值性的实现过程看,价值性总是在现实的主客体关系中,通过工具性和目的性之间的相互作用、相互制约及相互转化而实现。工具性离不开目的性的规导,而目的性又必须以工具性作为实现的手段。离开价值性的指引工具性难免会步入歧途。

四、差异中的"同一":相互依赖下致罪因素的渐进式聚集

犯罪学家考察的是"所有人类角色(例如受害人、罪犯、警察、矫正官、法院行政人员、法官、律师)深处矛盾的现实和将来中时,特别是他们讽刺和赞美社会秩序时,他们不可相互比较的语言的全部内容"。[①] 也就是哈贝马斯所关心的"如何在差异中达到同一"的问题。[②]

(一)致罪因素内外空间的平等依赖

"致罪因素"一般指导致犯罪生成的各种因素的统称。有学者将所有"致罪因素"简化为一种概念,即是指促使"带菌个体"形成犯罪动机,由潜在犯罪人向危险犯罪人转化的因素。"致罪因素"主要包括经济政策失误、性禁忌、政治制度弊端、信仰缺失四个方面。[③] 与所有的社会现象相似,要给犯罪假设一个特定的原因是困难的,从个别的犯罪行为来看,犯罪的原因多种多样,每种原因对每个人的影响都是不同的。甚至如卡夫卡的《变形记》中萨姆沙所说的那样:甚至可能也会因为"太阳的错"而杀人。[④] 影响人类行

---

① Arrigo, "The Peripheral Core," op. cit., p.467. L Dragan Milovanovie, *Post modern Criminology*, Garland, New York, 1997; and Stuart Henry and Miloivanovic. eds.*Constitutive Criminology at Work: Applications to Crime and Justice*, State University of New York Press, Albany, 1999.关于激进犯罪学家应当抛弃后现代主义的观点,参见 Russell Stuart, "The Failure of Postmodern Criminollogy", *Critical Criminology* 8(2):61-90(1997),转引自[美]沃尔德等:《理论犯罪学》,方鹏译,中国政法大学出版社 2005 年版,第 328 页。

② 参见姚国宏:《话语、权力与实践:后现代视野中的底层思想研究》,上海三联书店 2014 年版,第 89 页。

③ 参见汪明亮:《道德恐慌与过剩犯罪化》,复旦大学出版社 2014 年版,第 69 页。

④ 参见[日]上田宽:《犯罪学》,戴波、李世阳译,商务印书馆 2016 年版,第 37 页。

动的因子有无数个,这些因子相互作用,关系并未明了,于是犯罪的原因也尚未明朗化,因此,关于引起或助长犯罪,并与犯罪乃至犯罪现象有关的因子,并不是犯罪的"原因"(cause),而应该将其作为犯罪的"因素(factor)进行探讨"。[①]

从利益输送的不法行为来看,行为人主体的生理遗传是一种潜伏状态,生活工作的心理挫折是一种准备状态,而主体所处的位置、物理空间则利用职务便利为不法行为主体提供了信息、线索,在社会消费主义、后现代主义等环境的笼罩之下,个体需求悄然发生变化,主观层面被刺激、渐趋发生反应——开始情绪或犯罪动机的信息加工、评估、做出反应。在犯罪场的作用下,主客观交互影响、共同作用。作为"有限理性经济人"的主体在多种"单元关系"(因素与主体的关系)、"认知结构"作用下重组、判断,最终传递出犯罪信息,而多元性的致罪因素内外之间是一种平等的依赖关系,且是一种时间、空间差异化的存在。

(二)致罪因素的传输与聚集

说到底,犯罪是作为一种社会行为而表现出来的。有学者把犯罪界定为:犯罪是拥有某种特质的人格在特定环境下所实施的反社会的行为。这个定义用著名的"梅茨格尔(E.Mezger)公式表示为 $KrT = aeP \cdot ptU$。"梅茨格尔认为,犯罪行为(KrT)是人格(P)与环境(U)的产物。人格由个人的素质(a)和发达(e)的程度决定,环境又会对人格的形成(p)和行为的形成(t)产生影响。[②] 这里的素质是指"由遗传因子所决定的发展可能性",环境是指"对个人产生直接和间接影响的全部外界条件之总和",而人格又可理解为其自身素质和环境所综合作用的产物。根据公式解析及描述,表示如图表 1-3-1。

---

① [日]上田宽:《犯罪学》,戴波、李世阳译,商务印书馆 2016 年版,第 37 页。
② 参见[日]上田宽:《犯罪学》,戴波、李世阳译,商务印书馆 2016 年版,第 34 页。

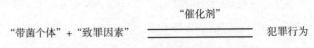

图表 1-3-1 梅茨格尔犯罪成因结构图①

该图揭示了素质因素和环境因素综合作用下传输、聚集且最终形成犯罪的结论。

另有学者认为,犯罪化学反应方程式理论吸收了各犯罪原因论之精华,是一种包容性很强的、整合的犯罪原因理论。即犯罪是由多种因素相互作用的结果,其中既有人的因素,又有社会的、自然的因素,这些因素在犯罪生成过程中所起的作用是不同的,以方程式的方式来解释犯罪生成过程中的各因素及其作用方式,即犯罪化学反应方程式。该方程式表现为图表 1-3-2。②

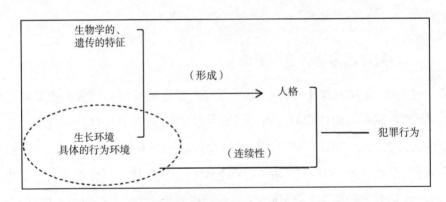

图表 1-3-2

在图表 1-3-2 的方程式中,"带菌个体"和"致罪因素"是引发犯罪行为的基本元素,这两个"元素"在任何社会中都存在着,"带菌个体"③与"致罪因

---

① 参见[日]上田宽:《犯罪学》,戴波、李世阳译,商务印书馆 2016 年版,第 35 页。

② 参见汪明亮:《道德恐慌与过剩犯罪化》,复旦大学出版社 2014 年版,第 68 页。

③ 所谓"带菌个体",指的是具有犯罪人格的人,也即潜在犯罪人。汪明亮:《道德恐慌与过剩犯罪化》,复旦大学出版社 2014 年版,第 69 页。

素"发生作用,产生犯罪动机,具犯罪动机的"带菌个体"在"催化剂"①的作用下发生"化学"反应,从而生成犯罪。其中,影响"带菌个体"生成即犯罪人格形成的原因是多方面的:既有人性方面的因素,也有个体素质方面的因素,还有遗传方面的因素和环境方面的因素(如家庭、学校、社会方面的因素),而且,个体自身素质与环境因素还会发生相互作用,共同导致犯罪人格的形成。其中,人的本性是"带菌个体"生成(也即犯罪人格形成)的前提;个体素质(生理与心理方面因素)是"带菌个体"生成之变量;遗传(个体素质的遗传)是"带菌个体"生成之变量二;环境因素(家庭、学校、社会)是"带菌个体"生成之变量三;个体素质与环境因素相互作用是"带菌个体"生成之变量四。在这些变量中,个体素质与环境因素相互作用是"带菌个体"生成的最主要变量。②

然而,诸多犯罪因素的变量自然会导致犯罪的不确定性。即使是犯罪的因素,也应该认识到,并不是在任何场合都会促使犯罪的发生。同样,即使把多数时候是在促进犯罪的因子作为犯罪的因素,那也只有在特定的条件下才能成立。为此,利益输送的犯罪传输过程,实际也是主体内在机制与外在机制的因素间依赖、适配、关联作用下的一种"犯罪生成"。也可表示为犯罪过程=输入变量+当前心理状态+评估过程+行为输出。即"带菌个体"与"致罪因素"相互间发生作用,是"带菌个体"产生犯罪动机,从而成为危险犯罪人,"带菌个体"与"致罪因素"相互间发生作用的方式不同,"带菌个体"所产生的犯罪动机也不相同,因而生成不同类型的危险犯罪人;危险犯罪人通过对催化剂各要素的感知,做出各种反应,在一定的条件下就会实施犯罪行为,从而成为现实的人。③

综上所述,本人认为,国家工作人员在不同的时间、空间、社会控制疏漏信

---

① "催化剂"指加快"带菌个体"和"致罪因素"相互作用速度,从而导致犯罪发生的导火线。主要包括:特定时空因素,社会控制疏漏,以及被害人因素三个方面。汪明亮:《道德恐慌与过剩犯罪化》,复旦大学出版社2014年版,第69页。
② 参见汪明亮:《道德恐慌与过剩犯罪化》,复旦大学出版社2014年版,第69页。
③ 参见汪明亮:《道德恐慌与过剩犯罪化》,复旦大学出版社2014年版,第69页。

息等环境下与个人主观因素在互动差异中,致罪因素渐进式聚集获得"同一"的犯罪场。犯罪场不是纯客观的实体范畴,而是主体与客体之间的一种关系,即关系范畴。犯罪场在犯罪原因系统中的功能是促成可能的犯罪原因转变为现实的犯罪行为,转变过程就是一种信息传递机制。而根据传递信息在利益流向中所起作用是"参与"还是"发起",而认定为不同罪名。如犯罪场形成的信息传递机制仅在利益流向中起到"参与"作用或者辅助作用,则构成贪污贿赂罪。若传递信息的机制起到"发起"作用即决定作用,则为狭义的利益输送犯罪(如图1-3-3)。

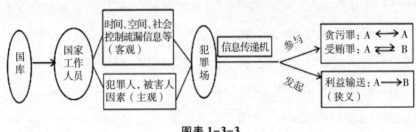

图表 1-3-3

第四节　理论工具:利益输送研究的模型集合

理论是行动的先导,实践是理论的兑现。利益输送作为裁量权滥用的权力异化,若对利益输送的刑法意义进行全面、深入而又客观的分析,并使其上升为普遍性的概念体系和知识范式,则必须借助现有基础理论作为解释性工具。"只有当一个理论可以根据一些明确的关键特征来描述这些现象的行为的特征时,且这种现象可以像理论所预测的那样完全独立地行动时,才能说这个理论是适合这种现象的。"理论是模型集合或模型家族,它强调的不是陈述的形式,而是模型的意义或内容。① 利益输送的刑法意义是刑法给出新时代

---

① 参见[美]罗伯特·毕夏普:《社会科学哲学:导论》,王亚男译,科学出版社 2018 年版,第 16 页。

反腐的又一方案,是刑法参与社会治理"善治"的表征。为此,本书在利益输送的构成、危害及本质特征的基础上,遵循社会平衡,在刑法话语体系内,寻求裁量权的法律保留从而避免权力滥用,力图根据利益输送的发展变化,在主观符合客观的前提下,达到刑法适用语境、语用的有机统一,以充分发挥多种理论的效用性和价值性。

一、社会平衡理论:马克思主义公平观的另一种叙事

(一)社会平衡理论

不平衡、不充分的发展与利益输送行为中公权力对资源分配的公平性破坏等问题均需要社会平衡理论提供相应的诠释与支撑。斯宾塞最早提出社会平衡的概念,后意大利社会学家帕累托发展。帕累托认为,社会是一个平衡状态,逐渐被破坏又逐渐得以恢复的体系,平衡模式是社会的变形,在这个模式中,社会的各个部分都是互相联系,并且相互影响的,当由于某种原因引起社会体系中的一个部分发生变化时,其他部分也会相应地发生变化,从而导致整个体系的运动,直到这种动态的平衡,再度恢复为止。帕氏认为,任何社会制度都是在一种均衡状态中存在的。① 法国的孔德、英国的斯宾塞等人认为平衡和渐变是正常状态,不平衡是反常的。平衡,亦称"均衡",与"不均衡"相对。其指矛盾暂时地相对地统一或协调,是事物发展稳定性和有序性的标志之一,并且与不平衡相辅相成、相互转化。通常,平衡可分为动态平衡和静态

---

① 目前一般对社会平衡问题的研究,在以下三个方面进行。一是社会预期赖以生存的自然之间必须保持平衡,维持这种平衡的基础是有规律的,物质循环和能量交换,破坏了人类与自然之间的平衡关系,人类赖以生存的空间结构,就会危及人类自身的生存。二是社会内部各部分力量的消长,必须保持相对的均衡,诸种社会因素的变化和发展,都是在相互制约的过程中进行的。三是在一定时间内,某个具体社会共同体的外部因素的影响,必然会增强或削弱社会内部的某种社会因素,促使社会的变化和发展。(参见程继隆:《社会学大辞典》,中国人事出版社1995年版,第210页)

平衡。①从社会静态分析,社会必须保持相对的平衡,才可能在此基础上保持完整的社会结构。从社会动态分析,社会的不平衡是绝对的,社会平衡是相对的,社会正是在不平衡—平衡—不平衡过程中前进和发展的。不平衡则会导致社会结构、运行的失范。如美国社会犯罪率高的现象被莫顿用"文化不平衡(cultural imbalance)"②这个术语来进行解释。利益输送则是一种严重破坏资源配置公平与社会平衡的公权力与公民权利失衡的裁量权滥用行为。

本书认为,不平衡、不充分的发展,现行腐败治理政策"厉而不严"的不适,利益输送犯罪导致的公权力与公民权利的失衡,公权力的利己性与利他性的错位,从刑罚配置的平衡到罪刑关系的均衡等皆需要"社会平衡理论"的指导。平等、公平都是平衡的表现,而其实质则在于利益平(均)衡。而围绕马克思主义公平观的"公平"既是抽象的,也是现实的。亚里士多德把公平原则概括为:同样的情况同样对待,即平等的应当平等对待,不平等的应当不平等对待。其实质应为一种"社会平衡"映照下的利益均(平)衡,利益输送则是裁量权滥用致使公共利益与个人利益配置失衡的结果。

(二)马克思主义的公平观

1. 公平是一种优位价值

马克思主义认为,公平问题根源于人类社会实践的发展。在公权力与公民权利交往的社会实践过程中,必然会涉及对权力的限制、权利的调整,而社会关系的调整往往涉及公权力与公民权利(体系)的利益平衡问题,其实质即为公平的一种表现。因而公平问题往往容易成为缓解矛盾、消弭冲突等社会治理不可避免的理论和实践性问题。在不平衡、不充分的发展和反腐"厉而

---

① 参见夏征农等主编:《大辞海·哲学卷》,上海辞书出版社 2003 年版,第 119—120 页。
② 文化不平衡是指以追求金钱目标为价值的强势文化,与制度性手段如艰苦工作、诚实守信,接受教育为价值的弱文化之间的不平衡。参见[美]乔治·B.沃尔德等:《理论犯罪学》(原书第 5 版),方鹏译,中国政法大学出版社 2005 年版,第 171—172 页。

不严"等多种矛盾作用下,公平价值凸显优位,公平之后方有正义、秩序、自由、效率等其他价值的实现。况且,公平是社会交往过程中公共利益最大化的规则和标准。为此,利益输送作为国家工作人员违反法律或故意规避法律将公共资源不当授受给他人,从而损害公共利益,严重侵害了权力分配资源的公平性。

2. 公平的具体化:事实公平——行为公平——制度公平——道德公平

公平是优位价值,权力配置公共资源的公平性则是利益输送的刑法保护法益。然而,公平于人们的实际生活中的观念是具体的,也是不断变化的。它的实现程度不仅与一定的社会制度密切联系,还与社会结构中人们的认知水平相适应。社会实践中,所涉公平问题往往都是利益分配的问题,属于一个重要的伦理或道德范畴。"在社会生活中,公平概念涉及的对象或者说存在公平与不公平的社会现象,极其复杂,但归结起来无外乎四大方面,即事实公平、做法公平、制度公平和道德公平。"[1]事实公平是目标,制度公平是保障,行为公平是关键,道德公平则是一种境界和自觉。[2] 为此,于利益输送而言,事实公平即是利益输送的第三方即一般社会大众或参与者、竞争者,他们的机会平等、过程及结果在事实上的实际平等;制度公平则是指限制或平衡权力运行而规制其滥用的行政法、监察法以及刑法等文本制度本身的公平;行为(做法)公平是指权力作为公共利益代表者,在资源配置过程中应实现参与的机会平等、过程透明、按劳分配以及公平裁决等;道德公平是指公权力"公共性"的道德评价和忠诚的品格。

3. 公平的衡量:制度配置的正义标准

公平总是相对于不公平而凸显其价值性、必要性。由于现实社会的发展

---

① 戴文礼:《公平论》,中国社会科学出版社 1997 年版,第 3 页。

② 事实公平就是在某项具体事态上所具有的利益公平,表现为参与的机会和结果在客观事实上的具体公平;制度公平是指调节社会利益关系的各项制度、政策、法律、法规本身的公平;做法公平是指利益追求的行为方式、行为过程的公平,如公平交易、公平竞争、公平裁决等;道德公平是指在义利关系上道德评价的公平意识和公正做人的品格。(参见李仁武:《制度伦理研究:探寻公共道德理性的生成路径》,人民出版社 2009 年版,第 256 页)

与政策性原因,社会的不平衡、不充分发展矛盾较为突出。为此,人们期待权力的"公共性"和法律制度运行的"公正性"。为此,现实生活中由客观因素与人为因素所致的不平等、不公平现象多是一种历史遗留与客观存在,需要一种社会治理的长效机制来解决。然而,对于由人为主观恶性因素所支配的行为而导致的不平等则是无法容忍的,亦如利益输送基于公职人员的主观故意而在资源配置中使得他人获得不当利益,严重破坏了"国家二次分配"的公平性,致使国家资源调控、配置失灵,贫富差距更为悬殊。为此,应当通过严厉的制度来限制权力滥用、保障权利的完善,以有效维护权力与权利应有的平衡。公平是正义的表现,是衡量制度能否进行正义分配的重要尺度。正如罗尔斯所说:"某些法律和制度,不管它们如何有效率和安排有序,只要它们不正义,就必须加以改造或废除。"①

(三)公平原则的理性实践:刑法制度公平的实现

公平原则既是理想的,又是现实的;既是抽象的,又是具体的。制度公平是公平原则的具体化和实践,也是制度伦理"善"的保障。一般而言,制度公平要求制度安排必须保证人们参与机会、参与过程以及责任承担都享有法定的权利和义务,平等地受到法律的保护和制裁。"平衡论"是我国行政法乃至公法领域原创性的基础理论。对利益输送的刑法治理而言,其是对权力配置公共资源的公平性的法益保护,实质也是对公权力与公民权利交往关系失衡的一种修复。刑法不仅是对权力与权利关系的利益平衡,也是自身制度权利义务关系一致性配置的保障和公平体现。首先,刑法要保障权力配置公共资源的分配机会公平。机会公平也就是起点公平,社会主义制度下,法律面前人人平等,刑法必须切实保证人们在资源分配过程享有平等的参与权。否则,刑法这样的安排就是不公平的。其次,刑法要保证权力配置公共资源的过程公

---

① [美]约翰·罗尔斯:《正义论》(修订版),何怀宏译,中国社会科学出版社 2009 年版,第 4 页。

平。过程的公平可以有效保障结果的公平。最后,刑法要促进权力配置公共资源结果的公平。结果公平是公众可见的公平价值体现与社会正义的实现。

为此,公平原则或者价值是新时代下社会的灯塔,诸多利益冲突、权力异化的社会问题最终都幻化为公平缺失与失衡的问题。公平原则是重新调整利益分配形成一种稳定利益格局的保障。因此,利益输送的刑法治理是权力对公共资源配置公平性的保障,反映是一种权力与权利交往关系的平衡以及权利义务关系的一致性存在,具有价值特质,因而就有一个"制度公平"的问题。一言以蔽之,刑法修复因利益输送而破坏的公权力与公民权利的失衡关系,不断弥合社会的不平衡、不充分裂痕,彰显权力的"公共性"与制度公平性优势。

二、公共选择理论:公共行为的"经济人"假设

(一)公共选择理论——"经济人"成为公共行为的分析范式

公共选择是政治上的观点,它把经济学家的工具和方法大量运用于集体或非市场决策而产生。[①] 公共选择理论在思索市场环境下政府何以失灵的成因和解决方案的过程中,逐渐把"经济人"假定推向了政治领域,对人的政治行为和公共行为分析,考察公职人员和其他公共管理者的官僚行为和动机。该理论认为,在经济市场和政治市场活动的是同样的人,没有理由认为同一个人只是由于场所不同就会以两种完全不同的动机进行活动。其认为官僚也是追求个人利益或效用最大化的"经济人",自然,权力运行中出现的各种偏差。像经济学一样,公共选择理论的基本假设认为人是一个自利的、理性的、追求效用最大化的人。[②] 而在传统观点看来,官僚应是公众利益的代表者,是禁止进行类似利益输送之权力不法行为的。为此,"经济人"确实是一个强有力的

[①]　参见[美]詹姆斯·M.布坎南、戈登·塔洛克:《同意的计算——立宪民主的逻辑基础》,陈光金译,中国社会科学出版社2000年版,第2—3页。

[②]　参见[英]丹尼斯·C.缪勒:《公共选择理论》(第3版),韩旭等译,中国社会科学出版社2010年版,第2页。

概念。特别是在制度设计时,如利益输送的刑法抗制,只有假定每个国家工作人员都有可能进行纯粹个人主义的成本与收益计算的"经济人"且仅具备有限理性,如此,才能保障刑法制度的公平和一视同仁。

(二)"经济人"的"性本恶"与制度抗制

根据上述,作为社会构成的权力主体——公职人员往往也具有"经济人"自利、效用的基本属性。古典学派,普遍接受哲学家霍布斯的人性恶的学说,认为人的本性是自私的,而这种自私是一种恶,犯罪是人的本性的表现,任何人都有犯罪的可能。[①] 霍布斯认为,人的一切行为都是为了满足个人的欲望情感,为此,人的天性是自私的,是恶的。柏拉图认为,人本身有贪婪利禄的本性。普芬道夫、斯宾诺沙、孟德斯鸠都公开主张人性本恶,并将其作为法的基础。《圣经》中讲:人有两种罪——原罪与本罪,原罪是始祖犯罪所遗留的罪性与恶根,本罪是个人今生所犯的罪。由于人有这种与生俱来的罪恶本性,那么犯罪就不可避免,利益输送的腐败作为公共权力异化物也同样不可避免。在西方人的意识内,把任何人都假设会是有罪的。按照西方资产阶级学者的观点,权力原罪是人类原罪的延伸,改造权力弊病的关键就在于是否有效监控人的恶性。[②] 在人类法律史上,凡是法治论者多是理性主义者,而理性,就其本质来说,是对人的本性不信任的人们所特有的一种思维方式,认为法律不是针对善,而是针对恶制定的。[③] 性本恶对人性抱有负面悲观的理解,所以只能是制定法律法规来压制惩罚恶。古罗马奥古斯丁主张:"人类来世以后,人的本性被原罪破坏,……理性不得不设计出可行的方法和制度来适应新的情况。"即每个人都被视为一种无赖,都具有潜在的犯罪可能。亦如霍布斯在他

---

① 参见梁文平:《预防文化——在历史与现实之间》,中国检察出版社 2007 年版,第 68 页。
② 参见陈海英:《新时期我国反腐倡廉机制的完善与创新研究》,人民出版社 2015 年版,第 28 页。
③ 参见梁文平:《预防文化——在历史与现实之间》,中国检察出版社 2007 年版,第 66 页。

的《利维坦》中认为，自然状态就是"每个人对每个人的战争"，"人对人是狼"。为此，利益输送主体作为人民赋予权力、法律授予权力的公共利益代表的国家工作人员，其进行利益输送行为时则是一种装模作样"伪善"——即鲁迅所说，"拆掉屋顶的人"与"欺诈式"掠夺性腐败，再次表征了人"性本恶"。如果其他恶行中还可能存在诚信，但诚信绝不会存于公权力的伪善中。利益输送是国家工作人员在公共资源分配过程中，故意将公共资源（利益）输送给他人，致使公共利益严重受损，严重破坏了公共资源配置的公平性，且容易与"为人民服务"（便民）相混淆，刑法制度理应做出一种妥当性因应。

三、法律保留理论：裁量权的依法行使

（一）法律保留是依法行政和公民权利保障的原则

法律保留原则是现代法治国家行政机关及其工作人员所应当坚持、维护的基本原则之一。所谓法律保留原则，行政主体只有在得到法律授权的情况下才能实施某种行政行为的原则。该处的法律一般做狭义的理解，即立法机关所制定的法律。[①] 其又称积极地依法行政，并与职权法定的内涵存在一定重合与交叉，又是我国建设社会主义法治国家实践中必须完成的基本任务。依据法律保留原则，行政权力必须严格遵循全国人大所制定的法律与其他规范性文件来运行，否则便是一种不法性质的行政行为，需要承担相应的行政责任。法律保留原则，一般适用于干涉行政领域或者对公民权益影响重大的领域。[②]域外对此见解不一，有"侵害保留说""全部保留说""重要事项说"等观点。[③]法律保留原作为一种行政合法性原则，其基本内容可简单概述为依法、守法、平等和责任。这里的法通常为宪法、法律以及行政机关制定的法规、

---

① 参见夏征农等主编：《大辞海·哲学卷》，上海辞书出版社 2003 年版，第 46 页。

② 参见《行政法与行政诉讼法学》编写组：《行政法与行政诉讼法学》，高等教育出版社 2017 年版，第 39 页。

③ 参见杨解君：《行政法与行政诉讼法》（上），清华大学出版社 2009 年版，第 74 页。

规章等广义上的法律,而法律的规定或明确授权成为行政权力来源的法律根据。党的十八届四中全会《决定》"责任法定化""行政机关要坚持法定职责必须为、法无授权不可为"。推行政府权力清单制度,坚决消除权力设租寻租空间。这些要求可以说是依法行政原则中"法律保留"内涵的一种现实注解。

(二)法律保留的现实注释:裁量权行使的基准

由于现代行政的广泛性、复杂性和多变性,决定了法规范无法对一切情况都作出明确、具体的规定,即使有规定,也难免滞后和不一致,需要事后解释。为此,许多法规仅是作出较为原则、概括、抽象的规定,设置相应自由的裁量权。"行政法的精髓在于裁量"。[①] 裁量广泛存在于行政行为的所有领域(行政立法、行政许可、行政处罚、行政计划等),贯穿行政活动的始终。因为在现代社会生活的方方面面,都需要政府的合理干预,法律、法规的约束性规定不可能穷尽所有的情形,同一事情由于所处的情况不同,处理模式也应该不同。是故,行政权力主体应依据相应的法律目的、精神以及价值原则,在法定的范围内自行判断和决定其具体行为的权力。然而行政裁量权的不可或缺与其最容易、最广泛的滥用形成作用与反作用关系。为此,无论是大"老虎"还是小"苍蝇",皆是因为制度、标准和程序缺失、裁量权过大所致。[②] 国家工作人员用手中的权力与民争利,往往致使民众丧失公信力,极易使权力陷入"塔西佗陷阱"。[③]

---

① 杨建顺:《行政规制与权利保障》,中国人民大学出版社2007年版,第1页。

② 参见杨建顺:《完善行政裁量权是依法行政的内在要求》,《检察日报》2014年8月20日。

③ "塔西佗陷阱"得名于古罗马时代的历史学家塔西佗,通俗地讲,就是当权力遭到公信力危机时,无论说真话还是假话,做好事还是坏事,都会被认为是说假话,做坏事。(参见陈海英:《新时期我国反腐倡廉机制的完善与创新研究》,人民出版社2015年版,第16页)

四、话语理论:利益输送在刑法语境下的"文本—话语实践—社会实践"分析

话语不是一个词语和意义静态的、透明化的、结构的一致性,而是一种利益争斗、力量博弈和冲突的动态领域。[①] 对于反映与构建权利义务关系具有重要作用。[②] 福柯在意识形态、政治等问题的研究中运用话语分析的方法,认为"话语即权力",把话语当作一种影响、支配、控制他人的手段和工具。英国语言学家诺曼·费尔克拉夫不仅非常重视福柯学说的意义,还在《话语与社会变迁》中提出了话语和话语分析具有三个向度,即文本、话语实践与社会实践。[③]文本话语与实践话语作为话语事件的两种表达方式与面向,相互作用、紧密相连,文本话语是实践话语元素的积淀或提炼的一种抽象性描述。本书认为,利益输送的刑法意义即是刑法话语体系内围绕文本话语、话语实践、社会实践等的三个向度进行诠释、建构。因为,话语不仅是交往的目的、手段,还是一种权力。

(一)文本:话语的静态结构与样式

首先,文本分析是一种话语分析。文本是话语的一种静态结构,是话语实践的一般性凝结。"一个文本就是一组用符号的实体(entitis),这些符号在一定语境中被作者选择、排列并赋予了某种意向,以此向读者传达某种特定的意

---

① 参见姚国宏:《话语、权力与实践:后现代视野中的底层思想研究》,上海三联书店 2014 年版,第 12 页。

② 维特根斯坦后期哲学思想的语言游戏(Language games)理论、哈贝马斯的话语伦理学、福克的话语权力理论,都是这方面的重要理论成果。英国语言学家诺曼·费尔克拉夫对"话语"进行了简单的界定,所谓话语(discourse),指的是对主题或者目标的谈论方式,包括口语、文字以及其他的表述方式。

③ "文本"向度关注文本的语言分析,"话语实践"向度说明了文本生产过程和解释过程的性质,"社会实践"向度倾向于关注社会分析方面的问题。(参见[英]诺曼·费尔克拉夫:《话语与社会变迁》,华夏出版社 2003 年版,第 4 页)

义(specific meaning)。"①而刑法始终处于文本与现实、行为主体间的对话中，刑法文本始终是动态与开放的，刑法文本的意义不只是对行为的涵射，也在于治理不法行为中与其他制度文本间的相互联系、相互作用，且是对刑法文本之前内容规定的继承、改造和发展。

其次，应重视"文本间性或互文性"。文本概念始终是借助解释与描述使得文本主体及其所在的社会联系在一起，不仅文本间性或互文性是与主体间性相一致的，而且具有浓厚的人文色彩。费尔克拉夫一样强调"话语"应重视言语者和被言语者之间的互动性即相互作用。为此，刑法以其特有的文本规范解释利益输送过程中，应注意文本间性的对话性、主体性、主体间性、话语的完成性(意图的实现)、话语的情态性(主观评价态度)。

最后，文本是一种"论述构建"的知识样式。文本话语构成了一种"论述构建"，即话语是利用语言系统来建构人类可以体验社会生活的一种能指方式。文本作为一种话语的表征符号在实践中构成了自己的"知识样式"。一旦某种形式的话语在语境中形成，就在自己的话语场中构建了一种意义框架，而形成自身特有的概念和内涵体系。为此，在利益输送行为抗制过程中，刑法文本借助刑事政策由客体变成了积极参与对话的主体，以犯罪论、刑罚论梳理、解释和适用。

(二)话语实践:话语的建构与诠释

话语不仅是语言实践，还是意义的诠释。按照福柯的界定，"话语"是一种"事件"，即话语在特定的环境中，针对特定问题，由特定言说主体，为着特定的目的，借助一种特定的形式、手段表达的言语。在该过程中，话语表现出了它独有的意义建构、结构调整、目的手段的互动以及对话机制的设置等特

---

① 〔美〕乔治·J.E.格雷西亚:《文本性理论:逻辑与认识论》，汪信砚等译，人民出版社2009年版，第16页。

征。一般而言，话语实践多是对文本的书写、解释、建构过程。即话语实践借助文本展开了理论与现实、自身与他人的互动机制。刑法作为一种实践性很强的文本制度，也唯有通过实践性的注解才能展现其生命力。

首先，话语建构与调整的实践性。话语，是在实践主义的视野下被阐释的，离开语境的话语是没有意义的。如利益输送在经济学语境、刑法学语境下展开是不同的效果。利益输送的刑法意义，不仅面向基本国情和社会现实传送刑法信息、指示与释义，还是容纳"异质性"制度，而建构多元话语主体的协同参与、互动融合的一种共同治理，形成具有解释力和实践性的政策话语。

其次，话语是一种权力符号。福柯认为话语和权力是不可分的，话语不仅仅是思维符号、交际工具，而且还是"手段"和"目的"，并直接体现为"权力"。从某种意义上说，不在于被谈论什么，而在于谁谈论它和它是怎样被谈论的，即话语实质作为权力交往、利益诉求和维护的一种工具。如利益输送在党内法规、监察法中的规范与刑法文本中的规定，其话语意义与强度则难以并提。

最后，话语是一种动态的诠释与对话机制。话语通常都可以最敏感地反映着社会存在的最细微的运动，其一切表述都具有对话性、社会性。为此，制度作为一种社会模式、交往的符号往往充当着良好的对话载体和工具，可以最容易和最全面地探讨从经济基础到上层建筑的辩证的变化过程的连续性。利益输送的刑法抗制，即是寻求一种妥当性对话机制，包含与相关理论对话（理论基础，理论假设，理论依据），与现实对话，与自我对话（谦抑性与否），最终提出解决利益输送罪与罚的合理方案并加以坚持，以纾解当事人或更多群体之间的不安。

（三）社会实践：一种交往的"话语事件"

交往（inter course）是人们运用语言或非语言符号系统相互交流信息、沟通感情、交换物品的过程。① 而包括权力在内的任何话语本质上都是一种社会行为,是一种描述人们之间的交往、互动的社会实践。公权力与公民权利的关系是公共行为最基本的交往关系。利益输送是因为公权力对公民权利体系的公开交往转变成一种非透明或隐蔽的方式进行并致使二者失衡。刑法的介入,改变了公权力与公民权利主体间的交往方式,修复了二者失衡的状态。是故,利益输送的刑法意义其实质亦是一种刑法修复权力与权利的失衡关系,并保障其再平衡的"治理"下的交往。社会上"个人与个人、个人与群体、群体与群体之间通过信息的传播而发生的相互依赖性的社会交往活动"②。人正是处在各种联系中,感受作为社会性动物的一种存在。"人的本质是由劳动、需要、交往和意识四个要素构成的。"③这就意味着,任何一种交往行为都是有意识的目的的活动。而仪式可以被视作目的性交往行为中的一种修辞形式,为交往提供解释,并通过复杂的象征操演得以传播有效话语。如利益输送行为犯罪化过程作为刑事法治反腐的一个"窗口",可以借助仪式感较强的传播更为有效地起到刑罚预防性效用。同时,与现代主义以表象或表征为中心相较,后现代主义则用语言来能动地创造和建构一个崭新而陌生的世界。④ 也正是基于这个"构造"的过程,各种力量介入语言的构建活动之中,使纯粹的语言活动转化为有明确使命甚至政治目的的实践活动,话语系统成为符号系统的复杂系统,并也因此具有了权力与政治的色彩。是故,刑法对利益输送的规制,不仅体现在犯罪化与否的话语识别上,也体现在刑罚技术的使用、配置的表达上。针对权力不法,刑法话语结构的每次转化与调整,都是一种螺旋式叠加与演进。

---

① 参见夏征农、陈至立:《大辞海·心理学卷》,上海辞书出版社 2013 年版,第 538 页。
② 郑杭生主编:《社会学概论新修》(第五版),中国人民大学出版社 2019 年版,第 139 页。
③ 朱炳元、朱晓:《马克思劳动价值论及其现代形态》,中央编译出版社 2007 年版,第 81 页。
④ 参见姚国宏:《话语、权力与实践:后现代视野中的底层思想研究》,上海三联书店 2014 年版,第 13 页。

综上所述,利益输送的刑法意义是一个话语"事件",是权力与权利的一种非理性对话交往、失序互动,也被同时看作是一个刑法文本的立法或解释的一个话语实践的实例,还被看作腐败刑事治理的社会实践。在话语理论支撑下,基于利益输送的严重社会危害性,犯罪化与否的话语争辩,利益输送如何进行有效刑法表述等为研究提供了问题支撑;利益输送犯罪与图利罪、背信罪的关系辨析、与贪污贿赂罪、为亲与非法牟利罪以及与"行政不法""便民"之间的识别为研究提供了概念支撑。在公平价值引领下,刑法治理的利益平衡、公务伦理法制化、刑罚的进化为研究提供了价值支撑;利益输送在刑法话语体系的分析框架为研究提供了范式支撑;在刑法的基础理论支配下,融合犯罪学、社会学、政治学、行政法等学科理论,构成利益输送的栖身之所为研究提供了学理支撑。一句话,依托现有理论基础和历史逻辑,最大限度地挖掘利益输送的刑法话语资源,寻找最能表达研究所需的话语元素,并对这些话语元素进行新的糅合与重组,充分发挥刑法的技术理性与价值理性融合、互构的作用。

本章小结

利益输送通常作为经济学领域中资本市场上的一种不公平现象,于法律而言,还是一个比较新的概念。随着利益输送的多发、危害以及新时期法治反腐的不断深入,利益输送成为腐败术语库中的一种"利他"而"没有装入口袋"的新型腐败。作为一种公权力的职务违背、裁量权的滥用,其严重破坏了权力配置公共资源的公平性,是公权力与公民权利(体系)交往失衡的一种表征。利益输送不仅是一个事实问题,更是一个具有严重社会危害性的刑法问题,本质上是一种异于贪污、受贿并具有权力滥用"家族相似性"特征的新型腐败。不只是腐败之殇的一个注脚,更是职务犯罪的一种基本形态。

利益输送从范畴上,可以划分为背景(广义)与图式(狭义),从功能上,可以划分为工具性与目的性的利益输送。而本书立足于现实及文本制度衔接的需求,采用以《监察法》为基础的狭义说,即国家工作人员明知违背法律、法规或故意规避法律、法规而利用职务之便为他人谋取不正当利益致使公共财产、国家利益遭受重大损失,且并未收受或者难以查明是否收受他人财物的严重危害社会的行为。主要表现为高权行为范式与公共资源交易范式。根据实践案例分析以及利益输送对法益不同程度的侵害,决定了利益输送具有行政、刑事不同的责任后果。利益输送属于职务犯罪的子集和构成部分,基于"家族相似性"理论,利益输送与传统"教科书式"腐败犯罪如贪污、受贿、滥用职权等具有同一或近似性,而利益输送在行为结构、主客体关系以及性质、空间的特性都超出了现有职务犯罪的边界限制。整体而言,利益输送犯罪属于公职人员图利罪的一种范畴,也是一种特殊的背信犯罪,而图利罪也是一种背信罪范畴。

利益输送的刑法意义是一个话语"事件",是权力与权利交往的失序、失衡。是故,利益输送的刑法意义是刑法基于现行"厉而不严"刑事政策反思的基础上,根据利益输送的构成、危害及本质特征,依托社会平衡理论的制度公平,公共选择理论的"经济人"假设、法律保留的裁量权的依法行政以及话语理论的"文本—实践",而充分发挥技术理性与价值理性融合、互构的功能、作用。力图在刑法话语体系内,寻求裁量权的法律保留从而避免权力滥用,在利益平衡思维下达到刑法制度公平,并最大效用地发挥相关理论在利益输送的刑法治理中的实效性。

第二章 价值理性:利益输送犯罪化的根据

　　当前,公平已成为多领域、全球性亟待解决的重要问题。尤其,不平衡不充分的发展的矛盾,再次向我们展示了公平价值与利益平衡的重要性。利益输送在现实社会中是一个非常普遍而危害严重的问题,造成了权力滥用的"多米诺骨牌效应"之害,侵害了多种复合法益,尤其是权力配置公共资源的公平性被严重侵害,其实质是破坏了公权力与公民权利(体系)交往关系的利益平衡,权力的"公共性"沦为"阿喀琉斯之踵",人们所信赖的公平和正义被摧毁,从而致使公众和政府的容忍度达到极限。"犯罪是指一切基于可以产生或者可能产生某种罪恶的理由而人们认为应当禁止的行为。"①然而,遗憾的是现行刑法却存在文本内容的缺失和现行司法实践的混乱。是故,利益输送的犯罪化为一种理论应然和现实迫切。

第一节　利益输送刑罚的必要性

一、利益输送是一种反社会行为

　　权力本是人民赋予、法律授予而为公共资源公平合理分配而存在。其责

---

① ［英］边沁:《立法理论——刑法典原理》,李贵方等译,中国人民公安大学出版社1993年版,第1页。

任通常包含权力运行的界限以及越界后果的承担,其主要表现为"公共性",为权力设立了一种合理的界限并保障着权力合法、合规运行。利益输送即国家工作人员主观上明知违法或故意规避法律而将公共资源(财产或其他利益)不当授受给他人,在这种反社会性(推动个人进行危害社会行为的潜在心理倾向)意识驱动下,权力的"利己性"被放大、"公共性"被消解。利益输送是权力"公共性"异化的一种反社会行为(antisocial behavior)①,表现为责任和权利两个维度的颠倒和混乱,即对公共责任的放弃和对个人权利(利益)的非法倾注。

(一)利益输送是一种严重违背公务伦理的行为

行为是人的愿望与意志的外化,它有自身的价值,因而任何行为都具有伦理性。② 利益输送犯罪作为国家工作人员职务行为的违背,首先是公务伦理的评价,其次才是法律根据违法程度做出判定、识别。往往伦理的不法是法律得以继续评价的基础。"一切权力属于人民"的宪法规定,直接体现了人民主权原理与权力的"公共性"价值。而利益输送的违法行为则是国家工作人员试图通过否认公权力具有公共利益的代表功能来满足其非法目的,并且严重侵害了刑法所指的保护的重要法益即公权力配置公共资源的公平性,是一种严重地违反伦理的"恶"。恶永远是不道德的,这也意味着利益输送具有否定的伦理蕴含,是一种严重违背伦理道德的"恶的行为"。否认公共利益的存在会影响公民权利的保障和政府作用的发挥,并且导致司法资源的浪费。③ 而

---

① 与"亲社会行为"相对。违反社会公认的行为规范,损害社会和公众共同利益并对社会造成一定危害的行为。依据所违反的社会规范的性质,可分为违反强制规范的犯罪行为和违反非强制规范的反道德行为。(参见夏征农、陈至立:《大辞海·心理学卷》,上海辞书出版社 2013 年版,第 727 页)

② 参见[日]小仓志祥:《伦理学概论》,吴潜涛译,中国社会科学出版社 1990 年版,第 139 页。

③ Seidenfeld, Mark. "A Civic Republican Justification for the Bureaucratic State". *Harvard Law Review*, 1992; Sunstein C R. "Changing Conceptions of Administration". Byu L.rev, 1987(3).

利益输送的犯罪化评价需要利益输送与公务伦理、价值秩序的冲突满足一定程度,达到必须用国家有组织的力量加以反应。此处有组织的力量,是刑事立法与司法体系。①

(二)利益输送是一种严重侵害公共利益的行为

没有责任的权力肯定是一种滥用的权力,必然导致权力腐败。一般来说,责任与义务是相一致的。国家工作人员的职务义务即体制性义务、法律义务,其行为与内容应具有一致性的外在合致。该处的权力主要指行政权、司法权、监察权,鉴于行政权涉及的范围最为广泛,与老百姓的利益牵涉最普遍,加之本书所论述篇幅所限,主要阐释和解读的是关涉行政权的利益输送。从该意义上说,行政机构作为社会公共机构,以公共利益为代表,其目的和意义只能将实现和创造公共利益、社会公共福利最大化作为运行目标。权力的公共性是被反复论证的命题,权力的组织目标就是依法行政、保障公民权利自由、为社会提供值得期待的、更好的福利。其运行的整个过程就是"善"的追求过程,任何私利和杂念都可能使之失去公允,政府在本质上排斥自利性和自私行为。② 可以看出,公共性、公平性、公正性自始至终都是公务伦理属性以及权力运行的基本逻辑。基于此,利益输送应为一种"恶",是基于对公务伦理、公共利益严重违反而作出的价值判断,是"从立法的观点,被认为只有用刑罚才能抵御的、危害社会生活条件的行为"③。

是故,边沁曾把犯罪之恶分为两个层次,即犯罪自身恶性大小为第一层次之恶,造成社会和公众相应的惊恐为第二层次之恶。④ 利益输送是一种权力不公平配置公共资源的利己性行为,打破了权力"利己性"与"利他性"应有的

①　参见林东茂:《刑法综览》,一品文化出版社 2016 年版,第 1—5 页。

②　参见胡训玉:《权力伦理的理念建构》,中国人民公安大学出版社 2010 年版,第 170 页。

③　Jhering.Zweck im Recht,S.490f.载钟宏彬:《法益理论的宪法基础》,公益信托春风煦日学术基金 2012 年版,第 48 页。

④　参见陈兴良:《刑法的启蒙》(第三版),北京大学出版社 2018 年版,第 113—114 页。

"利益平衡",是对权力公共性与基本义务的放弃,是一种公共性责任的缺失。同时,其犹如"政治之癌"引发严重的社会危害,并衍生出诸多附随性恶害和风险,触发伦理责任和法律责任。这也是基于权力滥用的一般意义上理解并做出实质内容的判断。

二、利益输送的法益侵害

法益(Rechtsgut)属于一种抽象价值的利益,由 Recht(法律)和 Gut 二字组成。Gut 是名词,同英文的"good",意谓"好的事物""有益的事物""有价值的事物""善"或者"财"。① 法益作为健全共同生活的事实和生活利益,具有社会上特别意义,因此享有诸多法律所赋予的保护。诸多学者认为现行刑法所保护的法益也有次序之分,首先是国家法益、次为社会法益、个人法益作为保护顺序之末,甚至直接依据刑法分则条文章节编排顺序,作为该分类的标准。为此,利益输送的刑罚发动必须基于"法益受现实侵害之果或危险"的事实状态。

(一)利益输送侵犯法益的甄选

1.法益保护的选用:独立解释 VS 参考相似性法益

犯罪的本质是对法益的严重侵害。关于利益输送犯罪化的证立,其实质就是法益保护的证成。为此,利益输送作为职权滥用的新型腐败行为,可以考虑所保护的法益有两种方法可以尝试选用。首先将"利益输送"侵害的法益解释为独立的新兴的社会生活利益,并在考量利益输送行为的侵害程度后考量刑罚对应的法律效果。还有一种可能论证的方法,因为职权滥用的类型相似性而有参考、遵循的根据。则是借鉴现有刑法分则所存在的已有职务犯罪的法益类型,然后使用法益相似性的类比进行思考,参酌与利益输送相关类似

① 参见钟宏彬:《法益理论的宪法基础》,公益信托春风煦日学术基金 2012 年版,第 6 页。

行为联结的法律效果,以此呈现出利益输送行为可罚性的必要。第一种方法是最简单的立法选择,但是,该刑事立法政策也是有风险的,因为如果单纯以"现实发生的利益输送日益频繁,违反法律规定,造成国家利益损害"就将该行为予以刑法专门规制,并且因此承认为独立的新兴法益,不仅与其他罪名无法有效区隔,还会造成国家刑罚权的恣意扩张与犯罪类型的泛滥之嫌。如此,当下的时代构成了一个新奇的历史阶段,需要用的新概念和理论去阐述。[①]事实上,现实社会中存在多种"利益输送"行为,如果没有论证利益输送所侵害的是一种存在特殊的社会利益或生活利益,就直接认定它是一个"具社会危害性的行为"而加以刑法规范,显然缺乏刑法的最后手段性与刑罚必要性的合理说明。

2. 理论界的争鸣

对权力不法所侵害的法益向来争议不断,形成信赖说、纯洁性说(纯粹性说、公正性说)、国家意志篡改说、不可收买性说(无报酬性说)、清廉义务说、公共资源分配公平说等诸多学说。[②] 利益输送侵害的法益具有复合性。从司法实践看,诸多利益输送案件作为受贿罪来处理。最早的观点只是将受贿罪的保护法益简单地表述为"国家机关的正常活动"。[③] 然而,随着其保护法益过于抽象,有学者认为,国家工作人员职务行为的廉洁性应为受贿罪法益保护对象。[④] 而廉洁性说究竟是以不可收买性说为立场,还是以纯洁性(公正性)说为立场,仍然是不明确的问题。[⑤] 尽管德国刑法在 1975 年对于公务行为犯

---

① 参见[美]道格拉斯·凯尔纳、斯蒂文·贝斯特:《后现代理论——批判性质疑》,张志斌译,中央编译出版社 1999 年版,第 4 页。

② 参见张明楷:《刑法学》(第五版),法律出版社 2016 年版,第 1199—1201 页;[日]西田典之:《日本刑法各论》(第 6 版),刘明祥、王昭武译,中国人民大学出版社 2013 年版,第 499 页。"违反公共资源公平分配说"可参见李圣杰:《贿赂罪与对价关系》,《月旦刑事法评论》2016 年第 3 期,第 88—89 页;李圣杰:《贪污治罪条例与刑法典之整并》,《月旦刑事法评论》2017 年第 7 期中第 71—74 页的相关论述。

③ 高铭暄:《刑法学》,法律出版社 1982 年版,第 562 页。

④ 参见郝力挥、刘杰:《对受贿罪客体的再认识》,《法学研究》1987 年第 6 期。

⑤ 参见张明楷:《法益初论》,中国政法大学出版社 2003 年版,第 625 页。

罪进行修法时,不论立法者及实务者均一致地选择了比较模糊的方式,即采取了公务行为的纯粹性作为上位、抽象的概念。对此,我国学者也是各执己见。黎宏教授指出,"和廉洁性说和不可收买性说相比,职务行为公正性说更能准确说明我国刑法中受贿犯罪的性质。"[1]张明楷教授则认为,"不可收买性表达的是受贿罪的最基本法益,亦即只要侵害了职务行为的不可收买性,就具备受贿罪的本质。"[2]利益输送或与渎职犯罪的一种类型,其侵害的法益,应该如何认定呢? 从利用"家族相似性"为利益输送选择接近的保护法益会更为节省成本与资源。为此,本书力图寻找他们的可能"近似性"。

对于利益输送所侵害的法益如果以"权力的不可收买说",除了仅仅呈现了公职人员的规范之外,利益接受人并未收买公职人员或者无法查明,何来"不可收买"。若依照"纯粹说"或者"国家意志篡改说"为保护法益的话,似乎看不出国家意志不能落实或公务行为不纯粹,究竟导致了人们的生活有什么具体利益遭受损害。若以"纯粹性"作为刑罚发动的基础,似乎观察的面向比较狭窄、抽象。"信赖说"的主张,不禁让人质疑所有权力不法都会导致信赖受损,并且事实上,当人们所说的信赖遭受破坏,会对人类生活造成什么影响? 应当说是我们对某件事情、某人、某个行为的心态发生改变,或者不再信赖的时候,人们的生活是否会因此做出调整或改变,如此,才能明确共同生活利益是否因此被侵害。假如该信赖与人们的生活没有直接关系,信赖是否能成为保护法益,可能就值得再思考。此外,人们不信赖国家工作人员,也未必是因为他们不公正行使权力。法益作为人类共同生活的利益,在思考以何种保护利益输送侵害法益的主张较为适当之际,不妨检视,如果对利益输送行为不加以处罚,人们生活的利益则会受到何种影响或侵害? 或者说,当公务员坚守职务的公正性或贯彻人民对公务员的职务信赖,究竟成就了什么利益? 而为了该利益的保护,我们甚至不惜动用国家刑罚权的发动加以守护?

---

① 黎宏:《受贿犯罪保护法益与刑法第 388 条的解释》,《法学研究》2017 年第 1 期。
② 张明楷:《受贿犯罪的保护法益》,《法学研究》2018 年第 1 期。

为此,本书尝试建构一种概念性的法益保护,认为可以将权力配置公共资源的公平性作为利益输送侵害的法益保护概念。法益保护的具体应根据每种权力滥用行为的结构、特质与侵害对象而做出且并非十分抽象。是故,本书认为,若贪污罪所侵害的法益主要为"权力的廉洁性",受贿罪所侵害的法益主要为"权力的不可收买性",那么利益输送侵害的法益应为"权力配置公共资源的公平性"。

(二)公平是当前社会价值理性的主要形态

公平是人类社会发展的普遍追求,因为人类具有一种天生的追求对等性(Recigocity)的本能。[1] 社会发展的不平衡、不充分不仅意味着资源和机会方面的失衡,也意味着公平作为社会的基本价值目标,是政府的最大福利,也是社会治理的首要价值。公平问题已成为当前必须加以解决的社会问题。

基于此,公平首先是社会的最大幸福。随着社会人口密度增加、资源的稀缺及不可再生决定了公平是一种必需。"最大多数人的最大幸福是正确与错误的衡量标准"。[2]我国自古就有"丘也闻有国有家者,不患寡而患不均,不患贫而患不安。"[3]公平作为社会评价和制定公共政策的基础,给社会公众带来的获得感、幸福感更强,也契合了功利主义者用效用或幸福来评价人类生活的标准。其次,公平是正义的首要价值。其一个任务就是引导人们用公共财物去争取公共利益,用私有的财产谋自己的利益。同时要保障交换和分配的正义。约翰·洛克认为"人民的福利是最高的法律"成为响亮的口号。尽管人们总在不同价值中选择,但公平之后平等、秩序、安全与稳定得以继续。再者,公平是当前社会政治、经济发展的最大福利。政治上,"平等的关切是政治社

---

① 参见陈兴良:《走向哲学的刑法学》,法律出版社 1999 年版,第 285 页。

② [英]边沁:《政府片论》,沈叔平译,商务印书馆 1995 年版,第 92 页。

③ 《论语·季氏篇》。

会至上的美德"①"平等关系是施政者特殊的、必不可少的美德"②。公共资源如"蛋糕"恒定,如果权力在非透明机制下不当切割,之后如何均衡分配,都会是不公平的。当前,我国已成为世界第二大经济体,但基尼系数早已逼近危险值。诸多社会群体相对剥夺感明显增强,并进入到了对社会公平问题的集中感知、集中表达,甚至是集中吁求的时期。为此,公共政策的制定和权力运行必须保障资源配置的平等。而且,市场经济是我们现在所知道的所有经济运行模式中最为平等、法治且有效的模式,法律要保障市场主体地位平等、公平交易,而公平的实质是一种利益均衡。为此,对我们现阶段而言,公平正义不仅是"社会首要价值",也是人们实践活动的基本逻辑与目标追求。

(三)权力配置公共资源的公平性为主要保护法益

首先,随着社会经济的快速发展以及人口的膨胀,自然资源的有限性与人们的消费需求不断扩大爆发了严重冲突,使得人们对国家配置公共资源的公平性尤其关注。从根本上看,权力配置公共资源的公平性直接关系到不同社会群体之间的实质性公平正义。其次,利益分配是社会发展与人的利益实现最直接相关的环节。利益是决定人们行为的重要因素,反腐说到底是对原来利益的重新配置和分配的过程。③ 反腐离开利益格局的调整就会失去最为根本的利益依托,并陷入"空转"。可以说,在资源分配和占有过程中,形成相对稳定模式形态的利益格局不仅代表一种关系,也代表一种权力,即是对利益表达的制度安排。制度调整下利益格局的合理性,直接关系到腐败治理的公信度,关系到权力与权利的平衡,"公平"则是有效撬动和维护利益格局健康的

---

① [美]罗纳德·德沃金:《至上的美德:平等的理论与实践》,冯克利译,江苏人民出版社2003年版,第1页。

② [美]罗纳德·德沃金:《至上的美德:平等的理论与实践》,冯克利译,江苏人民出版社2003年版,第7页。

③ 参见庄德水:《反腐新常态》,中共中央党校出版社2016年版,第14页。

杠杆和砝码。随着社会结构的迅速变化和信息技术迅猛发展,利益输送使得公众产生弱势群体严重的被剥夺感。弱势群体来评价"同在一条船上"的自己是否权利被剥夺,往往有一个"参照群体",即一般是根据某个真实的或想象的社会群体的标准,来评价自己的社会地位或社会行为的。① 此外,不同制度往往都是基于技术理性和价值理性统一而成,都是围绕着权利义务关系的调整而展开,存在的不同形态及效力均不能掩盖的一种实质功能——对利益的正义分配及保护。

综上所述,利益输送行为是一种公权力与公民权利的不当交往关系,其对资源分配公平性的严重侵害或其他利益侵害以及使其处于危险状态。"在某个时候,我们需要一种新的价值。"②是故,利益输送侵害的是一种复合法益,以权力对公共资源分配的公平性为主要保护法益,以及权力的纯粹性、不可收买性、民众对权力的信赖以及国家意志的不可篡改性为的附从法益。

第二节　利益输送刑罚的最后手段性

利益输送作为一种权力滥用行为,是一种行政不法,是否一定需要刑法介入或者满足刑罚的必要性呢? 这就涉及利益输送犯罪化与非犯罪化的问题。犯罪化与非犯罪化问题由来已久。③ 犹如一个人感冒,他是否需要看医生? 这时候,个体、群体与社会的共同储备知识会影响他最终的选择。这个选择不仅关乎一个感冒的人怎么治疗,更重要的是关系到感冒程度的标准是否会被强化或者引起过激反应。有人质疑说刑法对权力滥用入罪存在标准过低和"过激反应"。实际上,"我们如何惩罚,也就说明了我们大体是上如何

---

① See Robert Merton.*Social Theory and Social Structure*.New York:Free Press,1957.

② [德]弗里德里希·威廉·尼采:《权力意志》(上),吴崇庆译,台海出版社 2016 年版,第2 页。

③ 参见李瑞生:《刑法知识形态研究——以中国刑事裁判书为例》,中国人民公安大学出版社 2012 年版,第 108 页。

看待自己的"。① 功利主义主张,对不法行为规制的法律制度选择标准依赖于所保护的利益产生的幸福最大化。通常以经济效益和威慑力为标准。根据该标准,对于某一不当行为,首先应适用民法规制。当民事责任失去控制力时,即应考虑刑罚弥补民事责任威慑力的不足。② 根据上述,利益输送作为权力的根本之"恶",具有严重的社会危害性,侵害了复合法益,尤以权力配置公共资源的公平性为主要,并一定程度上引起了更大程度的社会解组。对此,对于利益输送这种新型职务不法行为应当犯罪化,但是也有人质疑,对于出现的新型不法行为的犯罪化是否也会成为风险社会中一种很严重的"风险"。

一、利益输送规制的喧嚣:过犯罪化的评价

(一)"过犯罪化"的恐慌:刑法是一辆永不到站的"公交车"

过剩犯罪化(overcriminalization),又称过度犯罪化、过犯罪化,指的是"作为社会控制手段而随便创设犯罪的倾向"。③ 如此,往往会形成一种刑罚思维和问题解决方式的路径依赖,即使该行为是一种轻微的危害行为也往往会被视为"恶"而以犯罪来处理。本书认为,"过犯罪化"的恐慌主要基于:

1. 重刑主义根深蒂固

纵观我国刑罚史,我国重刑主义思想根深蒂固。韩非主张:"重一奸之罪而止境内之邪,此所以为治也。"④商鞅说:"行刑重其轻者,轻者不至,则重者

---

① [美]劳勃·弗格森(Robert A.Ferguson):《失控的惩罚:剖析美国刑罚体制现况》,高忠义译,商周出版社 2014 年版,第 11 页。

② See Bowles.Roger, Michael G. Faure, and Nuno Garoupa. "The Scope of Criminal Law and Criminal Sanctions:An Economic View and Policy Implications". *Journal of Law and Society* Vol.35, 2008,pp.389-441,载杨春然:《刑法的边界研究》,中国人民公安大学出版社 2013 年版,第 132 页。

③ [日]大谷实:《刑事政策学》,黎宏译,法律出版社 2000 年版,第 86 页。

④ 《韩非子·六反篇》。

无从至矣",于是"以刑去刑,刑去事成。"①直到今天,影响仍为深远。恫吓、报应主义也一直左右着立法者的大脑。当然,这与过往历史中,我国"刑民不分"以及阶级统治的考量不无关系。时至今日,刑法万能及重刑思想还有广阔的社会空间与民意基础,这些都影响了人们对刑法功能的客观性认识。

2. 过犯罪化是刑法的异化

过剩犯罪化是一种不当的、非常态的犯罪化,实质上是刑法的异化,并逐渐在人们的意识中形成了一种"刻板印象"。过剩犯罪化既反映在理论角度,也体现在立法实践层面。从观念角度看,过剩犯罪化表现为对各种不应实施犯罪化进行建议和论证;从实然上说,表现为对立法活动的支持。有学者称该现象为"新罪情结"。② 具体表现为,通过中国学术期刊网(CNKI)进行搜索发现,近些年来诸多学者提出了众多行为予以犯罪化的观点;全国两会期间也提出了诸多犯罪化提案;最高立法机关和司法机关也"适时"回应民意,通过刑法修正案和司法解释对一系列行为予以犯罪化。为此,有学者质疑,过剩犯罪化即过于强调刑罚的作用,不仅浪费司法资源,违反刑法谦抑性主义,而且带来了一系列不利的影响。犯罪化,其实就是刻意强调刑法的作用,而有意无意地回避其他社会控制手段。然而,刑罚是积极与消极并存,"刑罚如两刃之剑,用自不得其当,则国家与个人,两受其害"③。从某种意义上说,过剩犯罪化是国家社会治理对刑法的过度依赖,某种意义上的恶"惰性"使然,也是公众恐慌的心理映射与社会反应。公众恐慌很容易聚集所谓"民意",自然引发一系列的加强社会控制手段,包括"强化和调整治理规则、增强公众敌意和谴责、制定更多的法律制度、判处犯人更长的刑罚、增加更多的警察、逮捕更多的

---

① 《商君书·靳令篇》。
② 参见刘艳红:《我国应该停止犯罪化的刑事立法》,《法学》2011 年第 11 期。
③ 林山田:《刑罚学》,台湾商务印书馆 1985 年版,第 127 页。

嫌犯以及建造更多的监狱等".① 可见,过犯罪化已成趋势,尤其当今风险社会,恐惧与隐忧之下,人们习惯使用简单而严厉的惩罚思维和范式去解决他们眼中的"复杂问题".② 即希望通过"对加害者采取严厉的措施,借以回避风险".③ 是故,代表人民利益的最高权力或司法机关在民意的"裹挟"下很容易就把那些严重违反道德的异常行为给予犯罪化了。当然,有时的民意需要一种理性的导引。

3. 过犯罪化的反向之害

当前的社会风险主要是一种"人造风险"。自从尼采宣布上帝死了以后,伟大的(垄断性)权力——利维坦常常跨越界限、任意驰骋,而忽略了"风能进雨能进,国王不能进"的禁止权力滥用的规则。裁量权滥用的权力异化仍然是当代社会存在的较为普遍的现象。而权力滥用是否必然犯罪化?犯罪化目的是威慑严重违反法益保护的行为人,使其不敢再实施同样或类似不法行为,并起到社会的一般预防之效。直接通过刑罚"一刀切"式的来控制或消灭权力滥用行为,不仅难以提早发现和有效预防、抗制,往往还会遮蔽腐败治理存在的问题,也使得国家工作人员罚不当罪,动辄得咎,更严重弱化了其公务伦理、行政法、监察法以及其他控制手段,使得社会的系统性与运转机能严重失衡。一方面,"针对扩张刑法体系的定罪化作用力,而应保持一种非刑事化的反作用力,把所有不再具有重大社会意义的行为放到次要位置上去"④。另一方面,对那些轻微的权力不法行为非犯罪化的话,不仅节约司法资源,也可以避免监禁刑弊端,彰显刑事法治文明。

---

① Goode, Ben-yehuda. *Moral Panics: The Social Construction of Decience*. Malden: Blackwell 1994, p.30.

② Schiraldi: *Youth crime is not increasing*, The Baltimore Sun 1998. August 24, p.7A, 载汪明亮:《道德恐慌与过剩犯罪化》,复旦大学出版社 2014 年版,第 6 页。

③ 许福生:《风险社会与犯罪治理》,元照出版有限公司 2010 年版,第 3 页。

④ 黄风:《论意大利的非刑事化立法》,《外国法学研究》1987 年第 4 期,载汪明亮:《道德恐慌与过剩犯罪化》,复旦大学出版社 2014 年版,第 24 页。

(二)犯罪化的必要:裁判者的"最后一张红牌"

1. 风险社会之下的"犯罪饱和"

统计资料和人类学的观察证明,犯罪是一种自然现象——有些哲学家会认为它与出生、死亡和妊娠一样,是一种必然现象。[①] 为了预防风险对法益的侵害,尤其对重要法益的保护而予以犯罪化显得十分重要。如诚信问题既是严重的社会风险,还关系到社会的发展稳定。当社会发展渐趋平衡时,社会也会渐趋稳定。正如菲利所言,犯罪的规律性不是机械的,而是一种动态的规律性。并且他试图以"犯罪饱和法则"(law of criminal saturation),以解释社会的全部犯罪,[②]即致罪因素积聚到一定量时,从而犯罪发生。亦如艾米莉特的格言,"犯罪也有年终平衡,其增长与减少比国民经济的收入还带有规律性。"[③]同样,公权力本身具有一种内在的矛盾性,一方面代表公共利益,另一方面与个人利益相联系,两种利益关联紧密交织于同一个体,自然很容易诱发利益冲突致使权力异化。从一定程度上来说,犯罪可以在某种形式上、规模上得以缓解,却不能予以消灭,这不仅与社会发展适应,也是人性使然。刑法更多的是改变诱发犯罪的社会环境、预防和惩治犯罪,并使其保持在与社会发展相平衡、适应的一种状态。

2. 当前社会犯罪化的必要与适度

犯罪化是将严重危害社会的行为通过刑事立法或司法解释的方式将其作为刑事处罚的对象。犯罪化所带来的正面效果直接表现为对重要法益的保

---

① 参见[意]切萨雷·龙勃罗梭:《天生犯罪人》,王金旋译,江苏人民出版社 2016 年版,第45 页;[意]切萨雷·龙勃罗梭:《犯罪人论》,黄风译,中国法制出版社 2000 年版,第319 页。

② "犯罪是由人类学因素、自然因素和社会因素相互作用而成的一种社会现象。这一规律导致了我所讲述的犯罪饱和论,即每一个社会都有其应有的犯罪,这些犯罪的产生是由于自然及社会条件引起的,其质和量是与每一个社会集体的发展相适应的。"([意]恩里科·菲利:《实证派犯罪学》,郭建安译,中国人民公安大学出版社 2004 年版,第183 页)

③ [意]恩里科·菲利:《实证派犯罪学》,郭建安译,商务印书馆 2016 年版,第43 页。

护,特别是对制造严重风险的行为予以犯罪化。刑罚作为一种最严厉的惩罚措施,其对抗制犯罪、保障社会秩序的威慑效益是客观存在的,然而却并非是无限的。迪尔凯姆也告诉我们,犯罪见于所有类型的所有社会,只要犯罪行为没有超出社会所规定的界限,它就是正常的。[①] "用暴力来矫正暴力总不是一种好办法。……社会在与罪犯的残暴之间的斗争中失去效力时便会恶性循环。"[②]"刑法只是在精神病边缘者的利己主义占上风时,才对他们感兴趣。"[③]同样,远在欧洲的德国刑法学界、德国议会,在过去大约 20 年的时间内,将一系列的国际条约和公约国内化之后,对德国反腐刑法的范围是不是过度扩张,以至于一些不值得处罚的行为也被囊括其中是有争议的。[④] 是故,正是因为问题的普遍性和复杂性,一直以来想突破"唯刑论"的思维定式不是很容易。2018 年 11 月 16 日在上海召开的"中欧刑事法论坛"上。孙万怀教授认为,刑罚介入力度不可谓不严厉,但腐败并不因此有所收敛,而必须正确定位刑法和刑罚的功能。权力腐败的消除是社会发展和综合治理的结果,刑法只是其中的一道关卡。可见,不是任何阶段都需要保护的社会关系,刑法认为其必要才会介入,不能遇到风浪就退回刑法的港湾,刑法天然非面面俱到而具有"不完整性",一旦形成对刑法的路径依赖,则社会永远到达不了"治理现代化"的目的地。

为此,刑法的谦抑并不排斥一种适度的犯罪。换言之,应根据社会情势、现实危害、公众容忍度以及抗制犯罪的现实需要综合考量而适度犯罪化。这种考量后的选择是面对现实和具有问题意识的一种理性而非情绪的犯罪化,

---

① 参见[法]E.迪尔凯姆:《社会学方法的准则》,狄玉明译,商务印书馆 1995 年版,第 83—84 页。

② 宋浩波:《犯罪社会学》,中国人民公安大学出版社 2005 年版,第 77—78 页。

③ [意]切萨雷·龙勃罗梭:《天生犯罪人》,王金旋译,江苏人民出版社 2016 年版,第 198 页。

④ 参见《德国联邦公务员法 德国联邦公务员惩戒法》,徐久生译,中国方正出版社 2014 年版,第 13 页。

不是为了犯罪化而犯罪化。这种适度应有一条坚守的底线,"其数量要结合违法犯罪的情况和非犯罪的情况综合判断一个事物科学性、合理性的标准"。① 即摒弃刑法万能与重刑思想的基础上,选择对重要法益进行保护。

3. 利益输送制造的"社会恐慌"

是否以刑罚对付某个特定行为,立法政策上大约考虑三点:行为的反社会伦理程度、行为的社会危险性、有无比较和缓而且同样有效的手段可以运用(最后手段性)。② 利益输送是一种权力背信行为,民众将会对公权力信任危机,产生一种道德上的"恐慌"和自发性抗拒。在此意义上说,恐慌背后是社会的信任危机,它体现着一种集体性的失望、一种对权力公共性与人性的失望。假若利益输送行为的刑事违法及恶害没有被及时隔离、规制,行为人遇到犯罪时机和条件耦合时,就会自然地进行"强迫性重复",况且"破窗理论"(broken window theory)③也告诉我们,环境可以对一个人产生强烈的暗示和诱导性。同时,犯罪作为刑事法律现实存在的基础和理论的逻辑起点,"没有成文的法律预先在犯罪之前的规定,就没有犯罪也没有刑罚"。④ 即在"罪刑法定"的现代法治国家,利益输送行为是否犯罪也只能取决于刑事立法。反之,对制造了"社会恐慌"的利益输送而非犯罪化假若不充分的话,产生的问题则正好与非犯罪化带来的正面效果相反,一方面不利于刑法自身修正和自我完善,容易破坏刑罚体系的整体性和有效性;另一方面,非犯罪化有意无意地放纵了"利益输送"的权力滥用,也会消耗更多社会资源与成本,生成更多社会负担。为此,社会治理权力不法可能有多种模式,整齐划一也容易走入另一个误区,使得治理权力腐败犯罪没有"特色"。而对于严重危害的利益输送行为"讳疾忌医",给予"特殊关照"的话,将会是治理腐败的"放虎归山"式的纵容。

① 刘艳红、周佑勇:《行政刑法的一般理论》,北京大学版社 2008 年版,第 132 页。
② 参见林东茂:《刑法综览》,一品文化出版社 2016 年版,第 1—6 页。
③ See George Kelling and James Q. Wilson, "Broken Windows: The police and neighborhood safety", at *Atlantic Monthly*, March 1982.
④ 马克昌:《比较刑法原理》,武汉大学出版社 2002 年版,第 55 页。

二、利益输送非刑罚的假设与证伪：功能性供给不足

在社会治理或社会控制的面前，人们表现出了巨大的工具选择性。对于制度工具而言，不仅在于"吉他是不能当做琵琶弹的，"还需考虑现实的客观性与制度本质的统一。对于利益输送而言，国家在穷尽其他治理工具之后，若不及时对利益输送行为犯罪化，就意味着刑事立法、司法的"渎职"或刑法"第二次规范"供给不足。

（一）党内法规的局限

党内法规既是管党治党的重要依据，也是衔接法治反腐的有力保障。党内法规在自我修复与完善的实质政治性的掩饰下实现了形式的统一且"一片繁荣"，如此看来，党内法规在数量、体量与质量上都较之前有所完善。然而，大体量的党内法规制度的存在是否会尾大不掉、难以协调？同时，党内法规建设中是否还存在着诸多被动应付、应景式制定、"碎片化""地方化"增多，体系性、整体感减少，"提倡性"多、强制性少现象；是否存在着"古董式"法规多，新颖式、创新式较少，存在着广阔适用空间与强制性效力的局限，存在着隔离和悬置状态的尴尬？加之少数党员干部滥用权力，制造着与民众交往权利的不平等、践踏着人们信赖与遵守的伦理价值，更加速了社会的不确定性风险与民众的不安。否则，党内法规便会被贴上"纸老虎""稻草人""软条条""橡皮筋"的标签。"如果只注重条文而不注重实施状况，只能说是条文的、形式的、表面的研究，而不是活动的、功能的研究"。① 长此以往，党内法规限制党员干部权力滥用的功能便容易形同虚设亦如"无牙齿的老虎"，致使制度失灵、制度空转的现象严重，制度的"技治主义"难以有效发挥。尽管党内法规发挥了相应的作用，但其规制效力之"软"再次证明了，没有硬度的制度难以支撑起

---

① 瞿同祖：《中国法律与中国社会》，中华书局 1981 年版，第 2 页。

社会期待的尊严。为此,制度负担沉重与因袭观念沉重的双重作用下,若在利益输送抗制中发挥其作用,必须摆脱"挂在墙上、说在嘴上"的空转与悬置状态,从"宽松软"走向"严紧硬",实现从"封闭式"向"开放式"的治理转型,也是党内法规现实中的必然和应然。

(二)行政法规的比例原则悖逆

当前,不平衡、不充分的社会发展现实,容易使得人们对公权力的依赖更为紧密,尤其与社会公众生活利益最为直接相关的行政权。人们既期望行政权灵活反映社会需求,积极地实现公共福祉最大化,又害怕行政权自由裁量权滥用而威胁到公民权利的保障格局。即行政机关分享立法裁量权,其影响是"双刃"的:一方面,它有助于确立行政的快速反应机制,发挥专家治国的技术优势,尊重不同区域、不同部门之间行政管理任务的差异。并且,还可以借助适当的制度设计,利用行政之手来积极地促成公共福祉的增进。① 但是另一方面,行政权长期的一种"官僚主义"及其贪渎、滥用,其公众认同、合法性被一片"疑云"笼罩,况且,利益输送行为本身的犯罪主体多为国家的行政工作人员,行政法的规制会让人产生一种"偏袒"的错觉。况且,利益输送作为权力的严重职务违背——一种国家工作人员的背信,严重侵害了权力配置公共资源公平性法益的行为,并衍生出诸多社会危害后果,已超出了社会的容忍度,现行行政法规是无法进行规制的。首先,行政主体处于人情社会,是无法有效实现行政法规的比例原则之中既要兼顾行政目标的实现——限制行政权中的利益输送,又要保护行政相对人的权益——保障利益输送行为的行政权力主体,毕竟利益输送行为主要表现为行政权力的不法,如果以行政法规及其规定的行政主体来规范约束不当进行利益输送的行政工作人员,难免有"左手监督右手之嫌"。其次,加上行政机关及其工作人员往往以问题解决和效

---

① 参见叶俊荣:《行政法案例分析与研究方法》,三民书局 1990 年版,第 11—12 页。

率原则为思维导向,隐藏着忽略公民权利保护的巨大隐忧和风险。再次,行政法规制的辐射范围广,聚焦和规范的是行政权力运行的"面",自然无法满足利益输送的根本"恶害",利益输送行为的社会危害性与严重的法益侵害,是权力不法中"点"的限度突破,"牛栏关猫是关不住的,空隙太大,猫可以来去自如"①。最后,行政法规的规制表现出"缓不济急",也难以满足比例原则的必要性、适当性以及最小损害三项内容。

(三)道德软约束的脆弱

"破窗理论"提醒人们:环境也可以改变人,而且影响力非常之大、非常之容易。遗憾的是,这个提醒并没有受到它应有的重视。"破窗理论"归根到底要表达的意思就是:人的道德是脆弱的,不道德行为是容易模仿的。如帕斯卡尔说过的,人的情感脆弱得像一根苇草。所以,人的道德心也不可能坚强。"官德毁则民德降"就是对道德脆弱性的一种描述。当公职人员有了腐败行为时,如果其权力滥用的行为没有被及时发现或者被发现了却没有及时法办,就会给其他潜伏的腐败因子以"腐败而不一定会被发现或即便发现了不会被依法严办"的心理暗示,在这种心理的支配下,其他公职人员就会有意识地模仿,并会可以留意这些涉嫌犯罪的却仍逍遥法外的人是怎么做的,最终,从众心理和投机心理诱使其成为下一个腐败者。人的道德情感极易被现实危机所左右,就像海上的水下障碍物和冰山即使对一个有着20多年海上捕鱼经验的渔夫有时也会构成足够的威胁一样。② 为此,道德不仅无力面对现实危机,有时当现实出现变化,道德秩序的脆弱性就呈现了出来。社会环境复杂且变幻无常,人的本性又很难改变,风险危机随时可能出现,所以,"认为人的道德本

---

① 中共中央纪律检查委员会、中共中央文献研究室编:《习近平关于党风廉政建设和反腐败斗争论述摘编》,中央文献出版社、中国方正出版社 2015 年版,第 125 页。

② 参见李湘云:《道德的悖论》,九州出版社 2009 年版,第 79 页。

性足以超越现实而永久不变是非常可笑的"①。为此,如"破窗效应"一般,单凭借道德一己之力应对现实危机是徒劳的,国家工作人员若要保持"政治洁癖",仅依赖非制度性的道德也是无法实现的。是故,公务伦理道德不仅要法制化,也应当与其他制度工具交互式协同治理利益输送腐败。

三、利益输送刑法化的"不得已"

刑法的"不得已"即刑法的谦抑原则。本书认为,刑法的"不得已"应具有一种"贵族精神":自律、责任、悲悯、勇气等,②即为发动刑罚的不得已,发动后的悲悯人道主义与制度的公平保障。……当我们意识到刑事司法体制是战争机器在精神上的等价物时,我们认识到,对抗一个人的行为,总是与对抗其他人形伴影随,这种对抗应当是包含着怜悯和仁爱的,而不应当以当前运用者的暴行为依据。③ 亦正如前文所述,刑法作为家长主义的表现,若刑罚过于细密和严厉,反而会使人民因为恐惧而无法安心生活,应保持一种"最弱意义的刑法"状态,象征性多于适用性,不用、少用、慎用,即使用也要尽到"合理注意义务",只允许对个人的自决权进行善意的干预。有时候给社会留下一个安静的角落,既可以反映人性的一种宽容,也可以反映文明的一种进步。对利益输送的刑罚也应如此——保留刑法的"最后手段性"。刑法如刀,刀是锋芒,是利器,是防卫。其正义性表达即不能随便"开刀",但是"蓄意的残酷是不能宽恕的。"④对于不法行为的规制工具中,刑法是一种成本(自身成本、国家及社会成本)最为高昂的制度工具,同时作用于社会时,还具有相应的反作用或副

---

　① 李湘云:《道德的悖论》,九州出版社2009年版,第81页。

　② 本书认为,刑法的谦抑原则犹如"贵族精神",享有"荣誉、责任、勇气、自律、人道以及平等而视的对人的尊敬",而不是强权、任性。荣誉应是国家赋予刑法功能,责任是刑法对法益的保护,勇气是面对严重社会危害行为的不畏难。

　③ See Richard Quinney,"The Way of Peace",in *Pepinsky and Quinney*,ibed.,p.12,载[美]乔治·B.沃尔德等:《理论犯罪学》(原书第5版),方鹏译,中国政法大学出版社2005年版,第332页。

　④ [美]田纳西·威廉斯:《欲望号街车》,冯涛译,上海译文出版社2015年版,第186页。

作用。有学者明确指出:"刑罚与药品具有同样的现象,它必然会对社会及个体具有某些程度的不良副作用。"①为此,必须在穷尽其他工具、手段之下,才能发动刑罚。

(一)利益输送行为已超出社会容忍度

社会容忍度由公众与国家双重主体的容忍程度共同构成,尽管两类主体的立场、态度和感受不尽相同。对于普通公众而言,容忍度更多的是一种情感上的认知。但对国家、政府而言,由于反社会行为的严重危害性、多发性、不可避免性以及公共资源的有限性,其不得不理性地评估、对待每种反社会性行为,包括公权力的利益输送行为。出于治理和安定需要,国家会平衡多方利益,从而做出人民利益至上、公共利益最大化的选择。当然,如果公众对利益输送或其他反社会行为的容忍度难以影响到社会稳定、国家安全以及党和政府的形象而仅仅是小范围产生的有限性影响,国家则可能不会花费多余的精力去理会公众对该行为的情绪和态度。但是,利益输送作为严重的权力腐败,其严重侵害了复合法益尤其公共资源配置公平性使得公众相对剥夺感已经到了容忍极限并汇聚为强烈的民意,国家应基于舆论压力、民意需求以及自身安全的综合考量,对利益输送犯罪化。

(二)刑法是利益输送治理的"第二次法"

刑法是最后手段法、补充法、保障法和第二次法,刑法对利益输送的应对必须以此为出发点。从规范层面而言,依次是道德规范、团体规范、行政法律的调整和依次过滤,之后才能考虑具有工具价值、"二次法"的刑法。更进一步而言,经过前面的筛选机制之后,如果最终在刑事政策上选择使用刑法规范对某类或者某种"利益输送"行为进行调整,这个选择过程仅仅是罪与非罪的

---

① 王建今:《现代刑法基本问题》,汉林出版社 1981 年版,第 151 页。

界分。当然,刑法的"第二次法"是刑法谦抑性表征,并不意味着刑法无所作为,而是强调刑法的"合理注意义务",有所为有所不为,包括最后手段性、补充性、宽容性。首先,刑法之所以不得已,在很大程度上是因为相较于其他制度工具,刑法的成本高昂且对社会反作用明显。其次,从法积极效果分配的角度看,刑罚的发动必须有效实现重要法益之保护。刑法的"家长主义"在不降低一部分人福利的情况下,而保障和提高了另一部分人的福利、利益,其是符合"帕累托改进"原则的。刑罚的"不得已",必须限于其他制度工具不能有效规制且社会秩序迫切需要维持。为此,在利益输送行为发生之后,刑法必须有限制地、谨慎地适用,以有效防止刑罚权的滥用。为此,利益输送行为在适用刑法的"家长主义"之际,应当基于一种"不得已"。

(三)现有刑事制度无法有效规制利益输送

"一个时代的法律精神是这个时代一切社会制度的价值基础。"[1]无论是作为党内法规抑或是相关法律,如滞后于现实,便都会随着社会发展与适用的复杂性而渐趋于"失灵",出现制度之间的"趋同"或"同化"。是故,制度间越来越相似以及随着人数和复杂性的增加而衰退的趋势,会削减制度的功能。[2]新时代下,法治是时代主题,利益输送作为一种新型腐败形式,严重侵害了人们的生活利益,而现行制度法规尚不能有效予以规制,俨然已成为腐败治理"木桶理论"中的短板,刑法的任务就是通过规定最严厉的制裁手段来对重要法益进行保护。法益保护不仅必要的,还是维持社会生活秩序之最低的限度。刑法是法治大门的最后"守护神",既不能渎职,也不能滥权,一旦供给严重失衡则会造成潜规则盛行,抵消现有制度工具的规范作用。犯罪化或刑罚圈的

---

① [美]罗斯科·庞德:《普通法的精神》(中文修订版),唐前宏等译,法律出版社 2018 年版,第 47 页。

② [美]尼尔·K.考默萨:《法律的限度——法治、权利的供给与需求》,申卫星、王琦译,商务印书馆 2007 年版,第 193 页。

范围大小问题,一定程度上是刑罚资源与其他社会资源的分配问题。①

(四)刑法可以为利益输送行为提供"意义框架"

当然,刑法是为人类行为提供社会"意义"的象征系统,刑法制度正是通过提供价值认知和概念范畴而影响人类行为的。利益输送入刑,既要注意过于严厉的风险,且不违背人性,又要避免因粗疏而导致的偶然性的责任。西方经济学中"经济人"的假设,说明了国家工作人员的违规行为是基于自身利益最大化的追求。从制度配置的意义上看,人们往往也不会同意制度选择的过度依赖,必须整体考虑腐败治理的"需求——供给"关系,而避免出现制度的"功能性供给不足"和"制度性供给过剩"的严重失衡。"腐败与迅速的社会经济现代化有密切的关系。随着新财源的开发、新权力的创设和新阶层的兴起,腐败也会与之俱增。"②据此,权力"公共性"极易陷入前所未有的困境,社会生活也在总体上私人化。公共性的衰落与现代性危机刺激着利益输送同其他权力腐败一样常见、多发,直接引发民众信赖危机、公共利益被损害甚至更为严重的"溢出效应",刑法适时"供给"则成为正当的制度"需求",更好地保护了权力配置资源的公平性及相关法益。如果过度强调刑法的谦抑而忽视了利益输送的根本恶害,枉顾刑法所保护的法益被严重侵害而选择强制性较弱的制度工具,则正如选择所谓便宜却不好用的"东西",既不是真正的理性使然,也不是一个好的经济学所主张。刑法制度的本质不在于空洞的基础理论或者抽象之价值而在于制定、解释与有效实施。与其说是利益输送中"公权力——公民权利"的平衡关系决定了刑法文本的选择和适用,不如说是刑事制度的选择决定了公权力和公民权利的结构与平衡。

为此,刑法作为"最后手段"并没有保护所有社会利益的功能与效力,刑

---

① 参见毛玲玲:《犯罪化与非犯罪化的价值与边界》,《华东政法大学学报》2011 年第 4 期。
② [美]塞缪尔·P.亨廷顿:《变化社会中的政治秩序》,王冠华等译,上海世纪出版集团 2008 年版,第 45 页。

罚手段具有局限性。同时，刑法是破坏性最强的一种法律手段，它可能间接甚至直接对刑法本身应当保护的利益造成危害。所以，刑法必须保持克制和谦抑。只有在国家、社会或者个人以其他手段无法有效地保护利益输送所侵害的利益，刑法作为"不得已"才能被使用。即针对利益输送的严重社会危害与权力对公共资源配置不公平的法益侵害，当国家承受力、社会忍耐力以及道德的容忍度已经达到了极限，刑法需要"合理的反应"。

第三节　利益输送犯罪化的可行性

本书对犯罪化的可行性分析主要是基于合法性的一种认知范畴，包含公众认同、国际认知以及合乎法律性。合法性作为政治哲学的核心词汇，专门用来指涉公共权力的政治系统的正当性、正统性、公正性，"是对统治权力的承认"①或"意味着某种政治秩序被认可的价值"，②其本质是"一个权力伦理的问题"。③ 即"一种政治统治或政治权利能够让被统治的客体认为是正当的、合乎道义的，从而自愿服从或认可的能力与属性"。④ 简言之，是人们对那些与自己的利益、情感、信仰相一致或相近似事物的认同与忠诚。根据前述，利益输送是新型腐败的一种具象和符号，不仅对权力的公正性、纯粹性造成破坏，还严重侵害了权力公平分配公共资源的法益，致使公众与国家的容忍度达到极限而予以犯罪化。利益输送犯罪化的合法性，不仅是法治社会理性应对和阻止利益输送危害公共利益行为发生的价值认同与理性实践，也是不确定性风险下重典治疴彰显了民众对安全感的"集体意识"与"社会共同需要"。

---

① ［法］让-马克·夸克：《合法性与政治》，佟心平、王远飞译，中央编译出版社 2002 年版，第 12 页。

② ［德］哈贝马斯：《交往与社会进化》，张博树译，重庆出版社 1989 年版，第 184 页。

③ 胡训玉：《权力伦理的理念建构》，中国人民公安大学出版社 2010 年版，第 8 页。

④ ［美］杰克·普拉诺等：《政治学分析辞典》，胡杰译，中国社会科学出版社 1986 年版，第 83 页。

因为"集体沉默"的结局可能会使得一种公共资源公平分配"集体沉没"。

一、公共认同：正义以公共利益为依归

社会认同的问题实质上也是一个排序的过程，是一个价值选择和价值评价的过程。它为个体行为和价值判断提供基本的参照。① 一个社会中各种活动组织，只要以"公共善"为目的，就有公众认同的权利。正如德国新教教士马丁·尼莫拉的那首短诗②意味着的，在社会这辆行驶的公交车上，你我皆是乘客，而非看客。可以说，一个社会的价值认同主要是各个价值主体基于公共利益、社会正义而改变自身观念以顺应社会主流价值规范的过程，它体现出社会成员对公共利益、主流价值的一种自发感知、自觉接受和自愿遵循的态度。

（一）公众认同之一：公共利益是人类命运共同体最高的共同善

公共利益作为"政治中占支配地位的动机"③，是人类命运共同体最高的共同善，贯穿人类社会发展的全过程，"意味着在分配和行使个人权利时决不可以超越的外部界限"④。公共利益不仅是政党、权力以及社会活动的主题，还是作为立法宗旨、公权力运行的正当依据。

我国《宪法》第 13 条规定了国家为了公共利益对公民私有财产征收的情形，在第 51 条"中华人民共和国公民在行使自由和权利的时候，不得损害国家的、集体的利益……"不仅是基于我国社会主义国家的公有制与人民民主专政的性质，亦是作为人民共和国，"共和的目的指向公共事务或

---

① 参见张彦：《价值排序与核心价值观》，浙江大学出版社 2017 年版，第 83 页。
② "在德国，起初他们追杀共产主义者，我没有说话，因为我不是共产主义者；接着他们追杀犹太人，我没有说话，因为我不是犹太人；后来他们追杀工会成员，我没有说话，因为我不是工会成员；此后，他们追杀天主教徒，我没有说话，因为我是新教教徒；最后，他们奔我而来，却再也没有人站起来为我说话了"。
③ ［美］戈登·塔洛克：《公共选择》，柏克、郑景胜译，商务印书馆 2015 年版，第 746 页。
④ ［美］E.博登海默：《法理学：法律哲学与法律方法》，邓正来译，中国政法大学出版社 2017 年版，第 326 页。

公共利益"。① 为此,被利益输送损害的公共利益作为正义的标签出现在社会面前,其实现需要人与人之间的利益关系达至平衡。而一旦公共利益被危害或侵害之际,其危害的"雪崩效应"使公共空间没有个体可以做"孤岛"而安然置身事外。何况"每个人对于他自己的利益最容易判定,哪一种政府,哪一种法律可以增进他们的利益,亦只有他们自己知之最甚"②。

(二)公共认同之二:利益输送对公共利益的公然侵害

利益输送以不正当的公权力介入打破了公共资源分配的公平性与社会各成员之间利益分配的秩序,不仅使利益均衡无法被满足,也是对隐藏于生活利益背后的法规范、社会同一性以及公众认同感的一种公然侵害,直接生成了社会的"道德恐慌"与公众的集体抗制的意向与表达。利益输送的不法往往会产生道德责任和法律责任。为此,人的生活利益不能无限满足的情况下,单纯依靠个人实现利他性与个体利益的普遍化,就如"抓着自己的头发离开地面"式的荒诞。且基于社会的"法意识"与"法情感",人们就会产生一种"社会共同需要"以维持秩序,因为秩序能带来安全,即希望有一种解决不同需要之间的矛盾机制存在。刑法制度就是根源于人们的这种"社会共同需要",而"为绝大多数人谋利益"。③当然,公众认同的集体意识下藏着一张"普罗透斯的脸",会因社会认知、时空环境的改变而无常。因此,基于公众认同的刑事政策选择蕴含着可变性、不可靠性的风险(集体认同犯罪化多是基于一种道德的集体恐慌)。在利益输送的刑事政策上需要尊重公众认同,同时更为需要的是决策者和立法者在对利益输送行为及其对社会影响进行科学分析的基础

---

① 郑永流、朱庆玉等:《中国法律中的公共利益》,北京大学出版社 2014 年版,第 17—19 页。

② [英]詹姆斯·布莱斯:《现代民治政体》,张慰慈等译,吉林人民出版社 2001 年版,第 46 页。

③ 中共中央马克思恩格斯列宁斯大林著作编译局:《马克思恩格斯选集》第 1 卷,人民出版社 2012 年版,第 283 页。

上做出科学抉择,合理、适当地引导公众认同感朝着决策者所抉择的理性方向发展。这样,就能最大限度地确保对公众认同的尊重与刑事政策合理抉择之间的平衡。

二、国际反腐衔接的基础:法律文本与实践

当前,刑法国际化是"已然客观事实与未然发展趋势的统一"的特点。[①]在我国当前刑事反腐败"厉而不严"的背景下,利益输送犯罪化的必要性应当参酌国际立法经验以及刑事政策的国际趋势,并尽量使本国的刑事政策与国际通行的刑事政策衔接。况且,我国已成为《联合国反腐败公约》缔约国以及"国际透明组织"参与者,并在贪污、贿赂等职务犯罪已取得了相关衔接经验。为此,利益输送犯罪化也应借鉴腐败治理的相关国际立法文本与实践经验。

从宏观上看,《联合国反腐败公约》要求缔约国应当根据本国法律,将下列腐败行为予以刑事定罪,如贿赂、贪污、挪用公款、影响力交易、窝藏、滥用职权、资产非法增加,对犯罪所得洗钱,妨害司法等。[②] 其和其他有关反腐败的全球和区域性国际公约均体现了对腐败行为的犯罪化原则。[③] 此外,1996年12月26日,第51届联合国大会通过的《反对国际商业交易中的贪污贿赂行为宣言》中指出,各会员国自行并通过国际和区域组织……取缔国际商业交易中一切形式的贪污、贿赂及有关违法行为等。1996年12月12日第51届联合国大会通过的《公职人员国际行为守则》中规定,公职人员的最高忠诚应当是通过政府的民主体制所体现的本国公共利益的忠诚。联合国性质主体制定的国际腐败文件还有34/169号决议通过的《执法人员行为守则》以及《跨国

---

① 参见赵秉志:《改革开放40年我国刑法立法的发展及其完善》,《法学评论》2019年第2期。

② 参见吴建雄、门甜:《完善我国反腐败涉外法规的思考——基于中国知网反腐败涉外研究文献分析》,《新疆师范大学学报(哲学社会科学版)》2023年第2期。

③ 参见陈雷:《我国反腐败刑事立法之犯罪化与轻刑化问题研究》,《犯罪研究》2008年第5期。

有组织犯罪公约》等。除此之外,还有其他一些专门性国际组织或区域性组织,也制定了很多关于反腐败犯罪的条约,例如经济合作与发展组织《禁止在国际商业交易中贿赂外国公职人员公约》、世界贸易组织《政府采购协定》、国际商会《打击国际商业交易中的勒索和贿赂的行为准则》、美洲国家组织《反腐败公约》等①一系列国际公约、行为守则均表明了国际社会对腐败犯罪化的态度、决心及成就。为此,利益输送犯罪化具备国际反腐文本衔接的基础与必要,腐败之"恶"的普遍性、危害性以及所有文本制度所强调的"法律面前人人平等"。同时,国际上关于一国腐败犯罪的情况有一个比较一致的评价标准,就是"透明国际"(Transparency International)②。透明国际立场中立,不依附于任何政治党派,以 CPI(清廉指数)与 BPI(行贿指数)构成的腐败指数进行相关评估。其发布的报告也不具有官方权威性,但是该组织的研究成果经常被其他国际权威机构引用,所以其指数对于我国腐败治理有一定的指导意义。从当前"透明国际"网站公布的近些年中国清廉指数(CPI)来看,我国的腐败犯罪形势依然较为严峻、不容乐观,更何况利益输送是一种危害特别严重的权力腐败行为。当然,我们也不能忽视近年来治理腐败的努力与成就。

从微观看,通过文献梳理发现,由于现行社会不确定性、风险性增加、多种错综复杂的矛盾集中迸发,许多国家不约而同以不同方式扩张了犯罪化的规定。尤其对于公权力腐败的严重危害,进行了"严厉"而又"周密"的法律规定,甚至在刑法中保留了死刑。德国近年来刑事立法的变化凸显了犯罪化的趋势。如现行德国刑法典第 331 条至第 335 条是对受贿罪和行贿罪的具体规

---

① 参见张穹、张智辉:《权力制约与反腐倡廉》,中国方正出版社 2009 年版,第 494—495 页。

② "透明国际"组织于 1993 年 5 月在德国首都柏林由彼得·艾根注册成立,国际上最具影响力的反腐机构,是一个非政府、非营利、国际性的民间组织,所做的全球反腐败报告每年发布一次,衡量世界各国和地区的腐败状况,以推动全球反腐败运动为己任,今天已成为对反腐败问题研究的最权威、最全面的和最准确的国际性非政府组织。(参见郝银钟:《遏制腐败犯罪新思维:构建以制度防腐与依法防腐为基点的国家廉政建设新体系》,中国法制出版社 2013 年版,第272 页)

定,相较 1998 年之前的刑法典条文,二罪现在的犯罪构成明显地扩大了。意大利 2012 年 11 月 6 日颁布的 190 号法律,它以"重新磨砺的锋刃"向腐败再次宣战。为此,在"不得已"的犯罪化进程中,西方发达国家实现刑法谦抑的主要途径在于非犯罪化与非刑罚化。非犯罪化即取消某种罪名及排除某种行为应受到刑罚惩处的性质。作为国际一种趋势的非刑罚化即指"减轻法律规定对某些犯罪的刑事处罚,这些行为被认为是犯罪,但对待这些犯罪的方法与原有的刑罚是不同的"。在非刑罚化思想的影响下,人们致力组织对监禁刑的替代方法。① 即使在《公民与政治权利国际公约》及其施行法,其第 6 条第二款也明确规定,未废除死刑的国家,其死刑必须限定为对最严重之罪行(the most serious crimes,应系指蓄意造成他人死亡或极端严重后果之犯罪)的惩罚。其第 6 条则明确规定各缔约国不得援引本条文而延缓或阻止死刑的废除。

可以看出,国际上公权力腐败犯罪化与严格遵守谦抑性原则是一种通行的做法。综上,利益输送犯罪化的基准在考虑国际立法经验与刑事政策的基础上,不能脱离我国的本土国情与刑事反腐总体上过于严厉的现状,尤其贪腐性犯罪。利益输送合理、科学、均衡的刑事处罚,不仅有利于惩罚犯罪、保障人权,还可以树立刑事治理腐败法治、文明、人道的国际形象,从而更为有利于反腐败的国际合作。

三、利益输送犯罪化的合宪性诠释

宪法作为根本法,作为法价值体系的统整平台,其基本价值观和宪法性原则要求,满足了刑法及其他部门法适用"背景色"的布置和渲染,为其适用构造了广阔的延伸空间。作为权力滥用的利益输送其不法与公权利义务相联系,它侵犯的不仅是宪法和法律上赋予国家机关及国家工作人员的管理职责,

---

① 参见陈兴良:《刑法哲学》(第五版),中国人民大学出版社 2015 年版,第 9 页。

也即国家工作人员职务的公共性和公正性,也以对公共资源公平分配的严重损害,侵犯了我国宪法规定的公有制经济为主体与按劳分配的基本经济制度,违反了"一切权力属于人民"的宪法要求。是故,利益输送犯罪化是刑法的必要与正当,犯罪化应当立足于法益论的宪法化改造,与宪法的价值联结,重视合宪性解释的制度建构及其运用。刑法立法与解释必须符合宪法的价值衡量,因为归根结底,违反宪法的刑法已经违背了规范的同一性,其不可能实现规范保护目的,与宪法无关联的刑法适用也难以确定,与宪法无关联的刑法适用也难以确定正义性。① 宪法如一张牢固的弓,刑法如射出的箭,宪法均通过刑法及其他部门法的具体法规范予以贯彻实施,刑法通过贯彻制度利益来实现对宪法的滋养和制度性工具的假借。为此,利益输送犯罪化的规制中,宪法犹如圆心,只有宪法得到尊重,基本权利、基本价值才会稳定,人们的权利半径才能持续积累,不断外延,刑法才能围绕圆心逐渐形塑国家公平、正义的秩序。在当前,有效惩治犯罪不是刑事司法治理的唯一目的,除此之外,刑事司法治理的目的还包括充分保障人权。②

(一)罪刑法定:宪法对立法监督的一种保障

罪刑法定不仅是刑法原则,也是宪法原则。③ 根据刑法规定,"根据宪法"制定刑法,既表明现行刑事立法权行使的依据来源于宪法且局限于宪法,也意味着刑事立法权行使的结果,规范不得与宪法规范相违背和冲突,否则就无法律效力。④ 从利益输送刑事治理的必要性看,必须遵循罪刑法定原则,并且保证形式上的明确性和实质上的罪责刑要相适应。公民的自由主要靠良好的刑法(孟德斯鸠语)。刑法的基本任务限制国家刑罚权的肆意适用。利益输送

① 参见王海桥:《经济刑法解释原理的建构及其运用》,中国政法大学出版社 2015 年版,第92 页。
② 参见冯军、孙学军:《通过刑事司法的社会治理》,人民出版社 2016 年版,第 15 页。
③ 参见张明楷:《刑法学》(第五版),法律出版社 2016 年版,第 45 页。
④ 参见时延安:《中国刑法的宪法根据及其约束力》,《中国刑事法杂志》2023 年第 2 期。

犯罪化即是为了更好地规范权力依法使用,使得裁量权公平、公正地使用。罪刑法定是迈向法治的第一步且重要和关键的一步。在许多国家,由于"法无明文规定罪不为罪"是一项宪法性原则,因此,当刑法规范的内容不明确且模糊、客观上没有办法加以把握的时候,该规定就会被认为违反了宪法而无效。① 罪刑法定使得模糊的行为得以明确,明确性作为罪刑法定的基本形式。美国联邦最高法院于 1914 年认定法律"因不明确而无效"是一项宪法原则。② 没有罪刑法定,民众很容易被罪刑擅断和刑罚滥用,难免受到不可预测的刑事法律风险和责任,生命、自由等基本权利保障无从谈起。是故,罪刑法定是人权的最有力保障。从相关法律规定来看,利益输送犯罪化的路径考量,无非是进行刑事立法或者司法解释。随着建设社会主义法治国家宪法性目标的确立,民主是立法者制定法律的重要价值取向,并通过制度和程序的设计来保障实现。罪状建构是立法者行使刑事立法权的重要内容。从罪刑法定的另一路径——司法解释看,刑法以保护法益为目的,因此,刑法解释不能违背保护法益的目的。在有数个解释可能时,应优先选择符合宪法的解释。③

(二)罪刑平等:法律面前人人平等的刑法典化

刑法第 4 条规定,"对任何人犯罪,在适用法律上一律平等,不允许任何人有超越法律的特权。"这被称为罪刑平等原则和刑法适用平等原则,它是宪法所规定法律面前人人平等原则在刑法中的具体化。④ 意味着法律面前人人平等的刑法典化,意在强调刑法面前人人平等。国家有义务平等地适用刑法,即定罪、量刑、行刑等均应平等。公民有权利要求在刑法(立法与司法)中获得平等的待遇。罪刑平等是刑事立法与刑事司法的实质统一,即相同情况相

---

① 参见张明楷:《宪法与刑法的循环解释》,《法学评论》2019 年第 1 期。
② 参见[日]芝原邦尔:《刑法的社会机能》,有斐阁 1973 年版,第 157 页。
③ 参见张明楷:《刑法学》(第五版),法律出版社 2016 年版,第 30 页。
④ 参见陈兴良:《刑法总论精释》(第三版),人民法院出版社 2016 年版,第 52 页。

同对待,不同情况不同对待,对具有相同法律意义的事实必须给予相同的法律评价。我国宪法"平等"的规定,①包含了所有主体的权益都应当平等地受到刑法的保护,不能仅限于部分主体或者局部的权益。平等的定罪,应根据犯罪事实与刑法文本所规定的犯罪进行明确、严格的"涵射",而不能参酌行为人的现实地位与权力大小。其次,应平等地量刑,根据行为的社会危害程度、人身危险性及犯罪情节,同案同判,量刑也应相同。最后,刑罚的执行也应平等。罪刑平等原则,不仅符合宪法的平等与人权保障原则,也满足了平等作为市场经济发展的客观要求。罪刑平等原则是法律格言——人皆平等(Omnes homines aequales sunt)的制度化表现,从应然的层面上看,其意味着人的价值、人格的平等。

(三)罪刑均衡:比例原则的宪法适用

刑法第 5 条的规定②被称为罪刑相适应原则和罪刑相当原则,即罪刑均衡原则。它也被描述为无罪不罚,有罪当罚;重罪重罚,轻罪轻罚;罪当其罚,罚当其罪。③ 刑法既要惩罚犯罪,又要保障人权。同时,惩罚犯罪时,应注意犯罪行为与责任承担要相适应,符合相应的"比例原则"④,应将犯罪化的不利

---

①　宪法规定,任何组织或者个人,"都必须遵守宪法和法律","都不得有超越宪法和法律的特权","中华人民共和国公民在法律面前一律平等"。

②　我国刑法第 5 条规定:"刑罚的轻重,应当与犯罪分子所犯罪行和承担的刑事责任相适应。"

③　参见陈兴良:《刑法总论精释》(第三版),人民法院出版社 2016 年版,第 60 页。

④　比例原则,即行政主体实施行政行为应兼顾行政目标的实现和保护行政相对人的权益,若为实现行政目标可能对行政相对人权益造成某种不利影响时,应将这种不利影响限制在尽可能小的范围和限度内,保持两者处于适当比例原则。有广义和狭义之分。广义指三项原则:(1)必要性原则。即行政主体拟实施行政行为,特别是实施对行政相对人权益不利的行政行为时,只有认定该行为对于达到相应行政目的或目标是必要和必须的,才能实施;(2)适当性原则,即行政主体拟实施行政行为,必须先进行利益衡量,确认实施该行为对于实现相应行政目标是适当的,且可能取得的大于可能损害的利益,收益大于成本,才能实施;(3)最小损害原则,即行政主体实施行政行为,必须在多种方案中进行选择,择其对行政相对人权益损害最小的方案实施。狭义仅指最小侵害原则。(参见夏征农等主编:《大辞海·哲学卷》,上海辞书出版社 2003 年版,第 47—48 页)

影响限制在尽可能小的范围和限度内,保持犯罪化与人权保障的一种适当比例。比例原则寻求公共利益目标与个人利益限制之间的平衡,平衡公权与私权,兼顾公益与私益,被认为"公法之皇冠原则",是最核心的实体审查标准。①其目的正当性、手段必要性和法益权衡性,是行政法与宪法的基本原则,构成合宪性解释的规则性证成。根据德国法治经验,比例原则具体又称为妥当性原则、妥适性原则、适合性原则,由三个子项构成:适当性、必要性和衡量性。②以此,结合比例原则的内容来识别利益输送犯罪化的妥当:

首先,适当性。即目的的正当性,该目的包含行政的一般目的与法律授权的特定目的。规制利益输送的目的非常明确,即是为了保障权力的公共性——即保障权力分配公共资源的公平性。这是从刑法限制权力滥用,惩罚犯罪保护人民以及引领和促进社会主义核心价值观的目的角度所做的要求。

其次,必要性。必要性原则可以有效保障刑法的最小侵害之底线以及可操作性。根据前文所述,对利益输送的规制采取了道德的软约束,以及行政法的调整,从效果表现上差强人意,且耗费巨大的社会资源。在满足谦抑原则的基础上,使用"最不激烈手段"(选择对公民权益损害最小手段)或不能超越实现目的之必要程度"最温和手段"。通常,一般的利益输送若为行政违法,杀鸡焉用牛刀或者"不可用大炮打小鸟"而选择非刑罚手段。同时,刑法对利益输送的使用,也只有在最后关键时刻而不得不采取激烈手段——已无其他慎重可行的选择。

最后,衡量性。也被称为狭义比例原则或平衡原则,即目的与手段之间保持比例。对利益输送的刑法规制,保证了权力的公正性、纯粹性和可信赖性,确保国家意志,能够根据相关法律法规而得以正确地执行,维护了刑法的制度

---

① 参见蒋红珍:《论比例原则:政府规制工具选择的司法评价》,法律出版社 2010 年版,第17 页。

② 参见《行政法与行政诉讼法学》编写组:《行政法与行政诉讼法学》,高等教育出版社2017 年版,第40 页。

利益与权力代表的公共利益。以刑法的手段应按目的加以衡量和选择,所获得的利益要大于干涉措施造成的损害,收益大于成本支出,收益包括经济收益、政治收益、社会收益、道德与法律的收益。成本包含直接成本、错误成本以及给社会或公民造成的不良影响与伤害等。为此,利益输送的刑法规制应具有合法性。不可"竭泽而渔""杀鸡取卵"式的另一种权力滥用。

质言之,为构成刑权力规制利益输送行为完整而丰富比例原则的内涵,"国家不可超过上开目的限制人民的自由"。[①] 利益输送的犯罪化,要注意刑法的谦抑性和轻刑化趋势。比例原则分别从"目的取向""法律后果""价值取向"上相互联系、相互支撑,在宪法精神之下,注意合理的比例和协调。

(四)人权保障:刑法的宪法责任

在现代法治国家的法律观念里,刑法并不只是为了追求单向度的惩罚功能和社会防护功能,同时还具有对犯罪人的权利保障功能。[②] 保障基本人权既是制定宪法必须遵循的原则,也是民主的最起码的要求。[③] 从辩证思维看,刑法既是保障宪法和法律得以实施的工具,又是被宪法保障和监督的对象。宪法与刑法既是国家治理社会的重要工具手段,又是为权力实施输送合法性、正当性的保障。"依法治国首先是依宪治国,依法执政关键是依宪执政"。2004 年,"人权条款"被写入宪法,成为制约公权力滥用的基本原则与规范保障,宪法规定的基本权利,应当与刑法对公民提供保障的基本权利相一致,而对于不法行为人或罪犯而言,刑法也应提供制度上、道义上应有的、必要的尊重。对于他们必须有着制度的尊重。诚如日本刑法学者所言:刑法既是"犯

---

① 林钰雄:《新刑法总则》第四版,元照出版有限公司 2014 年版,第 11—12 页。

② 参见周少华:《刑法理性与规范技术:刑法功能的发生机理》,中国法制出版社 2007 年版,第 86 页。

③ 参见《中国大百科全书》总编辑委员会:《中国大百科全书·法学》,中国大百科全书出版社 2005 年版,第 253 页。

罪人的大宪章",也是"善良公民的大宪章"。① 是故,刑法基于法益保护的目的,对权力限制,即是对权利的保障,维系二者的利益平衡。其既是对公民基本权利保障的大宪章,也是犯罪主体在其"恶"的基础或程度上承担后果的"犯罪人的大宪章"。

为此,本书无意于利益输送行为犯罪化如何具体进行"合宪性"审查以及相关合宪性审查机制如何完善,而是从宪法更为宏观的原则、精神层面和刑法机能实现层面来阐释利益输送犯罪化的"合宪性"。即在现行实践语境之下,利益输送的刑事治理必须在宪法的视野里、范畴中进行,牢记权力源于人民、属于人民、人民利益至上的宪法精神。

四、制度创设:基于新权利确认与保护的犯罪化拟制

之前,我国刑事立法往往秉承"宁疏勿密",即所谓"宜粗不宜细"的原则。其主要理由无非有二:一曰适应实际需要;二曰方便劳动人民。② 这实际上是默许现行刑法是正确的,以注视现行刑法为己任的。然而,随着我国社会经济的快速发展与结构转型,刑法所依赖的现实基础悄然改变,加之过往刑事立法技术的粗疏,现行刑法规范已远远无法适应日新月异的社会发展。从我国现有十二个刑法修正案以及数量众多的司法解释可知,为了增加对新型权利的确认和保护,制度的创设也将会是一种必要和趋势。

随着我国腐败治理工作的不断深化,刑法的相关理论将不断得以完善,将利益输送入罪已成现实。③ 那么利益输送犯罪化过程中遵循什么原则呢?依据法国学者米海依尔·戴尔玛斯-马蒂的观点,犯罪化一般有两种思路:一种思路是免受新型犯罪的侵害,即由于科技创新所带来的新危险行为犯罪化,比

---

① [日]木村龟二:《刑法学词典》,顾肖荣等译,上海翻译出版公司 1992 年版,第 9 页。
② 参见陈兴良:《刑法哲学》(第五版),中国人民大学出版社 2015 年版,第 672 页。
③ 参见陈梅:《马克思主义利益论视阈下腐败犯罪的生成原因与预防》,《云南社会科学》2018 年第 2 期。

如某些信息技术危害行为(计算机诈骗、传播计算机病毒等)、某些生物医学技术危害行为(人体试验)等,这种思路是一种基于现代化而进行的犯罪化政策;另一种思路是确认新的权利并加以保护,比如基于对私生活权利、不受歧视权利等的刑法保护,这种思路称为基于保护的犯罪化政策。① 其中,因技术创新而进行犯罪化的行为与罪名有多种,②而基于新的权利进行刑法保护所进行犯罪化的也不在少数,且成为一种趋势。为此,从刑法的多次修正可以管窥一斑。③ 此外,刑法就是一种代表国家刑权力对公民的基本权利做出保护的法律。

　　本书以为,当法律内在的价值理性和外在的技术理性只有在满足制度正义与社会秩序的要求,才能被认为是有价值和意义的。基于"确认新的权利并加以保护"而对利益说输送犯罪化的思路是可行的。从我国1997年刑法典颁布后的犯罪化为范本梳理可知,犯罪化立法呈现三个主要特征:首先,随着市场经济的发展完善,涉及市场经济行为的犯罪化较多。其次,严重影响社会安定、国家安全的行为犯罪化明显。如恐怖活动、劳动生产安全、食品安全、权力滥用以及环境污染等领域的犯罪化增长明显。最后,根据法益保护提升需求,将行政处置行为犯罪化。从中不难发现,这些众多类型的犯罪化中的大部分都是刑法对主体权利的确认。"一个法律制度若要恰当地完成其职能,就不仅要力求实现正义,而且还需致力于创造秩序……法律旨在创设一种正义

---

　　①　参见[法]米海依尔·戴尔玛斯-马蒂:《刑事政策的主要体系》,卢建平译,法律出版社2000年版,第243页。

　　②　如《刑法修正案(七)》新增加了非法获取计算机信息系统数据、非法控制计算机信息系统罪以及提供侵入、非法控制计算机信息系统的程序、工具罪;由于医疗技术提高,人体器官移植的成功率增加,《刑法修正案(八)》增加了组织他人买卖人体器官罪。《刑法修正案(九)》新增加的第17条"公民个人信息犯罪的完善"、第26、第27条的"计算机犯罪的完善"、第28条"拒不履行信息网络安全管理义务罪"的增设、第29条非法利用信息网络罪的立法等。

　　③　如《刑法修正案(四)》新增加的雇用童工从事危重劳动罪;《刑法修正案(七)》新增加的出售、非法提供公民个人信息罪、非法获取公民个人信息罪、组织未成年人进行违反治安管理活动罪;《刑法修正案(八)》新增加的协助强迫他人劳动罪;《刑法修正案(九)》新增加的"考试舞弊犯罪""虚假诉讼犯罪的""泄露不公开审理案件信息犯罪"的增设等。

的社会秩序。"①为此,也有学者依照法国学者米海依尔·戴尔玛斯-马蒂的观点提出了犯罪化的四种途径,即在现代化原因与因保护私权利的政策犯罪化之外,还强调了"因保护公共利益原因犯罪化""刑法规定不健全,弥补法律漏洞而犯罪化"②。综上,在公共利益范畴内给予公民权利的保障是刑法无法回避的一种常态。利益输送的犯罪化,不仅在于公共利益的保护,弥补刑法规制的漏洞,更在于对公权力公平配置公共资源的基本权利确认。该基本权利之"新"在于常见、多发且危害严重的利益输送行为,刑法之前却遗憾缺席。毕竟,刑法制度作为一种制度工具,应随着社会发展而作出妥适性回应,实现自身的一种"修复"完善,从而形成自身动态、开放、发展的"自治性"和"开放性"特质。

第四节 利益输送的刑罚政策:严而不厉

刑事政策,即国家的相关机构为预防、控制犯罪、维护社会秩序而采取的各项政策的总称。③ 它是社会在特定时期社会对犯罪所做出的反应。根据储槐植先生的分析,在理论和逻辑上,由犯罪圈与刑罚量的关系配置而决定的刑法结构,刑事政策可能呈现"不严不厉""厉而不严""又严又厉"和"严而不厉"四种模型。当前,我国的刑事法治反腐虽主张"宽严相济"的刑事政策,但随着国家治理腐败的"重拳""铁腕",而容易出现实质上的"厉而不严"。现代犯罪学理论认为的,对犯罪所实施的人工干预、控制或预防只有在遵循犯罪的客观规律的基础上才可能进行。④ 为此,本书认为,基于刑法制度公平和

---

① [美]E.博登海默:《法理学:法律哲学与法律方法》,邓正来译,中国政法大学出版社2017年版,第332页。

② 龙腾云:《刑罚进化研究》,法律出版社2014年版,第287页。

③ 参见夏征农等主编:《大辞海·哲学卷》,上海辞书出版社2003年版,第72页。

④ 参见白建军:《关系犯罪学》(第三版),中国人民大学出版社2014年版,第10页。

"厉而不严"的政策现实之间的逻辑关系,利益输送的刑法治理应坚持"严而不厉"的刑罚政策,适时而生的刑事政策,不仅抑制利益输送的多重危害和风险,给予刑法规范在司法适用中的生命力、法律效果和社会效果的基本保障,有效贯彻、体现了"宽严相济"政策的精神,而且使刑法一定程度上保障了应有的开放度,用一种向善的力量推动另一种向上的力量。

一、基于现行反腐"厉而不严"刑罚政策的平衡

(一)"厉而不严"刑罚政策的不适

社会平衡是由斯宾塞最早提出的概念,后经意大利社会学家帕累托较为完整的理论发展。帕累托认为,社会是一个平衡状态,逐渐被破坏又逐渐得到恢复的一种体系或模式。在这个模式中,社会的各部分之间都是互相联系、相互影响的,当社会体系中的一个部分发生变化时,其他部分也会相应地发生变化,从而导致整个体系的运动,直到这种动态的平衡,再度恢复为止。帕氏认为,任何社会制度都是在一种均衡状态中存在的。[①]为此,针对当前腐败治理实际呈现的"厉而不严"刑事政策严重与现行社会发展不适应、不平衡,基于此,对利益输送的刑罚政策也应在这种"不平衡"状态下实现修复、平衡。"严而不厉"则是一种有效的平衡,而这种平衡不仅是"量"上的适当,更多是一种实质意义上的"利益平衡",既要实现严密法网,平衡过往"厉而不严"刑事治理,又要实现不法行为的罪责刑相适应。

(二)贪污贿赂及相关腐败犯罪的刑罚严厉程度仍然偏重

尽管非犯罪化、非刑罚化已成为刑法的主流思潮。但从 20 世纪 70 年代起,面对恐怖主义和犯罪全球化、权力腐败等各种严重的新形式的威胁,西欧、美、日等国家和地区的刑法都有了很大的发展,刑事政策不断强化,"这些刑

---

① 参见程继隆:《社会学大辞典》,中国人事出版社 1995 年版,第 210 页。

事政策的强化是得到公民的各种正面期待和赞同的。"①况且,为保护重要法益,应当犯罪化而刻意"弱化",不仅是刑法公权力的一种渎职和不作为,也是刑法制度不平衡、不公平的严重表现。为此,在刑罚上,应当在"宽"与"严"之间进行平衡,有效平衡公共利益与个人利益。尽管,我国通过了多个刑法修正案,并在《刑法修正案(七)》开始打破了既往刑法修正仅注意从严从重之修法惯例,转向注意在修法中对从严与从宽的兼顾,以体现宽严相济的基本刑事政策。②《刑法修正案(九)》中,国家立法机关强调"对社会危害严重的犯罪惩处力度不减,保持高压态势;同时,对一些社会危害较轻,或者有从轻情节的犯罪,留下从宽处置的余地和空间"。③ 此外,增设新罪、从严从重修改补充原有罪刑规范,在"从严"的一面做出努力,并参照贪污贿赂犯罪,将严重腐败犯罪之绝对死刑改为相对死刑,且主张刑罚的轻刑化与可替代性而属于"从宽"的一面。整体上在向"严而不厉"转型,然而,除了贪污贿赂罪仍保留着死刑之外,还增设了"活死刑"终身监禁的刑罚执行措施。整体上,我国现行腐败犯罪刑罚的严厉程度都偏高。当然,我们也要看到,刑罚轻缓化已逐渐成为现代社会发展与刑事法治建设的新趋势。

二、立法严密:利益输送治理的"有法可依"

法治作为现代文明社会的理性选择,是人类经过漫长历史实践并付出巨大代价得出的人类迄今为止最好的治国理政与社会治理的方式。法治原则在刑事政策视野中具体表现为罪刑法定原则。腐败被国际社会称为"全球性的

---

① 中国人民大学刑事法律科学研究中心编:《明德刑法学名家演讲录》第一卷,北京大学出版社 2009 年版,第 22—23 页。

② 参见赵秉志:《刑法修正案(七)的宏观问题研讨》,《华东政法大学学报》2009 年第 3 期。

③ 李适时在 2014 年 10 月 27 日在第十二届全国人民代表大会常务委员会第十一次会议上的关于《中华人民共和国刑法修正案(九)(草案)》的说明。

灰色瘟疫",是人类社会的一大顽疾。① 利益输送作为新型腐败形式,严重破坏了权力对资源分配的公平性与正常的社会秩序。然而,现行刑法却无法有效形成对利益输送的规制,对其犯罪化则需要刑事立法或司法解释予以明确。利益输送的刑法意义则是法治的一次"窗口"展示与理性实践。在实践中就有许多国家工作人员参与的广义范畴的"利益输送"已被我国 2005 年通过的《联合国反腐败公约》明确规定为犯罪。《联合国反腐败公约》和其他有关反腐败的全球和区域性国际公约均体现了对国际腐败行为犯罪化的原则。② 我国《刑法》在 1997 年修订时规定了六个与"利益输送"行为相似的犯罪以及两个商业贿赂犯罪。③ 同时,《刑法修正案(七)》增设了利用影响力受贿罪,《刑法修正案(九)》又增设了对有影响力的人行贿罪。然而,根据本书上述以及域外国家、地区的刑法文本借鉴,"利益输送"犯罪化有其应然性和实然性。所以,通过域外文本分析与我国现存渎职犯罪的理解有利于形成人们对于利益输送犯罪现象的整体认识。随着利益输送在其他制度文本中的规定以及腐败治理中的涌现,虽未被刑法规范却一直存在的利益输送如梦魇般好像更加严重了,越是走近它,越是觉得它的危害性超出了原来的预期和容忍程度。为此,正如大谷实所言,为取缔某种行为防止其发生,一定得将该行为犯罪化。④

三、刑罚的"最小侵害"

刑罚的"最小侵害"是刑法对不法行为的处罚应控制在最小范围内、最低限度。美国法上的最小侵害原则指的是为了实现特定的管制目标,必须选择

---

① 参见高铭暄、曹波:《中英受贿犯罪立法比较研究》,《法学杂志》2016 年第 8 期。

② 参见金泽刚:《刑法修正与法益多元化理论》,《东方法学》2023 年第 6 期。

③ 即:第 385 条受贿罪、第 389 条行贿罪、第 387 条单位受贿罪、第 391 条对单位行贿罪、第 393 条单位行贿罪、第 392 条介绍贿赂罪、第 163 条公司、企业人员受贿罪以及 164 条对公司、企业人员行贿罪。

④ 参见[日]大谷实:《刑事政策学》,黎宏译,法律出版社 2000 年版,第 85 页。

对公民权利限制最小的方式来实现。①本书认为,利益输送的刑罚基于"最小侵害",实质上是一种基于"最弱意义"的蕴含。"最弱意义"源于诺齐克提出,国家权力不应直接干预经济的发展,最好的国家是"最弱意义的国家",国家和政府的职能应当仅限于保护它所有的公民免遭暴力、偷窃、欺骗之害,并强制实行契约等,任何企图超越"最弱意义的国家"的执政行为都是不道德的,在价值上也是不合理的。② 刑法作为最为严厉的制裁力量,是其他法律的保障法,"法宽则刑者少,刑者少则民为耻矣"。③ 是故,其应保持一种"最弱意义"。

(一)满足刑法的辅助性与象征性

"以最小限度的浪费来调整各种互相竞争的利益,就对文明有利,因而就有一种哲学的价值"。④由于刑法以刑罚之制裁为法律效果,若刑罚过于细密而严厉,反而会造成本末倒置的状态,让人民因为恐惧而无法安心生活。如何避免国家滥用刑权力来侵害个人,正是刑法基本原理的出发点。为此,本书认为,刑法的"最弱意义"主要表现为以下几个方面:首先,在社会治理中刑法与其他社会控制手段互动、调适,具有可通约性,根据利益输送的危害程度,刑法可以成为公务伦理法规、党内法规以及行政法、监察法等法律制裁利益输送的补充和辅助。其次,刑法具有暴力性和最严厉性,刑罚是国家最后的暴力,是抗制利益输送的"最后一击",作为一种最后手段和杀手锏而存在。最后,最好的刑法应是"最弱意义的刑法",此处的"最弱"也涵括了刑法的象征性多于适用性,不用、少用、慎用,即使用也要尽到"合理注意义务",静水流深,慎用

---

① Tumer,The Validity of TyiL.Rev.50(195)1g *Arrangements Under the Antitrust Law*,72 Hary. L.Rev.50(1958).

② 参见[美]罗伯特诺齐克:《无政府、国家与乌托邦》,何怀宏等译,中国社会科学出版社1991年版,第35—39页。

③ 崔敦礼:《刍言》。

④ [美]罗斯科·庞德:《通过法律的社会控制》,沈宗灵译,商务印书馆2010年版,第112页。

而树威。为此,于利益输送而言,只有在权力分配公共资源的公平性被严重侵害的"关键点",刑法才会介入,亦如刀的价值不在于杀而在于藏。刑法的最弱意义应满足其辅助性、补充性、最后手段性以及象征性。其中,谦抑实质是刑法"最弱意义"的宣示与底线守护。

(二)严格贯彻"预防"与"轻刑化"理念

我国目前实现刑法谦抑的途径,不在于非犯罪化与非刑罚化,而在于大幅度地降低刑罚量,逐渐实现轻化。① 在国际上,除对腐败犯罪除采取刑事制裁措施外,还采取其他多路径、多方式对权力滥用的腐败加以惩治与预防,如通过公务伦理法制化的形式,以具有时代性、可操作性、内容全面的公务伦理法规对公职人员进行劝进、监督而强化"自律"。同时,借助民事手段解决腐败问题,使腐败主体承担民事责任,如《反腐败民法公约》。此外,还可以采用教育、培训等方式进行预防。简言之,国际反腐呈现出"预防""轻刑化"趋势。《反腐败公约》等相关国际反腐文本注重对腐败分子进行预防,并对其他制度工具进行了广泛应用和尝试。为此,利益输送的犯罪化应当根据我国的现实需要并参照国际反腐文本经验及立法趋势,进行轻刑化、预防性理念的斟酌和范式选择。当然,利益输送入罪后刑罚轻刑化的司法"最小侵害"的倡导,其并不否定"宽严相济",而是"严而不厉"的表述,且两种刑事政策是可以兼容并蓄的。在刑事法网的"严密"中如何寻求"最小侵害"的平衡是刑事政策适用的一种技术。从我国对《刑法》的修改过程来看,单纯以扩大犯罪圈虽是社会治理相对的有效方式,但同时也可能会是一种危险方式。为此,"利益输送"犯罪化行为完全可以通过刑罚的轻刑化(与危害程度相当)这种"最小侵害"方式来体现,这也具有法治国家与宪法意义的积极表现。是故,刑罚的"最小侵害"不是积极主义,不是"一竿子插到底",而是如"预防性"的备胎,"备而不用"。

① 参见陈兴良:《刑法哲学》(第五版),中国人民大学出版社 2015 年版,第 10 页。

(三)注重人权保障

人权保障是当代刑事法治的一个永恒主题,腐败治理必须注重人权保障,这是国际腐败治理通行的做法,也是刑事治理腐败与开展反腐败国际合作的一个重要基础。《联合国反腐败公约》作为职务犯罪的宪法性和纲领性法律文件,规定了"控制犯罪与保障人权是现代法治理念下刑事程序的两大价值目标"。① 同时,该公约第 30 条第 2 款和第 5 款规定:"既要照顾到为公职人员履行其职能所给予的豁免或者司法特权,又要照顾到在必要时对根据本公约确立的犯罪进行有效的侦查、起诉和审判的可能性"②此外,与世界各国限制与废止死刑的立法相比,我国刑法中有关贪污贿赂罪的死刑规定仍然存在相应的反差。如"适用概括性条件'罪行极其严重'缺乏可操作性和指引性上没有达到国际公约,严格限制死刑适用条件的要求"③。

此外,在对利益输送"严而不厉"的刑罚政策中,除却立法严密、刑罚最小侵害之外,还应该坚持刑罚的经济性。从经济原则角度而言,鉴于刑罚的成本是高昂的,不论是对于国家还是利益输送主体其成本都远高于其他调整手段。故相对于其他法领域,刑法仅居于"第二线(sekundär)""补充性(komplementär)"地位。④ "刑法必须最小化犯罪的社会成本,使其等于犯罪所造成的损害以及防范犯罪的成本。"⑤为此,基于经济学的"成本—效益""供给—需求"的理论进路出发,以"经济人""市场均衡"等假设与理论为基础,"严而不厉"的利益输送刑罚的成本与效益。

---

① 臭洪先:《加入联合国打击跨国有组织犯罪公约对我国的影响》,中国人民公安大学出版社 2005 年版,第 2 页。

② 赵秉志、王志祥、郭理蓉:《〈联合国反腐败公约〉暨相关重要文献资料》,中国人民公安大学出版社 2004 年版,第 299 页。

③ 赵秉志:《死刑改革之路》,中国人民大学出版社 2014 年版,第 637 页。

④ 赵秉志:《死刑改革之路》,中国人民大学出版社 2014 年版,第 637 页。

⑤ [美]罗伯特·考特、托马斯·尤伦:《法和经济学》第六版,史晋川等译,格致出版社、上海三联书店、上海人民出版社 2012 年版,第 468 页。

本章小结

利益输送是一种严重违背公务伦理、侵害公共利益的反社会行为,使得权力配置公共资源的公平性保护法益受到现实侵害之果或置于严重危险的事实状态。利益输送的犯罪化成为一种理论应然和现实迫切。为此,与现行渎职犯罪的信赖说、纯洁性说(纯粹性说、公正性说)、国家意志篡改说、不可收买性说(无报酬性说)、清廉义务说等诸多渎职罪相关法益而言,应将利益输送侵害的法益解释为一种独立的新兴的社会生活利益,反复比较、利益衡量之后,以及公平被作为当前社会价值理性的主要形态,将权力配置公共资源的公平性作为利益输送侵害的法益保护概念。

现实社会中弥漫着"过犯罪化"的恐慌,认为刑法是一辆永不到站的"公交车"。但犯罪化作为社会治理者的"最后一张红牌",应保持一种必要与适度。鉴于利益输送所制造的"社会恐慌",采取党内法规规训、行政法处罚、道德约束等非刑罚的假设之后,发现存在制度工具的功能性供给不足,利益输送犯罪化成为一种"不得已"。这种不得已是以现有刑事制度无法有效规制、刑法作为"第二次法""最小侵害"的"最弱意义"出现的。而且,利益输送犯罪化具有相当的可行性。首先,公共利益作为人类命运共同体最高的共同善得到公众认同,况且公众也对腐败持有一致性的反抗意向。其次,从国际反腐败的法律文本与实践看,利益输送犯罪化具有衔接的基础。最后,利益输送犯罪化符合一种合宪性诠释,罪刑法定、罪刑平等、罪刑均衡以及人权保障等,利益输送的意义满足了宪法的基本价值和原则要求。

此外,利益输送的犯罪化,不仅在于公共利益的保护,弥补刑法规制的漏洞,更在于对公权力公平配置公共资源的基本权利的确认,实质上是刑法新设的一种必要的法益保护。刑法作为一种制度工具,应随着社会发展而作出妥适性回应;同时,实现自身的一种"修复"完善。

第三章 话语借鉴：利益输送犯罪的立法与理论反思

一部世界文明史，从某种意义上而言，就是一部腐败与反腐败史。腐败，作为一种社会现象，不仅有其产生、发展的过程，千百年来都生着一张"一体多面"的"普罗透斯的脸"，利益输送作为其中"一面"则长期潜藏在于裁量权滥用之体。随着社会生产力的提高和分工的出现，人们对需求的主要侧重也表现不同。贪污、受贿、利益输送三种腐败犯罪类型都是基于不同社会条件下"生产力与生产关系矛盾运动规律"①中生成。在生产力水平低下时期，如我国计划经济阶段，容易诱发普遍性的"偷窃式"贪污——监守自盗，当然并不排除受贿的存在；随着市场经济的逐渐发展，权力大规模资本化，"以权换利"的"交易式"受贿凸显；进入新时代后，人民日益增长的美好生活需要与不平衡、不充分的发展之间的矛盾成为主要矛盾，"公平"成为一种价值的优位。随着市场经济渐趋成熟，权力监督越发完善，隐蔽性、欺骗性更强的一种装模作样、损公肥私的"欺诈式"腐败——利益输送渐趋主流，不仅易与"为民服务"（便民）相混淆，也严重侵害了权力分配资源的公平性及其他法益，而渐趋成为一种新的职务犯罪类型。其本质反映了上层建筑与经济基础的不相适应。

---

① 亦称"生产关系适应生产力发展状况的规律"，生产力决定生产关系，生产关系又有能动的反作用。

为此,随着人们对腐败认识的提升,作为我国法治反腐新亮点与"后半篇"的"利益输送"应当以文本构筑规范论域,从"历史"中挖掘"现实"的意义。

第一节 我国与利益输送犯罪相关的
立法沿革与经验

利益输送是公权力故意违反法律规定将公共资源(利益)不当授受给他人的一种腐败形式。腐败这个术语过去是——现在也是——更宽泛的政治经济学词汇的一部分,如果用政治、经济话语来分析,私人需求和权利与公共责任和义务两者之间的平衡,现在这种平衡支配着一个社会的物质资源,那么这种平衡显然会根据局势和冲突发生改变。然而,这些研究往往含蓄地认为,不管在哪里发生的腐败,都属于同一事物,都有相同的原因与结果。[①] 为此,作为私人需求与公共责任冲突的利益输送其"前世"是什么? 又是如何演进的? 本书应先行知识考古与历史梳理,以总结利益输送罪与罚的制度轨迹及其一般性规律。

一、利益输送相关罪名的文本梳理分析

(一)利益输送与我国古代"赃"中的"受所监临财物"

赃,通过不正当的途径获得的赃物;贪污、受贿的行为。[②] 除了上述意思外,也指行贿。[③] 赃罪是指与财物相关的犯罪,如盗窃、贿赂、贪污等。从出土《秦简》可知,以国家利益至上的秦朝严峻惩贪的律条已大量出现。西汉时期,在萧何的主持下,以战国李悝撰制的《法经》中(第一次出现"计赃量刑"原

---

① 参见[美]伊曼纽尔·克雷克、威廉·切斯特尔·乔丹:《腐败史》上册,邱涛等译,中国方正出版社 2016 年版,第 33 页。

② 参见曾林:《古代汉语词典》全新版,四川辞书出版社 2017 年版,第 845 页。

③ 参见说词解字辞书研究中心编:《古汉语常用字字典》,华语教学出版社 2017 年版,第 573 页。

则出现)为基础形成汉律《九章》,确立了许多惩罚官吏公侯赃罪的规范,赃罪中增加了惩治官吏赃罪的含义。如把官吏利用职权进行贪污盗窃称为"主守盗"。《汉书·刑法志》颜师古注释中提出:"守县官财物而即盗之,即今律所谓主守自盗者也。"这里的"主守自盗"所说的是官吏利用职务之便进行贪污盗窃。同时,对犯赃罪的官吏可处以重刑,直至死刑。如《史记·功臣表》和《汉书·王子侯表》都有关于官吏受贿和贪污而处死罪的记载。① "六赃"之名始于唐,中国古代法律规定的六种非法占有公私财物的犯罪之合称。赃,指非法占有财物。《唐律疏议》称"赃谓罪人所取之赃",第一次明确"六赃",即"强盗、盗窃、(受财)枉法、(受财)不枉法、受所监临(财物)及坐赃"等六色正赃。明律和清律没有受所监临(财物)和强盗,但有监守盗和常人盗。② 其中的"四赃"即受财枉法、受财不枉法、受所监临财物、坐赃(官吏或一般人非因受贿或盗窃等原因,收取不应收取的财物),相当于现代的贪污罪贿赂罪、挪用公款、公物罪、侵占罪等。"自外诸条皆以此六赃为罪",即六赃以外的赃罪(如监临受供馈、率敛监临财物)均归结六赃,参照其量刑标准进行比附论罪。唐律对赃罪均从刑法、行政、经济(民事)三方面从重惩罚——三罚并施。刑法上依律定罪量刑;行政上对官吏犯赃罪规定"官除名,吏罢设";经济上则追缴赃物赃款。后来的元、明、清等朝代一直沿用"赃"罪,表示经济犯罪。如《元典章刑部》中的《诸赃》篇,《明律》中的《受赃》篇以及《清律》中的"六赃"等。

其次,"受所监临财物"是一种"赃罪"。作为封建王朝法律典范和中华法系代表的唐《永徽律》及其《律疏》(即《唐律疏议》)关于官吏贪污贿赂方面的犯罪主要规定在《职制篇》中。职制第五十五条:"诸率敛所监临财物馈遗人者,虽不入已,以受所监临财物论。"③《疏议》曰:率敛者,谓率人敛物也。《明

---

① 参见柯葛壮:《中国经济刑法发展史》,黑龙江人民出版社 2009 年版,第 11 页。

② 参见夏征农、陈至立主编:《大辞海·法学卷》修订版,上海辞书出版社 2015 年版,第 492 页。

③ 该条属于《唐律》职制第五十五条。意思是,带头聚敛他人财物,馈赠他人,虽然不归自己所有,也要按照"受所监临财物"处理。

律》改为科敛，劈分因公、不因公两项，而因公内又有公用、入己之别，非因公更有入己、送人之别。① 据此，可以看出，受所监临财物罪应是一种"私罪"，② 承担严格责任（不涉及主观目的），所受财物是否归自己所有或使用、受财前后是否为他人谋利等均不作为构成犯罪的必要条件。且该罪主体包含在任官吏、"授乞未上"（已被任命但未到任的官吏）以及家人。《汉书·景帝纪》中已有关于该罪的明确记载③。但实际上，从前引《岳麓书院藏秦简（伍）》的秦代律令规定来看，新地吏（就是秦政府派到新征服地区的官吏）被要求不得收受辖区内百姓给予的财物，这意味着"受所监临财物"自秦代就出现了。④《宋刑统·职制律》"所受监临赃条"以及《明律》亦有同样内容的规定且一直延续到清代。同时，唐律已明晰区别刑事犯与行政犯，但将行政犯规定于律内。⑤ 唐代以后，五代十国、宋、金、辽、元各朝都沿袭唐律，《元典章·刑部·诸赃》和《大元通制·职制篇》惩贪治吏又有所变化、完善。明代《大明律》首附《六赃图》，在"唐六赃"的基础上作了部分修改，即监守盗、常人盗、窃盗、受财枉法、受财不枉法、坐赃等，在罪与罚上异于唐律，尤其重典治吏。清律在继承的基础上继续完善。为此，刑律草案（1907 年）与修订法律大臣沈家本等奏进呈《刑律分则草案》折发现，第一百四十六条"凡征收租税及各项入款之吏员，图他人或国库之利益，征收正数外之金谷及其余之物者，处三等以下有期

---

① 参见吉同钧、闫晓君：《大清律讲义》，知识产权出版社 2017 年版，第 208 页。

② 对其处罚较私罪为轻；私罪，中国古代官吏因私事或出于私心而犯罪，对其处罚比犯公罪为重。公罪，亦称"公坐"。中国古代指官吏因公事而犯罪。

③ 《汉书·景帝纪》载："（元年）秋七月，诏曰：'吏受所监临，以饮食免，重；受财物，贱买贵卖，论轻。廷尉与丞相更议著令。'廷尉信谨与丞相议曰：'吏及诸有秩受其官属所监、所治、所行、所将，其与饮食计偿费，勿论。它物，若买故贱，卖故贵，皆坐赃为盗，没入赃县官。吏迁徙免罢，受其故官属所将监送财物，夺爵为士伍，免之。无爵，罚金二斤，令没入所受。有能捕告，畀其所受赃。'"（班固撰：《汉书》，中华书局 1962 年版，第 140 页）

④ 岳麓书院藏秦简（伍）载："新地吏及其舍人敢受新黔首钱财酒肉它物，及有卖买叚〈假〉赁貣于新黔首而故贵赋〈贱〉其賈〈价〉，皆坐其所受及故为贵赋〈贱〉之臧、叚赁费、貣息，与盗同法。其赍买新黔首奴婢畜产及它物盈三月以上而弗予钱者坐贯賈〈买〉钱数，亦与盗同法。"（陈松长：《岳麓书院藏秦简》伍，辞书出版社 2017 年版，第 51—52 页）

⑤ 参见戴炎辉：《唐律通论》（第二版），元照出版有限公司 2010 年版，第 8 页。

徒刑。若系图自己利益者,处二等或三等有期徒刑,并科征收正数外同额之罚金。"其理由在于《唐律》职制第五五条、《宋刑统·职制律》"所受监临赃条"、《元史·刑法志》:"诸职官行田,受民户齐敛钱者,以多科断。"以及《明律》"其非因公科敛人财物入己者,计赃以不枉法论。若馈送人者,虽不入己,罪亦如之。"①对于"图利国库"入罪的理由在于"国家岁入正供,秋毫不能侵犯。假有吏员,并非营私,专为国库利益,故意于额外征收,虽不背奉公之大义,而违法敛怨,贻误国家,实非浅鲜。是本条所以有第一项之规定也。至第二项侵蚀肥己,更无论矣"。②《唐律》职制第五十条对"受所监临财物"做出了规定。然而,也有学者认为,明律"因公擅科敛"条或清律的"因公科敛"条的规范目的均与唐律的"受所监临财物"条不同,因为唐律的"受所监临财物"是禁止人民朝向监临官吏流的经济利益流动。③

为此,利益输送类似于"诸率敛所监临财物馈遗人者,虽不入己,以受所监临财物论"。除此之外,利益输送还涉及司法工作人员明知违法或规避法律而将国家司法资源不当授受给他人的情形,使他人得以获利。该种"枉法而不贪赃"的情形在我国古代如"出入人罪",即中国旧制称审判官吏判无罪者有罪、轻罪者重罪为"入罪",判有罪者无罪、重罪者轻罪为"出罪"。④ 有故意与过失之分。而利益输送则与"出罪"所规制的情形相似,且输送的利益本应包含着司法资源。

纵观我国古代史,随着历史的变迁,赃罪的内涵也逐渐从治盗转为治官。

---

① 《明律》具体规定为"凡有司官吏人等非奉上司明文因公擅自科敛所属财物,及管军官吏、总旗、小旗,科敛军人钱粮赏赐者,杖六十;赃重者,坐赃论。入己者,并计赃以枉法论。其非因公科敛人财物入己者,计赃以不枉法论。若馈送人者,虽不入己,罪亦如之。"

② 赵秉志:《中国近代刑法立法文献汇编》,法律出版社 2016 年版,第 108 页。

③ 参见张嘉宏:《公务员图利罪研究》,台湾政治大学法律学研究所 2003 年硕士学位论文,第 19 页。

④ 唐律对故入与故出处刑相同,失入比失出处刑重。《宋刑统》大体沿用唐律。宋哲宗元祐七年(1092 年)改为失出死罪五人比失入一人论罪,失出徒流罪三人比失入一人论罪。明清律与唐律基本相同。(参见夏征农、陈至立主编:《大辞海·法学卷》修订版,上海辞书出版社 2015 年版,第 513 页)

对律例中的概念进行解释,特别是扩张解释,甚至刻意曲解,是刑部官员们惯用的手段。[1] 惩治官吏"图利"行为,可谓"立法之制严",然而权力异化之病已痼疾难除。于利益输送而言,在现行刑法没有明文规制,该情形在我国古代应是一种"不应得为",即法律没有明文规定,但事理上不允许做的事情。[2]

(二)利益输送与我国近现代的"图利罪"与"诈欺取财罪"[3]

根据利益输送的特质、结构,本书依据"家族相似性"原理,又对三个不同时期与不同政治组织所规定的相关罪名进行归类、爬梳。[4]

图表 3-1-1　清末与北洋政府时期"图利罪"(图利国库)与
"诈欺取财罪"刑法文本统计

	关于渎职之罪	诈欺取财罪
刑律草案 (1907)	第一百四十六条　凡征收租税及各项入款之吏员,图他人或国库之利益,征收正数外之金谷及其余之物者,处三等以下有期徒刑。 若系图自己利益者,处二等或二等有期徒刑,并科征收正数外同额之罚金。 第一百四十八条　第一百四十六条之未遂罪,罚之。	第三百六十三条　凡为他人处理事务,以图自己或第三者利益、或以加害为宗旨,背其义务而损害本人之财产者,处三等以下有期徒刑或一千元以下、一百元以上罚金。 第三百六十五条　凡三人以上共犯本章之罪者,处二等或三等有期徒刑。吏员当处理公务之际,以图自己或他人之利益,或加害于国家或公所之宗旨,背其职务,损害国家或公所财产者,亦同。若系御物,处无期徒刑或二等以上有期徒刑。 第三百六十六条　本章未遂犯,罚之。

---

① 参见王志强:《清代国家法:多元差异与集权统一》,社会科学文献出版社 2017 年版,第121 页。

② 《唐律·杂律·不应得为》:"诸不应得为而为之者,笞四十;(注:谓律、令无条,理不可为者。)事理重者,杖八十。"(参见夏征农等:《大辞海·法学卷》修订版,上海辞书出版社 2015 年版,第 493 页)

③ 从北洋政府《刑法第二次修正案》(1918 年)起《中华民国刑法修正案初稿》(1933 年)从"诈欺取财罪"后改为"诈欺及背信罪"。

④ 参见陈聪福:《月旦小六法》(第 24 版),元照出版有限公司 2018 年版,第 56 页;赵秉志:《中国近代刑法立法文献汇编》,法律出版社 2016 年版,第 135 页。

续表

	关于渎职之罪	诈欺取财罪
修订法律大臣沈家本等奏进呈《刑律分则草案》折	同上	同上
	第一百五十条　凡征收租税及各项入款之吏员,图他人或国库之利益,征收正数外之金谷及其余之物者,处三等至五等有期徒刑。 若系图自己利益者,处二等或三等有期徒刑,并科征收正数外同额之罚金。 第一百五十二条　凡第一百五十条未遂犯,罚之。	第三百八十二条　凡为他人处理事务,以图自己或第三者利益、或意图加害,背其义务而损害本人之财产者,处三等至五等有期徒刑或一千元以下、一百元以上罚金。 第三百八十四条　凡三人以上共犯本章之罪者,处二等或三等有期徒刑。 吏员当处理公务之际,以图自己或他人之利益,或图害国家、公所之宗旨,背其职务损害国家或公所财产者,亦同。 第三百八十五条　凡关于御物,犯前三条之罪者,处无期徒刑或二等以上有期徒刑。 第三百八十六条　本章未遂犯,罚之。
钦定大清刑律（1911）	第一百四十七条　征收租税及各项入款之官员图利国库或他人,而于正数以外浮收金谷、物件者,处三等至五等有期徒刑。系图利自己者,处二等或三等有期徒刑,并科与浮收同额之罚金。 第一百四十九条　第一百四十七条未遂犯,罪之。	第三百八十二条　为他人处理事务,图利自己或第三人,或图害本人,背其义务而损害本人之财产者,处三等至五等有期徒刑或一千元以下、一百元以上罚金。 第三百八十四条　三人以上共犯前三条之罪者,处二等或三等有期徒刑。 第三百八十五条　官员处理公务,图利自己或第三人,或图害国家公署,背其职员损害国家公署之财产者,处二等或三等有期徒刑。 第三百八十六条　于御物犯第三百八十二条至三百八十五条之罪者,处无期徒刑或二等以上有期徒刑。 第三百八十七条　本章未遂犯,罪之。
《暂行新刑律》（1912）	第一百四十七条　征收租税及各项入款之官员,图利国库或他人,而于正数以外浮收金谷、物件者,处三等至五等有期徒刑。系图利自己者,处二等或三等有期徒刑,并科与浮收同额之罚金。 (犯第三项之罪,褫夺公权) 第一百四十九条　第一百四十七条未遂犯,罪之。	第三百八十三条　为他人处理事务,图利自己或第三人,或图害本人,背其义务而损害本人之财产者,处三等至五等有期徒刑或一千元以下、一百元以上罚金。 第三百八十五条　三人以上共犯前三条之罪者,处二等或三等有期徒刑。 第三百八十六条　官员处理公务,图利自己或第三人或图害国家公署,背其职务,损害国家公署之财产者,处二等或三等有期徒刑。 (该条褫夺公权) 删除第三百八十七　条关于"御物"规定 第三百八十八条　本章之未遂犯,罪之。

续表

	关于渎职之罪	诈欺取财罪
《修正刑法草案》（1915）	第一百四十七条　征收租税及各项入款之公务员,图利国库或他人,而于正数以外浮收金谷、物件者,处四等有期徒刑。公务员未受政府命令或允准,缔结借款契约者,亦同。图利自己而犯本条之罪者,处二等有期徒刑。附条件并科有期、无期褫夺公权第一百四十二条　第一百四十条之未遂犯,罪之。	第三百九十六条　为他人处理事务,图利自己或第三人或图害本人,背其义务而损害本人之财产者,处四等有期徒刑。第三百九十八条　公务员处理公务,图利自己或第三人或图害国家、公署,背其职务,损害国家、公署之财产者,处三等有期徒刑。（并科无期褫夺公权）非公务员而共犯者,亦同。第三百九十九条　两人以上共犯第三百九十五条至第三百九十八条之罪者,加重本刑一等。第四百零一条　本章之未遂犯,罪之。
《刑法第二次修正案》（1918）	第一百二十六条　公务员对于租税及各项入款,明知不应征收征收者,处三年以下有期徒刑拘役,得并科一千元以下罚金。公务员对于职务上发给之款项、物品,明知应发给而抑留不发或克扣者,亦同。本条之未遂罪,罚之。第一百二十七条　公务员对于职务上主管或监督之事务,直接或间接图利者,处三年以下有期徒刑,得并科5000元以下罚金。第一百三十二条　犯本章之罪者,得褫夺公权。	第三十二章　诈欺及背信罪（之前都是"诈欺取财罪"）第三百五十七条　为他人处理事务,意图为自己或第三人不法之利益,或意图加不法损害于本人,而为违背其任务之行为,致生损害于本人之财产者,处五年以下有期徒刑、拘役,得并科或易科一千元以下罚金。本条之未遂罪,罚之。第三百六十条　犯本章之罪者,得褫夺公权。

图表 3-1-2　南京国民政府时期"图利罪"（图利国库）与
"背信罪"刑法文本统计

《中华民国刑法》（1928）	第一百三十五条　公务员对于租税及各项入款,明知不应征收征收者,处三年以下有期徒刑、拘役,得并科一千元以下罚金。公务员对于职务上发给之款项、物品,明知应发给而抑留不发或克扣者,亦同。本条之未遂罪,罚之。第一百三十六条　公务员对于主管或监督之事务,直接或间接图利者,处三年以下有期徒刑,得并科五千元以下罚金。第一百四十一条　犯本章之罪者,得依五十七条至五十八条规定褫夺公权。（分为有期或无期;宣告六个月未满有期徒刑、拘役或罚金者,不得褫夺公权）	第三十二章　诈欺及背信罪第三百六十六条　为他人处理事务,意图为自己或第三人不法之利益,或意图加不法损害于本人,而为违背其任务之行为,致生损害于本人之财产者,处五年以下有期徒刑、拘役,得并科或易科一千元以下罚金。本条之未遂罪,罚之。犯本章之罪者,得依五十七条至五十八条规定褫夺公权。（同渎职罪）

《中华民国刑法修正案初稿》（1933）	第一百二十一条 公务员对于租税或其他入款,明知不应征收征收者,处三年以上、十年以下有期徒刑,得并克七千元以下罚金。 公务员对于职务上发给之款项、物品,明知应发给而抑留不发或克扣者,亦同。 前二项未遂犯罚之。 第一百二十三条 公务员对于主管或监督之事务,直接或间接图利者,处三年以上、十年以下有期徒刑,得并克七千元以下罚金。 第一百二十七条 公务员假借职务上之权力机会或方法,以故意犯本章以外各罪者,加重其刑至二分之一。但因公务员之身份已特别规定其刑者,不在此限。	第三十二章 诈欺及背信罪 第三百二十八条 为他人处理事务,而为违背其任务之行为,致生损害于本人之财产者,处五年以下有期徒刑、拘役,或科或并科一千元以下罚金。 前项未遂犯罚之。
《中华民国刑法修正案初稿》（1934）	第一百二十七条 公务员对于租税或其他入款,明知不应征收征收者,处一年以上、七年以下有期徒刑,得并克七千元以下罚金。 公务员对于职务上发给之款项、物品,明知应发给而抑留不发或克扣者,亦同。 前二项未遂犯罚之。 第一百二十九条 公务员对于主管或监督之事务,直接或间接图利者,处一年以上、七年以下有期徒刑,得并克七千元以下罚金。 犯前项之罪者,所得之利益没收之;如全部或一部不能没收时,追征其价额。	第三十二章 诈欺背信及重利罪 第三百三十五条 为他人处理事务,意图为自己或第三人不法之利益,或损害本人之利益,而为违背其任务之行为,致生损害于本人之财产者,处五年以下有期徒刑、拘役或科或并科一千元以下罚金。 前项未遂犯罚之。
《中华民国刑法》（1935）	第一百二十九条规定同上"第一百二十七条" 第一百三十一条规定同上"第一百二十九条"	第三百四十二条规定同上"第三百三十五条"

图表 3-1-3　新民主主义革命时期根据地"图利罪"（图利国库）与"背信罪"刑法文本统计

《中华苏维埃共和国中央执行委员会训令——关于惩治贪污浪费行为》（1933 年 2 月 15 日）	三、凡挪用公款为私人营利者,以贪污论罪,照第一、第二条,两条处治之（贪污公款,在 500 元以上者处以死刑;贪污公款在 300 元以上 500 元以下者,处三年以上五年以下的监禁）	
《赣东北特区苏维埃暂行刑律》（1932）	第二十一章 私擅逮捕监禁罪 （无其他相关"渎职罪"）	第十九章 诈欺取财罪 第一百三十五条 意图为自己或第三人知所有,以欺骗、恐吓,使人将所有物交付于己者,为诈欺取财罪,处五等有期徒刑或拘役。

续表

《陕甘宁边区惩治贪污暂行条例》(1938)	第二条　有下列行为之一者,以贪污罪论处:(六)擅移公款作为私人营利者;(七)违法收募税捐者;(十)为私人利益而浪费公有制财物者。贪污公款,在500元以上者处死刑或五年以上之有期徒刑;贪污公款在300元以上500元以下者,处三年以上五年以下的监禁	
《陕甘宁边区惩治贪污暂行条例(草案)》(1939)	同上	
《陕甘宁边区刑法总、分则草案》(1942)	第七节　违背职务罪 第一百六十二条　从事于国家机关或企业机关、公共团体及法律所委任之公务员,违背职务上应为或不为,而致公家或私人或社会秩序发生损害恶者,为违背职务罪。 第一百七十条　公务员对于赋税或其他收入,明知不应征收而征收者,处五年以下强制教育。公务员对于职务上发给之款项、物品,明知应发给而抑留不发或克扣者,同前项之处罚。 第一百七十一条　公务员对于主管或监督之事舞弊营私,直接或间接图利者,处五年以下强制教育。	第三目　损坏私人财产罪 第二百五十一条　为他人处理事物,违背任务与信义,损害其本人之财产或其他利益者,处五年以下强制教育,劳役或三千元以下罚金。
	立法说明:该草案强调自身为"世界新的刑法",以教育感化为主;将刑名徒刑一项,改为拘束自由的强制教育;公私利益分别规定,强调公益应较私益为重,公私观念未可混而为一。	
《晋冀鲁豫边区惩治贪污条例》(1948)	第三条　凡有下列行为之一的,为贪污罪: ……5.买卖公物从中舞弊者.6.浮报、冒领、克扣、截留应发给或解交的财物、粮款者.7.挪用公有财物,供私人营利或享受者.8.其他利用职权对公有财物营利舞弊者。	
《晋察冀边区惩治贪污条例》(1942)	第三条　凡有下列行为之一的,为贪污罪: (一)克扣或截留应行发给或解交财物、粮饷供私用者; (二)买卖公物从中舞弊者; (五)挪用公有财物,供私人营利者; (六)擅自动用或处分所保管之公有财物者; (七)浪费公有财物供私人挥霍享乐者。	
《晋西北惩治贪污暂行条例》(1941)	第二条　凡有下列行为之一者,为贪污罪: (一)克扣或截留应行发给或交纳之财物者; (八)违背法令收募捐税、公债者。(九)擅挪公款而供私人使用或营利者。 (十一)图私人便利而浪费公有财物者。(十二)于第二款以外,对于主管或监督之事务直接或间接图谋私利者。	
《东北解放区惩治贪污暂行条例》(1947)	第三条　凡有下列行为之一者,均以贪污论: 三、经管公有财产或买卖公物、粮秣,私受贿赂、索取回扣、徇私舞弊者。 四、藉端勒索、敲诈人民财物者。 六、伪造账目,以少报多,或擅自挪用公有财物、粮秣供私人谋利者; 七、利用职权违法受贿及图谋不正利益者。	

文本在本质上作为人们实践活动的反映。通过以上文本梳理我们发现，图利罪和背信罪(诈欺取财罪)长期都是以行为犯为主，"未遂者罚之"，刑罚保持了相对稳定，主观上也均基于故意。近些年来，图利罪几经修订，进一步明确为直接故意和结果犯。具体如下：

一方面，图利罪与背信罪之罪名在变迁中得以稳固，其本性渐趋"一致"。从历史发展看，制度往往具有阶级性，虽然一直对官员的腐败犯罪非常重视且处罚严厉，但总体上维持了基本平衡。并且规制官员职务犯罪的法律法规逐渐得以完善。从图利罪的视角看，把官员图利他人或图利国库，视为渎职犯罪，把为他人处理事务，图利自己或第三者利益或图害国家(包含公所或国家公署)，从而违背义务损害委托人财产的(包含国家、公所的公共财产)，视为"诈欺取财罪"，之后称为"背信罪"。鉴于我国长期处于传统的农业社会，一直重视"征收租税及各项入款"。为此，"图利国库罪"持续时间长，而真正意义上的"图利罪"则是在《刑法第二次修正案》(1918年)借鉴意大利、法国、荷兰、匈牙利等国刑法规定而设立，"公务员对于职务上主管或监督之事务，直接或间接图利者，处三年以下有期徒刑，得并科5000元以下罚金。"后一直沿用到南京国民政府时期，后因其适用的严苛以及模糊性，如图利行为与"便民"易混淆，图利到底是规制主观上的目的意识还是客观上的行为等，公职人员动辄得咎。整体而言，罪名的变迁完善也表现了对阶级秩序、社会秩序的维护，以被害人为主，缺乏对犯罪人的权利保护。

另一方面，图利罪刑罚上呈现轻重摇摆、刑种渐趋丰富并逐渐加重财产刑的适用趋势。表现为从《刑法第二次修正案》(1918年)、《中华民国刑法》(1928)规定图利罪的刑罚为"处三年以下有期徒刑，得并科5000元以下罚金"，到"处三年以下有期徒刑，得并科五千元以下罚金"，到《中华民国刑法修正案初稿》(1933)"处三年以上、十年以下有期徒刑，得并克七千元以下罚金"。到《中华民国刑法修正案初稿》(1934)"处一年以上、七年以下有期徒刑，得并克七千元以下罚金"；以及《伪满刑法典》(1937)规定的"处五年以下之徒刑，或禁锢"。官员图利国库或他人，而于正数以外浮收金谷、物件者，从"处三等至五等有期徒刑"到"处四等有期徒刑"，再到《刑法第二次修正案》（1918 年）"明知不应征收而征收者，处三年以下有期徒刑拘役"（得并科一千元以下罚金）。图利自己者的刑罚则相对稳定，则除了被判处有期徒刑外，并处以与浮收同额之罚金。同时伴随着附条件并科有期、无期褫夺公权，即一定的资格刑。同时在《中华民国刑法修正案初稿》（1934）犯前项之罪者，所得之利益没收之；如全部或一部不能没收时，追征其价额。通过对共产党革命根据地时期"图利罪"（图利国库）与"背信罪"的梳理发现，通常将"（图）为私人利益而浪费公有制财物者""对于主管或监督之事务直接或间接图谋私利者"。以贪污罪认定。其刑罚为区别于其他，更加注重"教育感化"，即保安刑。但在内容与刑罚上与当时国民政府的刑法规制具有相应的关联性。如对"背信罪"的规定及刑罚，处五年以下有期徒刑（强制教育）、拘役（劳役）或科或并科五十万以下罚金（三千元以下罚金）。在根据地时期的利益输送行为被视为贪污罪的一种情形。

最后，在犯罪性质上，所有图利行为的犯罪均为行为犯，犯罪未遂即"罚之"，之后则改为"罪之"，可见对"公共利益"（国家利益）之重视。[①] 是故，现代刑罚在防卫社会之际，亦应强调公共法益的保护与个人法益剥夺的限制与适当。

综上所述，随着历史变迁和社会发展，图利罪的意义也在改变，新的社会基础形成了"利益输送"新的结构与表现形式。为此，基于利益输送的刑法治理而参酌图利罪、背信罪时，应秉承对前人立法规范和成果的尊重。

二、新中国成立以来与利益输送相关的刑事立法分析

新中国成立后，我们基本摒弃了原国民政府时期的法制体系，"图利罪"

---

① 历史上长期将图利国库罪包含在"图利罪"之中。

"背信罪"也随之消失。更多是以"图利自己"的贪污与为"获得好处"而图利他人的受贿罪相伴而生。正是因为受贿罪与贪污罪具有许多相似之处,1979年《刑法》颁布之前,新民主主义革命时期和新中国成立初期,都是将二者视为一罪处罚。① 但结合当时社会"一穷二白"的现状,贪污罪更显突出。随着新生的人民民主政权的建立,个别意志薄弱的干部表现出常年隐藏于内心的浮躁,贪图享乐,假公济私,贪占公私财物的违法犯罪开始抬头,新中国反腐败和权力制约的丰富实践由此展开。②

新中国成立后,公职人员犯罪的发展,以"1979年"为界而划分为两个阶段:第一阶段,以新中国成立后至1979年《刑法》颁布前,涉及公务犯罪的法律分散于单行法规中。新中国成立后,国家工作人员违法失职,给国家利益造成严重损失而日益受到重视。起初以"三反""五反"运动的斗争方式进行反贪,一定程度上也与当时社会环境相适应。其基本特征是肃贪严惩,检察机关坚持法律面前人人平等的原则,"贪污最丑恶""廉洁最光荣"等反腐观念深入人心。但进入社会主义建设时期后,忽视刑法等法制的跟进,"运动反腐"其弊端日益暴露。之后,国家也陆续颁布施行了相应的法律法规,③并取得了一定效果。"文化大革命"时期,"砸烂公检法"的"法律虚无主义"盛行,利益输送现象严重滋生、蔓延。第二级阶段,以1979年的《刑法》和1988年1月21日通过的《关于惩治贪污罪贿赂罪的补充规定》总结了新中国成立初期对贪污贿赂罪的立法经验,完善了对贪污贿赂行为的规定。改革开放后,邓小平等

① 参见刘方:《贪污贿赂犯罪的司法认定》,法律出版社2015年版,第203页。
② 参见张弓、张智辉:《权力制约与反腐倡廉》,中国方正山版社2009年版,第341页。
③ 国务院各部门颁布实施了一些单行的行政、经济性质的法规中,对严重违法失职,造成国家和人民利益遭受重大损失的行为,作出了追究刑事责任的规定。例如,1952年中央节约检察委员会《关于处理贪污、浪费及克服官僚主义若干规定》指出,由于负责人严重的官僚主义或经管人员失职所造成的业务上的浪费和损失其情节严重,因而招致国家巨大损失者,可作专案议处,酌予刑事处分。并于1952年4月21日发布实施了《中华人民共和国惩治贪污条例》,第2条规定:"一切国家机关、企业、学校及其附属机构的工作人员,凡侵吞、盗窃、骗取、套取国家财物,强索他人财物,收受贿赂,以及其他假公济私违法取利之行为,均为贪污罪"。

党和国家领导人非常重视制度在规范权力行为方面的决定性作用，也深刻地意识到法治对治理权力腐败的重要意义。在总结和认识反腐倡廉规律的基础上，从我国社会发展的实际出发，积极加强我国社会法治体系建设，提出构建惩治和预防腐败体系的战略构想，改革权力制约机制的基本思路。

三、利益输送相关犯罪：罪刑关系的"钟摆效应"明显

法治兴则国家兴，法治衰则国家乱。通过对古代、近现代以及新中国成立后利益输送相关或近似犯罪刑事立法与罪名梳理，我们发现，古代中国"限权于笼"的保障机制中，德礼为本，刑罚为用，建立一套事前选任、事中考核、事后惩戒的监督保障机制，强化监察制度而督察百官，峻法反腐，特定时期特定手段保廉促廉，但都最终无法走出"廉明强盛到贪腐衰亡"的历史怪圈。① 而且，长期存在犯罪圈的大小和刑罚结构相对应的"严"与"厉"扩张与限缩的不平衡适用。如图利罪的主观和客观行为认定的变化、刑罚的反复修订等，其目的应是使罪刑相适应且符合社会需要。刑罚往往在仁慈的放纵和严刑峻法之间犹如时钟一样来回摆动。封建王朝虽然都主张严厉反渎，但基本都遵循了刑罚在轻重之间往返，如明初重典治史，刑罚残酷，到后期相对缓和，再到王朝晚期的重刑主义。整体来看，刑罚反腐犹如总体趋于平衡的"钟摆"。刑罚的"钟摆效应"是刑罚改革过程中不可避免的现象，只要人类不是先知、不是神明，这一现象就不会消除。② 正如《尚书·吕刑》所言，"刑罚世轻世重，惟齐非齐，有伦有要"。即不同时刻，所确定的刑罚应该是轻重有别的。朱元璋继承了该思想，对皇太孙朱允炆说："吾治乱世，刑不得不重。汝治平世，刑当自轻，所谓刑罚世轻世重也。"③尽管刑罚与犯罪一样都是"恶害"，都对社会有

---

① 参见吴建雄：《"构筑权力之笼"与预防职务犯罪司法研究报告》，中国方正出版社 2014 年版，第 115—119 页。

② 参见龙腾云：《刑罚进化研究》，法律出版社 2014 年版，第 294 页。

③ 《明史·刑法志》。

一定的负面作用。但经过相关梳理发现,对官员的刑罚和已然的犯罪难以罪责刑相适应,整体上出现"忽左忽右"的严重偏差状态,"在往返中走向平衡是一种所谓的正确",这对时下我们追求刑法制度的公正——罪刑均衡有着很好的借鉴。根据现行司法实践,一些职务犯罪得不到法律制裁——如利益输送,不仅表面上缺乏实际被害者,也在于受益者又多是个体且隐蔽性也较强,不仅缺乏切肤之痛,且貌似与群体无直接关联,是故,出现避重就轻、难以查实。同时,诸多职务犯罪案件错综复杂,利益链复杂,关涉法律政策多且界限也多不明确,再加上非正常的行政干预,致使诸多不法行为只能停留在舆论声讨的水平上。另外,一些公务犯罪的实际处罚上偏轻,这里除了立法上的原因之外,更多的是执法者的执法意识有偏差。① 基于上述,本书认为,以"贪污""受贿"为基本形态,其控制的落脚点在于权力不法行为的不法"利益流向",即一种权力不法的"后置行为"规制,那么为何不在最初不法利益准备"输送"阶段进行规制呢? 无论是对利益输送的广义还是狭义而言,将权力不法的规制"关口"前移,对权力不法的"前置行为"进行预防,既减少贪污、受贿的可能,也更好保护了公共利益的安全性与权力的"公共性"。利益输送犯罪化,既立足现实,也着眼未来。

第二节　域外与利益输送犯罪相关的
文本与适用分析

根据前述部分可知,利益输送即国家工作人员明知违背或故意规避法律、法规而利用职务之便为他人谋取不正当利益致使公共财产、国家利益遭受重大损失,且并未收受或者难以查明是否收受他人财物的严重危害社会的行为。为此,利益输送是一种典型的"图利他人"犯罪与公权力背信的行为。背信行

---

① 参见林阳:《严惩职务犯罪,促进廉政建设》,载杨敦先等编:《廉政建设与刑法功能》,法律出版社1991年版,第1—3页。

为是破坏行为人与本人之间委托信任关系而放弃或改变了受托义务的不当行为，即行为人没有实施他在该具体情况下，本来应当实施的、为法律和公众观念上所期待的行为。某种意义上，法律规定和制度设计基本都遵循了以权力"公共性"为导向，继而设计一整套制度来防范公权力对公民权利的侵害与以权谋私行为的发生。但是，制度和法律始终都只能在基本的层面上规范权力主体的行为。况且，制度和法律应该在多大程度上为权力主体留下自由裁量的空间，这种自由空间如何才能不被滥用和脱离伦理约束，是任何国家、任何民族都感到棘手的问题。① 本书尝试选取域外文本与利益输送近似的"图利罪"或公职人员"背信罪"进行梳理，以有所发现和启示。

一、德、日等西方国家刑法中"背信罪"的基础考察

背信罪的概念最早出现于普鲁士的刑法中，作为财产犯罪而言，是一个"年轻"和"小众"的罪名，但如今已经成为德、日、瑞士、新加坡等多国（地区）刑法上的独立罪名，其犯罪构成结构如下：受托人（为委托人处理事务的人）——违反忠诚义务实施行为——致使委托人财产受到损害。我国学者刘明祥教授则将背信罪的结构表述为：为他人处理事务的人——出于图利或加害的目的实施违背任务的行为造成他人财产上的损害。对于该罪是否能扩大适用一直存在争议，如德国学者梅叶尔（Mayer）重申，公务员受《刑法典》第 311 条及以下几条和之后删除的第 350 条和第 351 条的特别刑法——贪污罪——以及纪律处分法（惩戒法）的管辖。因此，实际上没有必要将公务员视为适合的背信罪行为人。② 但从各国适用现状、背信罪变迁趋势以及我国近年《刑法修正案（六）》《刑法修正案（九）》分别增加违反诚信、忠实义务的背信犯罪来看，③在这些

---

① 参见胡训玉：《权力伦理的理念建构》，中国人民公安大学出版社 2010 年版，第 177 页。

② Mayer, in: Materialien, 333（351 f.）；vgl. Schwinge/Siebert, Untreuestrafrecht, S.59.

③ 《刑法修正案（六）》增设了两个特殊的背信犯罪，即背信损害上市公司利益罪和背信运用受托财产罪以及《刑法修正案（九）》在第七章专设"背信罪专题"，增设买卖身份证行为入罪，处罚伪造、变造证件的行为，组织考试作弊等犯罪，以惩治失信、背信行为。

独立规定背信罪的国家,"背信"的刑法意义已不能仅仅满足于自然人破坏财产信托义务的财产型犯罪。现行德国刑法之背信罪,为避免法律漏洞,并没有采取原先"列举式"之立法方式,而是以"根据法律、官方之委托、法律行为或忠诚关系所生之权限或义务"之概括描述,①致委托人的财产利益遭受损害的行为。基于德国是背信罪的最早制定的国家以及其刑法的特殊影响,本书在此对德国的背信罪进行相对详细的诠释。

德国最早规定现代意义上背信罪是只对监护人的背信行为依法设置的,出现于 1577 年颁布的联邦警察法(Reichspolizeiordnung)。② 随着社会经济的发展,背信罪的主体范围扩大了许多且该罪一直被作为一类独立的犯罪。于 1933 年 6 月 1 日生效的新版《刑法典》第 266 条该条法律规定被认为现代意义上的普通背信罪的始祖。③ 即从现行德国刑法第 266 条第 1 项之规定④可以知悉,该罪应包含两类构成要件,一是权限滥用;二是背托构成要件,其"核心在于行为人违反财产照料义务"。与日本"背任罪"规定相反,它是一种结果犯,不管行为是构成滥权还是符合背托,一致要求以造成本人财产损害作犯罪成立之前提。

背信罪与公共资产和预算使用密切相关,并且背信罪构成要件必须也应用于公共行政领域。⑤ 第 266 条的保护财产,财产在私人领域和公共部门中表示同一事物,但并不意味着,公共财产不具有一定的自我特征。公共部门的资产或预算立法机关在刑法中受到何种程度的保护,从未明确决定,国库背信

---

① 参见张天一:《时代变动下的财产犯罪》,元照出版有限公司 2015 年版,第 212 页。

② H.Mayer,S.33.ff,载陈玲:《背信犯罪比较研究》,上海社会科学院出版社 2012 年版,第 21 页。

③ 参见陈玲:《背信犯罪比较研究》,上海社会科学院出版社 2012 年版,第 21 页。

④ 德国刑法第 266 条第 1 项规定:"行为人滥用其依据法律、官方委托或法律行为所取得的处分他人财产或使他人负有义务的权限,或者违反其依据的法律、官方委托、法律行为及信托关系而负有的维护他人财产利益的义务,致委托人的财产利益遭受损害的,处 5 年以下自由刑或罚金刑。"(参见徐久生、庄敬华:《德国刑法典》,中国方正出版社 2004 年版,第 131—132 页)

⑤ 完整的讨论参见 Neye,Untreue,S. 12 ff.,25 ff.;关于德国刑法典第 263 条用于公共财产保护的适用性见 Berger,Schutz,S. 46 ff。

损害的认定处于紧张关系中(既要维护预算立法机关的处分权,又要保护财产)这意味着在违反预算原则时必须考虑财产不利。为制定一条针对职务背信或国库背信的特别刑罚规定,通过法律提出了若干建议。[1] 所有建议的共同之处在于,一方面,该构成要件的行为在上诉中基本上被描述为违反规范公共资金管理的公法条例的行为;另一方面,完全免除财产损失的需要。鉴于以上思考,联邦最高法院考虑到国库背信的一些情况,这些情况不仅违反预算原则,也构成财产不利。因此联邦最高法院一方面引入目的不达说来认定财产不利,[2]认为,将政府财产转至私人口袋的结果,本身已经使得政府财产被隐匿而无法置于监督之下,已足以认定财产损害。[3] 这是德意志帝国最高法院早期基本裁决的结果,该裁决原则上把《刑法典》第266条的适用性延伸到公务员和公共行政机关的高权行为中。[4] 根据该裁决,《刑法典》第266条不仅适用于国库交易,原则上公务员也可以是适合的背信罪行为人。[5] 将保护范围延伸到公共行政机关所有可能的背信行为中,无论是公务员在高权行为方面还是在国库行为方面的背信。这样一来,任何一个行政法人都可以是财产的所有者,因此也是背信的潜在受害者。公共财产本身最终被纳入背信构成要件的保护范围。背信罪构成要件必须也应用于公共行政领域。[6] 况且,公务员受《刑法典》第331条及以下几条,第350条、第351条的特别刑法管辖,因此《刑法典》第266条不适用于他们的这个论据是不令人信服的。《刑法典》第331条及以下几条服务于另外一个保护目的,即保护公众对公共服务

---

① Schultz,MDR 1981,372(372),在这个意义上称:"职务背信中的受保护的法益不是公共财产,而是公共资金的不当处置,这些不当处置阻止了资金合乎目的的使用,或者阻止了本能够在总体上减轻的税负。"

② Vgl. BGHSt. 43, 293 (297 f.) (Intendanten - Fall); BGH, NStZ 2001, 248 (251) (Aufbauphase-Fall);NJW 2003,2179(2181)(MELF-Fall).

③ 参见许恒达:《贪污犯罪的刑法抗制》,元照出版有限公司2016年版,第154—155页。

④ RGSt.69,333 ff.;dazu 1.Kap.B.

⑤ Schwinge/Siebert,Untreuestrafrecht,S.59.

⑥ 完整的讨论参见 Neye,Untreue,S.12 ff.,25 ff.;关于德国刑法典第263条用于公共财产保护的适用性见 Berger,Schutz,S.46 ff.

的纯洁性的信赖。①

同时,背信罪与公务员图利罪密切相关。在德国,背信罪虽然在实务上的发生总量不高,根据德国联邦刑事局在 2006 年的统计,当年背信案件的总量为 40095 件,占全部犯罪 6304223 件案件的 0.6%左右。② 但却是刑法打击一般犯罪以及经济犯罪不可欠缺的手段之一,本罪的实际意义主要是在经济犯罪的领域开展,这与诈骗罪在德国的地位相同。于图利罪而言,德国则并没有明确规定,但这并不意味着对该图利行为没有刑罚,而是以"国库背信"(Haushaltsuntreue)的概念来说明"图利罪"——以刑法第 266 条的背信罪为构成要件,判断行为人是否成立背信罪时,财产损害有无自然成为重要的指标。"国库背信"主要是基于预算法的违反。预算法的有关规定对确定财产照管义务和渎职行为起着决定性的作用。是故,财产照管义务对确定背信罪有着重要作用,违背目的使用预算资金的行为则是一种直接无视实质约束原则国库背信行为。违背预算资金包括预算案,因此是背信行为。背信罪作为财产犯主要发生在实施各自预算案的过程中,预算法管理预算的各个阶段,包括预算案的制定和实施。更确切地说,国库背信发生在预算管理主体上。

对于日本而言,日本现代意义上的背信罪最早出现于明治三十四年(1901)颁布的刑法修正案"贼盗罪"一章第 282 条。③ 而日本现行刑法规定④与刑法草案规定的背信罪完全一致。日本刑法将背信描述为一种基于信任而"违背任务的行为",为更好地保护这种"信任",日本刑法第 255 条规定,犯罪

---

① BGH.NJW 1987,1340(1342);关于收受好处或贪污与背信的竞合关系见 BGHSt.47,22 ff.;DGII,NStZ 2002,648 ff.(海德堡第二方资金募集案),vgl.Bittmann,wistra 2002,405(406 ff.).

② Bundeskriminalamt(Hg) *Polizeiliche Kriminalstatistik Budesrepublik*,Deutschland Berichtsjahr 2006,S.30,载陈玲:《背信犯罪比较研究》,上海社会科学院出版社 2012 年版,第 28 页。

③ 该条规定,"为他人处理其事务者,以谋求自己或第三者的利益或以加害本人为目的,以权限外的行为,给本人造成财产上的损害时,处十年以下有期徒刑"。

④ 日本《刑法》第 247 条规定:"为他人处理事务,以谋求自己或第三人之利益或以损害本人为目的,而为违背任务之行为,致损害本人之财产者,处五年以下之惩役或五十万元以下之罚金。"(参见甘添贵:《日本刑法翻译与解析》,五南图书出版股份有限公司 2018 年版,第 229 页)

未遂的，应当处罚。我国台湾地区亦做参照。为此，其现行刑法第 247 条在前述立法的基础上规定了背信罪之外，日本《商法》第 486 条和 487 条、《公司法》第 960 条、《有限公司法》第 77 条中也做了相关规定。相较其他国家来看，对背信犯罪也逐渐加大了研究和规制的力度。除了上文所述的德、日之外，英国国会于 1916 年颁布的盗窃法案另行规定的委托物侵占罪（embezzle-ment）可以认为其本质上具有"背信因素"的萌芽。① 尽管英国刑法中并未背信罪这一独立的犯罪概念。同时，意大利刑法（1968 年 10 月修订）第三百二十四条、法国刑法第二节第一款的"公务员之诈取罪"、瑞士刑法的"不忠实的经营罪""违背义务执行公务罪"均涉及公职人员权力滥用而背信的规定。

为此，根据上述背信罪概念、范畴的描述，"他人"则是包含所有主体的一种范畴等。同时，该罪的行为是一种诚实义务违反的"任务违背"行为。主观上的牟利、加害之目的，使得背信罪具有获利罪与毁弃罪的双重特征。客观上造成了财产性损失。这种损失是从经济性角度评价的，是一种因为违反任务而造成，故应为一种结果犯。而关于背信罪的本质，学术界一直未有定论，影响力最为广泛的"滥用权限说"和"背信说"。② 篇幅所限且不为研究中心，本书不做过多赘述，但更为认同和支持团藤重光、大塚仁、大谷实以及前田雅英等一派学者提出的背信的滥用权限说（学说上又称为新权限滥用说），即一种折中的观点。因为单独适用"滥用权限"和"背信"其范围都过于狭隘，很欠妥当。

图表 3-2-1　域外国家和地区"背信罪"一览表

《德国刑法》	第 266 条第 1 项规定："行为人滥用其依据法律、官方委托或法律行为所取得的处分他人财产或使他人负有义务的权限，或者违反其依据的法律、官方委托、法律行为及信托关系而负有的维护他人财产利益的义务，致委托人的财产利益遭受损害的，处 5 年以下自由刑或罚金刑。"

① 参见陈玲：《背信犯罪比较研究》，上海社会科学院出版社 2012 年版，第 23 页。
② 具体可参见陈玲的《背信犯罪比较研究》与吴志强的《经济刑法之背信罪与特别背信罪的再建构》等。

《日本刑法》	第 247 条规定:"为他人处理事务的人,以谋求自己或者第三者的利益或者损害委托人的利益为目的,实施违背其任务的行为,给委托人造成财产上的损害的,处五年以下惩役或者五十万元以下罚金。"第 250 条(未遂罪)规定:"本章犯罪的未遂,应当处罚。"
《法国刑法》	第 314—1 条 滥用他人信任罪是指某人损害他人利益,侵吞交付其手中以及接受并负责予以归还、送返或派作特定用途之资金、有价证券或其他任何财物的行为。犯滥用他人信任罪的,处 3 年监禁并科 375000 欧元罚金。 第 314—2 条 犯滥用他人信任罪,有下列情形的,刑罚加重至三七年监禁,并科 750000 欧元罚金:1. 犯罪人为了本人利益或者以工业或商业企业的法律和事实上的领导人或职员名义,进行公众募集以获取他人交纳的资金和有价证券。2. 犯罪人经常从事针对第三人财产的交易业务,或者对此宗交易业务给予协助,即便是附属性协助,并为该第三人的利益收回资金和有价证券。3. 损害了为人道主义和社会互助之目的,向公众募集资金的社团的利益。4. 损害了因年龄、疾病、残疾、怀孕原因或身体或精神缺陷,明显为极易受伤害或犯罪人明知为极易受伤害之人的利益。 第 314—3 条 司法代理人员或公务、司法助理人员,在履行职务之中或之时,或者以其身份地位,滥用他人信任的,刑罚加重至十年监禁,并科 1500000 欧元罚金。
《泰国刑法典》	在第十二章侵犯财产的犯罪第五节侵占罪中第 353 条规定:"受托管理他人所有或者共有财产,以任何方法做违背其义务的行为,以致损害他人财产利益的,处三年以下的有期徒刑,并处或者单处六千铢以下罚金。"第 355 条规定:"具有依法院命令或者遗嘱执行或者管理他人财产身份,或者具有公共信托职业或商业身份,而犯第三百五十二条或第三百五十三条罪的,处五年以下有期徒刑,并处或者单处一万铢以下罚金。"第 356 条规定:"犯本节罪,告诉的才处理。"值得注意的是,泰国仍然是以侵占罪的名义对实质上的背信行为加以刑法规制,而不是以独立的背信罪罪名。
瑞士原《联邦刑法典》	在第 159 条就规定有背信条款,1996 年刑法典修订以后,该条款被移至第 158 条并作了相应修改。第 158 条题为不忠实的经营,其第 1 款规定:"依据法律、官方委托或法律事务,被委托管理他人的财产,或对此等财产管理进行监督,因其违背义务造成或允许他人对财产造成损害的,处监禁刑。作为业务领导者在无委托的情况下为上述行为的,处相同之刑罚。行为人以使自己或他人获得非法之财产利益为目的的,可处 5 年以下重惩役。"第 2 款规定:"以使自己或他人非法获利为目的,依据法律、官方委托或法律事务而为某人之代表,滥用代表权使得被代表人受到财产损失的处 5 年以下重惩役或监禁刑。"
《奥地利联邦共和国刑法典》(2002 年修订)	第 153 条(背信)规定:"(1)根据法律、官方委托或法律行为,有权处分他人财产,或对他人负有义务,有意识地滥用其权利,使他人对财产遭受损失的,处 6 个月以下自由刑,或 360 单位以下日额金的罚金刑。(2)行为造成 2000 欧元以上损失的,处 3 年以下自由刑;行为造成 4 万欧元以上损失的,处 1 年以上 10 年以下自由刑。"

续表

《波兰刑法典》	第一篇第三十九章　财产罪第269条规定："根据法令的规定或作为达成协议的结果，在处理他人的财产事务时，采取了对他人利益不利的行为者，处五年以下徒刑。"
2003年修订的《俄罗斯联邦刑法典》	第165条规定："以欺骗或滥用信任的手段使财产所有人或其他占有人受到财产损失，但无侵占财产罪要件的"是背信罪。
《新加坡刑法典》	第405条规定了背信罪："以任何方式被委托财产或管理财产者，不诚实地私吞或占有此财产归己用，或者违背规定此种受委托权限行使方式的法律或任何其签订的履行此种委任的明示或默示合同的规定，不诚实地使用或处分该财产的，或故意放纵其他人如此行为的，犯有'背信罪'。"这里的背信罪除了规定了德、日刑法概念上的背信行为之外，其第1款似乎还包含挪用和一部分侵占行为，尽管《新加坡刑法典》在第404条还专门规定了侵占罪。
《韩国刑法典》	第355条(背信)规定："(二)处理他人事务者，以违背其任务的行为，取得财产上之利益或者使第三人取得，致使本人受害的，处罚同前项。"第356条(业务上的背信)规定："违背业务上的任务而犯前条之罪的，处十年以下劳役或者二百万元以下罚金。"第358条(并处停止资格)规定："犯前三条之罪，可以并处十年以下停止资格。"第359条(未遂犯)规定："第355条至第357条的未送犯，亦予处罚。"

　　通过法条文本分析，我们发现，背信犯罪一般情况下都与财产有关，其行为为违背任务之行为，即违反本人信赖委托之行为(包含事实行为与法律行为)，且不限于作为或不作为。事实上，它是一种严重违背破坏诚实信用原则且在性质上属于一种破坏社会主义经济秩序罪。因为从历史的脉络来看，背信罪之出现本来就可能即是为了处理"经济秩序之安定性"。[①] 背信罪存在的意义，并非在确保本人的财产利益不会因他人的支配行为受到损害，而是对于具有处理他人财产权限之人，将其滥用权限以侵害本人财产利益的恶性行为予以控制，亦即将权限授予所可能带来的损害风险，能够控制在合理的范围内。[②] 同时也表明，背信罪的主体仅限于"为他人处理事务的人"，此外，背信行为往往是造成了一定损害，一般规定为结果犯。此外，德国则是以"国库背信"

---

　　① 吴志强：《经济刑法之背信罪与特别背信罪的再建构》，承法数位文化有限公司2014年版，第69页。

　　② 参见张天一：《时代变动下的财产犯罪》，元照出版有限公司2015年版，第245—246页。

（Haushaltsuntreue）的概念来说明公职人员背信罪——以刑法第266条的背信罪为构成要件。背信罪构成要件必须也应用于公共行政领域。[①] 公务员违背人民的委托而危害人民的利益，这正是背信罪的内涵。综上可知，背信罪在很大程度和范围上适用于"公务领域"，且可以作为权力滥用的一种"兜底罪名"而出现。

二、对其他国家或地区"公务员图利罪"的考察

图表3-2-2　相关国家类"图利罪"一览表[②]

序号	国家	内容
1	意大利	1968年10月修正之意大利刑法第324条规定，"公务员对于主管之事务直接或间接图利者，处6月以上五年以下有期徒刑，并科四万里耳以上80万里耳以下罚金"。
2	法国	一九七五年修正之法国刑法第二节第一款"公务员之诈取罪"中第一百六十九条规定："税务员、保管员或会计员诈取在职掌下之公、私款或文件、证券、物品，而其价值在一千法郎以上者，处十至二十年有期徒刑；第一百七十四条规定：公务员明知不当或超过应缴款额，仍收受或命令缴付之者，处二年至十年监禁并科三百法郎至三千法郎罚金。主管官署指定课征依法不得征收之直接、间接税或公务员、职员因而执行或征收之者亦同。以任何方式或动机，非有法令之许可，擅自减税金或免费交付国有产品者，亦同。前项之受益人，以共犯处断。"第一百七十五条规定："公务员、公职人员、政府机关人员对于其管理、监督之文件、拍卖、企业或税务，以公开隐秘或他人居间调解方式而收利益者，处六月至二年监禁，并科十二分之一至四分之一所受利益罚金，宣告剥夺公职终身。公务员或政府机关人员对于其清理之财务而图利者适用前两项之规定。"
3	西班牙	一九七一年十一月十五日修正之西班牙刑法第四百条规定："公务员因其职务原因，参与若干公共动产或财产之供给、承包、清算之任务，与其有利害关系者，或投机商取得协议，或利用他人为方法，欺骗国家或省市，应处以短期苦役或特别褫夺权利。"第四百〇一条第一项规定："公务员直接或间接对任何因其职务关系必须干预之合同，或交易发生兴趣，应处以特别褫夺公权，并科以其对该项交易所参与金额三倍之罚金。"第四百〇二条规定："公务员因其职务原因，直接或间接索取前面所称之各种酬金，应处以所要求酬金两倍至四倍之罚金，但最少不得低于西币五千元，同时亦不影响犯罪人事后由于其他情形弥补之义务。"以及西班牙刑法第198条，列于西班牙刑法卷2、第2集的第二章"行使法律承认之权力所触犯之罪"。

---

① 完整的讨论参见 Neye, Untreue, S.12 ff., 25 ff.；关于德国刑法典第263条用于公共财产保护的适用性见 Berger, Schutz, S.46 ff.

② 根据《各国刑法汇编》、吴詠明的《图利罪中不法利益之研究》（2012）、陈耀辉《图利案件低定罪影响因素之探讨》（2011）整理。

续表

序号	国家	内容
4	泰国	泰国刑法第 152 条规定,"有管理或监督公务职事之公务员,利用其职权图利自己或他人者,处一年至十年有期徒刑,并科二千至二万巴特尔罚金"。
5	德国	一九七六年五月十八日修正之德国刑法第 353 条规定,"为国库收取关税、公费或其他税捐之公务员,明知支付人不负金钱上,或仅付小额支付义务,而对其收取高额税捐并未将其所得款项全部或一部纳入公库者,处三个月以上五年以下自由刑。"第一百六十六条第一项规定,"对于因法律官署委托或法律行为得处分他人财产或使他人负有义务之权限加以滥用,或对于因法律、官署委托、法律行为或信赖关系应维护他人财产利益之义务予以违反,因而造成对应管理其财产利益者之损害者,处五年以下有期徒刑或罚金。"第二项规定,第二百六十三条第三项情形准用之。而同法第二百六十三条第三项其中第四款则规定,公务员滥用职权为之者,处六月以上十年以下有期徒刑。准此,公务员滥用职权案犯侵占或背信罪者依据上揭规定,得处六月以上十年以下有期徒刑。
6	日 本	日本刑法将公务员渎职罪规定于第二十五章中,将公务员渎职罪分为滥权及贿赂两种类型。参照一九六八年修正之日本刑法第一百九十三条及第一百九十四条为公务员滥权罪规定。其中第一百九十三条规定:公务员滥用职权,使人行无义务之事或妨害人行使权利者,处三年以下惩役或禁锢。第一百九十四条则为特别公务员(法官、检察官及警察等)职权滥用逮捕拘禁罪。至于贿赂类型之渎职罪,有第一百九十七条之公务员受贿罪、第一百九十七条之三之枉法受贿罪及第一百九十七条之四之斡旋受贿罪等规定。
7	奥地利	奥地利刑法并无类似我国台湾地区公务员图利罪之规定,只有背信罪结合公务员加重与滥用职权罪之规定。第三一三条规定,公务员利用其公务行为所提供之机会而为故意犯罪行为者,处罚之自由刑与罚金的最高刑度得加重二分之一。但有期徒刑不得超过二十年。
8	瑞士	瑞士新刑法第三一四条,官署成员或公务员,意图为自己或第三人取得不法利益。于从事法律行为时损害应保护之公共利益者,处五年以下有期徒刑或罚金。罚金刑不得与自由刑并科。第三一二条,官署成员或公务员,意图为自己或第三人取得不法利益或损害他人,滥用公权力者,处五年以下有期徒刑或罚金。
9	美国	美国模范刑法典,第 243·2 条

通过比较发现,行为人的图利方法有二,即:直接图利或间接图利,手段包括"诈取""公开、隐秘或其他人居间"的方式进行。各国并未设置特别法之处罚规定。以上所列举各国刑法之规定也并非全部使用图利罪之名,而仅就其内容规定与图利罪相类似而进行比较。从刑度上看,意大利、泰国依次加重,无疑给予了法官较大的自由裁量空间。同时,多数国家将"图利国库"行为排

除在图利罪范畴之外。如泰国刑法之图利罪则明文规定图利之对象仅及于自己或他人。意大利刑法中也仅规定"对于主管之事务直接或间接图利",亦未见有图利国库之处罚。当然,学术界对图利罪的性质认定仍然争议不止。

第三节　利益输送犯罪化的域外启示与借鉴

一、图利罪是一种特殊的背信罪

公务员图利罪的本质是公务员违背人民的委托而危害人民的利益,这正是背信罪的内涵……之所以规定公务员图利罪,那是因为公务员受全民委托,公务员的背信行为造成的损害更广泛而严重,因而独立成为一种特殊的背信类型。[①] 图利即是对权力忠诚义务的一种悖反。从利益输送的经济学原义出发,公司管理者的"忠诚"则是与"背信"紧密相连,公司利益的悖反则是一种"背信"。是故,忠实义务要求被人民授权的代理人——公职人员在事务处理过程中应最大限度地维护本人(人民)的利益不做故意损害本人利益的事,即使自己的利益与本人利益发生冲突,也应当以本人利益为先,图利罪的设置则是对公职人员于国家意志与人民利益忠实义务之悖反的抗制。

二、背信犯罪在我国的现实适用与意义延伸

2006 年 6 月 29 日,我国《刑法修正案(六)》增设了背信损害上市公司利益罪和背信运用受托财产罪——两个特殊的背信犯罪。时至今日,背信罪已非如立法之初般,仅在于填补其他财产犯罪处罚上之不足处,而是具有其规范目的上之独立性。[②] 倘若应严守刑法之谦抑性、断片性,的确不应该不断地扩张特别规定,但是在经济刑法领域于普通刑法之外所外延出去的规范,背后则

---

① 参见许玉秀:《评析公务员图利罪之修正》,《法学讲座》2002 年第 4 期。
② 参见张天一:《时代变动下的财产犯罪》,元照出版有限公司 2015 年版,第 248 页。

是由市民"不安感"加以支撑，以民意为后盾的，立法机关定然会增设貌似解决社会问题的法律规范来寻求换取民意支持。[①] 全国人大常委会 2015 年 8 月 29 日通过的《刑法修正案（九）》中，从加强诚信建设，惩处严重失信行为人而在刑法中增加了依法可以用于证明身份的证件犯罪，以进一步为充分发挥刑法在维护社会诚信、惩治失信和背信行为方面的功能和对公民行为价值取向的引领推动作用。[②] 为充分发挥刑法对公民行为价值取向的引领作用，在第七章专设"背信罪专题"，增设买卖身份证行为入罪，处罚伪造、变造证件的行为，组织考试作弊等犯罪，以惩治失信、背信行为。这些都是针对我国当下失信、背信犯罪状况作出的及时修改。[③]

滥用权力犯罪应为一种特殊主体背信犯罪。根据全国人大常委会法制工作委员会对《刑法修正案（九）》的修法说明与解读，已经认可了背信罪扩张的广义适用。有学者表示，违背委托、代理各方之间的信任关系的行为就是背信行为。赵秉志、刘明祥等学者亦对背信罪做了扩大性研究和认同解读。权力作为人民赋予，法律授予应当合法、合理行使，否则就是背信。另外，参酌其他国家、地区的经验做法，滥用权力犯罪应被主张为一种特殊背信犯罪。

为此，利益输送满足德、日刑法中背信罪的基本属性。

首先，利益输送与德、日刑法规定的背信犯罪都是身份犯，其主体都是国家公职人员的特殊主体。在日本，通说对于为他人处理事务的"他人"没有特别的限制，"处理他人事务"，也没有明确规定事务的内涵。[④] 利益输送中的国家工作人员作为人民权力"受托者"，其也理应为委托人——人民忠实履行手

[①] 参见吴志强：《经济刑法之背信罪与特别背信罪的再建构》，承法数位文化有限公司 2014 年版，第 134 页。

[②] 参见全国人大常委会法制工作委员会刑法室：《中华人民共和国刑法修正案（九）解读》，中国法制出版社 2015 年版，第 155 页。

[③] 参见赵秉志：《中华人民共和国刑法修正案（九）的理解与适用》，中国法制出版社 2015 年版，第 267 页。

[④] 参见陈玲：《背信犯罪比较研究》，上海社会科学院出版社 2012 年版，第 54 页。

中权力,并最大化实现公共利益。其次,利益输送与德、日刑法规定的背信罪都是目的犯。二者都以行为主体主观上有故意为必要,主观上都具有或包含为他人图利的故意。再者,利益输送与德、日刑法规定的背信罪都是结果犯。都是以造成"本人"的财产损失为必要。利益输送与我国现有的背信犯罪规定,都是以危害结果出现为必要条件的结果犯。背信损害上市公司利益罪、背信运用受托财产罪以及《刑法修正案(九)》增设的相关背信犯罪则以危害结果出现为犯罪成立要件。之外,在侵犯客体方面,利益输送侵害的法益是包含"本人"(即人民)的信赖关系的复合法益。

三、权力侵害公共利益的刑事责任:普遍性与预防性

从上述域外国家、地区刑法文本中的"图利罪""背信罪"分析可知,公权力侵害或危害公共利益的后果都很严重——通常采取对不法行为入罪的方式进行惩罚与法益保护。相对于英、美、法系国家的刑法而言,一般对该种侵害行为规定为承担严格责任,这种严格责任通常适用于"公共利益犯罪",而且"侵犯公共利益之犯罪的惩罚通常比较轻"[1]。同时,这种严格责任也往往没有对主观方面限定,而会违背一般意义上的"责任与行为共存的原则"。但是,诸多国家或地区多是基于保护公共利益的目的,有预防更多人再犯的可能,从而将这些行为规定为犯罪。当然,更多大陆法系的国家和地区对权力侵犯公共利益的犯罪是基于主客观相统一的原则而做出的。为此,将权力侵害公共利益的行为进行刑事规制,不仅具有普遍性,而且凸显预防性。一定程度上,这对利益输送的犯罪化具有重要的镜鉴意义。

(一)腐败治理中刑法的回应性不足

历史与现实告诉我们,在法治社会,权力"对法律的畏惧是健康的",且只

---

① [美]约书亚·德雷斯勒:《美国刑法纲要》,姜敏译,中国法制出版社 2016 年版,第21 页。

有遇到界限时方会休止不法而展现应有的"利他性"。而刑法制度就是根源于人们的这种"社会共同需要"，"'为绝大多数人'谋利益"①的有效杠杆式的国家强制——基于义务、责任的父爱主义表现。《联合国反腐败公约》的宗旨在于注重对腐败分子的预防，现在中国政府越来越认识到反腐败中预防工作的重要性。② 我们发现，迄今为止，刑法的出现与处遇都是"消防员式"的回应，所要解决的都是如何回应已出现的严重的危害社会问题。刑法的"良法善治"也是基于能够及时回应社会需求的法律。比如，刑法在规制腐败犯罪时，一方面表现出了严厉性，另一方面却忽视了人权保障与刑罚的不均衡。传统报应主义的以眼还眼、以牙还牙的"同态复仇"不应被赞扬，也不符合法治文明社会的发展。此外，对于权力职务犯罪不存在刑罚之后避免再犯或累犯的问题——"为了不再犯罪而适用刑法"。是故，刑法的"前瞻性"预防价值更为明显。

（二）腐败治理的预防理念凸显

当前，腐败治理的"厉而不严"的刑罚政策显示出手段和目的严重失衡、难以适应。对于腐败治理而言，刑罚更多的是一种关于符号、利益和成本的机制。而现行长期依赖对犯罪人的惩处做出刑法的"回应"，忽略了报应刑的惩罚仅仅是刑法的功能或目的之一。因为惩罚更多的是针对潜在的罪犯和其他人的，借此刑罚而使法治理念、符号尽快和更广泛地传播，起到一种"前瞻式"的预防效用。毕竟违法者是少数，更多的是为了防范、警示再犯的可能性。从《联合国反腐败公约》观之，也并不强调相关国家和地区应该对贪腐者施以严刑峻法，而应更多地考量如何提高腐败行为的风险，使行为人因为严密的法网、及时的追溯能力而感到恐惧。单从结构看，公约在第一章总则之后，第二

---

① 刘伟、刘玉晨：《新时代中国共产党政党形象的建构逻辑及价值彰显》，《社会科学家》2023 年第 10 期。

② 参见赵秉志：《当代刑法问题》，中国人民大学出版社 2014 年版，第 913 页。

章便规定了预防措施,而第六章落实本公约之执行机制也是贪腐预防措施的一部分,充分反映公约对贪腐预防措施的重视。① 整体而言,未来我国刑事法治反腐将会呈现出报应主义的打击和功利主义的预防并行,并且应凸显预防理念。从长期看,为避免权力异化或交往中的失衡,新时代反腐应关注维护、平衡公权力与公民权利之间的关系,故而,利益输送的刑法治理应突出刑法的预防性即一种"前瞻性"。

(三)利益输送的刑事治理:前瞻性带动回应性

形式正义不仅要满足"回顾性要求"(回应性),更要满足"前瞻式"预防。"前瞻式"预防不仅为了严格遵循法规与先例,保障司法的连续性与统一性,更在于修复被权力滥用破坏或失衡的"权力—权利(交往)关系",亡羊补牢,未为晚矣。从一定意义上看,当前的"风险社会"特征以及恶害事件的频发,与刑法被动的事后处置"回应性"思路不无关系,因为"回应性"刑法是无法有效地预测并解决那些潜藏风险与隐匿害恶,自然严重程度的恶害行为或事件会爆发。即使刑法沿着科学化、技术化的路线进行改造和完善,但面对社会形形色色之状与特殊情形时,也总是捉襟见肘,其回应性难以令社会和民意满意。同时,于刑罚而言,"法律和法律的执行——刑罚处分——基本上是着眼于未来而不是着眼于过去的,这就是刑罚和报复的区别","一切于痛苦加于人来申雪非义,而对于将来又别无目的(的行为)……,这种事情是恶毒的,残忍的,是伦理上不能为之辩护的"。② "前瞻式"关注也是积极的一般预防,与刑法谦抑性并不矛盾。尽管功利主义以行为的功用和效果来评判善恶会存在验证的客观性、识别的模糊性,但报应主义作为被动式的对犯罪最基本的回应,功利主义则是一种法治的主观能动性的价值选择,预防往往会更为明显,

---

① 参见许福生:《犯罪学与犯罪预防》,元照出版有限公司 2018 年版,第 561—562 页。
② [德]叔本华:《作为意志和表象的世界》,石冲白译,商务印书馆 1995 年版,第 476—477 页。

尽管会付出必要成本,但与法治所维护的秩序、公正价值相较,则是一种"功利"。一般而言,我国立法往往"坚持预防为主、保护优先、分类管理、风险管控、社会参与",坚持预防也是刑法"备而不用"之威慑与谦抑主义的表现。此外,预防刑法与象征刑法系现代刑法不可分的特征。

本章小结

一部世界文明史,也贯穿着腐败与反腐败的历史。腐败千百年来都生着一张"一体多面"的"普罗透斯的脸",利益输送作为其中"一面"则长期潜藏在于裁量权滥用之体。本章力图通过知识考古与历史梳理,以总结利益输送罪与罚的制度轨迹及其一般性规律,即从"历史"中挖掘"现实"的意义。

利益输送与我国古代"赃"中的"受所监临财物"极为相似,"诸率敛所监临财物馈遗人者,虽不入己,以受所监临财物论"。利益输送则是作为公职人员滥用裁量权,故意将公共资源不当输送给他人,而本人并未收受好处或无法查明是否收受好处。另外一种"枉法而不贪赃"的"出入人罪"(判有罪者无罪、重罪者轻罪)的情形类似利益输送所涉及的司法工作人员明知违法或规避法律而将国家司法资源不当授受给他人的情形,但现实已有"枉法裁判罪"进行规制。此外,通过对清末与北洋政府时期、南京国民政府时期、新民主主义革命时期根据地的"图利罪"(图利国库)与"诈欺取财罪"(背信罪)的刑法文本统计、分析,依据"家族相似性"原理,发现利益输送与我国近现代的"图利罪"与"诈欺取财罪"(背信)存在较大程度的相关。而对新中国成立以来与利益输送相关的刑事立法分析发现,利益输送则主要以"图利自己"的贪污罪呈现,而且很长时期,受贿罪被贪污罪所包含。随着历史变迁和社会发展,图利罪的意义在改变,"图利国库"淡出了人们的视野,图利罪,仅包含图利自己(使自己获利)、图利他人(使他人获利),利益输送则是公职人员"图利罪"中的一种"图利他人"的结构与表现形式。同时,通过对域外相关的文本适用分析,主要是基于德、日等西方国家"背信罪"的基础考察,并结合相关国家或地区刑法中的类似规定和适用,进行梳理分析后发现,公务员的图利行为是一种特别背信行为,背信罪作为最后权力渎职的一种"兜底"罪名而被使用,图利罪是一种特殊的背信罪。为此,利益输送不仅是图利罪的范畴,更属于涵摄范围更为广泛的背信罪范畴。

此外,从众多文本规定中发现,权力侵害公共利益而获刑事责任往往是普遍的,甚至许多国家适用严格责任;同时,也凸显了多个国家或地区在腐败治理中,预防理念凸显,以一种刑法的前瞻性指导报应的"迟到回应"。

第四章　逻辑展开：利益输送犯罪的构成

犯罪，通常理解为是一种依法应受刑罚处罚的行为。其表现为两个基本特征：社会的严重危害性与依照法律应当给予刑罚处罚的刑事违法性即罪刑法定。利益输送严重侵害了权力合理配置公共资源的公平性法益以及其他附从法益如权力的公正性、可信赖性以及国家意志的不可随意篡改性等。刑法以保护法益作为其目的与基本任务，为此，刑法所干预的也只能是侵害法益的行为。然而，并非任何危害社会的行为都要受到刑法规制，只有"依照法律应当受到处罚"时才可以构成犯罪，即"行为→权利侵害→刑法判断→犯罪"的过程。犯罪构成作为犯罪的事实特征，是一种主观罪过与客观行为的有机统一，是认定犯罪的法律标准和罪刑法定原则的基本保障。是故，罪刑法定原则和犯罪构成理论不仅需要类型方法搭建框架，还需要主客观相统一填充内容。[①]

第一节　利益输送犯罪的构成：法律标准

犯罪构成是刑法明文予以规定的，其并不是一种抽象的象征，而总是一种

---

① 参见文海林：《犯罪论的基本体系》，中国政法大学出版社 2011 年版，第 44—45 页。

客观事实的存在,是衡量行为不法与责任的"标尺",也是司法实务认定犯罪的唯一标准,直接决定了罪刑法定原则的具体实施。犯罪构成要件通常被理解为是从不同的角度解释不法行为对法益的侵犯和行为人的有责性等实质内容。假若某种不法行为缺失这种实质的内容,则不能被视为刑法所规定的犯罪构成。对此,犯罪的成立条件无论是"耦合式"犯罪构成模式——"四要件"说,抑或是"递进式"犯罪构成模式——"三阶层"说,无不是围绕着主观罪过(有责性)与客观行为(符合性)而展开的,主观罪过决定犯罪成立的内在依据,客观行为决定犯罪成立的外在依据,这也是构成各种犯罪所必须具备的要件或要素,一定程度契合了张明楷教授的"二阶层体系"。是故,犯罪构成作为不法与责任的有机整体和犯罪事实表征,应是在主观罪过的支配下实施的客观不法行为且主客观相一致的有机整体。

一、客观要件:基于权力配置公共资源的不公平性

客观要件也称为客观方面,它通常作为犯罪行为在客观上的表现。利益输送犯罪是一种国家工作人员明知违背法律、法规而利用职务之便为他人谋取不正当利益的严重危害社会的行为。其犯罪客观要件包括客观危害行为、危害结果及其之间相应的因果关系等。

(一)行为人利用职权或职务上的便利

利益输送作为一种裁量权滥用的职务犯罪,利用职权或职务便利是其显著特征。例如,在扶贫过程中,某国家工作人员曾利用其职务便利对特定关系人不当认定贫困(程度)而发放救助款项,实际上该关系人并不符合灾害补助标准或贫困救助标准,但该国家工作人员明知违法或故意规避法律而滥用裁量权通过超估、虚估、隐瞒贫困程度或以其他渎职形式将公共资源进行不当授受,则是一种利益输送"利用职务便利"的裁量权滥用行为。亦如,铁道部原部长刘志军直接利用手中的"职权",明知违反法律规定或者故意规避法律规

定而违背职务,将大量公共资源输送给丁书苗等。再如,某国有企业领导利用职权直接给予他人对公司、企业的债务免除等。上述利益输送行为是国家工作人员直接利用职权或者职务便利的一种将公共资源不当授受给他人的不法,造成权力配置资源的不公平性以及其他附随性危害。而这种利用职权或职务便利实现的"资源配置的不公平性",主要是国家工作人员通过公共权威或超估、虚估公共资源价值采用价格双轨制形式进行不法输送,主要表现为高权行为范式与公共资源交易范式。是故,没有职权或地位所形成的一种便利条件,利益输送则不会发生,自然不会成立犯罪。而现实司法中对"利用职务便利"的认识,却存在不同的见解。正如孙国祥教授认为,"国家工作人员的身份只有在利用职务上的便利为他人谋取利益时才具有意义。"①

有学者认为,"利用职务上的便利"仅指"主要是指利用职务上主管、管理、经营、经手公共财物的权力及方便条件"②。也有学者认为,既包括利用本人职务上主管、负责、承办某项公共事务的职权,也包括利用职务上有隶属、制约关系的其他国家机关共过人员职权。③ 而最高人民法院在对"受贿罪"关于"利用职务上便利"认定则采用了一种更为宽泛的规定。④ 为此,本书认为,多数学者认为"利用职务便利"是一种行为人依照法定职权支配的"便利"进行定义和分析,往往缺乏对行为人超越职权或者滥用职权下的一种"便利"加以关注。

为此"利用职务便利"作为认定利益输送犯罪的必要条件和应有意义,应当采用一种更为广义的"主管或制约"(制约采取广义解释)即其实质与"主管

---

① 孙国祥:《职后酬谢型受财行为受贿性质的理论证成》,《人民检察》2015 年第 1 期。

② 张明楷:《刑法学》(第五版),法律出版社 2016 年版,第 1183 页;王作富:《刑法分则实务研究》下,中国方正出版社 2007 年版,第 1743 页。

③ 参见赵俊:《贪污贿赂罪各论》,法律出版社 2017 年版,第 88—89 页。

④ 最高人民法院 2003 年 11 月 13 日印发的《全国法院审理经济犯罪案件工作座谈会纪要》(法[2003]167 号)在第三部分"关于受贿罪":(一)关于"利用职务上的便利"的认定。《刑法》第 385 条第 1 款规定的"利用职务上的便利",既包括利用本人职务上主管、负责、承办某项公共事务的职权,也包括利用职务上有隶属、制约关系的其他国家工作人员的职权。

或监督之事务"(A→B)"非主管或监督之事务"(A→B,A→B→C)的范畴近似。"主管"是职务上对于该事务享有主持或执行之权责,所谓监督事务,指事务虽非其掌管,但对掌管事务之人有监督之职权而言。没有职务便利,通常也难以形成利益输送。职务上之行为,国家工作人员在职务范围内应为或得为之行为,通常为一种裁量行为,而所谓违背职务之行为,系指在其职务范围内不应为而为,或应为而不为而言。是故,若非利用职权或仅仅是凭借国家工作人员身份以及环境等而进行利益输送的,不成立利益输送犯罪。行为人进行利益输送之际,只有与国家工作人员职务行为或者职权、地位所形成的便利条件相关联且造成严重危害,才具有特殊的刑法意义。

当然,这种利用职务的便利而进行利益输送的行为,本身亦是一种"恶",是一种违背公务伦理精神和具有反社会意识的权力滥用行为,其意味着公共责任的放弃。在我国,权力是人民赋予、法律授予而为"公共性"存在。如果把政治比作一座宏伟的剧场,那么权力就是政治剧场的舞台,公共利益则为权力舞台的导演。缺失"公共性"责任的利益输送,必然导致行为的不法和腐败。权力通常呈现为利己性——权力的徇私和利他性——权力的公共性,其实质在于实现或维护特定阶级和社会的根本利益。而这些阶级或社会的根本利益决定着权力的结构、形式、设置、分配以及其他责任承担。权力责任通常包含权力运行的界限以及职务行为越位、缺位、错位后果的承担。其主要表现为"公共性",为权力设立了一种合理的界限并保障着权力合法、合规运行。正是由于这些特点才使得这类职务犯罪行为与经济上的企业控制者(大股东)通过地下通道将企业资产或者利润转移给自己的利益输送相联系、相互转换适用语境。当然,不是任何利用职务上的便利进行利益输送的都被认定为"利益输送"。

(二)利益输送行为引发诸多严重的危害后果

利益输送不仅违背公务伦理的忠实义务和行政中立的基础,背离了人民的信赖,更明显且直接的是严重侵害了公权力配置资源的公平性,严重损害了权力的合法性、权威性,公权力与公民权利严重失衡,直接导致人民信赖的弱化,政治资源的流失,给国家政治生态和社会经济发展造成极大的负面影响,公众与政府、国家的容忍度达到极限。

首先,利益输送产生了多重的危害后果。一方面,危害了国家行政、司法秩序及公务行为的廉洁性,容易滋生被称为"负和游戏"的寻租,诱发政治认同危机。另一方面,在利益输送过程中,国家工作人员因其不法行为而致使权力配置公共资源的不公平性,不仅限制了市场应有的平等竞争,还阻碍了生产要素在不同主体、产业之间的一种合理性流动。……使本来可用于生产创造的资源浪费在对社会无益甚至是有害的活动上,减少了全社会的福利。① 不仅侵犯了国家、集体的财产所有权,给国家造成巨大的财产损失,更是排除和限制了平等主体之间的公平竞争,破坏了社会主义市场的公平竞争秩序。同时,利益输送行为直接消解公共道德意识与社会共识。利益输送行为的危害不是简单数字的算术叠加,而是人们所依赖的一种实质价值的损害。维系"秩序"的伦理道德如同"公共资源",若在每次不法行为过程中造成消耗之后而不及时弥补"亏损",迟早会"破产"。

其次,利益输送严重破坏了社会的公平价值。从宪法规定知悉,我国权力的来源是公民权利让渡、法律授予,其本质在于"公共性""利他性""公共善","一切权力属于人民"。这也要求作为公共利益"委托代理人"的国家工作人员来行使具有"垄断性""强制性"的公权力更应突出其资源分配的"公平性"。同时,我国作为社会主义国家,公平价值具有优属性,不仅在于公平是公共管理的首要价值,还在于市场经济是一种强调平等、竞争、法治的资源配置方式,只有公平才有安全、秩序与正义。

此外,利益输送严重侵害了公权力配置资源的公平性。该种权力配置资

① 参见胡训玉:《权力伦理的理念建构》,中国人民公安大学出版社 2010 年版,第 162 页。

源的公平性是刑法所保护的一种社会秩序,也即"犯罪客体"或"人们的生活利益"即法益,刑法保护更为实质与重要的目的和价值,这也是由权力的"公共性"本质所决定的。权力配置资源的公平性是政治生活的基本价值,也反映了社会文明发展的基本价值诉求。利益输送是公权力再次分配过程中严重破坏社会公平的权力不法行为,仅满足于少数特定主体的利益或者私利,直接限制、剥夺了公民间机会平等、权利平等,诸多社会公众被肆意排斥在公共利益范围之外,即在公共资源配置的起点人为制造了"不平等"和差距,所造成的差距是一种绝对的不公平,人们的相对被剥夺感与不平衡心理主要源于这种绝对的不公平。利益输送行为无疑是权力公平配置资源的渎职和腐败,直接导致权力的合法性、权威性遭受严重质疑。本书将该处的"公共资源"视为与公共利益相同范畴。公共服务、公共决策、市场监管、公共管理等职务行为,都是以公权力为基础和保障的。公权力的本质即"公共性",合法应用权威协调共同体之间复杂的利益关系,合理有效地分配公共利益和公共资源。这就是说,"如果公务员执行职务时,没有按照我们所设定的 SOP 流程行事时,极有可能会因为资源的不公平分配,而发生利益的不当变动"①。权力配置资源的公平性应成为刑法保护的更为实质与重要的目的,该法益保护不能太抽象,否则将难以发挥法益的立法批判、解释及指导功能。况且,"利益输送"行为也不存在权力的收买性,而"信赖说"、纯洁性说(纯粹性说、公正性说)、国家意志篡改说等也无法从根本上将利益输送犯罪与传统类似的职务犯罪区别开来。是故,利益输送所侵害的客体或法益应是权力对公共资源分配的公平性。(具体见本书第二章利益输送侵犯法益的相关论述部分)

二、主体要件:基于国家工作人员的范畴

2018 年修订的《中国共产党纪律处分条例》将利益输送的主体限定为

---

① 李圣杰:《贿赂罪与对价关系》,《月旦刑事法评论》2016 年第 3 期。

党员干部,2023 年再次对《中国共产党纪律处分条例》进行修订,2018 年颁布的《中华人民共和国监察法》将利益输送的主体限定为最广意义的"所有行使公权力的公职人员"(财政供养、负担的主体)。在刑事司法实践中,对于国家工作人员如何认定,是一个较难的问题,尤其在某些复杂的案件中,国家工作人员的认定直接关系到罪与非罪或者此罪与彼罪的区分。[1] 国家工作人员更是与权力密不可分,直接体现在其职能行为上。权力具有天然的垄断性、强制性,是一种支配性力量。"利益输送"的首要特点便是具有对权力的依赖,权力的腐蚀性是国家工作人员职务犯罪产生的客观依据。利益输送在经济领域的含义是企业控制者(大股东)利用职权通过地下通道转移资产或者利润,该概念被引入刑事法领域后,这一性质没有发生变化,同样强调的是利益输送行为对国家工作人员职务或者职权的依赖性。对国家工作人员的内涵与外延已然从"身份论"转向"职能论"。为此,利益输送犯罪作为职务犯罪的新型类型,其主体应同贪污贿赂罪的主体保持一致性,也可以避免将不适格主体列入进来而出现无法规制的"窘态"。为此,以对贪污罪"国家工作人员"主体的梳理,便可明晰利益输送的主体"国家工作人员"范畴。

图表 4-1-1 文本规范中贪污罪的"国家工作人员"认定情况统计

文本规范	内容	特征
《刑法》第 93 条的规定	国家工作人员是指在国家机关中从事公务的人员;国有公司企业、事业单位人民团体中从事公务的人员和国家机关国有公司企业、事业单位委派到非国有公司、企业、事业单位、社会团体从事公务的人员,以及其他依照法律从事公务的人员,以国家工作人员论。	第一,必须是国家机关、国有公司企业、事业单位、人民团体中的人员或者上述机关、单位委派到其他单位的人员。第二,必须是依照法律从事公务。

---

① 参见陈兴良:《刑法总论精释》(第三版),人民法院出版社 2016 年版,第 149 页。

续表

文本规范	内容	特征
全国人大常委会《关于〈中华人民共和国刑法〉第九十三条第二款的解释》	村民委员会等基层组织人员协助人民政府从事行政管理工作,利用职务上的便利贪污公共财产的,应以贪污罪论处。	基层组织工作人员"协助""参与"公共事务的,视作"国家工作人员"。
根据《刑法》第382条第2款的规定	受国家机关、国有公司、企业、事业单位、人民团体委托管理、经营国有财产的人员,可以成为本罪的主体。	第一,被委托人原本不是管理、经营国有财产的人员;第二,委托单位必须是国家机关、国有公司、企业、事业单位、人民团体;第三,委托的内容是承包、租赁、聘用等管理、经营国有财产;第四,委托具有合法性。
"两高"2010年11月26日《关于办理国家出资企业中职务犯罪案件具体应用法律若干问题的意见》第6条第2款规定	经国家出资企业中负有管理、监督国有资产职责的组织批准或者研究决定,代表其在国有控股、参股公司及其分支机构中从事组织领导、监督、经营、管理工作的人员,应当认定为国家工作人员。	代表其在国有控股、参股公司及其分支机构中从事组织、领导、监督、经营、管理工作的人员难以明确和存疑。

当然,利益输送作为渎职行为的一种,我国刑法文本将渎职罪的主体限定为"国家机关工作人员",[1]尽管也围绕"职权行使"做了扩大性解释,[2]其目的也在于更好地、更广地规制渎职犯罪。在司法实践中,对那些"虽未列入编制但在机关从事公务的人员""受委托的企业、事业单位工作人员""合同制员

---

[1] 即国家机关中从事公务的人员,指各级国家权力机关、行政机关、审判机关和检察机关和军事机关中从事公务的人员。(参见赵俊:《贪污贿赂罪各论》,法律出版社2017年版,第61—62页)

[2] 2006年7月26日最高人民检察院《关于渎职侵权犯罪案件立案标准的规定》附则(三)本规定中的"国家机关工作人员",是指国家机关中从事公务的人员,包括在各级国家权力机关、行政机关、司法机关和军事机关中从事公务的人员。在依照法律法规规定行使国家行政管理职权的组织中从事公务的人员,或者在受国家机关委托代表国家行使职权的组织中从事公务的人员,或者虽未列入国家机关人员编制但在国家机关中从事公务的人员,在代表国家机关行使职权时,视为国家机关工作人员。在乡(镇)以上中国共产党机关、人民政协机关中从事公务的人员,视为国家机关工作人员。[参见李立众:《刑法一本通》(第十一版),法律出版社2015年版,第632页]

工"等只要是"在代表国家机关行使职权时",均应以国家机关工作人员论。①
但利益输送犯罪主体如果认定为"国家机关工作人员",又会人为限缩处罚的
对象,如排斥了准国家工作人员——以"国家工作人员论"的人员,难以实现
制度的"严密"和"公平"。即利益输送的主体是与贪污罪主体一致的,包括国
家机关工作人员和其他国家工作人员。同时,判断一个人是不是公职人员,关
键看他是不是行使公权力,履行义务,而不是看他是否有公职。② 利益输送的
国家工作人员范畴无论是基于刑法规定还是司法解释规定,其必须是基于
"公务的职能行为",在司法实践中也是根据职能论对国家工作人员认定的。
如那些曾经具有但不再具有国家工作人员身份的离职人员,即使利用以前的
职务便利非法进行利益输送的,也不应成立利益输送罪,只能根据其行为性质
认定为诈骗或其他犯罪。若正常退休的国家工作人员进行返聘使用且行使
"公共事务"的,应视作"国家工作人员"范畴。而对于农村的村委会等基层组
织人员是否适用利益输送犯罪的主体规定,也应与贪污贿赂罪中的认定保持
一致,即只有在受政府委托从事立法解释规定的七种工作,代理政府从事相应
公共管理职权时而被认为是"国家工作人员",③其主要还是以"公务的职能
行为"而做出的一种认定。据此,利益输送的主体作为国家工作人员,应是刑
法对主体身份的显性规定,这对于正确认定犯罪具有重要意义。

此外,单位是否可以构成利益输送的犯罪主体? 贪污罪没有单位犯罪,受
贿罪则存在单位受贿罪,另有对单位行贿罪、单位行贿罪,再综合私分国有资
产罪、私分罚没财物罪等来看,单位若构成犯罪主体,除了具备形式上的"名
义"外,必须要满足实质性要件即单位获利,否则不能作为处罚依据。为此,
单位不能成为利益输送的犯罪主体。若以单位名义作出利益输送的不法行

---

① 参见黎宏:《刑法学各论》第二版,法律出版社 2016 年版,第 545—547 页。
② 参见中共中央纪律检查委员会、中华人民共和国国家监察委员会法规室:《〈中华人民
共和国监察法〉释义》,中国方正出版社 2018 年版,第 107 页。
③ 参见赵俊:《贪污贿赂罪各论》,法律出版社 2017 年版,第 72 页。

为,则应对其主要负责人和直接责任人予以处罚。

三、主观要件:基于"利他"的直接故意

在刑法规定的各类犯罪中,故意作为犯罪主观方面的罪过形式之一,行为人主观上所具备的故意范围原则上,应当包括对于全部客观构成要件均有所认识,利益输送犯罪也不例外。"从'利益输送'型职务犯罪行为目的看,国家工作人员职务犯罪行为的发生是受利益驱动,是为了获取各种形式不正当的利益。国家工作人员权力滥用行为的利益导向性非常明显。往往是可期待的利益越大,行为人权力滥用的可能性也越大。"①利益输送作为国家工作人员明知违反法律或故意规避法律,而将公共资源不当输送给他人的行为,本人没有收受或无法查明是否收受好处。据此可知,"明知违反""故意规避"是以一种"确定故意"为限,即排除了未必故意亦称不确定的故意或间接故意。是故,本书对利益输送的主观有责性采取了一种基于"利他"的直接故意行为。基于此,从故意的认识因素和意志因素具体分析:

1. 认识因素:国家工作人员的"明知"

从认识因素看,国家工作人员利益输送行为是一种"明知"。包括主体对自己利益输送行为本身、行为结果、利益输送行为与法益侵害的关联性、要件事实之间的联系等三方面内容有着清晰的认知。一是对利益输送行为本身的认识,即对刑法规定的权力渎职或滥用危害社会行为的内容及其性质的认识。行为人应当认识到利益输送行为是一种严重的权力滥用。二是对利益输送行为结果的认识,即对利益输送行为产生或将要产生的严重社会危害结果的内容与性质有着明确的认识。包含了对利益输送犯罪直接侵害客体的认识。三是对于利益输送的危害行为和危害结果关联以及要件事实的认识,主要包括行为人对利益输送的犯罪对象、场所、输送方式和目的等因素的认识。在此,

①　薛建颖、李勇:《"利益输送"型职务犯罪模式及其认定》,《人民检察》2014 年第 18 期。

需要注意的是，国家工作人员的主观明知不应包含对"刑事违法性"的明知，通常我国刑法规定中，对于明知也仅为"明知自己的行为会发生危害社会的结果"，况且法律也不能强人所难。

此外，利益输送的违法性认识亦"要正视法定犯时代到来"[①]，尽管关于违法性认识内容，学界仍存在诸多争议。[②] 近年来采用违反刑法规范认识说（刑事违法性说）逐渐成为一种有力观点。从罪刑法定原则的基本要求、犯罪构成理论的基本要求、我国刑法中有关犯罪数额等情节的特殊规定来看，采用违反刑法规范认识说才是一个合理的选择，而且采用该说也不会成为犯罪人逃避刑事责任的借口。[③] 为此，利益输送的违法性认识应理解为国家工作人员对自己的不当授受行为以及严重危害后果会违反刑法规范之认识，即国家工作人员只要意识到了自己的行为有可能会触及刑法的规范，就有理由认定该不法行为人具有违法性认识。当然，从常识、常情、常理出发，不仅应当对于事实本身有认识，还需认识到行为之社会危害性。国家工作人员若具备违法性认识的可能，就可以事先预测其利益输送行为的法律后果，避免了出现刑罚之前的恐慌与任性，而且还可以规制司法的恣意与随性。若行为人主张"不知法不为罪"进行抗辩时，则需要审查行为人在客观上是否有存在认识的可能性，假若行为人违法认识的可能性根本不存在，则应给予免责。换言之，需要审查国家工作人员发生违法性认识错误可否避免，如果是没有违法性认识，且违法性认识错误也不能避免，那么其利益输送行为应当免责。为此，利益输送犯罪构成的明确性就成为违法性认识的当然要求，当然也可更好地辨析于贪污、受贿、滥用职权等职务犯罪。

---

① 车浩：《法定犯时代的违法性认识错误》，《清华法学》2015年第4期。

② 包含"反社会认识说"、违反"前法律规范"认识说、"违反法律规范认识说"、"违反刑法规范认识说"、"可罚的违法性说"。（参见李涛：《违法性认识的中国语境展开》，法律出版社2016年版，第69—72页）

③ 参见黎宏：《论违法性认识的内容及其认定》，载陈忠林：《违法性认识》，北京大学出版社2006年版，第389—400页。

2. 意志因素:国家工作人员的"积极追求"

从意志因素看,即国家工作人员对自己所故意实施的利益输送行为将要引起的危害结果,持有一种对有目的地、积极地追求的意志状态。申言之,国家工作人员通过利益输送行为所积极追求的权力无法合理、公平配置公共资源,使他人获利而公共利益受损的目的。具体来看,利益输送犯罪主体即国家工作人员在主观图利他人的,也多是基于"补偿人情""卖面子""自发同情心"以及为了满足自己所谓的"正义感""个人价值实现"的心理,甚至基于"讨好"相对人的主观心态,其实质也是一种变相的"利己"。当然,并不排除主观上确有谋利的动机——利益互换而积极进行利益输送,但未被发现或未查获其获得相关利益,否则转化为受贿罪。而利益输送的主观有责排除了间接故意,是因为间接故意对危害结果持有的是一种不希望、不追求、听之任之而行为人不加控制与阻止的意志状态。这与利益输送积极追求和权力滥用所要达到的一种效果明显不符。同样,一旦间接故意作为主观犯意,国家工作人员的正当、合理的"便民"行为就很容易动辄得咎。

综上所述,在国家工作人员满足认识因素的基础上,对利益输送所产生的危害结果又保持着一种积极追求的意志态度,是故,利益输送的主观故意应为一种直接故意。为此,利益驱动下的直接故意促使了国家工作人员制造了权力配置资源不公平,使权力风险的现实化成为可能。假若是过失造成严重损害的,则可能是工作失误,即使构成犯罪的,也不应当为利益输送犯罪,而是玩忽职守罪。

为此,当然,利益输送的主观故意除了明知违法、故意规避法律之外,还应包含是否已尽到注意义务以及"使他人获利"的意图,即国家工作人员在明知违法或故意规避法律的情况下,将国家资源、公共利益不当输送给他人等客观事实有所认识,并经过理性选择而决定实施。利益输送的主观构成要件存在于行为人的内心深处,外人无法窥视其行为时的心理状况,是故,利益输送往往会与行政过失、为民服务相混淆,为此,利益输送犯罪的主观故意与客观行为相结合来进行识别。

第二节 利益输送犯罪的特殊
形态与共同犯罪

上述对利益输送犯罪构成要素的诠释都是以犯罪的既遂为前提展开的,通常危害后果或结果的发生都视为既遂的标志。然而,从刑法的基本理论观之,刑法并不仅仅对造成危害结果发生的既遂进行规制、惩罚,而常常为了预防行为不法的风险和危害,而将规制的触角延伸至犯罪的预备、中止或未遂等犯罪的特殊形态。

一、利益输送犯罪的特殊形态

犯罪预备、中止、未遂与既遂都是以犯罪构成作为标准而展开的。利益输送作为国家工作人员违反法律而故意将公共利益授受给他人或相对人。在故意的直接输送行为中,其犯罪行为是一个过程,但并非所有利益输送行为都能得以顺利实现和完成,其故意犯罪会呈现不同的形态以及存在阶段。利益输送犯罪行为作为一个过程,由相互衔接的犯罪预备、犯罪实施共同构成。且两个阶段密切相连,前者是后者之准备,后者又是前者之发展。在预备阶段,潜在的犯罪人即该国家工作人员会在考量个人因素、情景因素之后,依据理性选择决定冒险而从事违法行为的预备、实施。"评估犯罪风险高低处罚的严厉性犯罪的利益及其想从犯罪中获得的立即利益等,倘若其评估结果犯罪利益大于其风险×刑度,便会去从事犯罪,反之则放弃"。① 该过程的利益输送行为则可能仅停留于预备阶段或实施阶段过程中的犯罪中止。犯罪预备与犯罪中止是其犯罪存在的特殊形态,而在实施阶段,则会出现既遂、未遂与中止的状

---

① 许福生:《犯罪学与犯罪预防》,元照出版有限公司 2018 年版,第 571 页。

态。对利益输送犯罪而言,是一种国家工作人员明知违背或故意规避法律、法规而利用职务便利为他人谋取不正当利益致使公共利益遭受重大损失,且未收受或者难以查明是否收受他人财物的行为。是故,利益输送必须要求造成公共利益损害结果的发生,而不能作为行为犯和危险犯看待,应是一种结果犯与目的犯。对于利益输送的犯罪预备、中止往往因尚未达到需要苛处刑罚的程度,加之主体的人身危险性也比较小,则不应当给予犯罪处罚。对于未遂犯而言,日本刑法在其第247条以"背信未遂依然处罚",其以刑法明文规定的形式,对未遂犯进行惩处以更好保护"信任与诚实义务"。利益输送作为一种违反职务的渎职型犯罪,只有在其有严重犯罪情节或者使得被保护法益陷入极其危险的状态时,如公共利益被严重损害,才应给予刑罚。如德国刑法第266条背信罪第1项规定,"致使委托人的财产利益遭受损害的"。我国许多贪渎性犯罪往往都是以危害结果出现的"既遂"为处罚标准。是故,对于利益输送而言,应给予既遂犯刑罚,这不仅是刑法机能使然,也是鼓励国家工作人员勇于履行法定义务、行使正当权利的保障之需。

二、利益输送的共犯问题

在身份犯中,不具有特定行为主体资格的行为人,仍然可以因共同行为、教唆或者帮助,而成立正犯或共犯。背信犯罪也一样,不是为他人处理事务之人,即使欠缺这种为他人处理事务的资格,仍然可以通过教唆或者帮助为他人处理事务之人从事背信行为,而成立背信犯罪。① 据此,利益输送可能成立"共犯"的情形如图表4-2-1所示。

第一种类型:国家工作人员 X 与一般主体 Y 恶意勾结,将公共利益(国有资产)通过表面的"合法"输送给 Y,若国家工作人员 X 没有获得好处或者无法查明是否获利则构成利益输送;若国家工作人员 X 获得好处,则涉嫌受贿

---

① 参见陈玲:《背信犯罪比较研究》,上海社会科学院出版社2012年版,第118页。

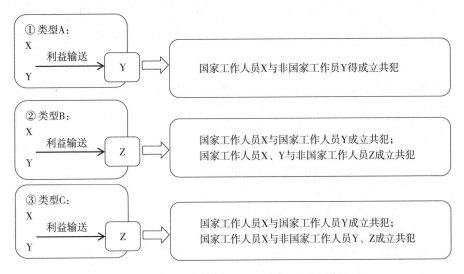

图表 4-2-1　利益输送成立"共犯"情形示意图

罪;若二人出于共同占有或分赃,则共同构成贪污罪。

　　第二种类型:X、Y 主体双方都为国家工作人员的,伙同协商利益输送给 Z 的,Z 没有参与恶意共谋,X、Y 以利益输送的共犯论处;X、Y、Z 恶意共谋的,三者以利益输送的共犯论处。

　　第三种类型:国家工作人员 X 在非国家工作人员 Y(如 X 的亲属)教唆或者帮助下,国家工作人员实施利益输送给 Z 的,Z 没有参与恶意共谋,X、Y 以利益输送的共犯论处,其中 Y 则可能成立教唆犯或帮助犯;X、Y、Z 恶意共谋的,三者以利益输送的共犯论处。

　　基于上述图示分析发现,利益输送共犯的规定类似于贪污贿赂犯罪之共犯规定,即必须具有利益输送犯罪的犯意联络,在犯罪行为中有分担。缺乏犯意联络,则成立独立的罪名。当然,也应根据双方利用职务便利的具体情形、主犯的犯罪性质进行定罪和刑事责任追究。既然非国家工作人员与国家工作人员勾结、通谋,那么,在双方"合力"作用之下实现利益输送,就意味着双方同时侵害了权力公平配置公共资源的法益保护,触犯了利益输送犯罪。亦即,国家工作人员既是利益输送的正犯,又可能是非国家工作人员利益输送的共犯,而非国家工作人员则可能是国家工作人员利益输送的正犯。鉴于其中只有一个行为,或者无法分清主从犯时,应当从一重罪论处。当然,另外需要注意的是,退休的或离职的国家工作人员利用之前的职务便利而进行利益输送的,则只能根据其身份、行为性质认定为诈骗或其他罪名。如果伙同现任国家工作人员进行利益输送的,则按照主犯的犯罪性质成立"共犯",并依据其在犯罪行为中所起作用大小而划分主从犯。

三、利益输送行为的一罪或数罪

犯罪主体的行为究竟是构成一罪还是成立数罪,是司法实践中经常遇到的问题,也是犯罪论的基本问题之一。对利益输送行为进行罪数区分,不仅有利于合理量刑,还有效对犯罪人进行矫治、教育改造,并维护司法的公平正义。从广义角度看,利益输送行为可能会衍生贪污罪、受贿罪、为亲友非法牟利罪、低价出让国有土地使用权罪、少征、不征国家税款罪、滥用职权罪以及狭义的利益输送犯罪等,数罪的产生多是基于公共利益的流向与法益保护的不同等。

1. 利益输送是包括的一罪

本书主要涉及的是狭义的利益输送行为,其权力滥用行为不仅侵犯了权力的公平性、民众的信赖,还违反了市场经济的平等性、法治性等数个保护法益,似乎只有实行数罪并罚才能实现量刑的合理化。然而,对主法益侵害事实的评价,可以包括对次法益侵害事实的评价,或者一个行为具有侵害两个法益的必然性或高度盖然性(如附随犯);[1]即对主法益的侵害附随引起的对次法益的侵害部分,不作为处罚对象。[2] 是故,利益输送应为吸收一罪的附随犯。从明确利益输送犯罪构成的实质内容看,其已决定了利益输送特有的外延,虽表面符合刑法分则的数个法条,且数个法条存在一个符合犯罪构成的事实,利

---

① 参见张明楷:《刑法学》(第五版),法律出版社 2016 年版,第 477 页。
② 参见张明楷:《刑法学》(第五版),法律出版社 2016 年版,第 480 页。

益输送虽为权力徇私,但并不是因为权力寻租,主要是基于公权力分配公共资源的公平性之法益的保护,是故不同于贪污与受贿所保护的"权力的廉洁性""不可收买性"之类。当然,利益输送的行为可能同时涉及滥用职权罪、利益输送犯罪、为亲友非法牟利罪等,这就需要从行为的不法对责任进行识别与判定。本书认为,相较滥用职权罪而言,利益输送作为特别条款,一般应该优先适用。况且,即使利益输送行为侵犯了上述数个犯罪构成的保护法益时,但只要能够进行包括的评价,应认定为包括的一罪即可,就可以一罪论处而不必实行并罚,如此,可以实现罪刑均衡、罚当其罪。

2. 利益输送的数罪

区分一罪与数罪,通常以行为符合几个犯罪构成为标准,犯罪行为是一个过程,对一个犯罪过程中的行为,一般认定为一罪。但在某些特殊情况下,行为人在犯罪过程中的不法,超出了原犯罪的范围,另成立其他独立犯罪,对此应认定为数罪。如国家工作人员通过伪造国家机关公文、证件或私刻印章而进行利益输送的,则涉嫌伪造、变造国家机关公文、证件、印章罪和利益输送犯罪,不具有牵连关系,应实行数罪并罚。而且,现行理论界通常认为,牵连犯的"手段与目的""原因与结果"存在着标准不一而难以判断和达成共识的尴尬。是故,对牵连犯进行了分解处置,一部分以重罪吸收轻罪来处理,另一部分则实施数罪并罚,对此,司法实践也基本采纳了理论界的相关认知。同时,我国刑法坚持并贯彻"一罪一刑"的原则,行为人实施一个犯罪的,就需对该罪科处一个刑罚,即使对于一人犯同种数罪的,原则上也应当并罚。[①] 是故,利益输送虽侵害的是复合法益,但却有主从之分,原则上应为一罪,但其行为触犯刑法条文数个具体罪名的,且满足犯罪构成的要件,应进行数罪并罚或重罪吸收轻罪来进行处置。

---

① 参见张明楷:《刑法学》(第五版),法律出版社 2016 年版,第 493 页。

第三节 利益输送犯罪化的实现形式

现实社会生活是纷繁复杂的且随着社会的发展处于快速变化,使得现行刑事治理显得捉襟见肘和滞后。因此,需要灵活、有效的刑法文本加以弥补。刑事立法是一种抽象性和普遍性的立法活动,具有普遍法律效力的基本准则。当然,没有行为的不法或恶害,也就无所谓犯罪化的立法。利益输送是一种严重侵害权力配置公共资源的公平性法益的不法行为,现有罪名的构成无法形成有效的涵摄。罪恶非但是指违犯法律之事,还包含对立法者的任何藐视。①是故,本书认为,将利益输送犯罪放置在现有罪名中解释是不妥当的,一种过度化的解释,不仅无法实现法益的保护,其文本含义也严重超出了应有意义和一般人所能预测的范围,俨然成为一种"创设性解释"而无法被现有刑法所含括。如将利益输送行为解释为滥用职权罪则会导致适用主体被限缩、罪刑严重失衡,不仅无法保护特定法益,也无法体现制度的公平;利益输送在贪污中进行解释,则违背了贪污罪"必须非法占有公共财物",且主观上有非法占有的故意,也并不符合利益输送的主观有责与客观行为的要素;若将利益输送行为视为贿赂犯罪之前阶段处罚,不仅是一种"有罪推定",也无法满足受贿罪"索取、受贿"的犯罪构成,属于明显扩张刑法处罚范围。此外,为亲友非法牟利罪作为利益输送的特殊类型,在适用主体上范围过于狭窄,难以满足"国家工作人员"的范畴,若将其主体扩大解释,则失去了设置该罪的法益保护目的。为此,上述利益输送的刑法扩张解释超出了刑法文本所规定罪名的应有含义和一般人的预测范围,使得利益输送行为与相关罪名核心含义的距离较远,已经严重违反了罪刑法定原则,属于一种"创设性解释"或类推解释。② 这

---

① 参见[英]霍布斯:《利维坦》,黎思复、黎廷弼译,商务印书馆1985年版,第226页。

② 参见[日]前田雅英:《刑法总论讲义》(第6版),东京大学出版会2015年版,第60页。

"将会导致立法权的萎缩与司法权的膨胀"。① 是故,不管是形式解释论者还是实质解释论者,在这一点上不会有区别。……没有疑问的是,刑法不可能没有漏洞;可以肯定的是,这种漏洞只能由立法机关通过修改刑法来填补。② 从而,寄希望通过一种创设性的扩张解释来补充刑法规制利益输送的漏洞是一种舍本逐末的做法。

综上所述,利益输送行为的犯罪化应遵循"新房设防、旧房加固"③的原则,采用刑事立法方式进行。即将现有刑法比作"房屋",不法行为比作"社会地震"。对于一种不法行为,可以通过现有刑法罪名解释"加固"完善,则应进行司法解释。若该危害行为无法被现有刑法罪名涵摄,则应以立法的形式对该危害行为进行犯罪化"新设",以此实现法益保护的功能、价值。"使社会趋向于平衡与安定,于是法律即为此目的而生"。④

一、权力不法犯罪化的实践:以 12 个刑法修正案"贿赂罪名变化"为视角

自 1997 年刑法以来,犯罪圈或者犯罪化的趋势十分明显,并且先后在已通过的 12 个刑法修正案得到实现。刑法修正案是全国人大常委会通过立法程序以增设新罪或修改原有犯罪构成要件的方式而对刑法典进行修改、补充、替代。在刑法修正案的出台过程中,围绕修订的正当性、合理性,有的犯罪被多次修订,如受贿罪。刑法修正案俨然也成为维护公权力与公民权利利益平衡的一个重要途径,也是国家刑权力优化、整合以及适应社会的过程。以刑法的 12 个刑法修正案为视角,对权力滥用行为犯罪化进行明晰。第十一届全国人民代表大会常务委员会第七次会议于 2009 年 2 月 28 日通过的《刑法修正

---

① 李翔:《论创设性刑法规范解释的不正当性》,《法学》2012 年第 12 期。
② 参见张明楷:《刑法学》(第五版),法律出版社 2016 年版,第 56 页。
③ 地震风险的防震原则与常识。
④ 张灏:《中国刑法理论及实用》,三民书局股份有限公司 1980 年版,第 1—2 页。

案(七)》第 13 条修正,将饱受公众诟病的利用"裙带关系"犯罪纳入了刑法打击的范围,作为在《刑法》第 388 条之一。2009 年 10 月 16 日,"两高"[2009年 10 月 14 日法释(2009)13 号]根据《刑法修正案(七)》发布《关于执行〈中华人民共和国刑法〉确定罪名的补充规定(四)》将该条罪名确定为"利用影响力受贿罪"。使贪污贿赂罪体系中成员数达到 13 个。2015 年 10 月 19 日由最高人民法院审判委员会第 1664 次会议、2015 年 10 月 21 日由最高人民检察院第十二届检察委员会第四十二次会议通过《罪名补充规定(六)》,《罪名补充规定(六)》考虑到《刑法》第 390 条之一规定的罪状较为具体,确定罪名为"对有影响力的人行贿罪",使贪污贿赂犯罪数额增加到 14 个,弥补了漏洞使贪污贿赂犯罪的法网进一步完善,在一定程度上体现了我国的反腐决心。①2024 年施行的《刑法修正案(十二)》其中四条涉及惩治行贿犯罪,整体对贿赂犯罪的法定刑梯度进行优化与提升,并把从严趋势扩延至民营企业内部腐败犯罪。从历次刑法修正案不难看出,权力腐败犯罪化是一种趋势,利用刑法修正案的"开放性"(适应社会的互动)、"封闭性"(系统内的相对独立)机制来实现犯罪化也是一种趋势,如图表 4-3-1 所示。

二、利益输送犯罪化的立法:刑法修正案的选择

当前,在我国增设新罪或修改某原罪的构成模式,通常可以借助附属刑法、单行刑法以及刑法修正案来实现。附属刑法作为附带于非刑事法律中的一种罪刑规范,具有适用的相应狭隘性,而利益输送行为作为国家工作人员职务违背的一种特殊背信,则往往会涉及与多种公民权利交往关系,并不局限于某一特定领域如经济法、行政法以及民法等,附属刑法难以满足增设利益输送犯罪的需求。另外,从单行刑法来看,其是对国家以决定、规定、补充规定、条例等名称颁布的,规定某类犯罪及刑罚或者刑法的某一事项的法律。② 到目

---

① 参见赵俊:《贪污贿赂罪各论》,法律出版社 2017 年版,第 2 页。
② 参见黎宏:《刑法学总论》(第二版),法律出版社 2016 年版,第 2 页。

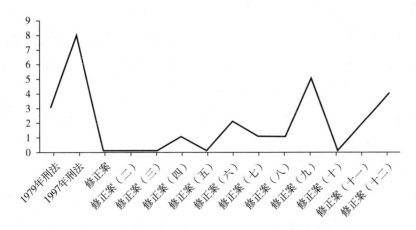

图表 4-3-1　刑法修正案涉及贿赂罪名变化统计表①

前为止,我国单行刑法,即《关于惩治骗购外汇、逃汇和非法买卖外汇犯罪的决定》(1998 年)、《关于取缔邪教组织、防范和惩治邪教活动的决定》(1999年)、《关于维护互联网安全的决定》(2000 年)。② 实质上,与域外相较,我国迄今也没有一部真正意义上的反贪渎职单行法规。此外,单行刑法的使用也往往会对刑法典的安定性、统一性造成一定的冲击,还存在着"有病乱投医"

---

①　罪名变化说明:其中 1979 年刑法涉及贿赂犯罪的条文是第 185 条,同时涉及受贿罪、行贿罪和介绍贿赂罪;1997 年刑法文本涉及的贿赂犯罪罪名有受贿罪、行贿罪、单位受贿罪、单位行贿罪、对单位行贿罪、介绍贿赂罪、公司、企业人员受贿罪。在《刑法修正案(六)》中修改条文,相应罪名调整为非国家工作人员受贿罪、对公司、企业人员行贿罪。在《刑法修正案(六)》中修改条文,相应罪名调整为对非国家工作人员行贿罪;《刑法修正案(四)》对第 399 条进行修改,增加了司法工作人员受贿的相关规定;《刑法修正案(七)》增加了利用影响力受贿罪;《刑法修正案(八)》对第 164 条对非国家工作人员行贿罪进行了修改;刑法修正案(九)增加了对有影响力的人行贿罪,同时对第 390 条、第 391 条第一款、第 392 条第一款、第 393 条进行了修改;《刑法修正案(十一)》对第 163 条非国家工作人员受贿罪进行了修改,增加了 10 年以上或无期徒刑的刑期,取消"数额巨大"的附加刑"并处没收财产",但每档量刑都增加了"并处罚金";《刑法修正案(十二)》增设了七种行贿罪的从重处罚情形,进一步修改完善行贿犯罪规定,加大对行贿行为惩治力度。

②　参见李立众:《刑法一本通》(第十一版),法律出版社 2015 年版,第 627—629 页。其中赞同《关于取缔邪教组织、防范和惩治邪教活动的决定》是单行刑法的还有阮齐林教授。[参见阮齐林:《刑法学》(第三版),中国政法大学出版社 2011 年版,第 3—4 页]黎宏教授则持反对意见。[参见黎宏:《刑法学总论》(第二版),法律出版社 2016 年版,第 2 页]

之嫌。

相比附属刑法和单行刑法而言,刑法修正案以一种灵活的方式、便捷的程序、及时修订、补充刑法文本,且保持了刑法典原有条文设置,使得刑法的安定性更好地适应社会的发展需求,这也标志着我国刑事立法的成熟,这也是我国立法技术的进步。利益输送是一种新型权力腐败,常见、多发、危害性大、犯罪黑数高,且表现形式复杂、多样,公众与政府、国家的容忍度达到极限,具有入罪的必要与正当。为此,若利益输送行为没有被及时隔离、规制,行为人遇到犯罪时机和条件耦合时,就会自然地进行"强迫性重复",将有可能成为严重危害社会资源分配与稳定的严重问题。为此,法律作为社会的灯塔,刑法修正案也将是当前环境下增设利益输送罪的比较理想的模式。

三、利益输送罪在我国刑法体系中的位置

在我国,职务犯罪分为贪腐型、侵权型和渎职型 3 种类型,一共涉及 58 个罪名,贪腐型职务犯罪共有 14 个罪名,以贪污贿赂罪为代表。侵权型职务犯罪,共有 7 个罪名,则以刑讯逼供罪和报复陷害罪为代表,而这两种类型的犯罪主观上都是故意。渎职型职务犯罪共涉及 37 的罪名,以滥用职权罪和玩忽职守罪为代表,主观故意和过失犯罪则各占一半。在贯彻刑法罪刑法定原则之下,犯罪化的利益输送在职务犯罪中的位置则应该如何处置呢?

(一)利益输送是一种严重的职务违背行为

首先,利益输送犯罪是权力滥用其利益输送行为作为国家工作人员(主要是行政人员)故意将公共资源不当授受给他人,而破坏公共资源配置的公平性,根据其职务违反的不法程度,可以分为一般性行政违法行为与行政刑法责任。利益输送行为既违反行政法规,又触犯刑法规范的时候,具有"双违性"特征,既违反刑法,又违反行政法,而构成一种主观故意的行政犯。

其次,利益输送利用职权或职务便利而严重侵害了公权力合理配置公共

资源的公平性法益,其犯罪化不仅在于为了更好保障权力的公正性、公共性施行,该处的"公共资源"更多的是一种国家资源、财产性的利益。

那是否应被归入第三章"破坏社会主义市场经济秩序罪"呢？该章罪名通常为侵犯国家、社会与市场主体的利益。况且,利益输送作为国家工作人员不当授受公共资源给他人,主要也在于强调权力的职务违背、贪渎不法的背信而实施公共资源的不公平配置,而不是对违反国家市场经济管理法规的突出,况且,若利益输送归入"破坏社会主义市场经济秩序罪",除了法益明显不符之外,还可能会与"为亲友非法牟利罪"形成"叠床架屋"之势,形成一种重复性立法,失去了利益输送犯罪化的意义。尽管本书仅认同利益输送侵害的法益为"权力合理配置资源的公平性"。同时,从我国《监察法》以及党内法规的规范情况看,其对利益输送的规制最终目的也在于对权力的公正性、公共性进行引导、规范。基于上述原因,以及利益输送与贪污贿赂腐败的"家族相似性"看,该罪归入第八章"贪污贿赂罪"更为合理、妥当。

（二）利益输送行为与贪污贿赂罪的构成、性质相似

利益输送犯罪与贪污罪、受贿罪的构成、性质相似。首先,犯罪主体同贪污贿赂一致,同为"国家工作人员",主体身份的取得包含职权型和委任型两种。三者犯罪的主体都是基于职务活动"公共性"的严重违反,一致性的构成"身份犯"和"行政犯"。职务活动的公共性为"行政犯"的实质要件。其次,从主观方面看,利益输送同贪污贿赂罪一样,都是一种明知的且希望或追求危害结果发生的"直接故意"。再次,在客观行为上,三者犯罪都是国家工作人员不当输送公共资源（利益）的行为。贪污罪是监守自盗,自己将公共资源（利益）输送给自己,即：A→A；利益输送犯罪是国家工作人员采取"欺诈式"方式,将公共资源（利益）通过自己或第三人输送给他人,自己没有获利或无法查明是否获利,即：A→B；A→B→C；受贿罪则是以权换利的一种"交易式",国家工作人员将公共资源（利益）输送给他人而自己在现实或未来获得好处,

即：A⇆B。最后，三项罪名主观上均为直接故意。除上述犯罪构成相似之外，利益输送犯罪性质与贪污罪一样"结果犯"。客观方面看，都表现为对公共利益或公共资源的一种掠夺行为，侵犯了国家和社会管理公务的正常活动、损害了公共利益。

综上所述，根据"同类解释"以及"法秩序的统一性"等相关原则，刑法立法应将处于同类地位的犯罪构成要件解释为具有相同或相似的立法目的，以保持罪名体系的完整性、连续性、稳定性以及刑事法治的统一和协调，而不能出现大相径庭、截然不同的罪名归类或划分。利益输送不能为贪污罪、受贿罪所涵摄，但在主体识别、行为结构、犯罪构成等多重因素具有相似性，是故，利益输送犯罪归入第八章"贪污贿赂罪"更具有妥当性。

本章小结

犯罪化的过程往往是基于"行为→权利侵害→刑法判断→犯罪"的过程。利益输送严重侵害了权力合理配置公共资源的公平性法益以及其他附从法益而应予以犯罪化。犯罪构成作为犯罪的事实特征，是一种主观罪过与客观行为的有机统一。利益输送犯罪是一种国家工作人员明知违背法律、法规而利用职务之便为他人谋取不正当利益的严重危害社会的行为。行为人利用职权或职务上的便利，不仅是依照法定职权支配的"便利"，还包括超越职权或者滥用职权下的一种"便利"。利益输送的行为，本身亦是一种"恶"，是一种违背公务伦理、侵害公共利益的反社会意识的权力滥用行为，引发诸多严重的危害后果，尤其严重侵害了刑法所保护的一种社会秩序，即公权力配置资源的公平性。其犯罪主体要件是基于与贪污罪一致的国家工作人员范畴，主观要件是基于"利他"的直接故意，既包含自己的认识因素的"明知"，也包含意志因素的"积极追求"，还应包含是否已尽到注意义务以及"使他人获利"的意图。

　　根据利益输送的不法,应给予既遂犯刑罚。利益输送共犯的规定类似于贪污贿赂犯罪之共犯规定,即必须具有利益输送犯罪的犯意联络,在犯罪行为中有分担。而其犯罪化应遵循"新房设防、旧房加固"的适用原则,采用刑法修正案立法方式进行,不仅灵活、便捷,还能保持刑法的相对安定性。

　　此外,利益输送与贪污贿赂罪的行为构成、犯罪性质相似且都涉及经济利益的财产型犯罪,更为显著的是权力的职务违背,利益输送与贪污贿赂具有显著的"家族相似性"。况且,从贪渎犯罪章节来看,往往都是"结果犯"。根据"同类解释"以及"法秩序的统一性"等相关原则,刑法立法应将处于同类地位的犯罪构成要件解释为具有相同或相似的立法目的,以保持罪名体系的完整性、连续性、稳定性以及刑事法治的统一和协调。为此,利益输送犯罪归入第八章"贪污贿赂罪"更为合理、妥当。

第五章 技术理性：利益输送犯罪的刑罚

利益输送是一种基于对伦理价值严重违反的犯罪，自然需要刑罚这种伦理的非难和谴责。如黑格尔所言，刑罚是法对否定自己的犯罪行为进行再次否定的方法，是针对侵犯自己的暴力强制的第二种暴力强制。[①] 刑罚是建立在限制或剥夺人的一定权益的最严厉的暴行基础之上的"恶"，是一种暴行可以战胜暴行、邪恶可以战胜邪恶的假设。然而，作为犯罪的法律后果的处罚该如何确定，长期以来，一直是困扰刑罚理论的一个基本问题。[②] 为此，置于利益输送的刑法意义之中，刑法到底是功利主义的守卫者（Protector）或是报应主义的惩罚者（Punisher）？基于此，本书认为，将报应主义的"矛"与预防主义的"盾"有效结合、挥舞得当才能攻防相得益彰，故在利益输送的刑法治理中应坚持"功利为主兼采报应"的并合主义。工欲善其事，必先利其器。在"严而不厉"的刑罚政策下，对犯罪应使用最谨慎和最节制的权力干预方式。[③] 是故，利益输送的刑事治理如城市规划，既要方位层次明朗、功能配置合理、运

---

① 参见马克昌：《近代西方刑法学史》，中国人民公安大学出版社 2008 年版，第 145 页。

② 参见黎宏：《刑法学各论》（第二版），法律出版社 2016 年版，第 26 页。

③ 参见［法］福柯：《规训与惩罚：监狱的诞生》，刘北成、杨远婴译，生活·读书·新知三联书店 1999 年版，第 103—104 页。

行流畅无碍、资源充分利用,又能使更多人拥有空间自由与生活便利。"尽量选择一方面能排除社会危害性,第二方面对受处罚人造成最小负效果的制裁措施"。①

第一节 刑罚的正义分配

技术理性是一种手段、工具的功能、效用的形式合理性。刑罚以其严厉性、规范性的技术保障刑法对利益输送适用的公平。而该"公平"则是依赖其技术理性和价值理性的互构、统一而实现。为此,利益输送的刑法规制不仅是对权力滥用的禁止、约束,还是对公平价值的维护与公民权利的保障。当然,对利益输送不法的刑罚更多是在现实语境下,在刑法话语体系内进行实现技术理性与价值理性的互构,而不是简单地各自"体内循环""画地为牢"。这种互构或统一不仅是一种重要的刑罚技术实践活动的反映,还是一种刑法价值理性的认同与保障。

一、刑罚之"理":源于刑法制度的公平

利益输送的刑罚发动,首先就是基于公权力配置资源的公平性法益被严重侵害,出于法益保护的目的而对行为人施以刑罚。就是人类近乎本能的这种权利保障与秩序需求。制度首先是一种权利—义务关系存在,权利、义务、责任统一是制度公正的基本内容,其"本质就是分配性的契约,分配性决定了制度必然是约束性的,如果没有利益分配,自然也就无须约束参与人的行为"②。为此,社会基本结构或制度"善"的核心是权利、义务分配的正义性。分配正义是社会基本结构"善"的基本价值诉求。③ 公正是法的本性。亚里士

---

① 林钰雄:《新刑法总则》第四版,元照出版有限公司 2014 年版,第 11 页。
② 张屹山:《资源、权力与经济利益分配通论》,社会科学文献出版社 2013 年版,第 242 页。
③ 参见高兆明:《制度伦理研究:一种宪政正义的理解》,商务印书馆 2011 年版,第 153 页。

多德把公正分为:分配性的公正与矫正性的公正。分配性的公正,往往表现在荣誉、财物以及合法公民人人有份的东西的分配中(这些东西中,人们常常存在着不均和均等的问题)是按照比例关系对公物的分配,因而是一种等比公正。矫正性的公正,表现为交往中提供是非的准则,是某种均等,因而是一种平均公正。① 从其可以看出,权力公平配置公共资源是一种比例关系公平的"等比"公正,刑法制度作为是非评价的制度,是一种利益"平均"公正。而刑法本身不仅仅是社会的一种整合机制;同时,还是社会的一种行为引导机制,应保持其制度的公平、公正,体现一种伦理价值精神,而制度伦理性也往往要通过制度载体来体现社会正义,维护公平。针对利益输送的刑法治理,不仅是对权力滥用的约束或者平衡,更大程度上是对权力正当、合法使用的一种鼓励、保障及护航。如亚里士多德所说:"法律不应该被看做(和自由相对)的奴役,法律毋宁是拯救。"②

(一)同等危害给予相同刑罚

因为行为的"恶害",刑法才有意义。相同不法情况,刑法应当相同对待,不同情况,则应不同对待。对具有相同法律意义的事实则应当给予相同的法律评价。利益输送具有与贪污、受贿相当的社会危害性,都是公权力的滥用,尽管不同罪名侵害的法益不同。为此,刑法应当给予利益输送相应的刑罚,这不仅是利益输送所严重侵害法益使然,也是刑法制度公平之体现。刑法制度公平不仅包含犯罪化正当、罪刑均衡,还包括刑罚的确定性、及时性,刑法介入利益输送的态度及效果其实质就是刑法的制度公平。制度公平具有调节主体利益关系、社会关系的一致性,其实质是保持主体权利、义务关系的一种平衡(均衡),意义则在于维护和保障社会的公平。"为维护整个社会之利益,既不

---

① 参见[古希腊]亚里士多德:《尼各马可伦理学》,廖申白译注,商务印书馆 2017 年版,第 150—153 页。

② [古希腊]亚里士多德:《政治学》,吴寿彭译,商务印书馆 1965 年版,第 276 页。

能不限制个人自由,以谋社会大众之自由;不能不调节个人利益,以谋社会大众之利益,而使社会趋向于平衡与安定,于是法律即为此目的而生。"①刑法作为遏制犯罪的基本手段,犯罪情势改变了,刑法则应当相应地做出妥当性回应。

(二)利益输送致使公权力与公民权利(体系)严重失衡

利益输送侵害了权力配置公共资源的公平性,其实质是对公权力与公民权利交往平衡或利益平衡的严重破坏。任何权力都来自社会,是公民个人权利的集存。② 于利益输送行为而言,权力在配置资源过程中,民众期待会有得到的"1、2、3",但在利益输送的操纵下,利益接受人获得的成为"2、3、4",一般民众却成为"—1、—2、—3"。是故,利益输送的作用在破坏权力合理配置公共资源的公平性,而人为肆意扩大差异性,阻碍市场的竞争,使得公权力与公民权利严重失衡,权力的本质"公共性"轮空。为此,对于利益输送治理的刑法价值之"理"主要是修复被裁量权滥用而破坏的权力与权利失衡秩序或状态。主要表现为刑法的结构性力量与功能性力量。一方面,刑法调整是一种结构性力量,能改变社会公民权利与权力之间的力量对比,限制权力滥用,调整和完善权利体系,最终使公权力与公民权利形成交往关系的一种平衡。另一方面,刑法调整作为一种功能性力量,更多地凸显其技术的功能效用,能够通过对利益输送行为的惩罚而有效回应法益保护的目的;同时,还可以进行一种"亡羊补牢式"的预防,使更多不法之徒望而生畏,也通过腐败治理的效果让更多社会公众了解、认同法治反腐之必要,起到对社会的动员与力量聚合之效果,实现功利主义与报应主义相结合,使得刑法对利益输送的治理既是一个规制腐败犯罪的基础,也是一个腐败治理的承诺。是故,刑法对权力关系的态度,决定了公民权利的平衡问题。利益输送的刑法意义在于对公权力配置资

---

① 张灏:《中国刑法理论及应用》,三民书局股份有限公司 1980 年版,第 1—2 页。
② 参见文盛堂:《反职务犯罪论略》,北京大学出版社 2005 年版,第 3 页。

源公平性的法益保护,其实质是一种修复或恢复被裁量权滥用所导致的公权力与公民权利的失衡过程,该过程也是制度伦理建设与法治建设相向而行、内在统一的。

二、刑罚之"力":立法与司法相结合

霍克海默指出,工具(技术)合理性"本质上关心的是手段和目的、关心为实现那些多少被认为理所当然的或显然自明的目的的手段的适用性,但它却很少关心目的本身是否合理的问题"。① 是故,技术理性是一种"何以可能"的技术与工具,是实现刑法目的的保障,也是保障价值之"理"的关键。于此,本书将刑法的技术理性与刑法的胜任力理解为相同或近似的某种关联,刑法技术理性的实现也是刑法胜任力的表征。

刑法的技术之"力"包含:首先,是静态意义上文本的严密。利益输送的隐蔽、复杂以及作为贪腐行为的一种"前置",与党内法规、监察法等已有规定相较,现行刑法文本表意空缺且无法及时跟进,基于法秩序的一致,刑法文本的制定与完善应在考量"人之为人"的基础上,应以适当方式对不法行为进行更为规范的建议、说明和表达,实现刑法文本的统一、规范。刑法的及时补缺即为一种公平。其次,是动态上刑罚的严厉、谦抑等,蕴含着制度伦理价值理念,是刑法价值理性的进一步外化与技术效应的"叠加"及"延伸"。利益输送是"人性之恶"的一种产物,其严重的社会危害性与公务伦理的悖反,决定了国家应对其犯罪化。对危害社会的行为加以禁止是国家为保护公共健康、安全、福利和道德的基本管理权力,而制定刑法以防止危害公共利益的这种权力被称为国家的治安权。② 公共资源有限,更加需要公权力诚信行使,除了加强"自律"之外,"他律"更显得必要。是故,利益输送具有刑法规制的必要性、正

---

① Mox.Horkheimer.*Eclipse of Reason*.New York Thseabury Press,1974,p.3.
② 参见[美]D.斯坦利·艾兹恩、杜格·A.蒂默:《犯罪学》,谢正权等译,群众出版社 1988年版,第 5 页。

当性,然而与其他文本制度(党内法规、监察法等)已有规制相较,但若入罪标准过低、罪责刑不相适应亦为不公平,其制度公平也是依赖刑罚有效的根本性保障。

三、刑罚技术与价值的统一:最大化实现公共利益

德沃金认为,把社会福利的最大化视为法律的唯一合理的目的。[1]具有约束性、制裁性的刑法不仅具有逻辑严密的文本外形和最严厉的文本规范符号来表征其技术理性,反映社会价值诉求,而且包含权利意识和责任(义务)精神的核,是技术与价值融合一体的文本结构,并深刻体现制度规范的正当性与社会对公平的期许。然而,所有价值期待与公共利益的实现都必须依赖刑法制度的公平性来实现。刑法的制度公平是由其"技术之力"与"价值之理"互构而成。该制度公平既代表一种权威,代表着权力行使的正当,又代表一种利益,由无数个体的正当权利义务组成的一种共性利益——公共利益。刑法作为公民基本权利的保障,其对利益输送的规制不仅仅是对权力不法规制内容的提供者,也是力图保障"法秩序相统一"的实践者。刑法文本责任的实现即公共利益的最大化是价值理性与技术理性互构、融合的目的。Cass R.Sunstein认为,目的与手段的合理性及其因果关系的考虑,在法律、法院以及其他领域都应该发挥重要功能。[2] 亚里士多德指出,执掌国家权力要"以公共利益为依归"。[3] 公共利益作为立章建制的根本与立法宗旨、公权力行使的正当依据、行为前提及合法性标准等多重目的,关涉每位社会成员利益,其不仅是由我国社会主义国家性质、公有制经济基础所决定,也是基于不平衡不充分的发展现实基础所决定。作为权力的主要作用对象,作为规范和评判权力运行的重要

---

① 参见余涌:《道德权利研究》,中央编译出版社 2001 年版,第 218 页。

② See Cass R.Sunstein, *Legal Reasoning and Political Conflict*. New York Oxford: Oxford University Press, 1996, p.19.

③ [古希腊]亚里士多德:《政治学》,吴寿彭译,商务印书馆 1965 年版,第 148 页。

价值维度,公益理念越来越受到人们的重视。① 然而,范畴宽广的公共利益则应由制度公平所保障。为此,刑法制度不仅可以调动不同利益主体参与反腐败,增强公共利益保障的力量,突破反腐阻碍,而且可以起到吓阻利益输送行为的效果,为权力的公共性运行提供动力保障。

此外,利益输送的刑罚也应具有另一种功能,即引领与促进社会文明。全国人大常委会法工委原主任李适时指出:"坚持创新刑事立法理念,进一步发挥刑法在维护社会主义核心价值观、规范社会生活方面的引领和推动作用。"②现代法治理论与实践表明,现代刑法不仅有惩罚犯罪、保护人民的价值功能,而且还应当具有引领和促进社会文明与社会主义核心价值观③发展的功能。但在我国以往的刑法立法中,其引领和促进社会文明发展的功能并没有得到应有的重视。在《刑法修正案(八)》的修法中,开始对此问题有所注意。危险驾驶罪的增设,不仅在此后防止了众多可能由醉驾、飙车导致的交通事故,而且在很大程度上扭转了因酒驾、醉驾、飙车而漠视公共安全的社会风气,从而引领和促进了我国社会的文明发展。《刑法修正案(九)》在此基础上针对当前社会诚信缺失、欺诈等背信行为多发而严重危害社会的实际情况,修改或增设了关于身份证件相关犯罪、考试作弊等背信类犯罪。《刑法修正案(十二)》不仅适应反腐败斗争新形势的需要,也进一步加强了对民营企业的平等保护。利益输送严重侵害了权力分配资源的公平性,违背了权力的"公共性"和人民的信赖,是对人民赋予、法律授予行为的严重背信。为此,利益输送作为违背公务伦理忠诚、公正、廉洁的一种裁量权滥用行为,刑法介入不仅在于惩罚犯罪、保护人民,还力图发挥刑法对公民行为的引领和促进作用。

---

① 参见胡训玉:《权力伦理的理念建构》,中国人民公安大学出版社 2010 年版,第 107 页。

② 李适时在 2014 年 10 月 27 日在第十二届全国人民代表大会常务委员会第十一次会议的关于《中华人民共和国刑法修正案(九)(草案)》的说明。

③ 富强、民主、文明、和谐是国家层面的价值目标,自由、平等、公正、法治是社会层面的价值取向,爱国、敬业、诚信、友善是公民个人层面的价值准则,这 24 个字是社会主义核心价值观的基本内容。

第二节　利益输送的刑罚目的：报应主义和功利主义的并合

一、刑罚是基于一种正义的"利益衡量"①

刑法对权力所持的态度如何，将会影响其发动刑罚的价值与技术。刑法对权力的态度通常可理解为"保障说"与"控制说"②。"保障说"体现了国家需要运用法律手段对权力的效率、安全实施进行管理，维护国家管理秩序。"控制说"首先承认国家工作人员享有权力并使用是一个事实问题，刑法所能规范的只是权力使用的后果，是由于国家工作人员享有权力、运用权力所带来的刑法问题，当然也可能包括行政法问题。然而，从该种主张来看，刑法解决的似乎不是权力本身的不法，而是权力不法运行的后果。从权力腐败长期历史发展与治理经验看，刑法对权力的控制某种程度而言是失败的或者无效的，更何况刑法本身亦是一种"威慑、预防"功用的国家型权力，犯罪是一种恶害，而刑罚亦是另一种恶害，且都面临着滥用的可能，"谦抑主义"在人的有限理性下往往沦为一种"空转"或"幌子"。基于此，本书主张刑法对权力的"利益平（均）衡"，在利益均衡法律调控中首要原则便是合法性原则，③实际也为一

---

① 利益衡量，在法律决策过程中应平衡受影响的社会成员的不同利益，在比较权衡的基础上，选择一种能够使整体利益最大化地解决问题的方案。从衡量领域看，包括立法利益衡量、司法利益衡量以及行政执法利益衡量。从衡量层次上看，包括个人利益衡量、群体利益衡量以及公共利益衡量。（参见夏征农、陈至立主编：《大辞海·法学卷》修订版，上海辞书出版社 2015 年版，第 15 页）

② 这两种学说是本书根据司法权力对行政权力规范经验的提炼，以及行政法的"管理论""控权论"思考而提出。"保障说"则主张，权力是得以保障国家政权的顺利实施，是国家实施管理的手段和工具，为此，刑法应给予必要的保障。"控制说"则认为，权力是利维坦且具有天然的扩张性，基于权力的扩张以及可能发生的侵害性行为出发点。基于权力的垄断和强制，刑法的目的应是限制、控制权力而不是保障。

③ 参见姚文胜：《论利益均衡的法律调控》，中国社会科学出版社 2017 年版，第 117 页。

种"利益衡量"。即决策过程中应平衡所涉及的不同利益,在比较权衡的基础上,选择一种能够使整体利益最大化地解决问题的方案。①

　　一方面,利益输送犯罪所侵犯的法益是一种利益,法律文本制度所保护的也是一种价值和利益。Rudolph von Jhering(耶林)、Liszt(李斯特)等人在讨论法益概念时一再使用"利益"(Interest)来做分析,尤其 Liszt 的名言"法益是法律所保护的利益"。② 利益关系是社会关系的核心,而行政法、刑法等制度文本则是调整社会关系的主要有效手段与工具,直接贴近问题实质与社会现实。"有社会,斯有法律;有法律,斯有社会"(Ubi Societas,ibi jus;Ubi jus,ibi Societas)。法律是社会中各种利益冲突的表现,是人们对各种冲突的利益进行评价后制定出来的,实际上利益的安排和平衡。③ 利益输送作为新型腐败的类型,需要刑法协同相关制度、工具作出回应和前瞻性设计。刑法不创造利益,而仅是控制利益的分配,并以最小的成本满足最大多数的欲望。面对复杂社会的法律难题,"利益衡量"是一种妥当的解决问题的方法。④ 利益衡量通常存在于法律制度的阙如或不敷之中,为了消解该种不足而做出妥当性解释,而重构一种既强调"利益"分析的适用,又重视制度文本中主体的能动性,有效平衡当事人利益的法律关系,有针对性地提出解决问题的方案。这是基于"目的思想"的引导,目的起到实际推动作用,是利益衡量的幕后推手。在一个发达社会中,法律就是社会控制的最终有效的工具;而社会控制的任务则在于,使我们有可能在人的合作本能与利己本能之间建立和保持必要的平衡。⑤ 相较于在一定程度上对利益输送行为的识别具有盲从性、易变性的公众意识

---

　　① 参见夏征农、陈至立主编:《大辞海·法学卷》修订版,上海辞书出版社 2015 年版,第15 页。
　　② 钟宏彬:《法益理论的宪法基础》,公益信托春风煦日学术基金 2012 年版,第 6 页。
　　③ 参见何勤华:《西方法律思想史》,复旦大学出版社 2005 年版,第 255 页。
　　④ 参见梁上上:《利益衡量论》,法律出版社 2016 年版,第 72 页。
　　⑤ 参见[美]罗·庞德:《通过法律的社会控制法律的任务》,沈宗灵、董世忠译,商务印书馆 1984 年版,第 89 页。

判断,利益衡量则是一种价值判断、偏重社会效果的思考方法。犹如在诊治一位道德病人,既以"安全"为主要原则,又以"疗效"为主要考量,因人而异、因病而异选择治疗方法——解决职务行为的复杂法律问题。当然,为避免行为识别的主观性所造成解释的恣意,日本学者加藤认为,分清利益衡量的界限,考虑"节制的必要性""实用的可能性"以及"应与法律条文结合"。①

另一方面,利益输送的刑罚所实现的"利益衡量"是基于社会实际、现行刑事政策以及制度的功能性而作出的综合反应。首先,该种平衡的正义是基于新时代下法治反腐而提出的刑事法治公正、协调的状态,具体体现在当前"厉而不严"的刑罚政策并未真正体现出"宽严相济",为此,该种平衡首先是一种针对"厉而不严"提出的"严而不厉"的刑罚政策,力图修复、平衡因权力侵害而失衡的公权力与公民权利的关系、秩序及状态,实质也是国家工作人员主体自身权利、责任、义务的再调整、再分配。其次,该种平衡的正义是基于公权力与公民权利交往的平衡、公共利益与个人利益本质上的一致而提出的刑法制度的公平。刑罚作为一种有效且高效地追求犯罪惩罚、犯罪预防的制度工具,对犯罪的报应性惩罚和功利性预防本质上也都是为了恢复被损坏的平衡状态,而对犯罪行为进行权利—义务—责任关系的再分配、再平衡。这也契合了"社会基本结构或制度'善'的核心是权利、义务分配的正义性"②。正如罗尔斯主张的正义即是何种方式分配基本的权利、义务。最后,既然刑罚是社会契约的产物,是社会成员自愿出让的权利,那么,关于什么是犯罪与如何刑罚,均应符合社会公众的利益,必须以"不可磨灭的人类感情为基础"③。利益输送刑罚适配的法定刑轻重,不能仅凭立法者恣意或单纯,为处罚而处罚,也不能仅因为政策性决定,而任意动用重型或轻型规范,因此刑罚的轻重类型及效果,首先应该回归法律基础加以思考,依据法律所保护价值的轻重关系赋予

① 梁慧星:《民法解释学》,中国政法大学出版社 1995 年版,第 336—338 页。
② 高兆明:《制度伦理研究:一种宪政正义的理解》,商务印书馆 2011 年版,第 153 页。
③ [意]贝卡利亚:《论犯罪与刑罚》,黄风译,中国大百科全书出版社 1993 年版,第 8 页。

保护必要去优先性,进而依据各类侵害行为,不法内涵,对法益造成侵害程度之强弱,应有的法律刑罚内容,以及根据不同主体对自己相关权利的剥夺的在乎程度和心理感受而为目的实施对应性刑罚则是有意义和有必要的。如此这般,方能避免刑罚轻重失衡之不当结果。

综上所述,该种基于正义的"利益平衡"是基于现实刑罚政策与制度的"失衡"与不适出发的。利益输送的刑罚治理技术也应在"平衡"范式下释放和应用刑法制度公平、正义的力量。既要抑制利益输送的权力异化,防止裁量权滥用,又要保障权力效率运转,实现"公共性"本质下的权力与权利平衡。如此,不仅避免了刑法"东奔西跑""顾此失彼"的"消防员式"的状态,还可以有效分配刑法的注意力从而保护重要法益。

二、功利为主兼采报应的并合主义

从某种意义上看,刑罚犹如革除腐草的镰刀,如果只挥舞镰刀,而忘了种地则会陷入"技术过重"而忘记目的正当的尴尬。严重的社会危害性是利益输送行为犯罪化的前提条件,刑罚的威慑作用对预防利益输送行为的发生具有不可替代的作用。报应刑通常是以犯罪本身的危害程度为基准,功利主义以犯罪人的性格危险程度为基准。而刑罚既以惩罚犯罪为必须,同时又以预防犯罪为必要。至此,罪刑均衡由一元论发展到二元论,这种二元论的罪刑均衡思想对 20 世纪的许多国家的刑事立法产生了深远的影响,大陆法系如德国、日本、意大利等诸多国家都纷纷在刑法典中肯定了这种并合主义的二元均衡论。① 大陆法系国家一般采取并合主义,这明显反映在其刑法对量刑基准的规定上。这两个方面的结合便是并合主义在量刑基准上的具体表现。② 因此,利益输送的刑罚立场应在刑法的理性与理想之下,关注两个要素的相互接纳和调和,对利益输送犯罪进行解释与治理应充分考虑这两方面要素,即采

---

① 参见陈晓明:《刑法总论》(第二版),厦门大学出版社 2011 年版,第 44—45 页。
② 参见张明楷:《刑法的基本立场》,中国法制出版社 2002 年版,第 358 页。

"并合主义"而实现报应与功利两大价值的并合、统一。本书认为，对利益输送的刑罚应坚持报应主义和功利主义的融合，进行一并适用。但应坚持前瞻性的功利主义为主，回应性的报应主义为辅，功利主义具有指导性、基础性地位。尽管有学者认为功利主义缺乏相应的客观标准和可操控性，但是功利主义有效预防之后，报应之刑的幅度和范围将会减少，社会犯罪的成本则会大大降低。过于看重报应主义，容易"泛刑化""过罪化"，使得刑法前置，消弭刑法的谦抑性。如果功利主义预防下有遗漏或者不足，刑罚的报应主义及时跟进，根据行为的危害性，在法定刑幅度内进行调节、处置。

是故，在利益输送的刑法意义之下，"功利为主兼采报应"的并合主义成为理想的刑罚观念。从国情出发、从实际出发，该种并合模式有利于增强回应和服务法治实践的能力；从成本上看，预防优于打击也是西方司法处遇的经验价值。"这不仅是刑罚正当原则与效率原则的统一，也是刑罚'严'和'厉'的统一。当然，二种'并合'不是将互相矛盾的观点简单相加，而是就刑罚对涉及之人适用的实际情况和可能对公众所具有的功能进行有益的思考，将全部刑罚目的处于均衡的关系之中（辩证的方法）。"①

第三节　利益输送的刑罚标准：罪刑均衡

刑罚是犯罪的法律后果，是一种最严厉的法律制度制裁方式和手段。是故，"对犯罪的刑罚必须根据法律的明文规定，而不能超越法律滥使刑罚。同时，法律规定的刑罚必须符合人道的要求。"②这也就要求，对利益输送的刑罚首先制定严密科学的刑罚体系，即责任体系的明确性、规范性立法——刑罚的前提保障。同时，司法裁量应保持与罪名的均衡、统一，使罪刑之间保持相称

---

① ［德］汉斯·海因里希·耶赛克、托马斯·魏根特：《德国刑法教科书》（总论），中国法制出版社 2001 年版，第 95 页。

② 逄锦温：《刑法机能研究》，法律出版社 2014 年版，第 184 页。

性、对等性的评价一致。量刑问题是刑法理论的缩影。刑法文本规定如何,刑罚裁量质量如何,直接影响着刑罚的效果实现。为此,在"严而不厉"的背景下,对利益输送的刑罚必须严密刑事法网,提高入罪率,并且依照不同的罪行苛以不同的刑度。要依照其情节不同而适当调整其刑度。即利益输送的刑罚有效实现需要满足"立法严密"与"裁量规范"的一致。

一、立法严密:刑罚体系的明确规范

(一)设置科学严密的刑罚体系

刑法的目的是保护法益,刑罚的目的是功利为主兼采报应的并合主义。社会危害性不同,刑事责任亦不同。利益输送的罪刑相适应之前提,首先应满足严密科学的刑罚体系,这也是为司法中的裁量规范提供了基本前提。波斯纳认为,"为了设计一套最佳的刑罚,需有犯罪行为模式。这种模式可以非常简单:一个人实施某种犯罪,是因为对他来说,犯罪的预期收益超过了预期成本"。[①] 为此,刑罚应选择任何一个模态其都需要以更好治理效果为前提,避免无效使用某个模态,或者其产生的负效应等于或大于正效应。同时,以最小的代价获得所要达到的"公平配置公共资源"的目标。即在效果一定的前提下,选择的刑罚种类、内容、强度越少越简单越好,这也是遵循刑罚的经济性,"所有超过于此的刑罚不仅是过分的恶,而且会制造大量阻碍公正目标实现的坎坷"。[②] 同时,边沁也认为,适用财产刑具有很高的经济性,因为所有由支付金钱者感受到的恶都转化成了对接受者的善。同时,刑罚法定刑的设置,既要体现在静态上罪名体系的统一,又要体现在动态上量刑规范的协调。刑罚犹如社会竖起的篱笆,以有效阻隔对社会的不法侵害。我们绝不会知道恰好

---

① R.A.Posner:*Economic Analysis of Law*,ASPEN,October,2010,p.205.

② [英]边沁:《立法理论——刑法典原理》,李贵方等译,中国人民公安大学出版社1993年版,第78页。

在哪里竖起篱笆是合适的,因为他们没有天生的位置,他们所区分的善、恶是人价值判断的。因为它们是被造出来的,所以面对利益输送对保护法益的严重侵害,他们也可以再度被造出来。尤其面对当今世界很多国家所进行的刑罚改革,是故,在对待利益输送的刑罚问题上,可以进行相应的开放式处理,但一定要"严密"。过于粗疏的立法会使司法者经常产生解释和补充法律的冲动,从而容易导致超越"罪刑法定"而可能侵犯人权。而罪刑法定的实质就在于限制国家刑罚权的滥用,保障公民个人自由。

在进行刑罚体系的具体设计上,应根据利益输送行为的结构、特质设置相应的法定刑,如利益输送是一种利用特定身份即国家工作人员实施犯罪的不法行为,首先应考虑对其身份资格的剥夺,以及对利益输送能力的限制而实施刑罚,如自由刑。为限制利益输送的"意识",可进行保安处分与财产刑处罚。但鉴于其主观恶性小于贪污、受贿罪,可考虑不设置生命刑。但应当根据犯罪的行为危害性、人身危险性设置终身监禁,而此种执行刑罚更多的是一种象征意义。此外,从社会效果考量,社会需要法庭和监狱,但更需要善良和教育。前者让人为人,后者让人理性抉择。刑法文本是冷的,但文本背后的人是温暖的。刑罚的技术理性背后无不闪现着人性价值之光,刑罚应体现一种人道主义。

是故,刑罚体系的设计应根据利益输送行为的违法性的轻重程度不同而注意刑罚的主刑与附加刑相结合的"必要性""可行性"以及"效果性",以达致罪和刑的均衡设置。刑罚体系和结构应满足法定刑的不同层次,以保证适用的"渐进性",这也是刑罚轻缓化的一种趋向。

(二)刑罚体系梳理:基于广义利益输送犯罪的 15 个罪名统计

本书依照广义范畴下的利益输送罪名进行了罪名、数额、情节以及刑事责任的梳理和统计,以图发现对本书研究的利益输送的刑罚体系设计有所裨益。

图表 5-3-1　广义利益输送罪名数额、情节、刑罚适用统计

罪名	主体	刑罚立案数额起点	适用情节	刑事责任
第 166 条　为亲友非法牟利罪	国有公司、企业、事业单位的工作人员	(一)造成国家直接经济损失≥10万(二)使其亲友非法获利≥20万	国家利益遭受重大损失	T<3 或拘役,并处或者单处罚金。
			国家利益遭受特别重大损失	3≤T<7
第 16 条　国有公司、企业、事业单位人员失职罪,国有公司、企业、事业单位人员滥用职权罪	国有公司、企业的工作人员	直接经济损失≥50 万	重大损失	T<3 或拘役
			特别重大损失	3≤T<7
第 169 条　徇私舞弊低价折股、出售国有资产罪	国有公司、企业或者其上级主管部门直接负责的主管人员	直接经济损失≥30 万	其他致使国家利益遭受重大损失	T<3 或拘役
			特别重大损失	3≤T<7
169 条之一　背信损害上市公司利益罪	市公司的董事、监事、高级管理人员	直接经济损失≥150 万	重大损失	T<3 或拘役,并处或单处罚金
			特别重大损失	3≤T<7
第 382 条　贪污罪	国家工作人员	3—20 万	数额较大	T<3 或拘役,并处罚金
		1—3 万	有贪污特定款物、被追究刑事责任或被行政处分、赃款用于非法活动、不交代、不配合致使无法追缴等 6 种情形之一,视为"其他较重情节"	
		20—300 万	贪污数额巨大	3≤T<10,并处罚金或没收财产
		10—20 万,具有上述 6 种情形之一	其他严重情节的	
		300 万以上	贪污数额特别巨大	10 年≤T 或无期,并处罚金或没收财产
		150—300 万	其他特别严重情节的(具有上述 6 种情形之一)	
		多次贪污未经处理的,按照累计贪污数额处罚	数额特别巨大,并使国家和人民利益遭受特别重大损失的	无期或者死刑,并没收财产。可同时决定终身监禁

续表

罪名	主体	刑罚立案数额起点	适用情节	刑事责任
第385条　受贿罪	国家工作人员	同"贪污罪"	上述6种情形下增加三种情形	同"贪污罪"
第395条　巨额财产来源不明罪	国家工作人员	差额数额≥30万	数额巨大	T<5或拘役
			数额特别巨大(无解释)	5≤T<10
第396条　私分国有财产罪私分罚没财物	国家机关、国有公司、企业、事业单位、人民团体	累计数额≥10万	数额较大	T<3或拘役,并处或单处罚金
			数额巨大	3≤T<7
第397条　滥用职权罪、玩忽职守罪	国家机关工作人员	经济损失≥30万	公共财产、国家和人民利益遭受重大损失	T<3或拘役
		造成经济损失≥150万元	情节特别严重	3≤T<7
第403条　滥用管理公司、证券职权罪	工商行政管理、证券管理等国家有关主管部门的工作人员	造成直接经济损失≥50万	致使公共财产、国家和人民利益遭受重大损失的行为	T<5或拘役
第404条　徇私舞弊不征、少征税款罪	税务机关的工作人员	损失累积≥10万	致使国家税收遭受重大损失	T<5或拘役
		损失<10万且有索贿受贿情节	造成特别重大损失	T≥5或拘役
第405条　徇私舞弊发售发票、抵扣税款、出口退税罪	税务机关的工作人员	损失累积≥10万	致使国家利益遭受重大损失	T<5或拘役
		损失<10万且有索贿受贿情节	特别重大损失	T≥5
第406条　国家机关工作人员签订、履行合同失职被骗罪	国家机关工作人员	直接经济损失≥30万;或者直接经济损失<30万元,但间接经济损失≥150万	致使国家利益遭受重大损失的	T<3或拘役
			致使国家利益遭受特别重大损失的	3≤T<7
第407条　违法发放林木采伐许可证罪	林业主管部门的工作人员	超过批准的年采伐限额,导致林木被采伐数量≥10立方米以上的	情节严重,致使森林遭受严重破坏的	T<3或拘役
第410条　非法批准征收、征用、占用土地罪	国家机关工作人员	直接经济损失≥30万	情节严重的	T<3或拘役
		直接经济损失≥50万	国家或者集体利益遭受特别重大损失的	3≤T<7

通过对上述图表 15 个罪名统计、梳理之后发现,根据利益输送的主体、授受对象以及侵犯法益的不同,广义范畴之内呈现多种相异的罪名和刑罚方式。并且这些罪名根据其不法行为的相似程度,也相应分布在我国刑法分则的相同章中。根据权力的不法行为造成的经济损失数额、刑罚立案数额起点、适用情节的分类、分析,发现不法行为的相似直接导致了刑事责任的相似,如凡是直接不当获取公共利益或国家资源的,在刑罚中都配置了"罚金或没收财产"。如贪污、受贿、私分国有资产罪、私分罚没财物罪。刑罚裁量往往是采用"数额+情节"的标准。而这些犯罪通常为"数额犯""情节犯""结果犯"。同时还发现,部分罪名存在着较为严重的罪刑失衡,如"滥用职权罪""为亲友非法牟利罪",致损国家财产千万、亿计量单位的,且这种损害在实质上也都是同贪污受贿所致损害一样的,但刑罚最高为"3 年以上,7 年以下",若该行为罪状是贪污、受贿范畴,则可能涉及无期徒刑,甚至根据情节可能死刑或终身监禁。为此,去除其他情节,对国家和人民利益造成严重损失相同情况下,如都为 5000 万(实际这些损害后果、性质一致),其最终刑罚结果截然不同。此外,根据上述 15 个罪名统计,采取与利益输送最为接近的罪名进行刑罚设计,具体考量如下:

1. 利益输送犯罪的数额认定:起刑点应为 10 万元以上

从上述罪名的数额规定看,多是采用数额巨大、数额特别巨大等"概括数额"的规定,在罪状设计中对情节基本都以"情节严重""情节特别严重""重大损失""特别重大损失"的模糊标准,采用了"概括数额+情节"的二元化标准,在摒弃了传统唯"数额论"的司法裁量之际,一定程度上也给了法官具有相当程度的自由裁量权,而在司法裁量过程中,情节的考量则又直接影响到刑罚的轻和均衡。同时,刑罚发动的数额以"10 万元以上"和"30 万元以上"为最多。(1)以"造成国家直接经济损失 10 万元以上"的为起刑点的罪名占比例较多,如为"为亲友非法牟利罪""私分国有财产罪私分罚没财物""徇私舞弊不征、少征税款罪""徇私舞弊发售发票、抵扣税款、出口退税罪"以及贪污罪在 10—20 万之间具有特定 6 种情形之一视为"其他严重情节"；（2）造成"国家经济直接损失 30 万以上"的，所涉罪名主要有："徇私舞弊低价折股、出售国有资产罪""巨额财产来源不明罪""滥用职权罪、玩忽职守罪""国家机关工作人员签订、履行合同失职被骗罪""非法批准征收、征用、占用土地罪"等。根据"家族相似性"原则，利益输送作为"图利罪"（包含图利国库）的一种，起刑点应参照"为亲友非法牟利罪""徇私舞弊不征、少征税款罪"以及相关罪名的"10 万元以上"，对于数额巨大、数额特别巨大的规定，除了参照贪污贿赂罪的"20—300 万"为数额巨大，"300 万以上"为数额特别巨大，还应结合社会经济发展水平、人们的容忍度以及司法实践有益于公共利益保护等来统一进行考量，但整体上利益输送犯罪的数额规定应高于贪污贿赂罪的限定。但并不意味低于 10 万数额的不予刑罚，而是采取行政责任、公务责任以及党内纪律处分等进行衔接、规制。同时，若数额不满足 10 万元，但具有"其他较重情节"[①]的，应当给予入罪处罚。

2.利益输送的刑期：根据"数额+情节"设置三档法定刑幅度

除了贪污贿赂罪一章对刑罚规定的相较更重之外，其他犯罪一般都是 3 年以下（权力渎职犯罪在 5 年以下），最严重的刑罚一般都在 7 年有期徒刑以下。然而，凡是权力侵犯公共利益犯罪而致使"重大损失"的，往往会考虑主体身份、"行为人是否获利"以及特定情节的不同而处罚相差悬殊。如国有公司、企业、事业单位的工作人员为亲友非法牟利罪、徇私舞弊低价折股、出售国有资产罪、滥用职权罪、背信损害上市公司利益罪、私分国有财产罪私分罚没财物罪、滥用职权罪、玩忽职守罪等均为"$3 \leqslant T < 7$"；而国家工作人员"本人获利"的，如贪污贿赂犯罪的，则是 10 年以上或无期，并处罚金或没收财产无期

---

① "两高"2016 年 4 月 18 日《关于办理贪污贿赂刑事案件适用法律若干问题的解释》（简称《贪污贿赂案件解释》）中第 1 条规定，即（1）贪污救灾抢险、防汛、优抚、扶贫、移民、救济、防疫、社会捐助等特定款物的；（2）曾因贪污、受贿、挪用公款受过党纪、行政处分的；（3）曾因故意犯罪受过刑事追究的；（4）赃款赃物用于非法活动的；（5）拒不交代赃款赃物去向或者拒不配合追缴工作，致使无法追缴的；（6）造成恶劣影响或者其他严重后果的。

或者死刑,并没收财产。可在宣布死缓两年,同时决定终身监禁。即使是巨额财产来源不明罪,也是"$5 \leqslant T < 10$"。然而,涉及国家税收犯罪的(徇私舞弊不征、少征税款罪,徇私舞弊发售发票、抵扣税款、出口退税罪)则刑罚"$T \geqslant 5$"有期徒刑。

此外,本书通过对域外国家、地区图利罪、背信罪的刑罚适用、比较分析(如图表5-3-2),发现与利益输送相关的图利罪、背信罪在刑罚上具有一定的关联性,这不仅因为各国法律文化、人文背景差异,也在于许多国家、地区将背信罪作为图利罪与其他渎职罪的一种"兜底罪名"使用有关。

图表5-3-2 域外图利罪、背信罪刑罚适用比较一览表

	德国	日本	法国	意大利	瑞士	奥地利
图利罪	第166条第1项,5年以下有期或罚金;263条第3项,6个月—10年以下	第193条,3年以下或禁锢	第169条,10—20年;第174条,2—10,并科300至3000法郎	第324条6个月—5年以下 **泰国** 第152条,1—10年,并科二千至二万罚金	第314条,5年以下有期或罚金312条,同上	第313条,自由刑与罚金最高刑度得加重二分之一,但不超20年
背信罪	第266条,5年以下或罚金刑	第247条,5年以下惩役或50万以下罚金	第314条,3年监禁,并科375000欧元罚金;严重情节,加重至7年,并科75000欧元罚金;更为严重情节,10年监禁并科1500000欧元罚金		第158条5年以下,重惩役	第153条6个月以下或350单位下罚金;3年以下;1—10年以下

分析发现,图利罪主体作为国家公务人员,相较背信罪而言,适用刑罚往往较重。同时,多数国家将该罪的法定刑幅度设置的非常宽泛,尤其自由刑,如"6个月—5年""1—7年""1—10年""2—10年"以及"10—20年",给予了法官更多自由裁量权。但也有些许国家、地区考虑到公权力不法的危害程度、职能效率、不同情节等原因,会根据将刑罚适用划分为不同层次,类似于我国

贪污贿赂罪的刑罚适用。相较于刑罚规制相对复杂图利罪而言,背信罪在多数国家将其规定为"5 年以下",并科以财产刑。此外,根据现有统计资料显示,对图利罪的刑罚适用最高为不超过 20 年,如奥地利刑法第 313 条、法国刑法第 169 条之规定。

综上所述,对国内对广义利益输送犯罪与域外图利罪、背信罪刑罚适用比较,结合利益输送犯罪衔接贪污、贿赂罪、滥用职权罪等需要,利益输送的刑期应根据犯罪危害程度划分为三个幅度。其一,利益输送数额较大的,可以设置为"1 年以上 5 年以下有期徒刑,并处罚金",既区别于贪污贿赂犯罪、滥用职权犯罪,也与大多数国家保持一致,如德国、瑞士、意大利,而没有直接采用"1—10 年"是因其法定刑期幅度过宽,司法实践中难以把握,并处罚金的配合使用,也使得刑罚效果更为明显。其二,利益输送数额巨大,具有其他严重情节的,可以设置为"5 年以上 10 年以下有期徒刑,并处罚金",10 年的刑期设置与大多数国家接轨、衔接,也与我国贪污贿赂犯罪保持了协调,与巨额财产来源不明罪刑罚规定相同。同时,也有效规避了诸如滥用职权、为亲友非法牟利罪可能会出现的罪刑失衡之情形。其三,利益输送数额特别巨大,并使国家和人民利益遭受特别重大损失的,可以设置为"10 年以上有期徒刑或无期徒刑,并处罚金"。如此,可以有效衔接国际上类"图利罪"的刑罚通常不超过 20 年的经验做法。况且,我国的无期徒刑,也是一般服刑两年后就可被减为 18—20 年有期徒刑,但不得低于 13 年。需要明确的是,利益输送所涉及的"特别严重情节"的规定与可以与贪污受贿所规定的 6 种情形保持一致。同时,利益输送是一种公权力涉及经济利益的职务犯罪,是故,罚金适用更为必要、广泛,且应与其他刑种并合使用,这不仅是利益输送犯罪抗制所需,也是衔接域外经验之做法。同时,随着利益输送行为的不法程度的严重性提升而罚金也相应提高。在此,并不涉及死刑规定,一是利益输送犯罪往往伴随其他犯罪出现,刑罚合并处罚后果已是非常严重。二是利益输送犯罪相较贪污、贿赂罪而言,且犯罪主体并没有获得相应财产好处,至少无法查明其有获得,不法行为的有责性相对较低。

此外,利益输送犯罪化其主要目的是在于保护权力配置公共资源的公平性。

3. 追回利益输送损失的公共财产的处置

案发后司法机关从被告人处追回的因利益输送违法而损失的公共财产,是应当上缴国库还是应当返还给被害单位? 本书主张参照对"为亲友非法牟利罪"而处置。根据该罪特征、具体情形,张明楷教授主张,对于实施刑法第166条第1项行为即"将本单位盈利业务交给自己的亲友经营"的违法所得,应当上缴国库;对于实施其他行为的违法所得,应当返还给被害单位。① 即根据行为主体的单位性质以及受损方而认定归属。

(三)刑罚体系的文本形式与内容相协调

若要保障对利益输送犯罪设计的刑罚体系严密、科学,还需从文本形式和内容的规范性作出必要规范。刑罚文本的形式主要表现为文本话语的明确、通俗,内容上的安定性与可预期。刑罚规定得笼统、含糊、概括,难免会有罪刑擅断之嫌。为此,刑罚文本形式与内容的一致不仅是刑法"罪之法定"与"刑之法定"的基础,也是刑法权威与安定的合法性保障。在我国,一般认为明确性原则不仅是形式罪刑法定主义的体现,也是实质罪刑法定主义的要求。为此,缺失或失去明确规范的刑事立法会使"所有的罪犯都异口同声地说,在其预谋犯罪时,只有一件事在推动他,那就是希望在犯罪之后安然地逍遥法外,如果他们稍微考虑到有可能被发觉、被处罚,也不会犯罪,只有一时感情冲动者除外"。② 这对隐蔽性、复杂性特征明显的利益输送犯罪化更重要。基于美国的"因不明确而无效"理论,该理论要求法律文本适用必须明确,否则归于无效,也被德、日等多个国家所接受。罗尔斯指出,法无明文规定不为罪的准

---

① 具体情形包括国有公司企业人员,以明显高于市场的价格向自己的亲友经营管理的单位采购商品,以明显低于市场的价格向自己的亲友经营管理的单位销售商品,向自己的亲友经营管理的单位采购不合格商品。[参见张明楷:《刑法学》(第五版),法律出版社2016年版,第764页]

② [意]菲利:《犯罪社会学》,郭建安译,中国人民公安大学出版社2004年版,第183页。

则要求法律为人所知并被公开地宣传,而且它们的含义得到清楚的规定。①
文本越明确、公开,犯罪的可能与机会就越少。因此,文本话语是构成刑法规
范的基础性的要素,因此,明确性要求也必须在表达刑法规范的语言中加以体
现。对于仍处于空白罪状的"利益输送"而言,因其在经济、政治及其他领域
的使用,更使得刑法文本规定的明确性与通俗性显得尤为必要。鉴于利益输
送犯罪的立法理性的有限(包含其他行为的犯罪化),刑法存在用语上的模糊
性和内容上的不确定性,因此刑法不能是绝对的明确性,而只能够是一种相对
的明确性。同时,刑罚文本与规范应具有通俗性。针对现有刑法文本对权力
滥用的规范,关涉利益输送条款的增加或适用除了逻辑上的自洽、罪名体系上
的衔接,还需要其内容的易于理解的通俗性,即以一般人理解的判断为基准。

刑罚体系与内容具有安定性与可预期。利益输送的刑事立法本质上是对
权力不法犯罪进行严密、明确、可预期的规范,使得刑事司法更为理性、安定。
"刑法比其他法的领域更需要法的安定性",②过于频繁的修改必然会破坏法
律的稳定结构,从而失去可预期性,如此,也不符合法律明确性的要求。就此,
卡多佐指出,法律如同人类,要活下去,必须寻觅某种妥协的途径。③ 随着社
会风险频发、叠加,缺乏准确判定的犯罪构成对国民预测可能性造成极大困惑
或障碍。德国法从法治国原则所包含的法安定性和法律保留出发,强调国家
权力制约,明确性被理解为立法规范的可预见性(Vorhersehbarkeit)和司法行
为的可测度性(Meßbarkeit)。④ 关于明确性的含义,美国法是从法治原则的正

① 参见周少华:《刑法理性与规范技术:刑法功能的发生机理》,中国法制出版社 2007 年
版,第 289—290 页。
② [德]古斯塔夫·拉德布鲁赫:《法律智慧警句集》,舒国滢译,中国法制出版社 2001 年
版,第 38 页。
③ 参见[美]本杰明·N.卡多佐:《法律的成长法律科学的悖论》,董炯、彭冰译,中国法制
出版社 2002 年版,第 4 页。
④ Moris Lehner, Zur Bsetimmtheit von Rechtsnormen - am Beispiel einer Entscheidung
desoösterreichischen Verf GH,NJW1991,S.892-893,载陈晓明:《刑法总论》(第二版),厦门大学出
版社 2011 年版,第 40 页。

当法律程序要求出发,强调个人自由保障和权力制约,主张明确性包含可罚行为的适当预告(fair notice)和可确定的犯罪标准(Ascertainable Standard of Guilt)两个方面的要求。[1]

二、裁量规范:刑罚正义的基本保障

本书从搜集到的 49 份司法裁判文书分析发现,当前司法实践中对利益输送犯罪的判罚存在着诸多"同案不同判""同罪异罚""量刑失衡"的现象。(如图表 0-1:利益输送罪名分布统计表)近些年来,对于职务犯罪尤其贪渎性犯罪的量刑失衡问题愈发引人关注。量刑,就其司法本质而言,并不是单纯的"刑之量化",而是一项富含司法技艺与价值判断的"刑之裁量"。利益输送犯罪化在满足文本明确性、立法严密的基础上,其适用司法裁量应当被同等重视,在罪刑法定的基础上正确适用刑罚而满足实质正义。实质正义所追求的是一种"良法善治"的效果,法应具有正当性、合理性,实践中体现为"罪刑均衡"(实际为刑法第五条规定的"罪责刑相适应"原则)、"罪刑一致"的司法公正,量刑公正则是这种"良法善治"的重要表征。量刑公正依赖于量刑的精确,而量刑是否精确,又取决于如何处理量刑情节。[2] 量刑均衡所坚持的"以事实为依据,以法律为准绳"的原则实质是刑法第 5 条规定的"罪刑相适应"。该规定将报应主义和功利主义有机结合,明确采取了并合主义的罪刑均衡观。[3] 罪刑均衡是在相对确定的法定刑之后,是一种量刑基准原则。

(一)原则性与灵活性结合:采用"概括数额+情节"的二元化标准

利益输送犯罪是强调对公共资源分配公平性及公共利益的保护,已然归

---

[1] See Moris Lehner, Zur Bsetimmtheit von Rechtsnormen – am Beispiel einer Entscheidung desoösterreichischen Verf GH,NJW1991,S.892–893,载陈晓明:《刑法总论》(第二版),厦门大学出版社 2011 年版,第 40 页。

[2] 参见张明楷:《刑法学》(第五版),法律出版社 2016 年版,第 493 页。

[3] 陈晓明:《刑法总论》(第二版),厦门大学出版社 2011 年版,第 45 页。

入第八章贪污贿赂罪体系范畴。其刑罚裁量即可以参照相对明确、规范的贪污、贿赂罪以及私分国有资产罪等的处罚。长期以来,我国立法、司法中对贪污贿赂犯罪的处置采用的是"绝对数额+情节"的一种标准,然而过于机械、刻板的规定往往不能充分反映行为的不法,更是无法体现罪刑均衡的原则。而现行"概括数额+情节"可以较好地解决上述困惑,并得到了诸多学者和实务界的肯定。是故,利益输送的刑罚裁量可以作为参考。综上,本书研究的利益输送犯罪的司法裁量具体可以如下实施:

1. 概括数额的规定

自 1997 年修改刑法至今,我国的经济社会生活发生了巨大变化,近年来,一些人大代表、政协委员、专家学者不断建议对贪污受贿犯罪的法定刑设置作出调整,取消贪污受贿犯罪定罪量刑的具体数额标准,社会各方面更是广泛关注。从现行司法实践看,规定具体数额标准便于执行,对防止司法擅断具有积极意义,但该类犯罪情节差异大,单纯以数额考虑,难以全面反映具体个罪的社会危害性。贪污、受贿犯罪的社会危害性不仅仅体现在数额的大小,还表现在国家工作人员滥用权力的情况或者给国家利益造成重大损失等情节。[1] 同样,在利益输送案件中,如果采用规定过死绝对数额而不考虑情节则可能忽视了行为人的人身危险性。且难以根据案件的不同情况做到罪刑相适应,在一定程度上影响了惩治和预防权力不法犯罪的成效。根据文章上述"广义利益输送的罪名适用与处罚统计表"可见,利益输送限于国家工作人员是使他人图利,而自身并未获取好处或无法查明获得好处,若要承担相应刑事责任事故应和其造成公共利益损害的程度具有相适应,"数额较大"无法采用贪污贿赂罪的"1—3 万元",而应参考最近似本书所指利益输送内涵的"为亲友非法牟利罪",造成国家直接经济损失"10 万元以上"为"较大数额"标准,这也与"私分国有资产罪、私分罚没财物罪""徇私舞弊不征、少征税款罪""徇私舞弊发

---

① 参见全国人大常委会法制工作委员会刑法室:《中华人民共和国刑法修正案(九)解读》,中国法制出版社 2015 年版,第 302 页。

售发票、抵扣税款、出口退税罪"保持适用"数额较大"的衔接。同时,摒弃贪污贿赂罪的"1—3 万元"为数额较大,也在于适应社会经济快速发展的客观需求,数额设置过低,行为人也很容易入罪,造成量刑不平衡,甚至失衡,无法做到罪责刑相适应,很容易造成国家工作人员动辄入罪的印象,违反了刑法罪刑相适应的原则,严重影响了惩治利益输送这一权力背信犯罪的法律效果和社会效果。为此,根据上述对广义利益输送的 15 个罪名统计,10 万元为数额较大的起刑点,其他数额巨大或数额特别巨大的规定,除了参照贪污贿赂罪的"20—300 万元"为数额巨大,"300 万元以上"为数额特别巨大,还应结合社会发展、人们容忍程度以及司法实践效果等实际现状来统一进行考量,但根据利益输送的不法程度,利益输送犯罪的数额规定应高于贪污贿赂罪的限定。对于"多次输送"之后被发现的,只要未经处理的,应参酌对贪污、受贿罪的相关规定,①也即两次以上的利益输送行为被视为"多次",未经处理既包含没有被刑事处罚也没有被行政处理的,当追究刑事责任时,应当累计计算利益输送的数额。

2. 情节的规定

根据利益输送行为不法的危害,在司法裁量过程中,情节的考量直接影响到刑罚的轻重和均衡。如负有食品、药品、安全生产、环境保护等监督管理职责的国家工作人员将公共利益向特定关系人进行不当授受,则因该利益输送行为涉及民生监管领域,其很容易侵犯公众生命财产安全,则应视为"情节严重";以及司法机关的国家工作人员徇私舞弊、枉法裁判而严重影响司法公正的也应视为"情节严重"。而"情节特别严重"则应结合:人员数量、损失财产金额、特殊保护角度(特殊身份)、从社会影响层面、从危害后果(次数)等进行认定。

---

① 即刑法第 383 条"多次贪污未经处理的,按照累计贪污数额处罚"。"多次行贿未经处理的,按照累计行贿数额处罚",参照 2012 年 12 月 26 日最高人民法院、最高人民检察院《关于办理行贿刑事案件具体应用法律若干问题的解释》,2013 年 1 月 1 日起施行。

当然,利益输送作为贪污贿赂犯罪章节中的一类犯罪,自然需要考虑贪污贿赂罪中的"其他较重情节"。换言之,利益输送数额达到一定程度的,具有下列情形之一的,也应视为"其他较重情节"[①]。上述情形被视为"较重",还在于生成的实害——给公共利益造成的损失,破坏了资源分配的公平性。若行为人在被"发现"之前,能够主动交代、供述所犯罪行、真诚悔罪、积极挽回损害的公共利益、避免并减少危害的扩大,那么应当考虑从轻、减轻或者给予免除相应的处罚。

(二)法定与酌定相结合:遵守刑法量刑情节规定

量刑情节,是指在某种行为已经构成犯罪的前提下,法院对犯罪人裁量刑罚时应当考虑的,据以决定量刑轻重或免除刑罚的各种情况。[②] 其不仅与不法、责任密切相关,也反映罪刑轻重以及行为人的再犯罪可能性大小,从而影响刑罚轻重的各种情况。利益输送作为权力不法的一种职务犯罪,在量刑过程中可以以刑法有无明文规定划分的"法定量刑情节"与"酌定量刑情节"。作为利益输送的量刑情节虽也不具有构成犯罪事实的意义,但却是选择法定刑与决定宣告刑的依据。其法定量刑情节自然包含"应当免除处罚的情节"(如犯罪中止)、可以免除处罚的情节(如犯罪较轻且自首)、应当减轻或者免除、可以免除或者减轻处罚(如受过对等处罚)、可以减轻或者免除处罚情节(如立功或者起诉前主动交代相关犯罪行为),当然也包含法定的年龄、生理健康状况等减免情节的。行为人在被提起公诉前如实供述相关罪行且真诚悔罪,能够避免、减少损害结果的发生的,也可以从轻、减轻或者免除处罚。反之,若利益输送行为情节严重的则应当从重处罚。如参照"两高"2016年4月

①　如:(1)国家工作人员输送的是救灾抢险、防汛、优抚、扶贫、移民、救济、防疫、社会捐助等特定款物的;(2)曾因利益输送受过党纪、行政处分的;(3)曾因故意犯罪受过刑事追究的;(4)利益输送的赃款赃物用于非法活动的;(5)拒不交代利益输送去向或者拒不配合追缴工作,致使无法追缴的;(6)造成恶劣影响或者其他严重后果的。

②　参见张明楷:《刑法学》(第五版),法律出版社2016年版,第553页。

18 日《关于办理贪污贿赂刑事案件适用法律若干问题的解释》（以下简称《贪污贿赂案件解释》）第 1 条规定的"其他较重情节"。① 除此之外，量刑过程中也应充分考量酌定量刑情节。酌定量刑情节虽然没有在刑法明文规定，但却能够影响不法、责任的轻重，对量刑产生着重要影响作用。如国家工作人员利益输送之后，相对人将所得用于任何合法性处置都不影响利益输送的认定。如用于单位公务支出或者社会捐赠等，但量刑时可以酌情考虑。这也符合刑罚的正当化根据。

（三）罪刑关系的相称性评价一致：规范法官自由裁量权

由于利益输送刑罚的法定刑设置具有一定幅度，并且在特定情形下可以突破法定刑，这就决定法官具有一定的自由裁量权，而该裁量权也很容易成为形成"利益输送"的裁量权滥用。为此，法官在行使自由裁量权所依据的就是依据上述的量刑情节，充分遵循刑法适用的基本原理与刑事责任裁量的基本规律，制定合理、合法的裁量意见。量刑失衡（"同案不同判"）无疑是量刑规范化改革重要动因，但量刑规范化追求的绝不是所谓的"同案同判"。因为现实中并不存在绝对的和严格意义上的"同案"，"同案同判"只是要求不同法官在相同、近似行为给予罪刑关系的相称性评价一致。过于强调形式上的"同案同判"只会刻意抹杀个案之间的现实差异，而使法官的量刑活动沦为纯粹机械化的数学运算。因此，在量刑规范化的指导理念上，今后要逐渐摒弃"同案同判"的错误思维，使对每一个案件的处理都能保障法官可以根据案件自身的特点发挥其自由裁量权，做到真正的罚当其罪。这实际上就要求改变当前过于注重量化分析的量刑方法，变量刑的精确数量化为模糊裁量。量刑绝不可能离开法官的自由裁量权，充分赋予法官根据自身价值判断以及案件特殊情况处理案件的权力是实现罪责行相适应必不可少的途径。企图通过严格

① 参见张明楷：《刑法学》（第五版），法律出版社 2016 年版，第 1187 页。

的数量化量刑来约束法官自由裁量权，是违背量刑的基本规律的。此外，对于量刑步骤的理解，也应当符合刑法适用的基本原理以及法官的基本思维模式，而不能凭空杜撰出一套量刑步骤。量刑是以定罪为基础和前提的，定罪活动实际上是量刑活动的起点，定罪不仅包括罪名的确定，实际上也包含基本法定刑之确定。法定刑是量刑活动中的量刑基准，在此基础上，根据法定或酌定的量刑情节，通过调整基准刑从而形成处断刑、宣告刑、执行刑等量刑结果。因此，量刑的完整过程是法定刑——处断刑——宣告刑——执行刑，这种量刑步骤才是符合刑法适用的基本原则、定罪量刑的基本关系以及法官量刑思维模式。除此之外，为规范法官自由裁量权，有学者认为，同案不同刑一直是令法律界人士头疼的问题，为了制约法官对案件的自由裁量权，国际上尝试使用电脑量刑，即用完全机械化、电子化的方式来取代法官的人脑，也自从 20 世纪 80 年代，西方国家即掀起了量刑改革运动。[①] 但此举，也可能存在着让抗辩失去存在空间，计算机算出的结论可能会完全相同，使法官形同虚设，上诉机制也将失去意义。

（四）完善职务犯罪量刑规范化改革

本书认为，通过对利益输送司法裁量的规范量刑，可以作为完善我国量刑规范化改革的一次具体法治实践和"窗口展示"，而在此之前，应在相对"宏观"的视角下对我国职务犯罪量刑规范化进行参考、借鉴。我国的量刑规范化改革已有十余年的时间，法学界以及很大一批实务界的资深法官对当前的量刑规范化实践却充满怀疑甚至抵触。这在一定程度上说明，我国实行量刑规范化有其深厚的现实需求和必要性。综合各家之言，对当前包含职务犯罪在内的量刑规范化改革的质疑主要集中在以下几个方面：其一，在改革推行主体上，我国量刑规范化主要由最高人民法院刑三庭和法研所主导，并主要

---

① 参见陈海英：《新时期我国反腐倡廉机制的完善与创新研究》，人民出版社 2015 年版，第 85 页。

在基层人民法院施行。总体来说,这种自上而下的改革探索采取了一种较为低调和相对隐蔽的方式进行,法院系统之外的主体(包括学界和其他实务部门)无法通过正常渠道获得相关政策文件。这一方面虽然有利于克服外界阻力,集中力量推行量刑规范化改革,但另一方面却也由于缺乏外界监督,而无法及时获知改革方案自身存在的缺陷及问题,使得改革效果大打折扣。其二,在《量刑指导意见》所确立的量刑方法上,仍然主要采取的是量化方法,尽管这种方法可以有效约束法官的自由裁量权,但也不可避免地导致量刑标准过于机械化等普遍性问题。其三,在量刑规范化的规则设置上,其所采取的量刑步骤以及调节基准刑的方法,违背了定罪量刑的基本关系原理以及量刑的基本规律,因而广受学界和司法实务界所诟病。其四,在量刑规范化的程序改革上,《量刑程序意见》所确立的相对独立的量刑程序也存在与无罪辩护等相冲突、实效性不足等问题,从而导致当前的量刑规范化改革在实际上仅仅偏重于实体层面的量刑指导,而对量刑程序的规范化有所偏废。

不难看出,以上问题实际上也是许多国家量刑改革实践中存在的问题,同时也是量刑指南本身存在的固有问题。因此,汲取、借鉴域外国家或地区量刑改革的教训和经验,对于今后利益输送以及其他职务犯罪量刑规范化改革的顺利推进具有重要价值。

针对当前职务犯罪尤其贪污贿赂犯罪的数额、情节与裁量认定失衡,诸多学者著书立说、建言献策。在学习、思考的基础上,本书认为,若单纯从宏观而言,我国职务犯罪量刑规范化改革的科学推进可以从以下方向斟酌:

一方面,完善量刑规范化改革的推行和主导主体。对此,国外的量刑委员会模式具有一定的借鉴意义。建立量刑委员会的一个基本出发点就是要建立一个长效机制。① 当然,由于我国的国际机构设置及权力分配具有自身的独

① 参见陈晓明:《量刑指南的模式比较及总体评价》,《法治研究》2017年第2期。

特性,因而不可能照搬任何一个国家的量刑委员会模式,我们只需要借鉴量刑委员会模式的精髓来发展和完善我国量刑规范化改革主体即可。国外的量刑委员会是一种最为常见的量刑指导和改革模式,尽管其具体形态各有所异,但大体上均具有如组成人员的专业性和多元性,承担制定、监测、评估量刑指南的实施与运作等一系列体系性职责,基本贯穿量刑规范化运作的始终。应建立一个长效机制,将量刑指南在具体运用过程中孕育的新看法和产生的新问题,不断予以修正和完善。应当说,以上几点正是我国当前量刑规范化改革主体自身存在的亟须予以完善的突出问题。今后,要逐步将量刑规范化改革的主体朝着专业化、多元化、长效化、体系化的方向完善,逐步摆脱当前主体"身兼数职"、组成人员结构单一、"有始无终"的状态。可以考虑在中央政法委员会下设量刑委员会,充分吸收监察部门、法院、检察院、公安等政府部门专业人员以及高校、科研院所等学界、社会各界人士参与,共同进行量刑指导意见的制定、调研、评估、修改完善等一系列工作,为量刑规范化改革提供一个长效的指导与跟踪机制。

另一方面,在完善实体上的量刑指导意见外,还要着重解决量刑程序设置存在的问题,从而在规则(量化)控制之外开辟出一条诉权(程序)控制的量刑规范化之路。国外量刑改革的重心,均不约而同从一开始制定量刑指南转向后来的设置量刑程序。其中原因,既有量刑指南本身固有的难以完全克服的机械化弊端,更是基于对量刑规律的深入认识所做出的理性选择。比如,从美国的刑事司法实践来看,美国联邦司法系统通过实体和程序"双轨"方式来控制法官自由裁量权:在实体法领域,主要是通过联邦量刑指南来控制法官自由裁量权;而在程序法领域,则主要通过独立的量刑听证程序控制法官自由裁量权。① 客观来讲,量刑指南在世界各国量刑改革中的重要性已经有所降低。正如有学者所指出的,在量刑规范化改革中,规则设置与实践运行的要点应当

① 参见高一飞:《美国刑事审前听证程序公开及对我国的借鉴意义》,《比较法研究》2017年第1期。

在于量刑"过程"而非量刑"结果"。①

据此,本书认为,从利益输送量刑规范化的视角看,未来我国的量刑规范化改革,应当在逐步完善实体的量刑指导意见的同时,将改革重心放到量刑程序的改革上。应当说,通过"程序"这一看得见的方式来约束法官的自由裁量权,可以在司法裁量权与刑罚个别化之间保持一种动态的平衡。我国《量刑程序意见》所确立的相对独立的量刑程序相比于之前量刑的"办公室作业"方式具有很大的进步,但仍无法充分满足规范司法裁量权、促进量刑公正的要求。比如,量刑建议的提起违背刑法的基本理论,难以起到全面、客观、公正量刑的制度效用。再如,在无罪辩护案件中,相对独立的量刑程序使量刑辩护处于一个非常尴尬的位置,导致量刑辩护的作用被大大削弱。针对当前量刑程序改革中的问题,本书认为,建立与定罪程序相并列的、独立的量刑程序,是今后我国量刑规范化改革应努力的方向与期待。

第四节 利益输送的刑罚适配:基于李斯特 (Liszt)的"目的思想"

李斯特(Liszt)认为,利益保护,是法律的本质;目的思想,是产生法律的力量。法益是法律所保护的人类生活利益。② 刑罚是"透过侵害法益来保护法益",目的思想要求手段以目的为准而调整,只有必要的刑罚才是正义的。"虽然目的正当性并不能证明手段的正当性,但是缺乏目的正当性,所有对手段正当性的论证便成为无源之水。"③"没有什么事情是比滥用刑罚更大的罪

---

① 参见石经海、严海杰:《中国量刑规范化之十年检讨与展望》,《法律科学》2015 年第4 期。

② Liszt,Lehrbuch S.4,载钟宏彬:《法益理论的宪法基础》,公益信托春风煦日学术基金2012 年版,第 51 页。

③ 蒋红珍:《论比例原则:政府规制工具选择的司法评价》,法律出版社 2010 年版,第210—211 页。

恶、更加违反目的思想"。① 技术治理需要遵从一种价值理性。对于利益输送的刑罚,本书主张采取功利为主兼采报应的一种并合主义。刑罚,也是人们有目的实践活动过程。法律形式上是一国之中强制性规范的总称,实质目的则是保护社会幸福生活的条件。在该目的指导下,利益输送的刑法治理的是整个行为过程,从犯罪预备、犯罪中止、犯罪未遂与犯罪既遂,更为精细化的防范与技术性设计。利益输送行为严重侵害了权力合理配置公共资源的公平性,其实质是公权力因其职务违背行为而破坏了与公民权利(体系)之间交往关系中的一种平衡秩序或状态。而"在往返中走向正确"的腐败治理随着社会的发展也表现出反复探求的一种结果——把对利益输送的刑罚看做是一个动态的权力与权利平衡的过程。之外,对于权力滥用的利益输送,刑罚亦如其开刀,是一种对重症疾病(权力配置资源的不公平)的及时反应和精准判断,开刀、切除、止血、缝线,应注意"病人"——即"危害行为"的当下实际发生、具体情状,否则就是"尸体解剖"。简言之,利益输送刑罚效果的最优,应是在"严而不厉"的腐败治理下,针对利益输送行为的特殊构成与主体特殊身份的风险性而展开的有赖于各种刑罚功能协同的刑法治理过程。

一、规制方向:刑罚的轻缓化与渐进性

(一)刑罚轻缓化是刑罚人道主义主要趋势

从世界背景来看,刑法轻缓化,那是人道主义的发展与人权保障的进步的结果。刑罚轻缓化不仅是对重刑主义的反思,还是宽严相济刑事政策的有机构成。腐败治理的实践说明,贪渎犯罪的刑法治理不在于"厉",而在于"严"以及发现的及时。刑罚既然为一种必要的"恶",就很难实现从恶害到美善。是故,对利益输送进行刑罚时,应保持哀矜勿喜的心情,"如得其

---

① Liszt,Lehrbuch S.4,载钟宏彬:《法益理论的宪法基础》,公益信托春风煦日学术基金2012年版,第49页。

情,则哀矜而勿喜"。① 从腐败治理的历史来看,刑罚的实质是一种权益的剥夺,其客观属性违背了人性及人的发展的终极追求。基于此,刑罚是一种伤害,其自然属性与人道主义的追求是相悖的。但是,人类正义的追求又要求对做恶者进行罚,从这个角度来看,刑罚又是符合人的理性追求的。因此,利益输送的刑罚问题就落在如何实现正义的同时,又保证刑罚不被滥用即如何实现刑法的谦抑性。在权力配置资源的公平性得到保障的情况下,刑罚轻缓化就应该成为实现利益输送治理的人道主义目标。"应该把犯罪人看做是长大了的孩子。因为患上了道德方面的疾病,他们需要的是精心的,而非严厉的治疗手段。"②

1. 严苛的刑罚往往具有"令人厌恶"的副作用

从另一个角度看,严厉的刑罚往往具有副作用。鉴于刑罚的副作用,根据社会学与犯罪学的标签理论,施加刑罚容易对受刑人形成"烙印效果"。"刑罚应该是公开的、及时的、必需的,在既定条件下尽量轻微的、同犯罪相对称的并由法律规定。"③刑罚的种类、程度或者刑罚量的大小高于必要限度,不仅浪费了刑事立法、刑事司法、刑事执法的资源,也极大束缚甚至剥夺了犯罪人和家属从事精神生产的自由,严重挫伤他们从事精神生产的积极性,从而阻碍了感刑力的提升。同时,刑罚超过必要限度,为社会做出了不良示范,侵蚀了人们的精神和情感。④ 黑格尔坚决反对酷刑,"最令人憎恶和可恨的莫过于欣赏残酷",⑤其认为,随着文化的进步,社会对犯罪的看法会逐渐变得缓和,从而使刑罚也逐渐趋向缓和。随着文明化程度逐渐提高,社会表现得愈加稳定,对

---

① 《论语·子张》。

② [意]切萨雷·龙勃罗梭:《天生犯罪人》,王金旋译,江苏人民出版社 2016 年版,第 84 页。

③ [意]贝卡利亚:《论犯罪与刑罚》,黄风译,中国大百科全书出版社 1993 年版,第 109 页。

④ 参见龙腾云:《刑罚进化研究》,法律出版社 2014 年版,第 213 页。

⑤ [德]黑格尔:《黑格尔政治著作选》,薛华译,商务印书馆 1981 年版,第 16 页。

犯罪的感受越发轻微,刑罚适用自然会渐趋缓和。

2.刑罚轻缓化的限度

利益输送行为致使公共利益损失巨大,与此同时,其犯罪也给犯罪主体带来一种心理满足与期待的"好处",而只有刑事责任的法律后果——必要的"恶"才能够从心理上为人们竖起一道阻止犯罪欲望的栅栏。刑罚之痛明显超出公职人员进行利益输送时的心理期待,作为公职人员而言,他是一种有限理性的"经济人",自然会做出对其而言的理性选择,预防效果自然会显现出来。从另一种视角看,刑罚从严厉到轻缓虽有曲折,但却是刑法文明的一种趋势。由于刑罚的轻重既取决于不法行为的危害性程度,又取决于预防的必要性大小。而且,从现行司法实践看,禁止不均衡的刑罚,其往往在于禁止轻罪重判。

此外,从表面上看,利益输送的犯罪化和刑罚轻缓化是两种对立的刑事政策,水火不容。但实际上,利益输送行为入罪而轻缓化是"严而不厉"刑罚政策的体现,是对公权力与公民权利交往关系的利益平衡,也是刑法对公民基本权利的保障和宪法人权保障的积极实践,犯罪化、刑罚轻缓化是可以兼容并蓄的,利益输送犯罪化可以通过刑罚的轻缓化来体现。

(二)刑罚的渐进性:基于一种"最小侵害"

刑罚作为一种必要的"恶",具有惩罚犯罪、保护人民以及引领社会价值的作用,但对社会也会产生一定的"反噬"作用。为此,在基于一种"不得已"主义下,利益输送的刑罚应在法定刑的选择上基于"最小侵害"的刑种和幅度,并随着行为的危害性逐渐层升法定刑的适用,即使刑罚也应采用"最小侵害"。随着刑事法治文明的趋势,轻刑化成为一种必然。我国刑法采取的是"制定法"形式,需要借助人的理性来设计制度,建构"理性"。是故,刑罚的选择使用应依照"最小侵害"的原则,以及"最弱意义"的方向出发,使刑罚呈现阶梯性、渐进性。然而,这并不意味着应该或可以超越时代或者违反罪责刑相适应的重罪轻判的轻刑化,使犯罪人受剥夺性痛苦是刑罚的惩罚性质与内在属性。刑罚是透过刑罚的威吓作用以及所施加的恶害,来控制(或试图控制)人之行动的正式的手段,其特殊性在于它是由国家强制力来执行的惩罚,象征着公共的、来自全体社会的非难。在这种刑罚人道化的背后,所隐含的……是一种精心计算的惩罚权力经济学。但是这些原则也引起了权力作用点的变化:不再是通过公开处决中制造过度痛苦和公开羞辱的仪式游戏运用于肉体,而是运用于精神。①

二、刑罚结构的优化:以贪污贿赂罪为范式的调适

利益输送被归置到贪污贿赂章中,其刑罚结构应以贪污贿赂罪作为一种参照。《刑法修正案(九)》第44条第1款将贪污罪和受贿罪绝对确定的死刑改为相对确定的死刑,赋予司法机关在无期徒刑和死刑之间选择适用的空间,从而有利于更好地控制贪污罪和受贿罪的死刑适用。② 并且,根据反腐败斗争的实际需要,本条对贪污受贿犯罪从宽处罚的条件做了更严格的限制规定。③ 2018年11月16日在上海召开的"中欧刑事法论坛"上,学者陈磊在《贪污受贿犯罪量刑均衡问题实证研究》一文中,对《刑法修正案(九)》适用前后778件生效判决书统计分析发现,贪污受贿犯罪存在量刑轻缓化和量刑情节适用偏差、"量刑扎堆"造成刑罚阶梯效应失灵、区域量刑差异、两罪量刑差异等现象。刑法以及司法解释的修改部分解决了上述问题,仍留有定罪起点数额提高不够、刑罚幅度不宽、数额与情节关系不清、调节幅度不明等问

---

① 参见[法]福柯:《规训与惩罚:监狱的诞生》,刘北成、杨远婴译,生活·读书·新知三联书店1999年版,第111页。

② 参见赵秉志:《中华人民共和国刑法修正案(九)的理解与适用》,中国法制出版社2015年版,第24页。

③ 对犯贪污受贿罪,如实供述自己罪行、真减悔罪、积极退赃,避免、减少损害结果发生的,可以从宽处罚。这一规定体现了宽严相济的刑事政策,有利于教育、改造贪污受贿犯罪分子,集中惩处罪行严重的贪污受贿犯罪。[参见全国人大常委会法制工作委员会刑法室:《中华人民共和国刑法修正案(九)解读》,中国法制出版社2015年版,第304页]

题未解决。贪污受贿犯罪量刑失衡现象由多种复杂因素叠加而成,应考虑从入罪数额标准、地区平衡、刑罚结构等角度构建贪污受贿犯罪量刑均衡机制。①

基于上述经验,利益输送刑罚体系设计,根据实际现状采用了同贪污受贿相似的分档量刑模式,但应避免"量刑扎堆"、量刑情节适用模糊的情形。同时考虑到利益输送的社会危害程度要低于贪污贿赂罪,是故在刑罚体系设计上应在"数额"、刑度的规定上凸显差异化,如考虑到利益输送犯罪是一种"图利他人"的犯罪,而行为人未实际获得相应经济利益,可以将"数额"适当拔高,刑罚严厉程度适当降低,且无须适用死刑规定。利益输送犯罪的发生往往会引发其他犯罪出现,司法实践中也常常以"数罪并罚"处置,是故,无须对其进行死刑规定。

综上所述,利益输送的刑罚结构设置应在总结司法实践经验的基础上作出相应规定。可以从利益输送款项、资产或公共利益的性质、数额大小、利益输送行为的次数、利益输送使国家和人民利益遭受损失的大小、犯罪行为所采用的手段以及犯罪后的主观认罪态度、表现等方面进行综合考虑,并作出符合刑法规范和现实社会需求的规定,以期更加有效指导司法实践。

三、刑罚的法定刑设置:刑种与刑度的妥当性

利益输送异于其他职务犯罪的特殊结构要素及其性质决定了需要一种特定适应的刑罚功能相适配。腐败亦如不同疾病诊疗方法相异,不同时节穿戴不同。"不考虑方法的残酷刑罚会破坏社会的道德基础,会给社会造成严重的损害,这是无法通过对某些不坚定分子采取更严厉的恐吓手段所能弥补的。"②

---

① 参见陈磊:《贪污受贿犯罪量刑均衡问题实证研究》,《政法论坛》2020 年第 1 期。
② [苏联]п.B.马格里·沙赫马托夫:《刑事责任与刑罚》,韦政强等译,法律出版社 1994 年版,第 356 页。

(一)资格刑——限制利益输送的"身份"

资格刑又称为名誉刑、能力刑、权利刑,是刑之最轻者,是剥夺或者限制犯罪人从事某种活动之权利资格的刑罚。[①] 实质上是刑罚将生存权以及人身自由权排除在资格刑限制的权利之外。未来的资格刑可以扩大且可以被设计成"剥夺政治权利和自由""剥夺福利权"[②]"剥夺从事特定职业的权利"[③]"剥夺其他公民权"[④],随着刑罚由严酷向轻缓发展,作为轻刑的资格刑,在刑罚体系中的地位必然日益突出。[⑤] 当时出于绝对理论的观点,他是对犯人的一种报应,以犯人的人格减等,来降低犯人的法律地位。[⑥] 也正是由于其所剥夺的是资格这一独特的属性,因而它的优点是其他刑罚所无法取代的。肉体痛苦是直接的、剧烈的,权利剥夺的痛苦虽然是精神上的、间接的,但却是渗透到灵魂的。[⑦]

利益输送是国家工作人员利用了其国家工作人员的特殊身份和权力地位的"资格"便利条件而实施的渎职犯罪。在当前,我国已有 20 多部法律和有关法律问题决定对受过刑事处罚人员有从事相关职业的禁止或限制性规定。[⑧]

---

① 所谓福利权,即处于贫困状态的公民为满足最基本的生活需要而要求国家提供福利援助的请求权。(参见陈国刚:《福利权研究——一个公法的视角》,中国民主法制出版社 2009 年版,第 61—62 页)

② 比如《意大利刑法典》第 30 条规定了褫夺营业权的刑罚,被剥夺的营业资格包括一切需要的官方特许或者需要具有特种资格或者需要官方颁发营业执照才可以进行的经营活动权;《拉丁美洲刑法典》第 54 条也规定,滥用合法职业或活动实施犯罪的,法院可以判处犯罪人在一定期限内不得从事该项职业或者活动;《巴西刑法典》第 69 条也规定了暂停从事某种职业或活动的刑罚。(参见龙腾云:《刑罚进化研究》,法律出版社 2014 年版,第 251 页)

③ [意]贝卡利亚:《论犯罪与刑罚》,黄风译,中国大百科全书出版社 1993 年版,第 8 页。

④ 公民权就是指国家通过宪法和法律所确认的公民从事某种行为的可能性。(参见谷春德:《人权的理论与实践》,陕西人民出版社 1991 年版,第 109 页)

⑤ 参见陈兴良:《刑法哲学》第五版,中国人民大学出版社 2015 年版,第 552 页。

⑥ 参见林山田:《刑罚学》,台湾商务印书馆 1985 年版,第 308 页。

⑦ 参见孙运梁:《福柯刑事法思想研究》,中国人民公安大学出版社 2009 年版,第 132 页。

⑧ 参见全国人大常委会法制工作委员会刑法室:《中华人民共和国刑法修正案(九)解读》,中国法制出版社 2015 年版,第 4 页。

然而 2015 年 8 月全国人大常委会《刑法修正案（九）》第一条增设"从业禁止"，期限为三年至五年，作为刑法第 37 条之一，规定虽为简陋，也有助于弥补我国现行法律之不足。对利益输送刑法治理而言，也是一种资源。作为国家工作人员的职业因为代表着公共性的公权力与公共利益，往往具有行业较高标准，禁止从业适用更为严格和具有针对性。尤其现代社会的职业分工越来越精细，随之而来的是职业门槛的不断提高。其中，许多职业通过行政法进行规范的方式进行专门的要求，甚至涉及了刑事犯罪和处罚的禁止性条件。如《法官法》《检察官法》《公务员法》《警察法》以及《教师法》等，然而诸多规定却存在涉及职业范围有限，并且刑事条件设置存在缺陷，强制性不足。《刑法修正案（九）》不仅对"从业禁止"的刑事条件做出了统一规定，不仅禁止担任职务而且禁止从事相关职业，有效弥补了我国刑事制裁体系的不足。①

（二）自由刑——限制利益输送的"能力"

1. 死刑适用的争议与禁用

对于贪渎犯罪，民众几乎一致性地要求"重典治吏"，支持死刑适用，这与诸多学者所秉持的"废除死刑"的疾呼形成鲜明反差。基于现实腐败治理的需求，在我国，贪污贿赂罪仍然保留着死刑。正如陀思妥耶夫斯基所说："……信不信由你，他一升上断头台，就哭了，脸白得像纸一般。我想不到，不是小孩，一个从来没有哭过的大人，四十五岁的人，会由于恐怖而哭泣的。在这时候心灵是怎样的情形，达到如何抖栗的地步？ 那是对于灵魂的侮辱，别的没有什么！"联合国《公民权利和政治权利国际公约》（以下简称《公约》）第六条明确规定，"任何本公约签署国不得援引此条文之任何部分来推迟或者阻止死刑的废止"。世界各国死刑的历史古老而漫长，都经历过一个由滥用到

---

① 参见赵秉志：《中华人民共和国刑法修正案（九）的理解与适用》，中国法制出版社 2015 年版，第 351 页。

慎用,由苛酷到轻缓的严格过程,当下诸多国家死刑制度均已退出历史舞台。[①] 这些都在揭示死刑的可怕与对之的反抗。实际上,死刑在执行之前所受远比其他受刑人更多的监禁与行动控制、与外界极度隔绝而孤立的状态每日等死的恐惧,让死刑远远超越了"生命刑"所能指涉的内涵。

为此,利益输送虽作为权力滥用的一种不法,针对"罪行极其严重",但主体却未收受或者未查明其收受好处,相较贪污贿赂而言,其主观恶性较小,是故,无须适用死刑的刑罚规定。那是否有可能适用死刑的替代执行措施而适用终身监禁呢? 在我国,终身监禁并不是独立的刑种,它是对罪当判处死刑的贪污受贿犯罪分子的一种不执行死刑的刑罚执行措施。从这个意义上讲,也可以说是对死刑的一种替代性措施。如 2017 年 5 月 27 日,天津市政协原副主席、市公安局原局长武长顺在其死刑缓两年期满之后,被执行终身监禁,不得减刑、假释。这也是武长顺成为继白恩培、朱明国之后第 3 名被判处死缓的"大老虎"。[②] 基于上述案例,终身监禁的惩罚必须与犯罪之恶具有"等价性"。

本书认为,新时代下的社会主要矛盾决定了公平价值成为社会首选价值,而利益输送不仅严重破坏着权力对公共资源的公平分配,也严重背离了人民的信赖,表征了犯罪行为人对公务伦理的缺失与式微,甚至影响政治的合法性与政权的稳定性。此外,该种犯罪作为裁量权滥用往往隐蔽性、复杂性强、犯罪黑数高而难以打击、处罚。与贪污贿赂相较,都是对公共利益或资源的掠夺,而利益输送主要侵害的是权力资源配置的不公平性,实质破坏了公权力与

---

① See Anckar, Carsten, *Determinants of the Death Penalty:A Comparative Study of the World*, Taylor & Francis, 2004, p.18, 载赵秉志:《死刑改革之路》,中国人民大学出版社 2014 年版,第696 页。

② 2017 年 5 月 27 日,天津市政协原副主席、市公安局原局长武长顺因犯贪污、受贿、挪用公款、单位行贿、滥用职权、徇私枉法 6 宗罪被判处死刑,缓期二年执行,在其死刑缓期执行二年期满依法减为无期徒刑后,终身监禁,不得减刑、假释。武长顺成为继白恩培、朱明国之后第 3 名被判处死缓的"大老虎"。(参见《盘点 5 年政法机关惩腐:获无期徒刑"大老虎"达 19 人》,网易新闻网,https://www.163.com/news/article/D10TF1AO0001875N.html#fr=email)

公民权利交往的利益平衡,以及引起诸多附随性危害。是故,基于对利益输送的危害与刑罚的对等,以及对域外经验和我国腐败治理的现实,利益输送的刑罚无须适用死刑,而应采用更为合理的自由刑与财产刑、保安刑相互配合的刑罚体系,正如上文所述,根据不同危害而设置三档刑罚幅度,其一,利益输送数额较大的(10万元为起刑点),可以设置为"1年以上5年以下有期徒刑,并处罚金"。若利益输送数额未达到,但满足"其他较重情节"的,也应当进行刑罚处置。其二,利益输送数额巨大,且具有其他严重情节的,可以设置为"5年以上10年以下有期徒刑"。其三,利益输送数额特别巨大,并使国家和人民利益遭受特别重大损失的,可以设置为"10年以上有期徒刑或无期徒刑"。为此,对利益输送刑罚体系设置不同的自由刑幅度,可以更好地规范刑罚裁量。

2. 自由刑的"封闭"与"开放"

近些年来,各国法律规定的自由刑刑期有明显缩短的趋势,而且各国的监禁率也有所下降。自由刑作为主导地位的刑罚,它的存在有其客观必然性,其优点主要表现为矫正性、伸缩性、可分性、个别性以及隔离性。同样,自由刑同时也存在许多缺点,最缺的认识,同样具有同等价值。其缺点主要表现在、感染性、封闭性、盲从性、过剩性、不足性。[①] 各个国家和地区有期徒刑长短不尽相同,但其期限缩短、适用量减少则是一种趋势。但现在监禁刑之所以仍然占据主体地位,可能主要基于一种"封闭":其一,监禁期内再犯罪的可能性降低而人身危险性可控。其二,便于监管人员监管。其三,监禁刑虽然也赋予了教育、矫正的责任和义务,但方法简单、模式基本统一固定而便于施行。[②] 针对利益输送而言,其犯罪主体主要是国家工作人员,因为伴随其犯罪而起主要作用的是其"特殊身份"即资格能力,剥夺其身份资格,就丧失了再犯的基础,而自由刑主要是防止行为人再犯的可能性,对利益输送的惩罚更多是刑法一种"报应式"的功能,兼具威慑后人与"安抚社会情绪"之用。为此,在自由刑适

---

① 参见陈兴良:《刑法哲学》(第五版),中国人民大学出版社2015年版,第489—491页。
② 参见龙腾云:《刑罚进化研究》,法律出版社2014年版,第242—243页。

用过程中,可以逐渐"开放",加强对罪犯进行社会化处遇,如社区矫正,不仅益于犯罪人回归社会,也有利于警示潜在的不法行为人。

(三)保安处分与财产刑——限制利益输送的"意识"

1. 保安处分与刑罚的统一与并列

保安处分,是指为了防止个别人将来可能带来危险,以刑罚外的制裁措施,剥夺或者限制行为人的自由,对其实行限制或者隔离的措施。[①] 一元论认为,保安处分与刑罚具有同一性。也有学者认为保安处分以犯罪的危险性为基础,为了社会的保安,作为对刑罚的补足(补充、代替)由法院宣告的强制处分。[②] 刑罚是基于责任为基础的并针对已然行为的措施。而保安处分作为特殊预防理论发展的产物,着眼于行为人所具有的危险性格所做出的保持社会治安和改善行为人为目的而施行的特殊处分措施。保安处分与刑罚作为刑法反应方式与强制手段的双轨制,相辅相成、互为补充。也有学者称为"法律效果的双轨性"。不过,基于保安处分与刑罚本质上的差异,以及保安处分对受处分者自由等权益的干预,其也应受到法治国家比例原则的支配。为此,从司法实践的客观要求看,我国刑法中确立保安处分制度是可行的。对于利益输送的行为具有严重的社会危害性,原则上应给予刑罚处罚,若刑罚的适用效果不彰或者无必要时,为消减行为人之危险性、防卫社会安全,基于"特别预防"之考量,可以将保安刑与刑罚作为并驾齐驱的两种制度,统一归入我国刑罚体系之中,相互支撑。即刑罚与保安处分不是相互对立的二元论(刑罚以报应为根据,保安处分以预防为原则),也不是完全融合的一元论(在预防的基础上实现刑罚保安处分化,或保安处分刑罚化),而是确立刑罚与保安处分的相

---

① 参见陈兴良:《刑法总论精释》第三版,人民法院出版社 2016 年版,第 12 页。同时,陈兴良教授提出了以劳动教养、强制留场、强制禁戒、少年管教、善行保证,没收罪物等建构我国保安刑的设想。(参见陈兴良:《刑法哲学》第五版,中国人民大学出版社 2015 年版,第 600—608 页)在 2013 年 12 月 28 日全国人大常委会通过了关于废止有关劳动教养法律规定的决定。

② 参见[日]大谷实:《刑法讲义总论》,成文堂 1986 年版,第 536 页。

对的一元论与二元论,这就是将有关保安处分引入刑罚体系,建立保安形式,与传统刑罚方法的生命,像自由行财产险的资格刑相并列,作为补充与强化后者的预防功能,尤其是个别预防功能而适用。①

2. 财产刑的最大经济性与适用性

边沁特别重视财产刑的使用,其所主张的财产刑具有三大好处:易于感受差别;能实现刑罚目标;可以赔偿受害人。不过在他看来,为了使不同的犯罪人产生平等的恶害效果,财产刑的数额不能绝对固定只是相对固定。财产刑在我国刑法中包括罚金和没收财产两种。罚金是法院依法判处犯罪人向国家缴纳一定数额金钱的刑罚方法。它在刑罚体系中的地位日渐提高,作用日益增强。罚金刑在适用范围上现已成为仅次于有期徒刑的一种刑罚方法,这一状况确立了新的刑罚结构,改变了刑罚体系的布局,具有很大的现实意义。②据此,罚金刑与生命刑和自由刑相比较,具有显而易见的经济性。生命刑的执行简便,支出少,但没有任何收入,自由刑可以强制犯罪人创造价值,但增加了国家对犯罪人的经济负担,由此可见,生命刑与自由刑代价成本更高而缺乏明显的经济性,而罚金刑是强制犯罪人向国家无条件地缴纳金钱,国家以此可以增加国库的收入。此外,没收财产是一种财产刑,是一种经济制裁手段,其重要作用不仅仅在制裁本身,而且对防止犯罪人利用其财产再次犯罪也是一项行之有效的手段。同样,没收财产在我国的刑罚体系中地位也同样上升,适用范围广泛。两种刑罚的突出优势在于能够以相对较低的成本获得更大的经济收益和刑罚效果。对于利益输送而言,其不同于贪污受贿的显著特征在于作为工作人员的犯罪主体其并没有因为利益输送获得"好处"或"无法查明获得好处",是故,罚金的适用更为广泛,通常与其他刑种并合使用,而且随着利益输送行为的不法程度的严重性提升而罚金也相应地予以提高,即罚金与不法行为的危害性保持一致。同时,利益输送作为"图利"而不贪财的犯罪,给予

---

① 参见陈兴良:《刑法哲学》第五版,中国人民大学出版社 2015 年版,第 591 页。
② 参见陈晓明:《刑法总论》(第二版),厦门大学出版社 2011 年版,第 324 页。

必要的财产刑惩罚,也是对他们的不法行为的严重警示,以及对其犯罪活动的物质条件给予一定的剥夺。

利益输送犯罪具有显著的图利(图利他人)动机,财产刑可对罪犯经济资源进行剥夺,对犯罪主体加大剥夺惩罚的力度与空间,这对于没有获利若再被施以经济刑罚,更会加倍其痛苦性,如此,能够更富针对性地做出具体处理。陈兴良教授认为,财产刑具有较高的经济性,因为所有支付金钱者感受到的恶都转化成为对接受者的善。[1] 另外,财产刑针对的对象是犯罪主体的合法财产,也不影响罪犯的正常经济生活行为。当然,财产刑若规定得过于绝对和抽象,其适用往往会在不同主体间造成混乱。为避免财产刑适用上的不平等或者不公平性,可以考虑与其他刑种合并适用。2010 年的"两高"《关于办理国家出资企业中职务犯罪案件具体应用法律若干问题的意见》也明确要求,"对于国家出资企业中的职务犯罪,要加大经济上的惩罚力度,充分重视财产刑的适用和执行,最大限度地挽回国家和人民利益遭受的损失"。基于此,利益输送刑罚的财产刑适用过程中,罚金与没收财产作用都将是明显的、有效的。综上所述,本书认为,财产刑具有独特的可分性、可附加性以及便利性,且可以缓解监禁刑的诸多不利,是故,财产刑应成为利益输送刑事治理过程中一种最佳方法和手段。

(四)"以善代刑"的刑罚思考

除上述之外,"以善代刑"也是一种较为理性的刑罚设计考量。以善代刑是指在实行上的轻微犯罪者通过为社会做义工行善而自我改造、赎罪自救的司法政策。也叫做以善代罚。[2] 该政策不仅可以达致国家刑罚目的,彰显社会教化效果,也符合宽严相济、人权保障的刑事政策。然而,本书并非主张对

---

① 参见陈兴良:《刑法的启蒙》(第三版),北京大学出版社 2018 年版,第 128—129 页。
② 参见刘海润、亢世勇主编:《现代汉语新词语词典》第二版,上海辞书出版社 2016 年版,第 396 页。

利益输送行为的刑罚采用"以善代刑"来代替刑法文本中法定刑的处罚,而是基于惩罚、教育、矫正功能的一种延伸及价值实践的思考,探索一种于国家或社会、犯罪人以及法治效果"一举多得"、宽严相济思维下进行刑罚。

基于此,针对当前对犯罪人所实施的监督技术、危险评估技术、矫正技术等相较过去,已有很大程度的进步、提升,意味着可以依赖更多的技术理性的监外执行产生与监禁刑同样的效果。况且,封闭的、易于"交叉感染"不良思想和行为习惯的监禁刑的诸多弊病也在很大程度上动摇了以限制人身自由为主要刑罚的必要性和正当性基础。而且,一些必要的刑种,在腐败犯罪的法定刑中缺失。① 此外,利益输送的犯罪主体是国家工作人员,在受到刑罚之际,其已经丧失了再犯的可能性及人身危险性,是否一定再进行监禁处罚,除了一种"报应"思维,则更需要基于前瞻性的"预防",避免更多人再犯的考量。基于上述,积极探索"以善代刑"之下利益输送犯罪监禁刑(自由刑)的替代措施和执行方式,虽仅适用于轻微的犯罪,但更有其必要性。如完善社区罚、逐渐繁荣资格刑、使从身体强制到精神惩罚的名誉刑渐趋复归,这也是刑法治理腐败的一种形式上和实质上的有益性尝试。何况,现实腐败治理实践也证明了"厉而不严"并非适用于腐败治理,"严而不厉"是人类迄今为止探索寻觅到的利于刑法运作(刑法机制)顺畅的刑法结构。②

本章小结

刑罚是建立在限制或剥夺人一定权益的最严厉的暴行基础之上的"恶"。是故,要实现刑罚的正义和妥当性分配,即实现刑罚的一种技术理性。利益输送的刑罚发动,首先就是基于公权力配置资源的公平性法益被严重侵害,致使

---

① 参见赵秉志:《当代刑法问题》,中国人民大学出版社 2014 年版,第 911 页。

② 参见付立庆:《"刑法危机"的症结何在——就犯罪圈、刑罚量问题的些许感想》,《云南大学学报(法学版)》2007 年第 5 期。

公权力与公民权利（体系）严重失衡，同等危害给予相同刑罚，借助立法与司法彰显刑罚之"力"。对利益输送的刑罚是基于一种正义的"利益衡量"，采用功利为主兼采报应的并合主义，充分释放和应用刑法制度公平、正义的力量。

罪刑均衡是利益输送的刑罚标准。在"严而不厉"的背景下，必须严密刑事法网，并依照不同的罪行苛以不同的刑度。首先设置科学严密的刑罚体系。基于对广义利益输送犯罪的 15 个罪名统计、域外图利罪、背信罪刑罚适用比较，以及鉴于现行"厉而不严"政策之不适，利益输送犯罪化应充分考量"严"而"不厉"。基于上述域外经验和我国腐败治理的现实，利益输送的刑罚的"量"与犯罪 之"害"相平衡。应采用更为合理的自由刑与财产刑、保安刑相互配合的刑罚体系。其一，利益输送数额较大的（以 10 万元为起刑点），可以设置为"1 年以上 5 年以下有期徒刑，并处罚金"。（数额未达到，但满足"其他较重情节"的，也应当进行刑罚处置）其二，利益输送数额巨大，具有其他严重情节的，可以设置为"5 年以上 10 年以下有期徒刑"。其三，利益输送数额特别巨大，并使国家和人民利益遭受特别重大损失的，可以设置为"10 年以上有期徒刑或无期徒刑"。利益输送犯罪化立法的实现，可以更好规范刑罚裁量。同时，进一步保障刑罚体系的文本形式与内容相协调。裁量规范是对利益输送进行刑罚正义的基本保障。采用"概括数额+情节"的二元化标准，使刑罚的原则性与灵活性结合；遵守刑法量刑情节规定，使法定与酌定相结合；进一步规范法官自由裁量权，使罪刑关系的相称性评价一致，并进一步完善职务犯罪量刑规范化改革。

此外，利益输送的刑罚配置应以刑罚的轻缓化与渐进性为规制方向，以贪污贿赂罪为范式进行刑罚结构的优化，以刑种与刑度的妥当性进行法定刑设置，以资格刑限制利益输送的"身份"，以自由刑限制利益输送的"能力"，以保安处分与财产刑限制利益输送的"意识"，并且进行"以善代刑"的刑罚设计考量。

第六章 协同机制:社会防卫政策的衔接与适用

　　"法有限而事无穷"。一种工具或一门学科已不足以客观、真实刻画、窥看事物的全貌。是故,针对利益输送犯罪,应充分考虑刑法的补充性、不完整性、最后手段性等特征,在"刑法之外寻求更多且有用的法律补救办法"。一方面,刑法并非"万能法",自然,也并非"药神"。"刑法不可能穷尽一切犯罪行为,也不可能在刑法各种制度的设计上做到完美无缺。"①是故,刑法也应当寻求一种"以退为进"的有效妥协。其他政策、制度工具的介入则可以起到纠偏、规范的作用。同时,利益输送犯罪的特殊结构与成因要素决定了对其规制方式的多元化,且"和而不同"的多元化规制路线,也符合"命运共同体"的逻辑。即若将刑法比作处理一台手术的"主刀医生",那也一定需要一助、二助、器械护士、台下巡回护士以及麻醉师等。此外,从新社会防卫论视角看,刑法不是唯一的甚至不是主要的对付犯罪的工具,一直被认为救治犯罪疾患最好的刑罚措施具有有限性,实际效果小于人们的实际期望。后现代主义犯罪学的基本主张之一即为暴行招致暴行。从《联合国反腐败公约》看,其主体内容也体现了多学科、综合性、广领域的预防战略;实行政府主导和社会参与的相

---

① 刘雪梅:《罪刑法定论》,中国方正出版社 2005 年版,第 140 页。

互促进式反腐。①是故,而构成"善治"的基本要义是社会参与。本书认为,利益输送的刑事治理机制不能一味强调制度的"技治主义",而忽视人民群众的主体性作用,该治理机制实质应为一个开放、多元、动态、创新的机制,不应墨守成规,这也是构建"严而不厉"反腐机制的另一种形态。根据利益输送违法程度,政策制度间围绕共同"问题域"和"话语场",秉持公共话语规则进行协同、衔接,延伸工具意识,且形成一种互动、合作、调适的共生关系,达致社会治理系统中任何政策都无法单独实现的"善治"水平。

第一节　权力自律:公务伦理的法制化

利益输送作为裁量权的一种滥用,严重侵害权力配置公共资源的公平性,破坏权力与权利交往的平衡,违反"竞争中性"原则,然而,作为职务违背、权力异化的利益输送行为更是国家工作人员的行为与公务伦理严重冲突的结果。公共服务伦理(以下简称"公务伦理"②)的"忠诚"价值。公务伦理,或称公共服务伦理③,源自传统伦理道德,其内涵丰富、范围广泛,如"克己奉公"的社会责任感和使命感,"兴天下人民之大利"④。其以"教育劝进""忠诚保障"之效弥补刑法规范的不足,更何况"法条有限,人事无穷"。当然,公务伦理,作为一种攸关公众生活、公共利益的人际行为规范,更侧重人们行为的内在动机维持权力体制的稳定以及协助权力职能顺利进行,而刑法更侧重人们行为的外部处遇及结果,刑法与伦理道德的互动,形成上层建筑反作用经济基础的

---

① 参见张冇、张智辉:《权力制约与反腐倡廉》,中国方正出版社 2009 年版,第 341 页。

② 公务伦理(public administration ethics or public service ethics or ethics of public service)古称官箴,乃是与公务执行有关的伦理规范,包括公务员的公德(public morality)与私德(private morality)。[参见刘昊洲:《公务伦理暨法制论》(初版),五南图书出版股份有限公司 2015 年版,第 5 页]

③ 本书所使用的"公务伦理"与学者丁顺生于 2010 年由中国方正出版社出版的《公共服务伦理规范与廉政建设》中使用的"公共服务伦理"意思基本一致。

④ 《墨子·经上》。

巨大力量。由此可见，刑法与伦理既存在本质上的内在统一性，又存在特征上的外在差别性。① 此外，鉴于公权力中行政人员人数最多，直接服务民众，也与社会大众接触的机会最多。正因为如此，有人甚至将公务伦理化约为行政伦理，或等同于行政伦理。② 故本书在下面对公务伦理的论述主要以行政伦理为代表。

一、现实基础：公务伦理的价值与式微

"真正的政治如果不向道德宣誓效忠，就会寸步难行"。③ 刑法作为政治性甚强的部门法，其在新时代反腐败斗争中，虽法治观念与谦抑性被严格要求，但仍被不断祭起，伦理道德的作用一定程度呈现出日渐式微，不复往昔。利益输送则是国家工作人员对公务伦理价值认同式微或缺失的结果，亦是一种认同模式再造另一种认同模式。"徒善不足以为政，徒法不能以自行"④"道德领域的起点就是社会领域的起点。"⑤

（一）公务伦理是一种重要的资源

1. 公务伦理是一种重要的社会规范资源

从约束社会行为功能性而言，伦理既是一种有利于维护统治阶级社会秩序工具，也是一种产物。一般伦理与公务伦理具有相同之功效，但公务伦理具有公共性、公益性、规范性，其性质较为趋近于法律，正所谓"官德隆，民德昌，国家兴；官德毁，民德降，国家衰"，也自然更有法制化的空间与价值可能。因

---

① 参见陈兴良：《刑法哲学》第五版，中国人民大学出版社 2015 年版，第 348 页。
② 参见刘昊洲：《公务伦理暨法制论》（初版），五南图书出版股份有限公司 2015 年版，第 84 页。
③ ［德］康德：《历史理性批判文集》，何兆武译，商务印书馆 1990 年版，第 139 页。
④ 《孟子·离娄上》。
⑤ Emil Durkheim, *L'éducation Moral*. Paris：Libraie Félix Alcan, 1925, p.68, 载张番红：《转型期我国社会整合研究：基于马克思主义视角》，中国社会科学出版社 2016 年版，第 4 页。

此,"政府伦理是制定良好公共政策的前提,就此意义上而言,政府伦理比任何单个的政策都重要,原因在于所有的政策都依于伦理"。① 此外,公务伦理具有重要的价值引领、约束、规范的作用,体现在对公职人员的"价值"效用方面。一方面,公务伦理具有"价值澄清"功能,在价值多元混乱的背景下,有效帮助公职人员减少价值观混乱、价值行为模糊无序的现象,并通过一系列评价过程促进统一(共同)价值观的形成;另一方面,公务伦理具有"价值认知模式",②公务伦理要求公职人员在权力运行中积极寻求社会接受与自我实现,遵守伦理内容和基本规范,忠诚于岗位、公共利益以及宪法、法律,且不超越公务伦理现有价值的认知。

2. 公务伦理是公职人员行为的最大共识

伦理道德是我国古圣先贤的智慧结晶长久演化的经验、成果,是不同社会发展的最大共识。尽管随着时代的变迁演进伦理内容也会相应调整,但仍不能否认伦理作为社会的最大共识、价值观的最大公约数。为此,公务伦理作为伦理架构一个环节的基本认知,除了弥补法律规范的不足之外,对公职人员的内在价值精神与外在行为规范具有规范、保障的作用。对权力滥用最大的限制就是"第一道关隘"的内心守护和主观意识控制,既具有期待性、要求性标准较高的道德调整特征,也具备类似法律外在要求的一种约束性保障。相较于一般伦理的强制力缺乏、无客观标准、过度重视人情关系以及本身内容可能存在的冲突而言,公务伦理法规具有被强化的价值认同和统一的示范效果。是故,公务伦理成为公职人员行为的最大共识。首先,法律不足以规范现公职人员实生活的全部,公务伦理道德则可以。因为,法律只能以最低标准出现于

---

① 张国庆主编:《行政管理学概论》,北京大学出版社 2000 年版,第 536 页。

② 该模式是在道德发展阶段论的理论预设上提出的一种道德教育学说,主要由柯尔伯格提出。(参见[美]路易斯·拉思斯:《价值与教学》,谭松贤译,浙江教育出版社 2003 年版,第 3页)其主要观点认为:"人类道德发展程度是有阶段性的,与道德主体的认知发展水平和理解能力相适应。认知能力发展是道德发展的重要基础,道德发展不能超越认知发展水平,而道德发展的根本动力在于寻求社会接受和自我实现,这有赖于个体对社会公共领域的参与程度。"

权力人的行为领域,唯有公务伦理才能在"法外之地"穿梭,规范现实权力之全部。其次,公务伦理是现代伦理道德的一部分,并继承和发展于传统伦理道德。公务人员必须排除私情的伦理道德,完全以公务伦理为依归,方不至于产生角色冲突及伦理矛盾。即公务伦理只是约束公务员基于身份而来的工作与生活层面。[①]

(二)行政伦理存在一定的供给与需求的失衡现象

在商品经济时期和市场经济条件下,由于一切"以物的依赖为基础",尤其在市场经济推波助澜之下,人们对物质的偏向依赖性、对利益的热情向往常常高于对人的依赖和对道德、理性的向往,为此使得一些公职人员在价值选择和行为方式上往往会采取重利轻义、先利后义,从而致使公务伦理体系和内容一定程度的稀缺。美国学者 M.P.托达罗曾指出"公共行政是发展中国家最稀缺的资源",[②]而行政道德则是公共行政这种稀缺资源之中关键稀缺之构成。行政伦理,即行政道德,公共行政领域中的职业道德和伦理规范。[③]

面对不平衡不充分的发展与市场经济快速发展趋势,包含公务伦理的伦理道德教育模式都出现了某种程度的失语化、边缘化、虚无化,呈现出式微。各种物质诱惑和利益博弈不停冲击着公职人员的道德水平与职业底线,公务伦理供给面临着一些困境:价值的多元化冲击着伦理教育的内在统一性;多元、差异化思维对公务伦理的劝进、教育功能呈现异质化、离散化的"解构",对伦理的"建构"功能形成挑战等。尤其是在社会转型与经济转轨过程中,行政伦理式微现象较为突出。其主要表现在两方面:一是出现行政低效和公共

---

①　参见刘昊洲:《公务伦理暨法制论》(初版),五南图书出版股份有限公司 2015 年版,第184 页。

②　M.P.托达罗:《第三世界的经济发展》(上),中国人民大学出版社 1988 年版,第 221 页。

③　主要包括行政人员的美德伦理、职业伦理、行政组织伦理、行政制度伦理、公共政策伦理等内容。(参见陆雄文、陈至立等:《大辞海·管理学卷》,上海辞书出版社 2015 年版,第 437—438 页)

服务质量低下的现象;二是出现行政权力滥用、不法的现象,被党纪国法惩处人数不断攀升,使政府的公信度和可信度受到影响。而致使行政伦理稀缺的不仅在于市场经济的诱惑,也在于权力的垄断性、利己性,还在于一些"行政人员"自身人性的迷失。再者是权力的现实性与理想性错位。权力个体无法保障个人利益与公共利益的协调、平衡。为消除行政伦理稀缺现象,实现整个公共行政领域的道德总供给与总需求的动态均衡,必须加强行政伦理的有效供给,不断提高政府和其他公共组织制定行政道德规范的技术水平,降低制定过程中的成本投入与资源耗费。① 因此,如何回应上述的困境和发展趋势,实现公务伦理在新的时代条件下的理论创新就显得尤为重要。

另外,作为伦理范畴的公务伦理适用也有其自身的相应局限。伦理是规范人与人之间的关系,是社会文化的产物,过度重人情,其内涵与重心往往因国家、地区以及社会发展而不同或者自生矛盾。作为抽象、笼统、主观仅有原则方向而无客观标准的公务伦理欠缺全体公职人员遵守的强制力。为此,公务伦理,除已被相应法律、法规如《公务员法》所吸收,即已被法制化之外,其他则与一般性规范无差异化,多数是抽象空泛,时常陷入意义解读的"因人而异"。公务伦理标准虽高,是对内心动机与行为过程的统一要求,然而,即使悖反也仅为良心谴责、舆论批评以及社会议论,并无公权力的相应制裁。

为此,对流于教条宣示、难以明确、不够具体客观而抽象难以执行的公务伦理进行法制化、文本性规范就显得尤为必要。所谓公务伦理法制化,是将原本属于公务伦理规范的事项,透过国家的力量,转化为以条文呈现的法令规范。② 公务伦理法制化的路径有全面法制化、部分法制化、不应法制化。结合我国现实与法治实施状况,公务伦理全面法制化不仅模糊了伦理与法律的界限,且也不符合现实,而先将部分重要、紧迫伦理事项予以法制化是必要的,也

---

① 参见杨文兵:《当代中国行政伦理透视》,南京师范大学出版社 2012 年版,第 12 页。

② 参见刘昊洲:《公务伦理暨法制论》(初版),五南图书出版股份有限公司 2015 年版,第118 页。

是可行的，还可以有效起到加乘效果。"我们承认个人心性伦理具有极其重要的作用，但同时也应看到，个体的道德理性、意志和能力是有限度的，所以在个人心性伦理之外还必须配合以制度伦理"。①

二、国际经验：公务伦理普遍法制化及方向

法律法规是法治社会推广社会主流价值的重要保证。在当今市场经济的条件下，社会处于快速发展的转型期，仅仅依赖公职人员个体的素质修养和道德意识并无法保障公职人员的忠诚、廉洁及公正等伦理操守，自然也无法杜绝职务违背、裁量权滥用等腐败行为。权力的权威性受到严重质疑，归究其原因，主要在于国家工作人员对公务伦理的疏离。现行贪污犯罪之刑事立法，走向严惩化的思考，贪污案件仍层出不穷，或许回归公务伦理思考，才能达到有效防治贪污犯罪。②

根据菲利"犯罪饱和法则"，单一的刑罚未必是有效的，因而强调建立刑罚之外的补充策略，这种刑罚补充策略菲利称其为"刑罚的代用物"。③ 长期以来，我们通过多种措施、方式进行公职人员的伦理道德修养，强调伦理道德的内在约束机制，而在公共伦理常态化、制度化、规范化建设上相对滞后。尽管公务伦理内容也会随社会发展而出现变动，但其都必然涉及权力行为的约束和规范。为更好顺应廉洁政府建设与环境适时改变，公务伦理需要周延妥适、合理可行，加强制度化、法制化建设，不仅提升公职人员违背职务的道德成本，还强化了制度软约束与硬约束的集合。

(一)公务伦理的普遍法制化

国家工作人员是国家机器的组成分子与统治的基石，也是推动社会前进

---

① 王振华：《公共伦理学》，社会科学文献出版社 2014 年版，第 202 页。
② 参见马跃中：《经济刑法：全球化的抗制》（第 2 版），元照出版有限公司 2017 年版，第 246 页。
③ 参见[日]木村龟二：《刑法学入门》，有斐阁 1957 年版，第 224 页。

的引擎。是故,各国、地区为避免权力滥用之害与刑罚的反作用,尤其强调其伦理制度建设,并与刑法、行政法规等相辅相成、密切配合,这个过程中,伦理道德则是强调的重心。19世纪后期,随着公务员制度在英美等西方国家建立,国外公职人员道德建设开始走上了法治化道路的历程。①

进入20世纪90年代末和21世纪初,防治腐败、促进良好治理成为世界各地公共行政与公共政策领域普遍关心的问题。为促进政府中的公共价值和美德,各国相继制定了一系列公职人员行为和道德准则和规范,并以法律的形式予以强化(如图表6-1-1)。

图表6-1-1 公务伦理制度化国家、地区统计表

美国	《行政部门雇员道德行为准则》(1993)其形式与内容类似于法规、《政府服务伦理守则》(1958)、《政府道德法案》(1978)、《政府道德改革法》(1978)、政府道德署
加拿大	《公务员利益冲突指南》(1973)、《公共服务职员行为标准》、《公职人员利益冲突和离职规范》(1986)、《加拿大公共部门价值观与道德准则》(2012)
英国	《英国公务员守则》(1996)
德国	《德国联邦公务员法》(1953)中规定了公务员权利和义务,而这些义务要求实际上就是对公务员道德和行为的要求
法国	法国于1983年7月13日通过了关于公务员权利和义务的第83—634号法律(勒波尔法),该法提及的核心价值观包括尊严、公正、诚信、廉洁和公正
日本	《国家公务员伦理法》(1999)、《关于执行官员纪律的决定》(1988);设置国家公务员伦理审查会
韩国	《公职人员伦理法》(1981)、《国家公务员法》《地方公务员法》、《公职人员伦理实施令》《公职人员伦理法实施规则》、《公职人员伦理宪章》、《公共事务条例》、《公益举报人保护法》、《公共机关信息公开法》(1996)、《公务行动纲领》、《防止不正当请托和利害冲突法》、《金英兰法》、《公职人员廉正准则》(2003)
菲律宾	《菲律宾公职人员行为准则及道德标准的实施细则》
新加坡	《部长行为准则》(1954)

由于各个国家或地区政治体制不同、文化背景及生活习性差异,他们公务

---

① 参见熊缨等译著:《外国公职人员行为及道德准则》,中国社会科学出版社2017年版,第2页。

伦理法制化的方式也是表现不同:一方面,有直接通过专门性法律对公职人员伦理进行规范和规定的,如日本《国家公务员伦理法》(1999)、韩国《公职人员伦理法》(1981)。另一方面,则主要依赖公务员法等对公职人员在基础性法律中进行道德约束、行为规范。如1990年的澳大利亚《公务员法》、法国的第83—634号法律(勒波尔法)。最后,就是一些国家直接采取单独颁布道德准则或行为准则,如意大利、波兰。当然,更多国家或地区是将道德与行为准则进行结合,如美国《行政部门雇员道德行为准则》《加拿大公共部门价值观与道德准则》《爱尔兰公务员标准及行为准则》等。① 于此,《联合国国际公务员行为准则》于2013年颁布实施,共有54条,包括20个方面的内容,皆与联合国提出的诸多价值观与国际公务员的角色和职责紧密联系,也反映了联合国宪章的要求。此外,这些公务伦理法制化的方式、过程、结果都有效配合了他们的腐败治理机制运行。

(二)公务伦理法制化的方向

公务伦理法制化,不仅益于遏制腐败,提高公正性,也更容易提升公共服务水平和行政效率。鉴于公务伦理价值表较多,而公务伦理法制化可能存在价值的"诸神之争"的问题,明确其方向和落脚点显得必要。权力的"公共性"是基于一种公众信任,它要求公职人员把对宪法、法律和道德规范的忠诚置于个人利益之上,不依赖权力角色或便利为自己谋取不当利益,或者故意使其他人处于优势或不利地位。为此,各国普遍认为,鉴于公职人员的特殊身份其必须遵守更高的行为道德标准。但是在不同国家的公职人员行为及道德准则中,其根据国情所强调的价值观/道德原则可以相异。2000年经合组织(OECD)经调查发现,OECD各国强调最多的8个公共价值观分别是:公正(24个国家)、合法(22个国家)、正直(18个国家)、透明(14个国家)、效率(14个

① 参见熊缨等译著:《外国公职人员行为及道德准则》,中国社会科学出版社2017年版,第11页。

国家)、公平(11 个国家)、负责(11 个国家)和正义(10 个国家)。另外有研究在分析各国公职人员道德法和行为/道德准则的基础上,总结出 12 条常见的道德原则(见图表6-1-2)。①

图表 6-1-2　公职人员常见的 12 条道德原则统计表

原则 1	正直	在公共、职业和私人生活中,公职人员的行为应该能保持和增强公众对政府的信任和信心。公职人员应该表现出职业能力和个人行为的最高标准,充满活力和善意地高效履行其职责。
原则 2	忠诚	公职人员应该致力于维护宪法和法律,能够忠实地履行其职责。
原则 3	透明	即公职人员被赋权行使权力、分配资源。因此,应尽可能公开他们做出的决定,并注意证明其行为具有正当理由。只能在更广泛的公众利益有明确要求的情况下,对信息进行保密。
原则 4	保密	即公职人员可以使用和披露属于公共知识和公众有权了解的信息。但是,在履行公共职责时,公职人员可以获取保密或属于私人性质的信息,这些信息则不能对外披露。
原则 5	诚实	即公共服务是一种公共信任:公众委托政府官员来代表他们。公众对政府的信任、信心和尊重取决于公职人员是否诚实,或是否被视为诚实。公职人员必须遵守他们所作出的承诺,真诚、不欺骗、不欺诈、不腐败。
原则 6	负责	公职人员对其决定和行动负责,最终对公众负责。他们必须做好准备说明他们的决定和行动,并接受对其公职的任何审查。
原则 7	为公共利益服务	公职人员做出的决定和行动必须是为公共利益服务,而不是出于他们的个人利益,包括其家庭、朋友或其他外部机构和团体的利益。公职不得用于私利。
原则 8	行使合法权利	公职人员被赋予权力和职权。这些权力和职权必须在其公职中合法行使。公职人员一定不能溢用其权力和职权。
原则 9	公正	公职人员应以公平公正的方式做出决定和采取行动。选择应该是在择优的基础上做出,提供的建议也应是不偏不倚。不得因人种、种族、国家、民族、性别、语言、条数、政治意见或其他地位或任何其他无关的考虑而有所倾向。
原则 10	尊重法律	公职人员应该遵守法律,并服从适用于其履行公职的法规、指令以及有关部门的指示。
原则 11	积极回应	公职人员应该及时倾听、回应利益相关方的需求,尊重并有礼貌地对待他们。
原则 12	以身作则	公职人员应该通过以身作则、率先垂范来促进和支持这些原则,表现众所期望的榜样的最高标准。

① 参见熊缨等译著:《外国公职人员行为及道德准则》,中国社会科学出版社 2017 年版,第6—8 页。

经由法制化的过程，公务伦理蜕化为公务伦理法制，其外形已是法规，但其实质仍为伦理事项。简言之，这些公务伦理法制皆以形式上更为明确的服务法规之形态出现，契合了法治原则及精神，将原属抽象的伦理义务自此转化为具体的法律义务。公务员直接或间接受雇于国家，其所服膺的公务伦理，始终是仅次于依法行政的重要凭据；而以公务伦理为基底建构的公务伦理法制，也有越来越多的趋势。①

三、公务伦理法制化的 SWOT 分析及调适

正义的最后一个现实性原则是：制度化，也就是稳定化。② 我国一向重视伦理传统文化，法律难以全部规范、周全，往往会出现挂一漏万，以致一些模糊的灰色空间仍然存在，为使所有公务人员能有明确具体的行为准则，故需要公务伦理法制化，即制定伦理法规。本书认为，首先，现行我国仅有《公务员法》以规范公务员权利、义务的法律，还略去了前期道德的强化教育。其次，利益输送虽不像贪污受贿危害感受强烈，却严重侵害法益，虽有刑罚必要，但不能忽视权力主体的道德建设，否则不仅会有"不教而诛"之嫌，也使人与制度难获尊严维持；最后，公共伦理法制化既是权力主体伦理精神严重匮乏亟待完善的需要，也是公职人员忠诚、公正、谨慎以及契约精神的要求。

（一）公务伦理法制化的优势：明确、规范、统一、效力

权力不仅需要监督，更需要自我约束。如今，部分被法制化的"法"，其可贵在于文字具体明确的表述，既有尺度标准，也有行为方向，当然，法规范本身只是法体系运作的上游，并非全部，法的执行才是重心所在。公务伦理法制化

---

① 参见刘昊洲：《公务伦理暨法制论》（初版），五南图书出版股份有限公司 2015 年版，第 183 页。

② 参见[德]奥特弗利德·赫费：《政治的正义性——法和国家的批判哲学之基础》，庞学铨、李张林译，上海译文出版社 2005 年版，第 305 页。

主要理由：一是伦理规范更加明确。多数伦理道德规范欠缺规范或仅有模糊笼统的文字表述，而容易陷入主观抽象的窘境。为此，更加精确、周延的具体表述更易得到客观一致的认知。二是执行更有效力。伦理因有人情亲疏之别，固有执行等差，只能形成大致的社会共识，难以成为全民遵守的一致标准。法制化后，伦理道德内涵已转为法令规范，公权力的介入，确保了统一、普适的效果。三是符合法治潮流。在近代民主法治思潮与其后，法律规范已逐渐取代伦理道德与宗教，而成为行事准绳。法律虽不是社会规范的"唯一"，却是"重要之一"。公务伦理的内涵若能转化蜕变为法规范的一部分，也自然是符合法治国的时代潮流。

（二）公务伦理法规法制化的机会：域内、外的现实需求

20 世纪中期以来，发达资本主义国家针对公共服务领域利益冲突、道德颓废和信任危机等问题，以解决利益冲突为主要目标，公共服务伦理规范建设呈现出规范化、制度化的发展趋势。① 尤其法治发展、廉政建设较为发达的国家其公务伦理法制化已成为普遍，并形成了围绕"忠诚"为核心的多个法制化方向，且有效融入了腐败治理机制之中。此外，世界上法治文明较为发达国家和地区均不乏制定公务伦理规范之先例。美国作为较为清廉的国家。根据透明国际公布的"清廉指数排行榜"，近十年来美国一直位于前 25 名内。② 最早于 1883 年通过文官法（*The Pendleton Act*），1939 年通过赫奇政治活动法（*The Hatch Political Activities Act*），1978 年通过政府伦理法（*Ethics in Government Act*），并据此成立政府伦理局（*Office of Government Ethics*），以为执行机构；1989 年政府伦理法再度修正，布什总统亦颁布伦理行为守则（*Principles of Ethical Conduct*）。此外，美国国会亦分别制定或修正与公务伦理相关的法案，

---

① 参见丁顺生：《公共服务伦理规范与廉政建设》，中国方正出版社 2010 年版，第 9 页。

② 参见《美国政府道德法、1989 年道德改革法、行政部门雇员道德行为准则》，蒋娜、张永久等译，中国方正出版社 2013 年版，第 1 页。

如美国政府道德法、1989 年道德改革法、行政部门雇员道德行为准则（2011
修订）、政府伦理局权威强化法（1988）、联邦采购政策法修正案（1988）等。[①]
英国则颁有政府伦理法、公共服务守则（*The Civil Service Code*）等法规，加拿大
制定了公共服务价值与伦理法（*Values and Ethics Code for the Public Service*），
日本则以国家公务员伦理法为主，至于新加坡则颁布了行为与纪律准则（*Con-
duct and Discipline*）作为其公务员之伦理规范。经济合作暨发展组织（OECD）
亦于 1998 年建议各会员国应建立有效的机构体系，以改善公共机构的伦理
行为。

当前我国公务伦理存在一定的式微，与其作为重要的社会规范、价值引领
的地位不太相符，供给与需求出现一定程度的失衡，如何有效发挥公务伦理的
价值性作用，已成为亟待解决的重要现实问题。

（三）公务伦理法制化的风险：自身"短板效应"较为明显

法制化必然会遭遇到伦理本质与执行的困难。这些困难的克服与突破，
势将影响其法制化的进度与程度。首先，公务伦理范围广泛，法制化范围、内
容受限。公务伦理范畴所涉事项广泛、内涵丰富，多涉及人情因素，有些是较
高标准，只要涉及公务员的言行举止，即有公务伦理的适用空间，然而公务伦
理法制，只能择其要者规范之。否则，将是一件艰巨的法制工程。其次，公务
伦理原则、内容抽象且模糊，概念、内容多呈以教条化与抽象性宣示。忠诚、中
立如何界定？概念不清，则教条宣示的意味仍十分明显。原本将公务伦理法
制化，结果反而使得这些规范看起来像是权力守则或公约，徒具形式的象征意
义，而缺乏实质上的操作价值，这也是当前公务伦理法制的瓶颈。最后，公务
伦理欠缺客观性标准，容易衍生责任争议问题。公务伦理法制的许多条文规
定，均以诚勉谈话、教育的形式呈现，伦理义务如何变成法律义务？许多规定

[①]　参见刘昊洲：《公务伦理暨法制论》（初版），五南图书出版股份有限公司 2015 年版，第
131—132 页。

通常为抽象性原则,并无对象、程度、事项等具体性规定。据此而规制,往往会产生"欲加之罪何患无辞?"就法治国原则观之,处罚固能增进吓阻效果,确保法的威信。若处罚种类、轻重程度不当,难免会引起"妥适性"的争议。只有"事当其责,责当其罚"才应符合平等与比例原则。

此外,公务伦理作为调整权力交往过程中的一种关系规约,自然与人情纠葛不清,其公正性难免不受相应影响。而且,在实务执行上,因为有的内容又太过琐碎与细微,也难以符合"法律明确性原则",也不利于实际操作和执行。

(四)公共伦理法制化的调适:应然坚持与实然谨慎

在公务伦理被高度肯定后,为强化它的规范效力,将其法制化的呼声与要求不绝于耳,也从未间断。尽管有人认为法律与伦理道德本质属性各有不同,伦理道德不应法制化,但多数学者还是认为法制化是让伦理道德内容推陈出新、更为明确具体、具有执行力且符合法治潮流,故应予以支持。较有歧见的是法制化到什么程度而已。为此,本书在我国公务伦理适用的现实进行考量与域外经验借鉴的基础上,并经过 SWOT 分析认为,法制化应是必然。即公务伦理法制化在应然层面应继续实践,在实然层面则需要审慎,即采用一种"先行先试"的做法,并不是一股脑儿将公务伦理全面法制化,而是先局部的、渐进的、适应时势需要、具有高度共识的事项、内容先法制化。但某一伦理事项法制化与否,仍然需要依赖现实基础,获得专家、学者充分论证后,加之政府推动的决心、公职人员的承受程度等多因素平衡而做出。

四、公务伦理法制化的路径及趋势

(一)法制化进程中循序渐进

"化"是一种无形的改变,是一种进行式与动态实践的过程。但局限于主客观因素的考量,"化"的路径可能是"唯一"或者"之一"。公务伦理不仅具有共识性，而且具有规范性。透过其"化"的改变与蜕化过程，公务伦理的内涵仍有伦理元素，但其外形、位阶与执行效力已然同于法规，公务伦理法制化的目的已然达成。公务伦理的内涵既广泛且抽象，其范围亦无边界可言，若使其法制化，本身不易。为此，一是应当适当限缩公务伦理范围。排除无关的、非重要性、不够具体明确的、不易执行的部分。二是重点突出。在资源与精力有限之下，应关注民意与舆论聚焦重点。针对具有重要政治意涵、意义重要且易发生弊端的公共伦理内涵，例如忠诚、清廉、勤勉等范畴即可。三是载体科学。公务伦理法制化载重不可过重，朝向客观、具体、明确、可行的方向，以条文方式予以规定。较重要者以法律明定，次要者以法规命令规定，再次者以职务命令规定，抑或以工作公约的形式呈现。四是逐步推进。在立法资源、人力、物力、时间有限之下，要会抓"牛鼻子"而不能"眉毛胡子一把抓"。五是客观描述。必须通过更为精确的、具体的、客观的、更多文字的描述以减少模糊空间。六是降低适用规范。法律只是最低限度的伦理道德。为区别于强行法规范，公务伦理法制化应该降低违反的所谓涵摄标准，方能避免法不责众。为此，公务伦理与其法制化的关系可表述为：公职人员（主体）+伦理道德（规范）=公务伦理（意义）——→公务伦理法制化（过程）——→公务伦理法制（结果）——→公务伦理法治（实践）。

（二）法制化在曲折中前行

公务伦理法制化是个不可逆转的潮流趋势。公务员直接或间接受雇于国家，其所服应的公务伦理，始终是仅次于依法行政的重要凭据；而以公务伦理为基底而建构的公务伦理法制，也有越来越多的趋势。[①] 为了配合"从严治党""以法治国"，我国可以参酌其他国家、地区的做法，结合本土实际，主管机关应选择重要伦理道德项目（参照社会主义核心价值观），通过立法程序，将

---

① 参见刘昊洲：《公务伦理暨法制论》（初版），五南图书出版股份有限公司 2015 年版，第183—185 页。

其提升为法律、法规。这亦是重视道德建设,依法治国和以德治国双模式结合的结果和选择。同时,法制与伦理道德的内涵都不可能一成不变,应随时代环境、社会观念或政策目的转变等因素予以因应调整。

新时代下,公务伦理法制化可以先从行政规定逐渐过渡到法律规定。并逐渐趋向:从笼统概括到具体明确,从抽象宣示到客观务实,从一般普遍到个别事项,由不作为到积极应为。公务伦理法制化的过程亦如同自然法的演进一般,经过多年的实践发展,即以职权命令或行政规则的形式出现。同时,法制化后的文本规范要求也将从最低标准到逐渐调整提高。当然,由伦理道德转化为法规第一步,通常都是采取最低标准。公务伦理法制化会在法治社会与"法律至上"理念之下获得较快发展。

第二节　权力他律:监督体系与市场机制并行

一、党内监督法治化

当前,我国80%的公务员和超过95%的领导干部都是共产党员,[①]这就决定了党内监督和腐败治理具有主体范围的一致性,也决定了实行全面从严治党和法治反腐相统一的必然性。对于执政党及其党员干部来说,失去"最广大人民的根本利益"代表是最大危险,权力腐败是最大威胁。根据中共中央办公厅法规局发布的数据可知,"截至2021年7月1日,全党现行有效党内法规共3615部。其中,党中央制定的中央党内法规211部,中央纪律检查委员会以及党中央工作机关制定的部委党内法规163部,省、自治区、直辖市党委制定的地方党内法规3241部。党内法规使用党章、准则、条例、规定、办法、规则、细则7类名称,现行有效党内法规中,党章1部,准则3部,条例43部,规

---

①　参见中共中央纪律检查委员会、中华人民共和国监察委员会法规室:《〈中华人民共和国监察法〉释义》,中国方正出版社2018年版,第34页。

定 850 部,办法 2034 部,规则 75 部,细则 609 部。"①然而许多文本则是"僵尸制度",处于"静默监督"状态。

(一)党内法规监督亟待完善

党的十八届四中全会决定明确指出,党内法规和国家法律都是党依法执政的重要载体。坚持依法治国的基本方略和依法执政的基本方式,必须大力加强党内法规建设。② 依据前述,党内法规在数量、体量与质量上都较之前有所完善。然而,大体量的党内法规制度的存在是否会尾大不掉、难以协调? 犹如宇航员太空服过于笨重,虽"进得了太空,却吹不响口哨"? "如果只注重条文而不注重实施状况,只能说是条文的、形式的、表面的研究,而不是活动的、功能的研究"。③ 长此以往,党内法规容易形同虚设或成为"无牙齿的老虎",制度失灵、制度空转的现象严重,"技治主义"难以有效发挥,将逐渐产生"破窗效应"。要摆脱制度负担沉重与因袭观念沉重的双重作用,党内法规必须摆脱"挂在墙上、说在嘴上"的空转与悬置状态,解构被遮蔽的真问题,从"宽松软"走向"严紧硬",实现从"封闭式"向"开放式"的治理转型,这是党内法规实现有效监督的必然和应然。

(二)党内法规的合规监督

当前,我国全面从严治党和党风廉政建设,已进入一个"用纪律说话,用纪律思考"的时代,纪律建设进入了快车道,纪律问题不是小事,纪律规矩不是"稻草人",而是以一贯之的行为规范和制度要求。④ 马克思称赞巴黎公社

---

① 参见中共中央办公厅法规局:《中国共产党党内法规体系》,《人民日报》2021 年 8 月 4 日。
② 参见李忠:《党内法规建设研究》,中国社会科学出版社 2015 年版,第 108 页。
③ 瞿同祖:《中国法律与中国社会》,中华书局 1981 年版,第 2 页。
④ 参见庄德水:《反腐新常态》,中共中央党校出版社 2016 年版,第 30 页。

一切社会公职总是处于切实的监督之下,十分强调对权力的监督和制约,既要监督国家公职人员的行为,又要加强无产阶级政党内部的监督。① 不正之风和腐败问题是对政治生态最大的侵害。② 通常作为党员干部和公职人员双重身份的国家工作人员其权力使用的合规与安全自查,需要建立一种内部的警示制度,检查消除权力不法或滥用的隐患能力,利益输送的"腐败"发现早,"小火"灭得了,党内法规可以被赋予一种揭弊、通报、警醒的内部"吹哨者"角色。在新修订的《中国共产党纪律处分条例》中,党员义务履行、禁止权力滥用贯穿始终,"反对任何滥用职权、谋求私利的行为"。并根据违反规定的情节较重,给予警告、严重警告、撤销党内职务、留党察看或者开除党籍处分。例如,第95条对涉嫌利益输送的情形进行了列举和明确。③

(三)党内监督与其法律法规的衔接

党纪是防腐的戒尺,法律是惩腐的利器。党内法规影响力渐趋增强,衔接实务性和高效性的直接体现。这种衔接也是"依法治国""从严治党的需求",反之,衔接也是迎合且搭"依法治国""从严治党"的"便车""快车"。是故,党内法规与更具规范性、严厉性的法律衔接不仅是"工具意识"下文本功能互补与意义延伸,更是对党组织、全体党员滥用权力的"精准"规范。党内法规与法律既相互独立存在,又同在宪法精神下规范性叙事,表征为理想的"共栖"关系与象征空间。二者基于环境现实与行为事实的维度,以文本、制度、政治、介质等为衔接基础,通过事前预防与事后预防相结合,文本角色边界与主体行为本质、结构的识别、涵射,信息共享下大数据关联分析,文本制度程序上承上

---

① 参见陈海英:《新时期我国反腐倡廉机制的完善与创新研究》,人民出版社2015年版,第35页。

② 参见刘峰:《监督的力量》,人民出版社2017年版,第22页。

③ 第95条规定,相互利用职权或者职务上的影响,为对方及其配偶、子女及其配偶等亲属、身边工作人员和其他特定关系人谋取利益搞权权交易的,给予警告或者严重警告处分;情节较重的,给予撤销党内职务或者留党察看处分;情节严重的,给予开除党籍处分。

启下,内容上规范相融等技术理性来保障价值理性——公共利益的依归。借助技术与价值的互构、通融实现"力"与"理"的衔接,以此实现文本间衔接现实的一般均衡向应然的优质均衡转变。2016 年 10 月 27 日中共中央通过《中国共产党党内监督条例》第 37 条第 2 款,2023 年新修订的《中国共产党纪律处分条例》第 28 条至第 32 条、第 35 条中对"纪法衔接"作出详细规定。对于严重违纪涉嫌违法犯罪的,原则上先作出党纪处分决定,并按规定给予政务处分后,再移送有关国家机关依法处理。刑法作为治理利益输送的重要工具与最后保障,自然需要为党内法规衔接、兜底。

二、国家监督制度化——审计、监察、法律监督的机能整合

(一)审计监督是防控利益输送的特殊经济监督

近年来,每一次审计报告的公布都会成为社会关注的焦点。[①] 审计监督是一种独立的经济监督活动与特殊的监督形式,在对公共资源交易中扮演着重要的监督、评价角色,可以有效地发现潜藏中的利益输送。通常认为,审计具有监督、评价、鉴证等主要职能。监督职能是最重要最基本的职能与核心实质,对行政机关、国有企业及其工作人员的经济行为,具有直接有效的监控作用。从文本意义看,审计就是审查监督会计,是专职机构和人员依法对相关单位的财政财务收支状况与其经济活动的真实性、合法性及效益性进行审查、评价且有效维护财经法纪。审计的目标主要是鉴定被审计单位,反映经济活动的有关资料的公允性和合法性、合规性、效率性以及一贯性等,然后并出具审计报告。[②] 据悉,在德国,审计署是独立于立法、行政、司法之外政府的专门监督机关——仅对议会负责,其主要任务是(随时)审查政府行政经费使用是否合理,可以根据审查中发现问题的不同情况,分别与检察机关、刑事警察局进

①　参见庄德水:《反腐新常态》,中共中央党校出版社 2016 年版,第 80 页。
②　参见张弓、张智辉:《权力制约与反腐倡廉》,中国方正出版社 2009 年版,第 445 页。

行联系、共同查处。为此,对于政府机关、国有企业关涉公共预算、市场行为的领域,应增强审计监督在遏制利益输送方面的作用,继续强化审计监督的刚性约束,并进一步提高预算审计与报告的透明度,建立与审计相关的利益输送行为问责机制,完善以控制权力滥用为导向,具有本土特色,又符合国际审计惯例的国家审计模式。

(二)国家监察是对利益输送最直接有效的全面监督

国家监察是对公权力最直接最有效的监督,监督全覆盖和监督的严肃性、实效性,直接关乎党的执政能力和治理,治国理政科学化水平。[①] 从《中共中央关于全面推进依法治国若干重大问题的决定》规定中不难发现,"有效制约和监督权力是国家监察的基本功能"[②]。监督是监察委员会的首要与根本职责,权责对等,严格监督,是监察机关及其工作人员履职的基本要求与坚守原则。监察委员会代表党和国家依照宪法监察法和有关法律规定,监督所有公职人员行使公权力的行为是否正确,确保权力不被滥用。[③] 作为代表着最广大人民的根本利益的监察委,其职能不是行政监察、反贪反渎、预防腐败的简单叠加,而是代表党和国家对所有行使公权力的公职人员进行监督,依托纪检对职务违法与犯罪行为调查,但不是司法机关。权力意味着责任。针对利益输送行为,需要注意监察的对象是行使公权力的公职人员,而不是普通的刑事犯罪嫌疑人,其调查的内容是职务违法和职务犯罪,而不是一般的刑事犯罪行为。通过惩治和预防利益输送违法与犯罪,而防止裁量权滥用、权力异化,始终保持着公共权力的人民性与廉洁性。

此外,对于检察机关可以通过检察建议、审判监督的法律监督应把事前、

---

① 参见中共中央纪律检查委员会、中华人民共和国监察委员会法规室:《〈中华人民共和国监察法〉释义》,中国方正出版社 2018 年版,第 88—89 页。

② 吴建熊:《监督、调查、处置法律规范研究》,人民出版社 2018 年版,第 44 页。

③ 参见中共中央纪律检查委员会、中华人民共和国监察委员会法规室:《〈中华人民共和国监察法〉释义》,中国方正出版社 2018 年版,第 88 页。

事中和事后监督有机结合，在职能上与监察委有效衔接，以使法律监督取得最佳效果。当然，在我国，除了审计监督、监察监督、法律监督等有权监督之外，也还有代表人民行使国家权力的人大监督。各级人大及其常委会，对行政权、司法权的制约和监督工作，应该常态化、具体化、规范化和实效化。① 人大监督除了立法职权职责之外，则主要通过决定、罢免、选举、质询、审查批准、改变撤销等手段实现利益输送及其他权力不法的监督。②

三、社会监督规范化——媒体舆论反腐与"非公"主体协作预防制度的建立

马克思恩格斯指出，一切公职人员必须"在公众监督之下进行工作"③。笔者认为，为了更好有效规制公权力的利益输送行为，应当"把权力关进制度的笼子"之后，把钥匙交给国民保管。不仅在于社会反腐具有直接便利之处，具有广泛性和永久性，更是最直接最有效的监督主体。④

（一）自媒体反腐的监督与规约

在信息时代，每一位社会个体都应睁大眼睛，诸如利益输送等不法行为正在悄然掏空与掠夺我们的利益。而随着自媒体的勃兴，普通民众将借助网络参与反腐的积极性与主动性不断被激起，网络反腐有效弥补了国家监督机构的短板与不足。2003 年，最高人民检察院开始建立网络举报平台，借助网络举报功能开展反腐败斗争。2009 年 5 月 4 日，最高人民检察院明确将网络纳

---

① 参见邓杰、胡廷松：《反腐败的逻辑与制度》，北京大学出版社 2015 年版，第 227 页。
② 具体包括：决定、罢免本级政府主要组成人员；选举同级人民检察长、法院院长；听取和审查本级人大常委会、本级政府、法院、检察院的工作报告；审查批准、本行政区域内国民经济和社会发展计划、预算及其执行情况的报告；改变和撤销本级政府不适当的决定与命令；质询和特定问题调查等实现监督。
③ 《马克思恩格斯选集》第 3 卷，人民出版社 2012 年版，第 141 页。
④ 参见郑洁、卢汉桥：《反腐倡廉论》，社会科学文献出版社 2015 年版，第 102 页。

入举报渠道。2010 年 12 月 19 日,我国发布《中国的反腐败和廉政建设》首次肯定了网络监督的作用。① 之后,网络反腐、网络监督成为全国两会的热词,赋予网民话语权的网络监督成为腐败发现、查处的一条重要路径。然而,网络反腐尽管虚拟、隐形参与的主体非常广泛、方便快捷成本低、传播范围广且速度快等作用显著。正如"硬币的两面",网络信息证明其虚假性成本与其他间接成本高昂,且反腐机密在信息不对称之下,很容易遭到泄露。网民参与反腐的感性与理性判若两人,往往对制度性、法理性因素反思不够,网络暴政、舆论审判时有发生。为此,步入信息化新时代,我们更需要对网络反腐给予适当地规约和关注,扬长而避短。增强网站责任意识与信息制度建设,消弭网络空间的虚假消息,完善政务公开制度,使网络反腐与制度反腐妥当衔接,真正实现有效、文明的网络监督。

(二)新闻媒体"警犬"与"鼓手"的角色利用

新闻舆论监督的作用在于,它能够及时将利益输送腐败置于人民群众的监视之下,并且将这种监视结果放到公共平台上见光"暴晒",使腐败无法继续隐匿于貌似合法的外壳中。在西方国家,新闻媒体被称为立法权、行政权和司法权之外的"第四种权力",它是保持社会系统畅通的信息通道。新闻媒体在反腐败斗争中积极扮演着"警犬"和"鼓手"两重角色。为此,在反腐败领域,新闻媒体无禁区,依法管理新闻媒介,充分发挥其发现和揭露腐败的作用,极其鼓励和号召人民同腐败作斗争的作用。② 在西方,新闻媒体之所以被称为反腐败的"警犬",关键在于其警犬般的灵敏嗅觉以及异常情况出于本能职守的预警反应,并借此可以从不同的角度监视着政府及其公职人员的权力不法。同时,权力不法者不仅害怕新闻媒体的曝光,而且害怕"聚光灯"下被舆论关注后所招致的公愤与民众谴责,民意不论直接或间接都会督促国家专门

---

① 参见卢汉桥、郑洁:《反腐路径论》,社会科学文献出版社 2015 年版,第 305—306 页。
② 参见张穹、张智辉:《权力制约与反腐倡廉》,中国方正出版社 2009 年版,第 465 页。

机关展开有效的控诉与审判。经验表明,新闻媒体是腐败治理很好的"鼓手",它不仅能借助宣传动员民众,聚集正义力量,增强社会反腐信心,同时也有效扩大了腐败治理的一般预防效果。

(三)"非公"主体教育与监督的强化

利益输送包括传者与受者互为主体。传者为国家工作人员,受者为利益输送的接收方,通常为"非公"主体。基于公共资源供给与需求的具体而言,利益输送的受者与传者是相对的而不是永久固定的。为此,监督防范的用力点需要一种均衡处置,而不能只顾一头,顾此失彼。在反腐败过程中,除了要关注权力拥有者一方,还需要管住权力的相对面——"非公"主体的腐败协作预防,视其为改善反腐环境的重要措施之一。加强向非公主体宣传腐败的危害性和危险性,争取和推动非公主体对惩治腐败行为的支持,鼓励其积极参与反腐败的学习。尽管对"非公"主体的这种宣传与教育,相对于公权力主体而言,可能收效甚微,但正是基于此,法治意识与信仰才得以渐进、增长,这在一定程度上意味着公众对腐败治理的信心和市场法治的成熟度。

(四)监督效能动态化——多模态权力监督的协同

众所周知,结构产生功能,功能是结构的合力与张力的一种表现,多种监督模式的结合运用使得利益输送如同置身层层设置的"高压电网",这就是其张力构成的威慑力。多模态权力监督的张力不仅体现在"合力",而且体现在与宪法、法律的衔接上。当前,制定监察法,就是通过立法方式保证,依规治党与依法治国、党内监督与国家监察有机统一,将党内监督同国家机关监督、民主监督、司法监督、群众监督、舆论监督贯通起来,不断提高党和国家的监督效能。[①]

---

① 参见中共中央纪律检查委员会、中华人民共和国监察委员会法规室:《〈中华人民共和国监察法〉释义》,中国方正出版社 2018 年版,第 35 页。

同样,在德国的"透明国际"提出了类似于我国社会治安综合治理的概念,叫作反腐败的"机能整合系统",其核心点在于防治腐败仅靠立法是不行的,应建立一种有效的防治腐败行为的监督机制,借助于媒体的力量、审计署的监督职责、司法部的反腐败职能等,编织一张反腐败的大网。①

亦如,财产收入申报制度被称作一项"阳光法案",因可以有效避免利益冲突与保障权力的纯粹性而被世界大多数国家和地区所采用。但我国《公务员法》《政府信息公开条例》尚未能就官员财产申报与公示作出明确规定。为此,我国可根据本土特色、社情民意,逐渐推进官员财产申报与公示制度,毕竟随着我国法治反腐的进行及《个人所得税法》的调整,我国公职人员财产申报已逐渐浮现光亮。

为此,权力监督与社会监督结合的多模态监督间充分合作,让阳光照亮权力空间,利益输送之腐败机制就难以滋生。当万千眼睛交织起来,容易失衡的权力也能被围观者堵到墙角。紧紧抓住容易滋生利益输送的重点环节和关键部位,综合运用党内监督、国家专门机关监督、社会监督等多模态监督,努力形成结构合理、配置科学、程序严密、制约有效的监督运行机制。

引入市场机制是触及利益输送及权力不法、职务犯罪本源的深层次性规制。利益输送直接侵害了公共资源的公平配置、破坏了"竞争中性"原则,关联的是诸多市场经济性因素。其主要表现之一——公共资源交易腐败行为,耗费的是国家资源、损害公共利益、摧毁着国家的公信力,而获得收益的是受委托的交易组织或个人。尽管市场经济体制是绝大多数国家从资源优化配置出发进行的理性选择。但市场的竞争特质决定了交易双方容易存在共谋和利益结盟的动机、时机。公共资源是否安全、有效配置使用,取决于政府应对能力与风险酝酿及其复杂程度之间的博弈。政府之手可见,而市场的手却是隐形的,只有法治场域内"两只手"才能灵活交互作用。引入市场机制,不仅可

---

① 参见《德国联邦公务员法　德国联邦公务员惩戒法》,徐久生译,中国方正出版社2014年版,第12页。

以使市场在资源配置中的决定作用更好地优化公共资源配置,也利于激励和规范社会参与利益输送的治理。

四、市场治理机制的优化:激励与规范

(一)政府向市场让渡权利

当前,我国市场经济日趋成熟,平等、竞争、法治化的市场经济特征明显,然而政府依然长期处在多领域、多方向的垄断局面。经济学家哈维·莱本斯坦通过研究认为,垄断条件下的任何组织都有可能丧失追求成本最小化与效率最大化的动力。[①] 政府独特的垄断性、强制性地位不仅容易侵害公民权利,也容易诱发权力寻租,导致权力与权利交往关系的失衡,使得腐败治理效果不佳。而通过政府向市场让渡部分权利,不仅可以松动这种垄断格局,提高政府在社会治理过程中的工作效率,也可以减少政府不必要的干预,相应限缩了权力寻租的必要空间。人们普遍假设提高政府组织效率的最佳,甚至唯一的方法就是用某种建立在市场基础上的机制,代替传统的官僚体制。[②]当前所倡导的"构建新型政商关系",即是在市场环境下,政府权力与非公有制企业权利之间的规范交往。此外,政府向市场让渡权利也有效维持了供给与需求相互作用的市场均衡。经济学上的市场均衡一般指特定时期内有购买意愿和购买能力的消费者所购买商品的数量和价格完全等于生产者生产、出售的数量和价格。"公共市场改革后,政府向市场让渡权利也只是使用权的出让,如工程建设项目、土地使用权和矿业权的出让、国有产权交易及国有资本的投向等,所有权和资本安全的保障仍保留在政府手里。为此,政府在资源配置过程中,应充分尊重市场,维护市场竞争、法治的基本精神。2020 年,国务院印发《关

---

① 参见[美]罗杰·弗朗茨:《X 效率:理论、论据和应用》,费方域等译,上海译文出版社1993 年版,第 231 页。

② 参见[美]盖伊·彼得斯:《政府未来治理模式》,吴爱明等译,中国人民大学出版社 2001年版,第 25 页。

于取消和下放一批行政许可事项的决定》主要内容包括取消 29 项行政许可事项,下放 4 项行政许可事项的审批层级。此外,有 20 项法律设定的行政许可事项,将依照法定程序提请全国人大常委会修订法律。据不完全统计,涉及公共市场和公共资源交易的 12 项,占比 36.37。党的十八大以来,国务院已经分 16 批取消下放 1094 项行政许可事项,其中,国务院部门实施的行政许可事项清单压减比例达到 47%。

政府向市场让渡权利的另一面,要加强权力的自律和制约监督。针对利益输送容易出现的权力配置公共资源的"风险点",要规范公共财政的分配行为,严格监督、检查政府的预算、收付及采购情况。尤其针对近年来国有企业、金融领域利益输送问题严重、多发的情况,应建立一种有效的权力监管、协调机制。

(二)保障市场在资源配置中的决定作用

市场机制的核心则是价格机制——作为市场经济的信号系统与竞争机制——市场实现对资源配置的重要杠杆。市场在资源配置中的决定作用可以有效阻滞利益输送生成的机会及可能,尤其对公共资源交易类型效应显著。从市场中来,回到市场中去。当前,我国还处于转型时期的社会发展实际,改革和完善权力监督制约机制,客观上要求从完善社会主义市场经济体制,健全与规范与之相联系的各项基本经济制度和运行机制等途径入手。"凡法律法规规定未明确禁入的行业和领域,都要允许各类市场主体平等进入;凡向外资开放的行业和领域,都要向民间资本开放"。我国 2015 年仅政府采购总额为 21070.5 亿元,约占到 GDP 的 3.1%,约占财政支出的 12%。而至于工程建设、国有土地交易、产权交易等难以统计的金额更大。这一巨大公共资源交易金额为私人部门从公共部门获取交易合同和利润提供了诸多机会,同时也成为腐败高风险的领域。① 尤其随着我国经济的快速发展,整个经济的体量和

---

① 参见王丛虎:《公共资源交易腐败治理的策略》,《中国政府采购》2016 年第 9 期。

总量甚为庞大，规范公共资源配置显得尤为迫切和重要。要从广度和深度上推进市场化改革，大幅度减少政府对资源的直接配置，推动资源配置依据市场规则、市场价格。市场竞争实现效益最大化和效率最大化（通过取消或下放行政审批权减少政府市场干预；对权力的改革，增加市场的张力活力，释放公共市场空间；努力减少交易的障碍和成本）使市场在资源配置中起决定性作用和更好发挥政府作用，着力降低制度性交易成本，优化营商环境。

　　长期以来，党和政府十分重视市场配置资源的作用。① 工程建设、土地出让、产权交易、政府采购、医疗采购等领域在内的公共资源交易市场是公共部门与私人部门接触最多的环节，也是利益输送高发领域。该方案重点强调推进公共资源交易平台整合工作中制度规则、信息共享、专家资源和服务平台四个统一，并确立了整合工作时间表。有些省市还把整合成果扩大在整合后的统一平台上，将医药采购、碳排放权、林地使用权出让等交易项目容纳到本地公共资源统一交易平台上。其后，交易流程规则的统一、标准的统一、数据信息的交换等，都成为迫切需要解决的问题。② 除此之外，中共中央办公厅、国务院办公厅联合印发了《关于创新政府配置资源方式的指导意见》，将公共资源交易领域的改革创新纳入了国家战略范畴。公共资源交易整合的目的在于构建风清气正、公正透明的交易环境，而这一环境的建立必须以公共资源交易的信用管理为基础。③ 以此，进一步保障公共资源的公共性和市场交易的透明性、竞争性及平等性。

　　综上，利益输送治理过程中，引入市场机制不仅必要，而且可行。根据利

---

　　①　如 1993 年党的十四届三中全会改革决定指出，"发挥市场机制在资源配置中的基础作用，必须培育和发展市场体系。……反对不正当竞争，创造平等竞争的环境，形成统一、开放、竞争有序大市场"。2015 年中共中央、国务院有关文件提出，"逐步确立竞争政策的基础性作用"。十八届三中全会改革决定要求，国家保护各种所有制经济的产权和合法利益，保障各种所有制经济依法平等使用各种生产要素，公开公平参与市场竞争，同等受法律保护。

　　②　参见刘慧：《中国国际安全报告》，社会科学文献出版社 2017 年版，第 192 页。

　　③　参见王丛虎、王晓鹏：《推进公共资源交易信用管理精细化》，《中国政府采购报》2017 年 11 月 17 日。

益输送的违法性程度或者公共资源交易的特殊情形,刑法应适当回缩而保持谦抑性,给其他预防犯罪主体腾出相应的空间,使其专注于重要法益和具有严重危害社会的行为。而引入市场机制是实现利益输送治理创新的必要手段,其不是弱化刑法的功能和作用,而是在很大程度上也可以突破社会参与治理的困境,激励、规范社会力量广泛参与,在市场化运作下,公民及市场组织的认识和行为往往带有功利色彩,他们会获得相应的一种期许与收益。这种市场利益机制作用下的"获得感",会使公民参与的积极性、主动性得以延续。且进一步规范公共资源交易平台,厘定公共资源交易整合的新体制,充分发挥市场的平等竞争机制。对刑法适用做妥当性限制,留置其适用的专治领域,对刑法边界进一步明确化、合理化。当然,引入市场机制应当注意公共利益与个人利益的平衡、社会效益与经济效益相协调,即从根本上保障市场在资源配置的决定性作用。

第三节　执法衔接:构建利益输送的
"三级预防"体系

利益输送作为公务伦理悖反的权力不法,其风险叠加使得单靠一部"强制性"刑法规范显得不平衡、不充分。构建由公务伦理法规作为风险防范屏障、行政法与监察法进行风险端口控制以及刑法"最后保障"的"三级预防"空间设置是为必要。即防患于未然而进行伦理法规先前预防的教化与劝进、一般违法裁量的行政处分与政务处分、严重法益侵害下的刑法规范,一旦"第一次法"供给不足时,就需要重视"第二次法"——刑法的适用,梯度、渐进式规制模式层层阻吓,可以实现事前—事中—事后的风险防控。国家工作人员的伦理道德就像窗户上的"玻璃","破窗"若没有及时修复,"破窗理论"则会应验,于是对付"破窗"的有效策略就是"零容忍"。根据"窗户"不同破损程度,采取不同的补救、修复方式。本书认为,对于权力滥用的习惯与"欺诈式"的利益输送,唯有提供合法、及时、妥当的制度救济和法益保护,否则,"你永远无法叫醒一个装睡的人"。根据利益输送的危害性程度,可分为一般性违法和刑事不法,进行递进、层升式的"三级预防模式"以有效抗制或降低权力不法的几率。

一、风险防范屏障:公务伦理法规防患于未然

"徒善不足以为政,徒法不能以自行"①。本书认为,对利益输送的治理要坚持"自律"与"他律"相互结合,"自律"主要源于道德伦理的劝进,"他律"则主要依赖法律、法规的保障。权力运行行为的控制基于内部意识控制的基础上,正面引导与反面警示并用下,提升公职人员"铭记诚信价值"(Mindful to the Value of Sincerity)的信念,"忠诚"地履行义务。于此,公务伦理法规不仅仅是价值意识的一种整合机制;同时,事实上还是对公职人员的行为具有相应强制力的主要引导机制。是故,公务伦理法规在一定程度上作为一种预警机制,其自身对权力运行的道德教化与法制保障作用不能忽视,尽管其实质仍属于伦理性范畴。权力主体对公务伦理的忠诚,既要依赖公务伦理法规道德性教育而强化内在认同——内化为"敬",又依赖伦理法规的保障,外化为"畏"。也只有国家工作人员对权力的来源、意义有了更为深刻的认识、认同,其行为才真正会被责任感、公正感所影响。

(一)公务伦理法规的教育化:强化公共利益认同

公务伦理作为规范权力交往的重要关系范畴,系现代公共事务的重要组成,与公共生活、公共利益密切相关。利益输送作为国家工作人员故意违反法律或规避法律而利用职务便利将公共利益输送给他人,而严重破坏公权力合理配置资源的公平性,致使公共利益遭受严重损失。其实质也是国家工作人

---

① 《孟子·离娄上》。

员严重违反公务伦理而对自身代表的公共利益之身份的一种否定。为此,权力主体不仅因为恐惧法律而认同公务伦理价值,更是因教育下的道德水准提升而强化对"公共利益"的认同。"不教而诛,则刑繁而邪不胜"。① 残酷的刑罚无法阻止行为人别无选择与贪婪到失去理智。苏格拉底认为,美德就是知识,且主张"善出于知,恶出于无知"。在法庭、监狱之外,更需要寻找一种唤醒、激活人性的手段、方式以有效衔接刑法对利益输送的治理。而教育通过启迪人的智慧、道德劝进让人学会做出正确选择,它不仅唤醒灵魂、浸润精神,而且作出价值澄清和情感认同。国外开展公务道德教育,主要是通过政府部门和学校两种渠道。各国都将预防教育为常规性的预防措施。② 各国在制订科学的教育培训计划,改进教育培训方法,丰富教育培训内容,提高教育培训效果方面进行了积极探索,形成了较为完善的公共服务伦理教育培训体系。③

与其说腐败犯罪是权力的滥用,还不如说它是公务伦理的实效性阙如或"空转"。如菲利所认为的,社会对犯罪的反应不能过于直接、简单,更不能以暴制暴,而应当间接地依赖心理的力量来实现惩罚、防止犯罪的目的。权力对公共利益的认同需要公务伦理的一种常态化、规范性的"强化"教育(含培训)形式劝进、导引。而公务伦理法规则兼具该种"认同"特征。认同是维系人格与社会及文化之间互动的内在力量,从而是维系人格统一性和一贯性的内在力量,因此这个概念又用来表示主体性、归属感。④ 为此,公务伦理法规的教育化,不仅刻意强化公共利益认同是国家工作人员的最大利益和共同意向,也要求权力务必代表"公共性"运行。

另外,公务伦理法规所蕴含的适应性教育,主要指形式技术上的妥当性和

———————————

① 荀子:《荀子通释》,贾太宏译注,西苑出版社 2016 年版,第 134 页。

② 参见吴建雄:《"构筑权力之笼"与预防职务犯罪司法研究报告》,中国方正出版社 2014年版,第 121 页。

③ 参见丁顺生:《公共服务伦理规范与廉政建设》,中国方正出版社 2010 年版,第 13—14 页。

④ 参见沙莲香:《社会心理学》,中国人民大学出版社 2002 年版,第 4 页。

内容上的适应。内容所涉场域应涵盖家庭、单位、社会等公权力与公民权利交往涉及的一切空间。而且，内容中所规定的"自我教育"应当是一种自然常态。同时，公务伦理法规的教育功能要与其他廉政教育形式、方法相衔接和结合。如家庭教育是公务伦理教育最好的开端和启蒙，对于一个人的成长，具有非常重要的意义和影响。而该种衔接不仅是法规内容所涉家庭关系的包含，更多的是公务伦理法规教育与家风建设的教育模式之间的衔接。2016 年 10 月 27 日，中共中央通过的《关于新形势下党内政治生活的若干准则》明确要求，"领导干部特别是高级干部必须注重及家庭、家教、家风，教育管理好亲属和身边工作人员"。家风，简单地讲，就是一个家庭或家族的传统风尚。① 从传统文化看，儒家认为国是小家的延伸，家国共构天下，家国同基同构，人们可以通过认知家庭伦理关系来通感社会的政治关系，家是作为国的基础和缩影，而国是家的上层组织形式和放大。不同场域中所进行的伦理道德教育之间是一种相辅相成、相互支撑的关系。马克思说："环境的改变和人的活动的一致，只能被看作是并合理地理解为变革的实践。"②公务伦理法规的价值精神正是通过在公权力与公民权利交往环境中形成而提升为一般性经验认知和文本规范，并反过来影响和约束公权力行为，要求公权力忠诚于伦理法规的公共价值。

（二）公务伦理法规的规范化：保障权力忠诚

公务伦理法规凝聚了公职人员的价值认知，不仅注重权力实施的外在表现，更注重内心忠诚感的实质和良心指向的满足与实现，如上述公职人员常见的 12 条道德原则。而其实质即是公职人员对权力"公共性"价值的忠诚。公务伦理法规将抽象的伦理义务转化为具体的法律义务，对公职人员的日常忠诚行为起着规范、导引作用，并以此来实现公务伦理法规的价值实现。具体表现为：

---

① 参见刘峰：《监督的力量》，人民出版社 2017 年版，第 38 页。
② 《马克思恩格斯选集》第 1 卷，人民出版社 2012 年版，第 138 页。

1. 忠诚于岗位职责之最低限度

利益输送是国家工作人员对其岗位职责的悖反。岗位是一种工作位置，而责任则是权力主体对其权力行为的动机和结果的自我承担。爱岗敬业是岗位职责最基本的义务和要求，更何况作为法律法规模范遵守者、公共利益代表人的国家工作人员更应该在新时代为人民利益坚定"站位"。公务员对于自己的职务，主要是工作内容、工作量、服务对象以及延伸而来的职掌、职责与职权，一定要有清楚的认识与掌握，也要努力做好该做的事情，扮好该演的角色。① 权力忠诚的第三个向度是忠诚于岗位职责，这也是权力忠诚的核心。② A.麦金太尔认为，"社会的基本价值标准是既定的、早就确定了的，一个人在社会中的位置以及来自他的社会地位的权利和责任也同样如此"。③ 忠诚于岗位职责不是韦伯所提倡的现代官僚组织的那种机械的职责样态，权力个体与具体的岗位是联系在一起的，岗位的功能也就是其本人的价值功能，只需对岗位所赋予的责任负责，岗位以外的责任则无须理会。基于工具理性的官僚体制要求行政人员对"形式合理性"不假思索地无限忠诚，使得他们成为官僚体系这架机器的齿轮，变成了无意识的"行政人"。为此，真正意义上的忠诚于岗位职责应是权力个体以清醒的操守和良知来保障公共利益，以真诚守信的责任感和正义感行使权力，在社会管理、公共服务等一系列权力运行活动中最大化地实现公共利益。

2. 忠诚于公共利益之本质属性

(1)公共利益是权力"公共性"的目的

利益输送严重侵害了公共利益，而公共利益则是一种全民福祉。政府的

---

① 参见刘昊洲：《公务伦理暨法制论》(初版)，五南图书出版股份有限公司 2015 年版，第 103 页。

② 参见胡训玉：《权力伦理的理念建构》，中国人民公安大学出版社 2010 年版，第 212 页。

③ ［美］A.麦金太尔：《德性之后》，龚群、戴扬毅等译，中国社会科学出版社 1995 年版，第 135 页。

任务就在于增进和服务于公共利益,①只有以公共利益作为根本出发点,才算是实现了公共承诺。"我们在作出集体决定时,不仅是为了自己而且是为他人再作出决定"。② 国家因人民而存在,人民是国家的主人,国家工作人员则是人民的公仆。如汉代大儒董仲舒所言:"天之生民,非君也;天之立君,以为民也。"在执行职务、与民众接触时,公务员在立场上固应依法行政,但在态度上应有同理心,应以善意关怀、服务、体谅之心为民服务,才能赢得民众对政府机关与公务员的信赖与支持。③

(2)忠诚于公共利益是一种伦理与法定义务

权力的"公共性"是其与生俱来的本质属性。公职人员作为国家机器的重要组成部分,直接或间接代表人民行使公权力,所以对国家忠诚、对人民忠诚是公务员的一种基本伦理义务,而不仅仅是法律上的义务。因为权力个体所处的社会位置是由权力性质与其职能所限定,权力设置也是以公共利益为目的,自然,它的从业者需要具有一种相应的道德控制力量,不能随性地去实现自己的目的。权力一旦缺失了公共性或以公共利益为目的的信念,则不论制度设计如何精美,滥用权力、侵害公民权利和公共利益的行为就无法避免。是故,公职人员应忠诚于公共利益,不允许其独立地或任性地追求利己性的一种主观目的。这不仅是法律义务,亦是一种道德责任。

此外,公职人员忠诚公共利益与忠诚国家具有一致性。权力既然来源于人民的委托和授权,所以忠诚的根本向度就是忠诚于人民、忠诚于国家,具体表现为忠诚于公共利益。这不仅是公务伦理使然,更是宪法、法律的一种本质性要求。

---

①　参见[美]詹姆斯·E.安德森:《公共政策制定》(第五版),谢明等译,中国人民大学出版社2009年版,第160页。

②　[美]施蒂文·凯尔曼:《制定公共政策:美国的乐观前景》,商正译,商务印书馆1990年版,第212页。

③　参见刘昊洲:《公务伦理暨法制论》(初版),五南图书出版股份有限公司2015年版,第105页。

3.忠诚于宪法与法律之基本向度

（1）公权力与人民的契约:基于信赖

利益输送是一种权力不法的违法犯罪行为。宪法、法律是人民利益、公共意志的一种体现,尊重法律则意味着尊重公众的意志。公权力是一种公共服务,公共服务则是一种公共信任和公共利益的保障。正如卢梭在《社会契约论》中所说:"我们无须再问应该由谁来制定法律,因为法律乃是公意的行为。"①根据我国宪法规定,权力来源于人民,经人民赋予、宪法和法律授予,因而权力与人民之间是一种最基本的信赖委托,而这种信赖的实质则是"忠诚"。为此,人民通过其意志代表的宪法、法律授予行政机关、司法机关相应的职权,权力则应基于该信赖关系忠实地履行义务。

（2）权力对法律忠诚的内核:基于公正

权力与法律都是国家意志的体现和公共利益的保障工具,为防止垄断性、强制性的权力被滥用,其必须被法律限制且忠诚于法律及其人民利益,具体表现即为权力运行的忠诚、公正。政府的"忠诚"和守信义务就是依法行政,司法机关的"忠诚"和守信义务就是司法公正。权力忠诚作为一种公务伦理义务,其始于立法者对人民的忠诚,完成于司法者对宪法、法律的忠诚。法治的和谐建基于权利主体和权力主体对法律的绝对忠诚,也建基于权力主体对权利主体的忠诚守诺和恪尽职守。② 为此,公权力与公民权利的利益平衡凸显重要。面临冲突时,权力必须坚持以"至善"为判定标准和以对"宪法""人民利益"的忠诚为行动指南。然而,鉴于第二次世界大战期间"德国纳粹造成的人间悲剧"的历史事实,在这两个原则中,前者必须优先于后者。③ 一旦权力因其利己性、随意性悖反法律而异化,则会直接引起社会公正被扭曲,社会正义被遮蔽,社会秩序被破坏,权力之恶得以释放,生成权力自身严重的腐败,如

---

① ［法］卢梭:《社会契约论》,何兆武译,商务印书馆 2003 年版,第 47 页。
② 参见胡训玉:《权力伦理的理念建构》,中国人民公安大学出版社 2010 年版,第 218 页。
③ 参见李好:《行政忠诚理论与实践》,湖南大学出版社 2008 年版,第 78 页。

利益输送。此时,权力的合法性、权威受到普遍性的质疑,凝聚力受到巨大的削弱。为此,理顺权力公正运行的逻辑,约束权力自由意志,明确权力的法律之源,培育其法治精神,不仅利于权力运行的正当,也利于权力忠诚于国家法律的向度。

(3)权力对法律忠诚的表现:基于自律与他律

"法律必须被信仰,否则它将形同虚设。"①忠诚于国家法律必然要求权力依法运行,要建立一种法律的统治而非人的统治,即坚持法治原则,从而保障权力与法律之间适度的张力。权力依法运行是对权力的规范与限制,也是法治的根本。鉴于权力基于其垄断性、强制性而往往容易僭越法律规范与程序的"习惯","法制"与"法治"两手都要抓,"法制"偏重于一种静态的法律制度,"法治"偏重于一种动态的依法治理。尽管当前,我国已建立了中国特色社会主义法律体系,但面对社会发展的现实、复杂,依然需要强调法制的约束和监督。然而,法有限而事无穷,当前社会也更需要依赖动态的、自律的"法治"。一种"恶"对另一种"恶"的强制是必要的,也是有效的。但对公职人员而言,一定程度上是这个社会筛选的政治精英,作为公共利益的代表,通过公务伦理法规的教育、规范,形塑其内心的法治信仰和公共意识,其职务依法、合理履行即是对国家、人民利益的坚守,对宪法和法律的忠诚。

二、风险控制端口:行政法规对利益输送的一般违法行为吓阻

(一)行政法规的基本立场:公共与个人利益的"平衡论"

随着公权力事务日趋复杂,行政法规扮演的"传输带角色"已远不能满足社会发展需求。"一个日益增长的趋势是,行政法的功能不再是保障私人自主权,而是代之以提供一个政治过程,从而确保在行政程序中广大受影响的利

---

① 〔美〕伯尔曼:《法律与宗教》,梁治平译,商务印书馆2012年版,第3页。

益得到公平的代表"。①

　　行政法规的理论基础或基本立场有"保权说""控权说""平衡说"。② 在比较分析之后,本书结合我国现实社会发展状况,主张采纳"平衡论"的说法。"平衡论"即基于行政关系中的行政主客体双方在权利义务上应当是平衡的,这既包括行政机关自身权利义务的平衡,也包括行政相对方权利义务的平衡。平衡论又被称为"兼顾论",即坚持国家、公共与个人利益的一致性,无论哪方的合法权益受到侵害,都必须予以严格纠正。③ 利益输送是国家工作人员将公共利益违法或不当输送给特定关系人,是一种公权力的徇私或者渎职,严重破坏了公权力资源分配的公平性,使得公权力与私权利、公共利益与个人利益严重失衡。并且行政法"平衡"的客观基础是国家利益、公共利益与个人利益在根本上是一致的。同时,"平衡论"是在不均衡不充分的发展下行政法规必须从"公平"出发的现实观照与客观反映。是故,行政法规对一般违法性利益输送的规制应是在"保权与控权""公共利益与个人利益"的两个面向的基础上相平衡。使行政主体与工作人员遵守行政契约。行政主体的国家工作人员代理民众行使人民权力,在内部应遵守其与单位之间的契约关系,即行政契约,本质上是一种政治契约。履约的具体表现是坚守职权法定、法律优位以及法律保留的行政合法性以及所蕴含平等原则、正当裁量原则、比例原则之行政合理性。④

---

　　① ［美］理查德·B.斯图尔特:《美国行政法的重构》,沈岿译,商务印书馆2002年版,第2页。

　　② "保权说"也可称为管理论,早期管理论在大陆法系国家的行政法学中占主导地位。它从管理层面来概括行政法,反映的是行政法的动态过程,即"行政法就是国家管理法",监督控制行政权是否依法行使是行政法的主要功能,国家实施行政管理的手段和工具。"控权说",即行政法理论基础和核心是"控制行政权力",是基于行政权的扩张以及可能发生的侵害性行为出发的,认为行政权的行使无须法律保障,行政法就是对行政权力进行控制的法。这一观点较多地借鉴了西方行政法作用的理论。"平衡论"是北京大学罗豪才教授等1993年在其论文《现代行政法的理论基础——论行政机关与相对一方权利义务平衡》中提出的,在论文中罗豪才等认为与现代行政法实质上是"平衡法"相适应,现代行政法存在的理论基础应是"平衡论"。(参见于水:《宪法与行政法学》,科学出版社2014年版,第124页)

　　③ 参见于水:《宪法与行政法学》,科学出版社2014年版,第124页。

　　④ 参见于水:《宪法与行政法学》,科学出版社2014年版,第126—127页。

(二)利益输送行政责任的承担:惩戒性与补救性

1. 行政责任的构成

国家赋予行政主体相应的行政职权,行政主体就应当依法行政,履行法律规范规定的责任和义务,维护行政相对方与公众的合法权益,否则应承担相应行政不法的责任。行政责任不同于刑事责任追究的犯罪行为,而是追究一般的行政违法行为或部分不当行政行为。具体表现为实施行政行为缺乏法律依据或是适用法律法规错误,超越法定权限范围,违反法定要求而滥用职权,行为内容畸重畸轻而显失公平。利益输送的行政责任构成,不仅包含行政主体及行政工作人员的行政责任主体,还包含利益输送行为与资源配置显失公平的损害结果之间的因果关系。该因果关系是行政权力支配下利益输送的事实、行为不法及其内容等条件为基础的一种客观。为此,行政责任是一种法律明确规定的责任,在证明客观的因果关系和主观意志性之后,必须看法律上是否有具体规定,若无明文规定,就不能追究利益输送主体的相关责任。

2. 行政责任的表现

行政公务人员的行政责任既包括执行公务中的外部行政责任,也包括违反内部管理的内部行政责任,而利益输送的一般性违法则是行政工作人员在行政执行过程中因故意而违反行政法规范所应当承担的一种典型的外部行政责任。其主体行政工作人员承担行政责任的方式,主要有三种形式:一是通报批评。即对行政人员的违法行政或不当行政行为通过会议或文件的形式予以公告,达到惩戒、警示效果。二是赔偿损失。当行政人员给国家和社会造成严重损失时,不但要承担外部的行政处分,而且要承担与损害相对应的行政追偿责任。① 实质是要求行政工作人员依法行政,避免对国家和公共利益造成损

---

① 《国家赔偿法》明确规定,国家行政机关在作出行政赔偿之后,有权向相关责任人员作出行政追偿决定。本书认为,对行政工作人员进行行政追偿的目的是对国家赔偿责任的分担和补偿。

失,最终实现行政效益和目的。三是行政处分。之外,作为单位的行政主体也有可能以单位名义进行利益输送,然而其与行政工作人员在承担责任时则不同。① 基于上述,利益输送行为所承担的行政责任既有补偿性的也有惩戒性的,其目的在于对已经造成权益损害的补偿以及对于可能造成损害的另一种预防。当然,利益输送情节轻微且积极对于造成的损害结果进行修复、补救的,可以免予行政责任。

3. 行政责任的衔接

行政责任作为法律责任的下位概念,在保障权力规范行使扮演着非常重要的角色,既同于监察法的政务处分,又与公共伦理法规的"自律"、刑法的严厉程度不同。行政责任与刑法都是对行为主体特有的义务的违反而应承担相应法律评价和强制,同时与更为注重伦理道德规范劝进的公务伦理法规相较,其惩戒性相对更强些。行政法上的行政责任是以行政法律规范所规定的职责为基础,以具体规定的责任方式和内容为依据,与刑事责任明确性、可预见性一致,但公务伦理法规则显得更为原则、模糊和抽象,这也就决定了其对公职人员内在的"防范"意识更为重要。是故,行政责任与伦理责任、刑事责任之间的衔接与联系不仅在于它们之间结构、功能相异,也在于对主体行为不法的独立评价而使得责任间可以相互转换。

(三)行政问责的跟进:基于人民主权理论

从宪法第1条至第3条规定可以看出,人民选举产生的权力机关仅对人民负责,其他国家机关则由人民代表大会选举产生,被委托者则应忠实、诚信、公正、勤勉行使权力。这即卢梭在《社会契约论》中提出的"人民主权"理

---

① 行政机关对个人可采取的行政处分的种类有:警告、记过、记大过、降级、撤职、开除等,这些处分可单独使用也可合并使用。对单位主要表现为:通报批评;赔礼道歉;承认错误;恢复名誉,消除影响;返还权益,恢复原状;停止违法行为;撤销违法决定;履行职务;撤销违法行政行为;纠正不当行政行为;金钱赔偿。

论——"国家中的绝大多数人拥有国家的最高权力"。

1. 行政问责的域外启示

针对利益输送的行政不法，行政问责包含"谁来问""对谁问""问的程序与范围""问责后果"等，都需要一并考量。结合西方法治国家的经验看，从美国的行政问责制度已延续两百多年，因违宪审查、罢免权、弹劾制而富有特色，到法国的"不信任案表决权""质询权"以及"法院的监督权"，再到日本完善的行政问责制度，即包含公务员纪律处分——主要是惩戒责任、赔偿责任和刑事责任，因公务员的违法行为带来损失，国家应承担赔偿责任，如果是由于公务员的故意和过失造成损害，国家还应保持相应求偿权，但必须保持问责的法定主义等。本书对域外相关话语梳理后发现，西方行政问责主体通常多元化，问责事由广泛，问责客体明确，并采取不同问责客体适用相异的问责方式，注重一种异体问责。如对政务官的问责主要通过选民的选票罢免、议会弹劾、不信任案投票、质询等方式追究，对于文官（一般性公务员）主要适用公务员法律、法规有关纪律处分的规定所确立的惩戒制度。①

2. 利益输送的异体问责

行政问责是一个包含程序与实体的系统化的整体。针对利益输送行政不法的问责，在现实实践中，首先，我国人大可以质询、政协可以建议、上级机关可以问责下级、国家监察委可以进行从上至下的问责。但为了进一步促使行政机关更加高效、便民、公正地履行相关职责，问责主体应该多元化、异体化。不仅包括内部层面的上下级机关、审计机关的问责，还应包含民主党派、司法机关、新闻媒体、社会公众，尤其被寄予厚望的国家监察委等进行多元化、异体化的问责。其次，问责的客体也不应仅限于领导者，还应包括给国家和公共利益造成重大损失的行政相关人员。最后，其问责后果也应多样化。除了公开道歉、书面检查、诫勉，还应包含引咎辞职、撤职与罢免等。针对利益输送行为

---

① 参见于水：《宪法与行政法学》，科学出版社 2014 年版，第 214 页。

的问责,为了避免利益相关方的人大代表身份或利用其他便利条件,有学者曾建议设置相应的特别质询委员会,人大代表专职化而不能由公务员兼任,以求真正实现异体问责的问责有效。

三、风险管控底线:刑法对利益输送的抗制

(一)利益输送"恶"之根本

利益输送的实质是国家工作人员在职务行为过程中,违背与人民之间的内部信任关系,将公共利益违法输送给他人,而未能从公共利益的最大化出发行使权力,致使资源分配不公,而导致公共利益遭受严重损害。倘若真实可以是一种象征性的洗刷,那么任何恶用象征表示就是一种玷污,玷污是恶的最初模式。[1] 公共资源配置严重失衡的利益输送行为动摇了公平价值在社会中的根本地位,摧毁着民众对公权力信赖基石的一种职务违法犯罪行为。有罪意味着所谓"恶"。"这种恶是根本的,因为它败坏了一切准则的根据;而且,它作为自然品性,也是人力所无法根除的,因为自然品性的根除,本来只有借助于善的准则才可能出现,当假定所有准则的终极主观根据,都已经败坏,那么这种根除就不可能发生……"[2]有罪意识的最初运动方向,是我们伦理——审判体验的方向。我们将看到,审判这隐喻渗入了有罪意识的方方面面。[3]刑法保障对象不仅为单纯国家法律,也在于人民对公正执行职务的信赖,国家工作人员为特定人谋求利益,而利益输送这种不公平裁量的危险,将意味着其他人不能承受应有利益或"福利"而遭受损害。

(二)利益输送之"恶"的法律后果承担

利益输送的刑事责任,是由实施犯罪行为的国家工作人员依法承担刑法

---

① 参见[法]保罗·里克尔:《恶的象征》,公车译,上海人民出版社2003年版,第47页。

② [美]理查德·J.伯恩斯坦:《根本恶》,王钦、朱康译,译林出版社2015年版,第37页。

③ 参见[法]保罗·里克尔:《恶的象征》,公车译,上海人民出版社2003年版,第112页。

规定的罚则处罚的否定性法律后果。从积极的角度看待这个问题，一切罪、恶行（vices）与德性都起源于（自由的）意力。[①] 为此，利益输送需要为其自身的主观"恶"性承担相应的法律后果，即刑罚处置。我国学者一般将刑罚本质界定为："刑罚本身所固有的，决定刑罚性质、面貌和发展的根本属性。"[②]而对于利益输送的刑罚本质为何？却需要进一步明晰。在我国，学者一般将刑罚本质界定为"刑罚本身所固有的，决定刑罚之所以成为刑罚的根本方面"[③]。因此，诸多学者都是在刑罚"本体"中探讨刑罚的本质，从这个意义上讨论的刑罚本质，我国学者对此主要有以下几种观点："惩罚性"[④]"严厉性"[⑤]"严厉性和痛苦性"[⑥]"惩罚性和教育性"[⑦]等，还有论者认为刑罚有"三个层次的本质"。一级本质是刑罚的政治本质（最深层次的本质），即刑罚的阶级性；二级本质是刑罚的严厉性（法律本质），在其基础上，教育性成为刑罚的三级本质。[⑧] 前述观点，实质上都认为刑罚的本质是一元的。其中"惩罚性""严厉性"，都在强调后果十分严重的"惩罚"。"痛苦性"与"恶"都是从"惩罚性"所引申出来的形式表现，难以上升到本质的高度。

为此，根据上述以及刑罚的功能、性质，本书认为，刑罚的本质是对犯罪人权益的剥夺。"刑罚的本质是剥夺（受刑人的权利），刑罚的基本功能是威慑（受刑人不愿再犯和潜在犯人不敢以身试法），古往今来各国刑法概莫能外"。[⑨]

---

① 参见［美］理查德·J.伯恩斯坦：《根本恶》，王钦、朱康译，译林出版社2015年版，第16页。

② 曲伶俐：《刑罚学》，中国民主法制出版社2009年版，第13—14页。

③ 赵秉志：《海峡两岸刑法总论比较研究》，中国人民大学出版社1999年版，第348页。

④ 参见曲伶俐：《刑罚学》，中国民主法制出版社2009年版，第17—18页。

⑤ 参见邱兴隆、许章润：《刑罚学》，群众出版社1988年版，第59—60页。

⑥ 参见曲新久：《刑法的精神与范畴》，中国政法大学出版社2000年版，第286—293页；参见何秉松主编：《刑法教科书》（2000年修订）上卷，中国法制出版社2000年版，第390—391页。

⑦ 参见高铭暄：《刑法学原理》第1卷，中国人民大学出版社1993年版，第27—29页；樊凤林：《刑罚通论》，中国政法大学出版社1994年版，第44—46页。

⑧ 参见何秉松主编：《刑法教科书》（2000年修订）上卷，中国法制出版社2000年版，第524—525页。

⑨ 储槐植：《议论刑法现代化》，载赵秉志主编：《改革开放30年刑法学研究精品集锦》，中国法制出版社2008年版，第18页。

对利益输送而言,其刑罚不仅是身份的剥夺,还包含自由、财产等权益的剥夺,这种剥夺其意义不仅在于"惩罚",更多是一种前瞻式的"预防"与公权力、公民权利之间失衡的修复。

四、"三级预防"的衔接:关键信息共享与文本间衔接的功能进阶

利益输送是信息不对称而导致权力与权利之间失衡的一种结果,而信息则是数据的一种编码与解码过程。当前,物联网、大数据和新技术已全面融入社会生活,从不透明到透明,人类行为语言的感性渐趋到机器的理性,形成从"物理汇聚"到"逻辑汇聚",相关性研究更为精准,善于"发现"问题,这也给社会治理提供了有效手段。"需要是发明之母,需要是价值的基础"。① 网络反腐依赖其速度快、影响大、低成本、低风险、监督面宽泛的技术优势,助推了权力监控逐步透明、规范,制度间互联互通、共享共治,致力于构建一种可时时警告裁量权不要"调皮"的制度空间,集中释放社会监督效能。

(一)"三级预防"的基础:大数据下关键信息的应用

数据的关键在于信息,全面而有效地利用相关涉腐(权)信息是利益输送及其他权力不法治理的关键。2012 年,IBM 和 IDC 将大数据特征总结为"4V"——数据量(volume)大、数据类型(variety)繁多、流动速度(velocity)快和真实性(veracity)或者价值属性(value),因此得到了广泛的传播。② 信息技术的快速发展,对社会经济发展产生深远影响,权力、技术部门所蕴含的优势转化为腐败治理的优势,进而构建旨在平衡公权力与公民权利交往双方信息的不对称,以预防权力不法、公职人员职务违背的大数据为基础,通过采集、分析、利用有效信息,以数据信息的交互、比对为核心的腐败治理信息平台。该平台其核心在于"信息",以大数据为基础的风险防控为导向,以制度预防与

① 刘艳红、周佑勇:《行政刑法的一般理论》,北京大学版社 2008 年版,第 132 页。

② 参见李欣人:《舆论学、历史、方法与变革》,山东大学出版社 2017 年版,第 349 页。

技术预防相结合,这也是信息化促进腐败治理现代化的必由之路。为此,可尝试将权力不法的信息汇总至国家监察委的平台,梳理、统计、分享而高效地利用相关涉腐(权)信息是腐败治理的关键,有利于破解权力、权利主体间双方信息不对称的难题,提高法制遵从度和行政效率,这是法治反腐而提升社会治理水平的必然选择。

(二)"三级预防"的实现:文本衔接功能的帕累托改进[①]

"三级预防"的有效衔接可以充分利用大数据的共享与预警机制。建设数据平台需要从数据库建设开始,从数据的标准化开始。尽量避免数据的不准确、不完整以及使用的重复和遗漏。在信息共享机制、预警机制与衔接平台构建等领域发挥作用,大数据在现代互联网、云计算和物联网等载体作用下,将会对社会经济发展的点、线、面各领域产生深远影响。伦理法规、行政法、监察法以及刑法等的有效衔接可以充分利用大数据在信息共享机制、预警机制与衔接平台构建等领域发挥作用,"信息"则是衔接作用的关键点。为使得文本制度之间避免信息的不对称,将蕴含的优势转化为腐败治理优势,使"三级预防"的文本信息共享,以公职人员权利(力)滥用被处置的海量数据为基础,通过采集、分析以及比对、类型化而让数据"发声"和"说话",真正构建制度预防与技术预防相结合的规制衔接信息平台,如 2017 年 6 月,最高人民检察院印发《检察大数据行动指南(2017—2020 年)》,在全国范围部署利用以司法办案数据为核心的检察数据资源,积极打造"智慧检察",[②]信息联动、共享取得明显效果。为此,平台的构筑是全面而高效地利用相关数据信息的结果,有利于破解文本双方信息不对称的难题,提高公职人员的守法意识和责任意识,

---

① 帕累托改进,也称帕累托优化(Pareto Improvement)或帕累托改善,是以意大利经济学家帕累托(Vilfredo Pareto)命名的,即在没有使任何人境况变坏的前提下,使至少一个人变得更好。帕累托最优是公平与效率的"理想王国"。

② 参见张英伟:《中国反腐倡廉建设报告》No.7,社会科学文献出版社 2017 年版,第 18 页。

力图制衡权力不法、违纪违规、腐败犯罪的关联,而形塑一种现实性与理想性具存的真正意义上的自觉遵守、模范遵守。当然,利用大数据的"推荐系统"与"预测平台"可以使制度文本间实现衔接功能的帕累托改进。这种改进不仅利于利益输送的治理效能和法治精神之仪式传播、多媒介、多空间融合传播,也将见证信息化促进全面从严治党、全面依法治国。

本章小结

最好的社会政策就是最好的刑事政策,刑法作为规制利益输送的工具,与其他社会防卫工具、手段相比,不是相互排斥的,而是一种"共选关系"(根据法益侵害程度)这也是其补充性、不完整性以及谦抑原则的反映。

首先,要实现权力自律,主要以公务伦理的法制化来推进。"法有限而事无穷",公务伦理是一种重要的社会规范资源,具有价值澄清、价值认知功能,是公职人员行为的最大共识,而现实下,公务伦理供给与需求严重失衡。国际上,公务伦理已经普遍法制化,并且以正直、忠诚、公正为主要方向,效果反馈也较为明显。我国公务伦理法制化既面临机遇,也面临挑战,需要应然上的坚持与实然上的谨慎来进行调适,循序渐进、在曲折中前行。其次,要实现权力他律,即监督体系与市场机制并行。党内监督法治化;国家监督制度化,使审计、监察、法律监督的机能得以整合;社会监督规范化,借助媒体舆论反腐与建立"非公"主体的腐败协作预防制度,使监督效能动态化,多模态权力监督进行协同。同时,进一步优化市场的激励与规范机制,政府向市场让渡权利,更有力地保障市场在资源配置中的决定作用。最后,积极构建利益输送的"三级预防"体系,实行执法衔接。公务伦理法规作为风险防范屏障,通过教育化强化公共利益认同、规范化保障权力忠诚而防患于未然。行政法规则作为风险控制端口对利益输送的一般违法行为吓阻,在保障公共利益、个人利益均衡的基础上,彰显行政责任的惩戒性与补救性承担,既一致于监察法的政务处分,又与公共伦理法规的"自律"、刑法的严厉程度不同,利益输送的行政责任可以通过异体问责实现。再者就是作为风险管控底线的刑法对利益输送的抗制,基于利益输送之"恶"的法律后果承担。此外,"三级预防"执法机制的衔接,关键在于大数据下关键信息的应用、信息共享与文本间衔接的功能进阶,实现文本衔接功能的帕累托改进。

是故,根据利益输送违法程度,政策制度间围绕共同"问题域"和"话语场",秉持公共话语规则进行协同、衔接,延伸制度的工具意识,且形成一种互动、合作、调适的共生关系,达致社会治理系统中任何政策都无法单独实现的"善治"水平。

结　　论

　　法治发展过程不仅在于提出问题,还在于不懈地解决问题,而需要人们通过透视一个深层且棘手的概念和理论去展示具体法治的"窗口",以管窥和影响整体法治的进程。当前社会的不确定性与日俱增,作用于社会结构制度更趋复杂化。有了行为的"恶害",才会产生刑法的意义。"利益输送"从经济场域中的通说到新时代语境下的刑法话语实践,作为腐败术语库中的一个新成员,是一种既异于贪污、受贿又具有权力腐败的"家族相似性"。当《中华人民共和国监察法》(第 11 条第 2 款)及新修订的《中国共产党纪律处分条例》(第 29 条)对利益输送行为进行明确限定时,具有"开放性"特质的刑法需要"同案情况相同对等",通过提供一种认知模式和法益范畴而为不法行为建构"意义框架"。反之,一旦刑法缺位,不仅是刑法制度对权利、义务关系分配的正义缺失,一定程度上也是刑权力"玩忽职守"的另一种腐败。如此,就无法回答奥古斯丁提出的问题,如果没有正义,国家与大的抢劫集团有何不同?① 社会正义从来不是一个乌托邦,而是现实的一种促进。

　　利益输送作为国家工作人员直接故意将公共资源(利益)不当授受给他人的裁量权滥用行为,严重侵害了权力配置公共资源的公平性,通常表现为高权行为范式与公共资源交易范式两种基本类型。即:主观要件→明知违法或

---

① 　参见[美]莱斯利·里普森:《政治学的重大问题》,华夏出版社 2001 年版,第 331 页。

故意规避法律+行为直接故意；客观要件→违背职务行为+使他人获得利益之行为+因而获得利益。据此，利益输送作为一种"利他"而"没有装入口袋"的新型腐败行为，其不仅是一个实践概念，还是一个目的概念。基于此，刑法与其他制度工具的功能意义衔接，使得利益输送不只是腐败之殇的一个注脚，也成为职务犯罪的一种基本形态和刑罚对象。是故，利益输送的刑法意义是一个法益保护下的犯罪化与刑罚过程。于此，刑法应被期待如泰美斯女神，被正义环绕：一手持天平，代表"价值理性"去衡量，一手持长剑，持有长剑的"技术理性"去维护，没有天平的长剑，是刑法赤裸裸的暴力，失去长剑的天平则是刑法的"无能"和"软弱"。即利益输送的刑法意义实现依赖技术理性与价值理性互构、"目的善"与"工具善"相统一的话语体系和制度空间。综上，本书可以形成如下结论：

一是利益输送的刑法意义基于技术理性与价值理性互构、统一的背景之下，从犯罪化的立法到刑事司法中得以实现。利益输送严重侵害了权力配置公共资源的公平性之保护法益。刑法的介入，关键是通过对利益输送的犯罪构成、行为"不法性"的揭示和对其传统经济属性与结构的祛魅，还原被习惯遗漏掉的"刑法性"，也包含着刑法对利益输送问题求解的对策与方案，修复、维护公权力与公民权利交往的（利益）平衡，塑造利益输送犯罪立体图像，开启用刑法话语建构利益输送的模式。为此，本书基于"技术理性"侧重以功能效用为指向的形式合理性——"如何做"，首先是立足于权力配置公共资源的公平性为法益保护，并坚持功利为主兼采报应的并合主义，实现立法严密、裁量规范，有效提升犯罪阻力，增加犯罪风险，最终构建一种对利益输送阻遏的秩序或状态。

权力都具有"恶"，以权力制约权力，即以一种权力的"恶"制约另一种权力的"恶"，这种以恶制恶效果如何呢？实践证明，以恶制恶是防范权力滥用、异化、腐败最有效的方式。[1]　利益输送是一种"图利他人"的"图利罪"态样，

---

① 参见尹长海：《依宪治理公共决策失误研究》，湖南人民出版社 2016 年版，第 21 页。

既侵犯公权力资源配置的公平性法益,也严重违反了公众的信赖,其自然是一种特殊的背信行为,具有犯罪化的应然和实然。在刑法的必要性、合宪性以及"新房设防、旧房加固"实用性基础上,利益输送犯罪化亦应采用刑法修正案的立法方式实现。同时,基于利益输送犯罪侵犯的法益、构成要件、财产型犯罪性质等与贪污贿赂罪的相似,以及为了妥当实现与"图利罪""特殊背信犯罪"衔接需求,其应归入第八章"贪污贿赂罪"。而在刑罚层面,鉴于现行"厉而不严"政策的失衡、不适,利益输送犯罪化的立法实现中应充分考量"严"而"不厉"。基于对利益输送的危害与刑罚的对等,以及对域外经验和我国腐败治理的现实,利益输送的刑罚应采用更为合理的自由刑与财产刑、保安刑相互配合的刑罚体系。其一,利益输送数额较大的,可以设置为"1 年以上 5 年以下有期徒刑,并处罚金"。(数额未达到,但满足"其他较重情节"的,也应当进行刑罚处置。)其二,利益输送数额巨大,具有其他严重情节的,可以设置为"5年以上 10 年以下有期徒刑"。其三,利益输送数额特别巨大,并使国家和人民利益遭受特别重大损失的,可以设置为"10 年以上有期徒刑或无期徒刑"。利益输送犯罪化立法的实现,可以更好规范刑罚裁量。此外,在刑法之外寻求更多且有用的制度协同,不仅可以弥补刑法对利益输送规制的不足,还可以有效实现公共利益的最大公约数。利益输送的刑法意义并非是刑法完美主义的体现,而是刑法"重新磨砺的锋刃"从理想到实践、从观念到行为再次向权力腐败的宣战。这不仅是一种制度构想,也是一种价值取向,更是一种实践状态。不仅仅在于规制犯罪、保护法益,也在于改变权力结构、利益格局和政治生态,维护公平的资源配置关系,增进公共利益,使法治反腐真正进入一个从不均衡到基本均衡再向优质均衡转变的新的常态。

是故,从利益输送犯罪的立法到司法的刑法治理,不仅是一种技术主义或工具主义的行为模式,具有显著的制度技术表征。同时,也利于实现刑法的"价值澄清""价值认知"。罪刑法定作为法治国家在刑法中的直接体现与具体化,具有根本性的生命力,有利于贯彻罪刑均衡的实现。

　　二是利益输送刑法意义的正义衡量源于罪刑均衡。量刑问题是刑法理论的缩影。刑法作为一种具有某种社会目的的实践工具与生活手段,具有适用的正当性、公正性。对于利益输送的刑法治理,对利益输送行为进行严密立法和刑罚体系设计,在罪刑法定的基础上正确适用刑罚而满足"罪刑一致"的裁量规范、量刑公正,其实质则为"罪刑均衡"(罪责刑相适应)的直接体现。罪刑均衡作为法治原则的自然延伸,是一种追求"良法善治"的效果和正义实现的表征。罪刑均衡是刑法公正价值及其实现利益输送犯罪化正义的基本保障。根据李斯特(Liszt)的"目的思想",以权力配置公共资源的公平性为刑法目的的法益保护,实现刑法治理的技术理性与价值理性相互支撑的量刑公正。刑罚的"量"与犯罪之"害"相平衡。刑法文本规定如何,刑罚裁量质量如何,直接影响着刑罚的效果实现。一方面,为利益输送犯罪设计的刑罚体系严密、科学,刑罚种类和幅度合理配置,文本形式和内容规范、明确、可预期。另一方面,在利益输送犯罪适用的司法裁量上应当给予立法的同等重视程度,要注意对利益输送行为的不法分阶段地、动态地贯彻好罪责刑相适应原则。利益输送的司法裁量应保持与罪名的均衡、统一,使罪刑之间应当保持一种相称性、对等性的评价。

　　是故,针对利益输送犯罪应给予刑罚的"量"与犯罪之"害"的平衡,即在刑种与刑度的配置上力求妥当。在进行刑罚体系的具体设计上,遵循"严而不厉"的理念,根据利益输送行为的结构、特质、危害性的轻重程度不同,展开有赖于各种刑罚功能与犯罪不法相适应的刑法理性实践。刑罚的体系、结构应满足法定刑的不同层次,以保证适用的轻缓性、渐进性,使资格刑、自由刑、保安处分、财产刑等主刑与附加刑相互合理配置。比如,针对轻微的利益输送犯罪可以考虑"以善代刑"的刑罚设计。但应充分考虑"必要性""可行性"以及"效果性",以达到罪和刑的均衡设置。同时,在司法裁量上,采用原则性与灵活性相结合的"概括数额+情节"的二元化标准,法定情节与酌定情节相结合,规范法官自由裁量权,完善职务犯罪量刑规范化改革,积极使罪刑关系的相称性得出一致性评价。

三是利益输送的刑法治理是在技术理性与价值理性相统一的背景下凸显价值理性。利益输送的刑法意义在于对公权力配置公共资源的公平性法益保护，保护法益作为生活的利益，首先是一种价值取向，该种价值取向存在于现实的技术理性过程中，并通过具体技术理性的适用变为现实。权力配置公共资源的公平性实现过程就是价值目标的确定，以及实现价值目标的工具、条件的选择与实施过程，即价值理性与技术理性互构、统一的过程。从利益输送犯罪化的立法到司法；正义在刑法技术理性与价值理性的统一中得以保障，实现罪刑均衡。尽管技术理性是价值理性实现的关键保障，但必须在价值理性指导下实现，也应更凸显其价值意义。以法益保护的实现促使"厉而不严"的恶性结构向"严而不厉"的良性结构转向。从实践情况来看，中国反腐工作呈现从工具性向价值性转变，从应急性向系统性转变，从人治性向法治型转变的发展趋势。① 若将治理腐败视为"骑单车"，要前行则必须保持一种技术与价值的相对"平衡"。利益输送的刑法意义实现，技术理性与价值理性即为单车的两个"脚蹬"，必须基于同一目的，协调发力、相互作用。刑法不仅在规制利益输送，而同样，又被促使实现自身的"修复"，正如丘吉尔（Winston Churchill），"We shape our buildings, and afterwards our buildings shape us"（我们在营造建筑，然而建筑也会重新塑造我们）。所有人类互动都涉及意义的交流、权力的使用和规范性制裁。它们是技术、价值互动的构成性要素。而利益输送的刑法意义实现，也基于二者的互构之下，实现公权力与公民权利交往的利益平衡，这也反映社会对公平问题求解的期望与要求，具有价值理性。

四是利益输送的刑法规制延伸了腐败治理的另一种价值，即实现公权力与公民权利交往的利益平衡。当前，腐败不仅是快速地变化，而且是在持续地变化，利益输送行为作为一种新型腐败行为，严重侵害了权力合理配置公共资

---

① 参见庄德水：《反腐新常态》，中共中央党校出版社 2016 年版，第 1 页。

源的公平性,其实质是公权力因其职务违背行为而破坏了与公民权利(体系)之间交往关系的平衡秩序或状态。公权力与公民权利的关系是公共行为最基本的交往关系。为此,腐败即是公权力对公民权利(体系)的严重侵害,致使二者交往的环境、结构及内容受到破坏而严重失衡。而公民权利所受不同程度或不同方式的侵害导致了多种腐败类型和不同的违法责任。利益输送的腐败即为国家工作人员明知违法或者故意规避法律将公共资源不当授受给他人,而严重破坏权力合理配置公共资源的公平性(机会平等、权利平等、结果平等)。其宏观上是国家工作人员所代表的公权力与代表社会公众利益的公民权利的利益失衡,微观上则是国家工作人员自身权利、义务关系的一种失衡。权利与秩序是社会主体的一种习惯,"为具体的权利而斗争,其目的指向权利人的主张。这一斗争由他人的侵害、剥夺和蔑视这种权利而引发。"[1]

"在往返中走向正确"的腐败治理随着社会的发展也表现出反复探求的一种结果——把对腐败犯罪的刑事治理看作为是一个恢复权力与权利平衡的过程以及发挥权力效能、限制权力滥用的一种平衡。刑法的规制则是对权力的限制与权利(体系)的调整,使二者恢复平衡而保持与社会发展的相对适应,尽管因"人性之恶"并无法消除因致罪因素在"菌群"作用下使权力与权利之间处于不协调的失衡状态。权力与权利之间通常存在着相互依存、相互作用(利益博弈)、此消彼长的辩证统一关系。

首先,权力与权利平衡是"权力配置公共资源的公平性"基础。利益是决定人们行为的重要因素,反腐说到底是对原来利益的重新配置和分配的过程。[2] 利益输送是国家工作人员职务违背而权力滥用的行为,留给社会和国家无尽的"创伤"——公民权利(体系)被破坏、严重式微,"刑事违法性本质在于对他人权利的侵害",[3] 即"行为→权利侵害→刑法判断→犯罪"的过程。

---

①　[美]耶林:《为权利而斗争》,郑永流译,商务印书馆2018年版,第12页。

②　参见庄德水:《反腐新常态》,中共中央党校出版社2016年版,第14页。

③　陈兴良:《刑法的启蒙》(第三版),北京大学出版社2018年版,第1页。

刑法制度努力的方向是抚平"创伤",不仅对利益输送之"恶"予以控制,还力图将"恶行"所带来的附随危害限制在合理的范围内,更重要的是修复或恢复公权力与公民权利的平衡秩序或状态。一是对市民社会中民众权利体系的完善与重构;二是应当注意刑罚的基本人权保障。相应地,一方面,严格抑制公权力滥用;另一方面,协助调整、恢复公民权利。"功利为主兼采报应"的并合主义既包括对侵害法益的"回应式"惩罚,也包含或更为注重修复这种被破坏而失衡的关系,使其进入一种"前瞻式"和"亡羊补牢"式的积极"预防"。

其次,权力与权利平衡是刑法制度的正义分配。"制度从本质上来说就是分配性的契约",①反映是一种权利义务关系的平衡及存在,具有价值特质,因而就有一个"制度正义"的问题。罗尔斯在其《正义论》中提出,制度正义是社会第一价值,并认为"正义的原则是每一种公平的协议或契约的结果"②。权力与权利平衡实质是一种权利义务关系的一致,是制度分配正义的基本内容。利益输送的腐败说明了"人与人之间利益冲突的根源在于利益主体与利益对象相结合的人类社会制度安排的缺陷"③。刑法作为我国法律文化的重要构成,始终依赖自身的结构性力量和功能性力量围绕着矛盾解决、权利——义务的平衡,并以此形塑自身的"自治性"与"开放性",这种"自治"与"开放"也是刑法自身适应社会与自我保护的一种反应。利益是权利的核心,与人的利益实现最直接相关的是利益分配,而"具体制度的不同不能掩盖其实质功能——对利益的分配与保护"④。是故,刑法制度对利益输送治理的正义分配既包含一种制度工具及其技术层面的调整、矫正,还包括提供一种价值标准、准则的衡量以及伦理关怀。而法律文本所产生的第一动因,也即是人们对权

---

① 张屹山:《资源、权力与经济利益分配通论》,社会科学文献出版社 2013 年版,第 242 页。
② [美]罗尔斯:《正义论》修订版,何怀宏、何包钢、廖申白译,中国社会科学出版社 2009 年版,第 11 页。
③ 张玉堂:《利益论》,武汉大学出版社 2001 年版,第 67 页。
④ 彭诚信:《现代权利理论研究:基于"意志理论"与"利益理论"的评析》,法律出版社 2017 年版,第 251 页。

利保障与秩序需求的反应。

最后,权力与权利平衡是法治社会的基本要求。权力的独占性、扩张性、排他性决定了自身极容易侵害权利,而倾向于腐败。从根本上说,公民权利与国家权力的辩证关系是由社会基本矛盾所决定的,是法治社会的体现。国家权力应被视为或作为实现"人是目的"的工具或条件,在该范畴内人的权利自由得以完善、发展。从理论上来说,"以人为本"既是马克思执政伦理的逻辑起点、本质要求、最终目标,又是中国共产党执政伦理建设中的重大问题之一。① 为此,人是目的而不是手段,法律对公民权利的救济其实就是对国家、社会的救济和保障。权力与权利平衡是法律决策过程中,基于腐败治理的理想与现实,选择的一种能够使公共利益最大化的问题解决方案,其不仅是一个规制腐败犯罪的承诺,更是一个腐败治理的有效基础。

此外,本书依然存在诸多未尽的利益输送问题研究,如利益输送刑罚结果、效益的评估、腐败资产追回、涉黑、扶贫等领域的利益输送犯罪、利益输送的行政责任、民事侵权问题,以及利益输送的刑法意义涉及的结合机制、作用机制、理解机制、传播机制的复杂过程研究等。是故,利益输送的刑法话语依然会在广阔的研究舞台,无限的空间想象(意象)中继续。

总之,面对腐败的历史遗留与现实演化,刑法与腐败风险的赛跑未有终期。利益输送的刑法意义不仅是"照着讲",更多的是"认识——实践——再认识——再实践"的"螺旋式"、多元化、开放性的"接着讲"。回望过去,需要考古利益输送历史的过往与变迁;立足现在,应当建构利益输送在当下的话语与意义;展望未来,则要寻找利益输送在未来的进化与善治。利益输送的刑事治理不仅是对历史的延续,也是对现实的关切和对未来的一种责任。历史经验与实践早已证明,刑事反腐并非无所作为,不批判无以识当下,不创新更无以图将来。理论是灰色的,生命之树却常青。深信,对于新型权力腐败,利益

---

① "人民的国家是保护人民的。"(《毛泽东选集》第四卷,人民出版社 1991 年版,第 1476 页)

输送不会是第一个,也一定不是最后一个,更可能出现刑法治理的"钟摆现象"(刑罚的轻重往返),故刑法治理不可能毕其功于一役。正如罗马不是一天建成的,但"理想所界定的不是人之所有,而是人之所求"①。因为我们相信,所以看见。为此,本书力图将利益输送刑事治理的经验上升为普遍性的概念体系和知识范式,为新时代法治反腐给出相应的建议,尽管制度设计与经验供给仍非完美,但这也是刑法实现的一次自我修复和"因势而谋",使得公平、正义的社会价值在砥砺中被期待成真。当然,对一种新型腐败的利益输送及其刑法意义解读并不能超越我们现实认知水平,但要尽我们的义务为治理腐败"接力"。

---

① Ralph Barton Perry, *The Humanity of Man*, New York: Geoge Braziller, 1956, p.99, 载戴木才:《政治文明的正当性:政治伦理与政治文明》,江西高校出版社 2004 年版,第 59 页。

参 考 文 献

一、著作

（一）中文著作

［1］《马克思恩格斯选集》第1—4卷，人民出版社2012年版。

［2］《毛泽东选集》第一至四卷，人民出版社1991年版。

［3］《邓小平文选》第一至三卷，人民出版社1993—1994年版。

［4］《习近平著作选读》第一、二卷，人民出版社2023年版。

［5］习近平：《在文化传承发展座谈会上的讲话》，人民出版社2023年版。

［6］孙伟平：《大变革时代的哲学》，广西人民出版社2017年版。

［7］徐迅雷：《权力与笼子》，广西师范大学出版社2015年版。

［8］庄德水：《反腐新常态》，中共中央党校出版社2016年版。

［9］中共中央纪律检查委员会、中华人民共和国国家监察委员会法规室：《〈中华人民共和国监察法〉释义》，中国方正出版社2018年版。

［10］何荣功：《刑法与现代社会治理》，法律出版社2020年版。

［11］娄耀雄：《法理》，法律出版社2014年版。

［12］江平：《依然谨慎的乐观：法治中国的历史与未来》，浙江人民出版社2016年版。

[13]沈夏珠:《灵魂与统治——柏拉图政治哲学研究》,合肥工业大学出版社 2017 年版。

[14]陆景:《典语》。

[15]《荀子·劝学》。

[16]《战国策·楚策四》。

[17]《商君书·修权》。

[18]李鍌、单耀海:《中华大词林》,五南图书股份有限公司 2012 年版。

[19]庐映洁:《刑法分则新论》,新学林出版股份有限公司 2015 年版。

[20]李秀清、陈颐:《日本六法全书(清末民国法律史料丛刊·汉译六法)》,上海人民出版社 2013 年版。

[21]李秀清、陈颐:《苏俄新法典(清末民国法律史料丛刊·汉译六法)》,上海人民出版社 2013 年版。

[22]李秀清、陈颐:《德国六法全书(清末民国法律史料丛刊·汉译六法)》,上海人民出版社 2013 年版。

[23]李秀清、陈颐:《法国六法全书(清末民国法律史料丛刊·汉译六法)》,上海人民出版社 2013 年版。

[24]贺建刚:《大股东控制、利益输送与投资者保护》,东北财经大学出版社 2009 年版。

[25]李永升:《廉政建设与刑事法治研究》,中国人民公安大学出版社 2011 年版。

[26]李祖荫:《法律辞典(清末民国法律史料丛刊·法律辞书)》,上海人民出版社 2013 年版。

[27]汪翰章:《法律大辞典(清末民国法律史料丛刊·法律辞书)》,上海人民出版社 2014 年版。

[28]李秀清、陈颐:《朝阳法科讲义(清末民国法律史料丛刊·朝阳法科讲义)》,上海人民出版社 2013 年版。

[29]（清）戴望、管子校正:《国学整理社辑〈诸子集成〉第五册》,中华书局 1954 年版。

[30]李力等:《古代远东法(法律文明史·第 3 卷)》,商务印书馆 2015 年版。

[31]夏征农等主编:《大辞海·哲学卷》,上海辞书出版社 2003 年版。

[32]汉语大字典编纂处:《3000 词现代汉语词典》,四川辞书出版社 2014 年版。

[33]王玮:《部首演绎通用规范汉字字典》,四川辞书出版社 2016 年版。

[34]张明楷:《刑法分则的解释原理》,中国人民大学出版社 2004 年版。

[35]陈兴良:《刑法哲学》第五版,中国人民大学出版社 2015 年版。

[36]龙腾云:《刑罚进化研究》,法律出版社 2014 年版。

[37]熊秉元:《法学的经济思维》,台湾华艺学术出版社 2013 年版。

[38]冯军、孙学军:《通过刑事司法的社会治理》,人民出版社 2016 年版。

[39]陈正云等:《〈联合国反腐败公约〉全球反腐败的法律基石》,中国民主法制出版社 2006 年版。

[40]王沪宁:《腐败与反腐败》,上海人民出版社 1989 年版。

[41]程继隆:《社会学大辞典》,中国人事出版社 1995 年版。

[42]彭磊:《律法与政治哲学》,华夏出版社 2013 年版。

[43]张克定:《空间关系构式的认知研究》,高等教育出版社 2016 年版。

[44]刘艳红、周佑勇:《行政刑法的一般理论》,北京大学出版社 2008 年版。

[45]周少华:《刑法理性与规范技术:刑法功能的发生机理》,中国法制出版社 2007 年版。

[46]夏征农、陈至立主编:《大辞海·法学卷》修订版,上海辞书出版社 2015 年版。

[47]刘昊洲:《公务伦理暨法制论》(初版),五南图书出版股份有限公司

2015 年版。

[48]马海军:《转型期中国腐败问题比较研究》,知识产权出版社 2007 年版。

[49]杜辉等:《案说职务犯罪》,知识产权出版社 2016 年版。

[50]过勇、宋伟:《腐败测量》,清华大学出版社 2015 年版。

[51]郝银钟:《遏制腐败犯罪新思维:构建以制度防腐与依法防腐为基点的国家廉政建设新体系》,中国法制出版社 2013 年版。

[52]康树华:《犯罪学——历史·现状·未来》,群众出版社 1998 年版。

[53]张方华:《共同善的镜像叙事:公共利益的西方政治哲学考量》,南京师范大学出版社 2016 年版。

[54]何怀宏:《良心与正义的探索》,黑龙江人民出版社 2004 年版。

[55]最高人民法院刑事审判第二庭:《职务犯罪审判指导》第 1 辑,法律出版社 2022 年版。

[56]张明楷:《刑法学》(第五版),法律出版社 2016 年版。

[57]李立众:《刑法一本通》第十一版,法律出版社 2015 年版。

[58]高铭暄、马克昌主编:《刑法学》(第十版),北京大学出版社、高等教育出版社 2022 年版。

[59]黎宏:《刑法学各论》第二版,法律出版社 2016 年版。

[60]赵秉志:《当代刑法问题》,中国人民大学出版社 2014 年版。

[61]张明楷:《外国刑法纲要》(第三版),法律出版社 2020 年版。

[62]郑洁、卢汉桥:《反腐倡廉论》,社会科学文献出版社 2015 年版。

[63]陈兴良:《刑法总论精释》(第三版),人民法院出版社 2016 年版。

[64]钟宏彬:《法益理论的宪法基础》,公益信托春风煦日学术基金 2012 年版。

[65]李涛:《违法性认识的中国语境展开》,法律出版社 2016 年版。

[66]齐文远、刘艺兵:《刑法学》,人民法院出版社 2003 年版。

[67]杨靖:《犯罪治理:犯罪学经典理论与中国犯罪问题研究》,厦门大学出版社2013年版。

[68]高鸿钧、於兴中主编:《清华法治论衡:法律与正义》(第23辑),清华大学出版社2016年版。

[69]许恒达:《贪污犯罪的刑法抗制》,元照出版有限公司2016年版。

[70]全国人大常委会法制工作委员会刑法室:《中华人民共和国刑法修正案(九)解读》,中国法制出版社2015年版。

[71]戴文礼:《公平论》,中国社会科学出版社1997年版。

[72]李仁武:《制度伦理研究:探寻公共道德理性的生成路径》,人民出版社2009年版。

[73]梁文平:《预防文化——在历史与现实之间》,中国检察出版社2007年版。

[74]陈海英:《新时期我国反腐倡廉机制的完善与创新研究》,人民出版社2015年版。

[75]《行政法与行政诉讼法学》编写组:《行政法与行政诉讼法学》,高等教育出版社2017年版。

[76]杨解君:《行政法与行政诉讼法》(上),清华大学出版社2009年版。

[77]杨建顺:《行政规制与权利保障》,中国人民大学出版社2007年版。

[78]《论语·子张》。

[79]姚国宏:《话语、权力与实践:后现代视野中的底层思想研究》,上海三联书店2014年版。

[80]夏征农、陈至立:《大辞海·心理学卷》,上海辞书出版社2013年版。

[81]郑杭生主编:《社会学概论新修》(第五版),中国人民大学出版社2019年版。

[82]朱炳元、朱晓:《马克思劳动价值论及其现代形态》,中央编译出版社2007年版。

[83]林东茂:《刑法综览》,一品文化出版社2016年版。

[84]胡训玉:《权力伦理的理念建构》,中国人民公安大学出版社2010年版。

[85]梁慧星:《民法解释学》,中国政法大学出版社1995年版。

[86]高铭暄:《刑法学》,法律出版社1982年版。

[87]张明楷:《法益初论》,中国政法大学出版社2003年版。

[88]陈兴良:《走向哲学的刑法学》,法律出版社1999年版。

[89]《论语·季氏篇》。

[90]李雪勤:《清廉中国——反腐败是国家战略》,浙江人民出版社2021年版。

[91]李瑞生:《刑法知识形态研究——以中国刑事裁判书为例》,中国人民公安大学出版社2012年版。

[92]杨春然:《刑法的边界研究》,中国人民公安大学出版社2013年版。

[93]《韩非子·六反篇》。

[94]《商君书·靳令篇》。

[95]林山田:《刑罚学》,台湾"商务印书馆"1985年版。

[96]汪明亮:《道德恐慌与过剩犯罪化》,复旦大学出版社2014年版。

[97]许福生:《风脸社会与犯罪治理》,元照出版有限公司2010年版。

[98]宋浩波:《犯罪社会学》,中国人民公安大学出版社2005年版。

[99]《中国刑事审判指导案例》,法律出版社2016年版。

[100]马克昌:《比较刑法原理》,武汉大学出版社2002年版。

[101]瞿同祖:《中国法律与中国社会》,中华书局1981年版。

[102]叶俊荣:《行政法案例分析与研究方法》,三民书局1990年版。

[103]李湘云:《道德的悖论》,九州出版社2009年版。

[104]王建今:《现代刑法基本问题》,汉林出版社1981年版。

[105]张彦:《价值排序与核心价值观》,浙江大学出版社2017年版。

[106]郑永流、朱庆玉等:《中国法律中的公共利益》,北京大学出版社 2014 年版。

[107]张穹、张智辉:《权力制约与反腐倡廉》,中国方正出版社 2009 年版。

[108]王钢:刑法犯罪论核心知识与阶层式案例分析》,北京大学出版社 2025 年版。

[109]王海桥:《经济刑法解释原理的建构及其适用》,中国政法大学出版社 2015 年版。

[110]陈洪兵:《职务犯罪罪名精释与案例百选》,法律出版社 2023 年版。

[111]蒋红珍:《论比例原则:政府规制工具选择的司法评价》,法律出版社 2010 年版。

[112]《中国大百科全书》总编辑委员会:《中国大百科全书·法学》,中国大百科全书出版社 2005 年版。

[113]白建军:《关系犯罪学》第三版,中国人民大学出版社 2014 年版。

[114]中国人民大学刑事法律科学研究中心编:《明德刑法学名家演讲录》第一卷,北京大学出版社 2009 年版。

[115]崔敦礼:《刍言》。

[116]莫洪宪:《加入联合国打击跨国有组织犯罪公约对我国的影响》,中国人民公安大学出版社 2005 年版。

[117]赵秉志、王志祥、郭理蓉:《〈联合国反腐败公约〉暨相关重要文献资料》:中国人民公安大学出版社 2004 年版。

[118]赵秉志:《死刑改革之路》,中国人民大学出版社 2014 年版。

[119]曾林:《古代汉语词典》全新版,四川辞书出版社 2017 年版。

[120]说词解字辞书研究中心编:《古汉语常用字字典》,华语教学出版社 2017 年版。

[121]柯葛壮:《中国经济刑法发展史》,黑龙江人民出版社 2009 年版。

[122]吉同钧、闫晓君:《大清律讲义》,知识产权出版社 2017 年版。

[123]班固撰:《汉书》,中华书局 1962 年版。

[124]陈松长:《岳麓书院藏秦简》伍,辞书出版社 2017 年版。

[125]戴炎辉:《唐律通论》第二版,元照出版有限公司 2010 年版。

[126]赵秉志:《中国近代刑法立法文献汇编》,法律出版社 2016 年版。

[127]王志强:《清代国家法:多元差异与集权统一》,社会科学文献出版社 2017 年版。

[128]陈聪福:《月旦小六法》(第 24 版),元照出版有限公司 2018 年版。

[129]刘方:《贪污贿赂犯罪的司法认定》,法律出版社 2015 年版。

[130]刘莹:《刑法罪名与定罪量刑标准精解(第五版)》,法律出版社 2021 年版。

[131]吴建雄:《"构筑权力之笼"与预防职务犯罪司法研究报告》,中国方正出版社 2014 年版。

[132]《明史·刑法志》。

[133]杨敦先等编:《廉政建设与刑法功能》,法律出版社 1991 年版。

[134]张天一:《时代变动下的财产犯罪》,元照出版有限公司 2015 年版。

[135]陈玲:《背信犯罪比较研究》,上海社会科学院出版社 2012 年版。

[136]徐久生、庄敬华:《德国刑法典》,中国方正出版社 2004 年版。

[137]甘添贵:《日本刑法翻译与解析》,五南图书出版股份有限公司 2018 年版。

[138]吴志强:《经济刑法之背信罪与特别背信罪的再建构》,承法数位文化有限公司 2014 年版。

[139]赵秉志:《中华人民共和国刑法修正案(九)的理解与适用》,中国法制出版社 2015 年版。

[140]许福生:《犯罪学与犯罪预防》,元照出版有限公司 2018 年版。

[141]文海林:《犯罪论的基本体系》,中国政法大学出版社 2011 年版。

［142］王作富：《刑法分则实务研究》下，中国方正出版社 2007 年版。

［143］赵俊：《贪污贿赂罪各论》，法律出版社 2017 年版。

［144］陈兴良：《罪刑法定主义》，中国法制出版社 2010 年版。

［145］陈忠林：《违法性认识》，北京大学出版社 2006 年版。

［146］阮齐林：《刑法学》（第三版），中国政法大学出版社 2011 年版。

［147］马克昌：《近代西方刑法学史》，中国人民公安大学出版社 2008 年版。

［148］张屹山：《资源、权力与经济利益分配通论》，社会科学文献出版社 2013 年版。

［149］高兆明：《制度伦理研究：一种宪政正义的理解》，商务印书馆 2011 年版。

［150］文盛堂：《反职务犯罪论略》，北京大学出版社 2005 年版。

［151］余涌：《道德权利研究》，中央编译出版社 2001 年版。

［152］姚文胜：《论利益均衡的法律调控》，中国社会科学出版社 2017 年版。

［153］何勤华：《西方法律思想史》，复旦大学出版社 2005 年版。

［154］梁上上：《利益衡量论》，法律出版社 2016 年版。

［155］陈晓明：《刑法总论》（第二版），厦门大学出版社 2011 年版。

［156］张明楷：《刑法的基本立场》，中国法制出版社 2002 年版。

［157］逄锦温：《刑法机能研究》，法律出版社 2014 年版。

［158］陈国刚：《福利权研究——一个公法的视角》，中国民主法制出版社 2009 年版。

［159］孙运梁：《福柯刑事法思想研究》，中国人民公安大学出版社 2009 年版。

［160］陈兴良：《刑法的启蒙》（第三版），北京大学出版社 2018 年版。

［161］刘海润、亢世勇主编：《现代汉语新词语词典》第二版，上海辞书出

版社 2016 年版。

[162]刘雪梅：《罪刑法定论》，中国方正出版社 2005 年版。

[163]《墨子·经上》。

[164]《孟子·离娄上》。

[165]张番红：《转型期我国社会整合研究：基于马克思主义视角》，中国社会科学出版社 2016 年版。

[166]张国庆主编：《行政管理学概论》，北京大学出版社 2000 年版。

[167]陆雄文、陈至立等：《大辞海·管理学卷》，上海辞书出版社 2015 年版。

[168]杨文兵：《当代中国行政伦理透视》，南京师范大学出版社 2012 年版。

[169]王振华：《公共伦理学》，社会科学文献出版社 2014 年版。

[170]马跃中：《经济刑法：全球化的抗制》（第 2 版），元照出版有限公司 2017 年版。

[171]熊缨等译著：《外国公职人员行为及道德准则》，中国社会科学出版社 2017 年版。

[172]丁顺生：《公共服务伦理规范与廉政建设》，中国方正出版社 2010 年版。

[173]《美国政府道德法、1989 年道德改革法、行政部门雇员道德行为准则》，蒋娜、张永久等译，中国方正出版社 2013 年版。

[174]李忠：《党内法规建设研究》，中国社会科学出版社 2015 年版。

[175]刘峰：《监督的力量》，人民出版社 2017 年版。

[176]吴建雄：《监督、调查、处置法律规范研究》，人民出版社 2018 年版。

[177]邓杰、胡廷松：《反腐败的逻辑与制度》，北京大学出版社 2015 年版。

[178]卢汉桥、郑洁：《反腐路径论》，社会科学文献出版社 2015 年版。

[179]刘慧:《中国国际安全报告》,社会科学文献出版社 2017 年版。

[180]荀子:《荀子通释》,贾太宏译注,西苑出版社 2016 年版。

[181]沙莲香:《社会心理学》,中国人民大学出版社 2002 年版。

[182]李好:《行政忠诚理论与实践》,湖南大学出版社 2008 年版。

[183]于水:《宪法与行政法学》,科学出版社 2014 年版。

[184]曲伶俐:《刑罚学》,中国民主法制出版社 2009 年版。

[185]赵秉志:《海峡两岸刑法总论比较研究》,中国人民大学出版社 1999 年版。

[186]邱兴隆、许章润:《刑罚学》,群众出版社 1988 年版。

[187]曲新久:《刑法的精神与范畴》,中国政法大学出版社 2000 年版。

[188]何秉松主编:《刑法教科书》(2000 年修订)上卷,中国法制出版社 2000 年版。

[189]高铭暄:《刑法学原理》第 1 卷,中国人民大学出版社 1993 年版。

[190]樊凤林:《刑罚通论》,中国政法大学出版社 1994 年版。

[191]赵秉志主编:《改革开放 30 年刑法学研究精品集锦》,中国法制出版社 2008 年版。

[192]李欣人:《舆论学、历史、方法与变革》,山东大学出版社 2017 年版。

[193]张英伟:《中国反腐倡廉建设报告》No.7,社会科学文献出版社 2017 年版。

[194]尹长海:《依宪治理公共决策失误研究》,湖南人民出版社 2016 年版。

[195]张玉堂:《利益论》,武汉大学出版社 2001 年版。

[196]彭诚信:《现代权利理论研究:基于"意志理论"与"利益理论"的评析》,法律出版社 2017 年版。

[197]戴木才:《政治文明的正当性:政治伦理与政治文明》,江西高校出版社 2004 年版。

（二）中文译著

［1］［英］约翰·基恩：《公共生活与晚期资本主义》，刘利圭译，社会科学文献出版社 1999 年版。

［2］［美］魏德安：《双重悖论：腐败如何影响中国经济的增长》，蒋宗强译，中信出版社 2014 年版。

［3］［美］伊曼纽尔·克雷克、威廉·切斯特尔·乔丹：《腐败史》下册，邱涛等译，中国方正出版社 2016 年版。

［4］［美］D.斯坦利·艾兹恩、杜格·A.蒂默：《犯罪学》，谢正权等译，群众出版社 1988 年版。

［5］［英］阿克顿：《自由与权力》，侯建、范亚峰译，商务印书馆 2001 年版。

［6］［美］E.博登海默：《法理学：法律哲学与法律方法》，邓正来译，中国政法大学出版社 2017 年版。

［7］［英］休谟：《人性论》，关文运译，商务印书馆 2016 年版。

［8］［美］约书亚·德雷斯勒：《美国刑法纲要》，姜敏译，中国法制出版社 2016 年版。

［9］［英］洛克：《政府论（下篇）》，叶启芳、瞿菊农译，商务印书馆 1964 年版。

［10］［英］卡尔·波普尔：《猜想与反驳——科学知识的增长》，傅季重等译，上海译文出版社 2005 年版。

［11］［德］韦伯：《社会学的基本概念》，顾忠华译，广西师范大学出版社 2005 年版。

［12］［德］马克斯·韦伯：《经济与社会：上卷》，林荣远译，商务印书馆 1997 年版。

［13］［俄］巴甫洛夫·伊凡·彼德洛维奇：《巴甫洛夫选集》，吴生林等译，科学出版社 1955 年版。

［14］［法］孟德斯鸠:《论法的精神》,张雁深译,商务印书馆2007年版。

［15］［英］威廉·韦德:《行政法》,楚建译,中国大百科全书出版社1997年版。

［16］［德］叔本华:《作为意志和表象的世界》,石冲白译,商务印书馆1995年版。

［17］［日］佐久间修、桥本正博:《刑法基本讲义》,东京有斐阁2009年版。

［18］［英］哈特曼、斯托克:《语言与语言学词典》,上海辞书出版社1981年版。

［19］［美］伊曼纽尔·克雷克、威廉·切斯特尔·乔丹:《腐败史》上册,邱涛等译,中国方正出版社2016年版。

［20］《德国联邦公务员法 德国联邦公务员惩戒法》,徐久生译,中国方正出版社2014年版。

［21］［古罗马］西塞罗:《论义务》,张竹明、龙莉译,译林出版社2015年版。

［22］［美］塞缪尔·亨廷顿:《我们是谁:美国国家特性面临的挑战》,程克雄译,新华出版社2006年版。

［23］［美］罗伯特·毕夏普(Robert Bishop):《社会科学哲学:导论》,王亚男译,科学出版社2018年版。

［24］［苏］图加林诺夫:《马克思主义中的价值论》,齐友等译,中国人民大学出版社1989年版。

［25］［美］詹姆斯·W.费斯勒、唐纳德·F.凯特尔:《行政过程的政治——公共行政学新论》(第二版),陈振明等译,中国人民大学出版社2002年版。

［26］［德］考夫曼:《法律哲学》,刘幸义等译,法律出版社2004年版。

［27］［德］弗兰茨·冯·李斯特:《德国刑法教科书》,徐久生译,法律出版社2000年版。

［28］［德］黑格尔:《逻辑学》(上卷),杨一之译,商务印书馆1982年版。

［29］［奥］维特根斯坦:《哲学研究》,韩林合译,商务印书馆2013年版,第46页。

［30］［美］耶林:《为权利而斗争》,郑永流译,商务印书馆2018年版。

［31］［美］乔治·B.沃尔德等:《理论犯罪学》(原书第5版),方鹏译,中国政法大学出版社2005年版。

［32］［美］约翰·罗尔斯:《正义论》(修订版),何怀宏译,中国社会科学出版社2009年版。

［33］［美］詹姆斯·M.布坎南、戈登·塔洛克:《同意的计算——立宪民主的逻辑基础》,陈光金译,中国社会科学出版社2000年版。

［34］［英］丹尼斯·C.缪勒:《公共选择理论》(第3版),韩旭等译,中国社会科学出版社2010年版。

［35］［英］诺曼·费尔克拉夫:《话语与社会变迁》,华夏出版社2003年版。

［36］［美］乔治·J.E.格雷西亚:《文本性理论:逻辑与认识论》,汪信砚等译,人民出版社2009年版。

［37］［英］边沁:《立法理论——刑法典原理》,李贵方等译,中国人民公安大学出版社1993年版。

［38］［日］小仓志祥:《伦理学概论》,吴潜涛译,中国社会科学出版社1990年版。

［39］［美］道格拉斯·凯尔纳、斯蒂文·贝斯特:《后现代理论——批判性质疑》,张志斌译,中央编译出版社1999年版。

［40］［日］西田典之:《日本刑法各论》(第6版),刘明祥、王昭武译,中国人民大学出版社2013年版。

［41］［英］边沁:《政府片论》,沈叔平译,商务印书馆1995年版。

［42］［美］罗纳德·德沃金:《至上的美德:平等的理论与实践》,冯克利

译,江苏人民出版社 2003 年版。

[43][德]弗里德里希·威廉·尼采:《权力意志》(上),吴崇庆译,台海出版社 2016 年版。

[44][美]劳勃·弗格森(Robert A.Ferguson):《失控的惩罚:剖析美国刑罚体制现况》,高忠义译,商周出版社 2014 年版。

[45][日]大谷实:《刑事政策学》,黎宏译,法律出版社 2000 年版。

[46][意]切萨雷·龙勃罗梭:《天生犯罪人》,王金旋译,江苏人民出版社 2016 年版。

[47][意]切萨雷·龙勃罗梭:《犯罪人论》,黄风译,中国法制出版社 2000 年版。

[48][意]恩里科·菲利:《实证派犯罪学》,郭建安译,中国人民公安大学出版社 2004 年版。

[49][意]恩里科·菲利:《实证派犯罪学》,郭建安译,商务印书馆 2016 年版。

[50][法]E.迪尔凯姆:《社会学方法的准则》,狄玉明译,商务印书馆 1995 年版。

[51][美]田纳西·威廉斯:《欲望号街车》,冯涛译,上海译文出版社 2015 年版。

[52][美]罗斯科·庞德:《普通法的精神》(中文修订版),唐前宏等译,法律出版社 2018 年版。

[53][美]尼尔·K.考默萨:《法律的限度——法治、权利的供给与需求》,申卫星、王琦译,商务印书馆 2007 年版。

[54][美]塞缪尔·P.亨廷顿:《变化社会中的政治秩序》,王冠华等译,上海世纪出版集团 2008 年版。

[55][法]让-马克·夸克:《合法性与政治》,佟心平、王远飞译,中央编译出版社 2002 年版。

[56][德]哈贝马斯:《交往与社会进化》,张博树译,重庆出版社 1989 年版。

[57][美]杰克·普拉诺等:《政治学分析辞典》,胡杰译,中国社会科学出版社 1986 年版。

[58][美]戈登·塔洛克:《公共选择》,柏克、郑景胜译,商务印书馆 2015 年版。

[59][英]詹姆斯·布莱斯:《现代民治政体》,张慰慈等译,吉林人民出版社 2001 年版。

[60][日]芝原邦尔:《刑法的社会机能》,有斐阁 1973 年版。

[61][日]木村龟二:《刑法学词典》,顾肖荣等译,上海翻译出版公司 1992 年版。

[62][法]米海依尔·戴尔玛斯-马蒂:《刑事政策的主要体系》,卢建平译,法律出版社 2000 年版。

[63][美]罗伯特诺齐克:《无政府、国家与乌托邦》,何怀宏等译,中国社会科学出版社 1991 年版。

[64][美]罗斯科·庞德:《通过法律的社会控制》,沈宗灵译,商务印书馆 2010 年版。

[65][美]罗伯特·考特、托马斯·尤伦:《法和经济学》第六版,史晋川等译,格致出版社、上海三联书店、上海人民出版社 2012 年版。

[66][日]前田雅英:《日本刑法各论》,五南图书出版有限公司 2000 年版。

[67][英]霍布斯:《利维坦》,黎思复、黎廷弼译,商务印书馆 1985 年版。

[68][日]前田雅英:《刑法总论讲义》(第 6 版),东京大学出版会 2015 年版。

[69][法]福柯:《规训与惩罚:监狱的诞生》,刘北成、杨远婴译,生活·读书·新知三联书店 1999 年版。

［70］［古希腊］亚里士多德:《尼各马科伦理学》,廖申白译注,商务印书馆 2017 年版。

［71］［古希腊］亚里士多德:《政治学》,吴寿彭译,商务印书馆 1965 年版。

［72］［美］罗·庞德:《通过法律的社会控制法律的任务》,沈宗灵、董世忠译,商务印书馆 1984 年版。

［73］［意］贝卡利亚:《论犯罪与刑罚》,黄风译,中国大百科全书出版社 1993 年版。

［74］［德］汉斯·海因里希·耶赛克、托马斯·魏根特:《德国刑法教科书》(总论),中国法制出版社 2001 年版。

［75］［意］菲利:《犯罪社会学》,郭建安译,中国人民公安大学出版社 2004 年版。

［76］［德］古斯塔夫·拉德布鲁赫:《法律智慧警句集》,舒国滢译,中国法制出版社 2001 年版。

［77］［美］本杰明·N.卡多佐:《法律的成长法律科学的悖论》,董炯、彭冰译,中国法制出版社 2002 年版。

［78］［德］黑格尔:《黑格尔政治著作选》,薛华译,商务印书馆 1981 年版。

［79］［苏联］π.B.马格里·沙赫马托夫:《刑事责任与刑罚》,韦政强等译,法律出版社 1994 年版。

［80］［日］大谷实:《刑法讲义总论》,成文堂 1986 年版。

［81］［德］康德:《历史理性批判文集》,何兆武译,商务印书馆 1990 年版。

［82］［美］路易斯·拉思斯:《价值与教学》,谭松贤译,浙江教育出版社 2003 年版。

［83］M.P.托达罗:《第三世界的经济发展》(上),中国人民大学出版社 1988 年版。

［84］［日］木村龟二:《刑法学入门》,有斐阁 1957 年版。

［85］［德］奥特弗利德·赫费:《政治的正义性——法和国家的批判哲学

之基础》,庞学铨、李张林译,上海译文出版社 2005 年版。

[86][美]罗杰·弗朗茨:《X 效率:理论、论据和应用》,费方域等译,上海译文出版社 1993 年版。

[87][美]盖伊·彼得斯:《政府未来治理模式》,吴爱明等译,中国人民大学出版社 2001 年版。

[88][美]A.麦金太尔:《德性之后》,龚群、戴扬毅等译,中国社会科学出版社 1995 年版。

[89][美]詹姆斯·E.安德森:《公共政策制定》(第五版),谢明等译,中国人民大学出版社 2009 年版。

[90][美]施蒂文·凯尔曼:《制定公共政策:美国的乐观前景》,商正译,商务印书馆 1990 年版。

[91][法]卢梭:《社会契约论》,何兆武译,商务印书馆 2003 年版。

[92][美]伯尔曼:《法律与宗教》,梁治平译,商务印书馆 2012 年版。

[93][美]理查德·B.斯图尔特:《美国行政法的重构》,沈岿译,商务印书馆 2002 年版。

[94][法]保罗·里克尔:《恶的象征》,公车译,上海人民出版社 2003 年版。

[95][美]理查德·J.伯恩斯坦:《根本恶》,王钦、朱康译,译林出版社 2015 年版。

[96][美]莱斯利·里普森:《政治学的重大问题》,华夏出版社 2001 年版。

(三)外文著作

[1]Andrew Ashworth, *Principles of Criminal Law*, Oxford: Oxford University, 2013.

[2]Bundeskriminalamt (Hg), *Polizeiliche Kriminalstatistik Budesrepublik*,

Deutschland Berichtsjahr,2006.

[3]Cass R. Sunstein,*Legal Reasoning and Political Conflict*. New York Oxford:Oxford University Press,1996.

[4]Goode,Ben-yehuda. *Moral Panics:The Social Construction of Decience*. Malden:Blackwell 1994.

[5]Hart, *Punishment and Reponslblity*, Oxford: Oxford University, Press, 1968.

[6]Henry N.Pontell & Gilbert Geit,*International Handbook of White—Collar and Corporate Crime*,Springer Science business Media,LLC,2007.

[7]Herbert L, Packer, *The Limits of Criminal Sanction*, Stanford: Stanford University Press,1968.

[8]Douglas Husak, *Overcriminalization:The Limits of Criminal Law*, Oxford University Press.2007.

[9]L.C. B. Gower, D. D. Prentice, B. G. Pettet, *Gower's Principles of Modern Company Law*(5th) ,Sweet & Maxwell,1992.

[10]Leon Radzinowicz,*A History of ENGLISH Criminal law and its Administration from 1750*,Vol.1,London:Stevens and Sons Limited.1981.

[11]Michael Heghmanns, *Strafrecht Fur Alle Semester: Besonderer Teil*, *Springer Verlag*,Berlin H eidelberg,2009,Fn.632.

[12]Stephen Shute,A P Semester edited,*Criminal Law Theories:Doctrings of General Part*,Oxford:Oxford University,2002.

[13]Oliver Wendell Holmes,Jr., *The Common Law*,*with an introduction by Thomas A.Schweich*,Barnes&Noble,Inc,2004,p.l.

[14]Ronald J. Gilson, *Controlling Shareholders and Corporate Governance: Complicating the Comparative Taxonomy*, 119 HARV. L. REv. 1641, 1653 & 1673-78(2006).

[15]Wiliam J. Chambliss. Power, *Politics*, *and Crime. Boulder*, CO. Westview Press, 1999.

[16]R. A Duff, Lindsay Farmer, S E. Marshall, Massamo Renzo, Victora Tardos edited, *The Boundaries of Criminal Law*, Oxford: Oxford University, 2010.

[17]Langan, M, "The Contest Concept of Need", In Welfare: *Needs Rights and Risks*, London: Tontledge, 1998.

二、期刊类

(一)中文期刊

[1]何家弘、徐月笛:《腐败利益链的成因与阻断——十八大后落马高官贪腐案的实证分析》,《政法论坛》2016 年第 3 期。

[2]赵秉志:《略谈周永康案件的罪与罚》,《法学杂志》2016 年第 10 期。

[3]张义健:《〈刑法修正案(十二)〉的理解与适用》,《法律适用》2024 年第 2 期。

[4]薛建颖、李勇:《"利益输送"型职务犯罪模式及其认定》,《人民检察》2014 年第 18 期。

[5]毛玲玲:《犯罪化与非犯罪化的价值与边界》,《华东政法大学学报》2011 年第 4 期。

[6]姜涛:《现代刑法的立法转型与再法典化》,《中国刑事法杂志》2023 年第 2 期。

[7]刘连煜:《公司利益输送之法律防制》,《月旦法学杂志》1999 年第 49 期。

[8]王志诚:《不合营业常规之判断标准与类型》,《政法大学评论》2001 年第 66 期。

[9]孙锐:《从"预设之辨"到"差异实现":论定罪证明标准的认知过程》,

《法学》2024 年第 4 期。

[10]于静:《大股东利益输送行为研究综述与展望》,《商业时代》2012 年第 26 期。

[11]诸耀琼:《从"隧道行为"看公司财务危机——以浙江海纳为例》,《财会研究》2008 年第 21 期。

[12]周晨松:《浅谈我国上市公司利益输送的形式、原因及对策》,《财会学习》2010 年第 7 期。

[13]贺建刚、魏明海、刘峰:《利益输送、媒体监督与公司治理:五粮液案例研究》,《管理世界》2008 年第 10 期。

[14]杨中艳:《廉政视域下的利益输送:内涵要素与发展演变》,《河南大学学报(社会科学版)》2016 年第 5 期。

[15]李春波:《关于完善"利益输送"职务犯罪法律规制的思考》,《人民检察(湖北版)》2014 年第 7 期。

[16]王丛虎:《公共资源交易腐败治理的策略》,《中国政府采购》2016 年第 9 期。

[17]毛昭晖、朱星宇:《新型腐败的特征与类型——警惕传统型腐败向新型腐败的嬗变》,《理论与改革》2022 年第 4 期。

[18]庄德水:《新型腐败的发生特点和整治策略》,《中国党政干部论坛》2021 年第 3 期。

[19]赵军:《贿赂犯罪治理策略的定量研究》,《法学研究》2022 年第 6 期。

[20]付立庆:《"刑法危机"的症结何在——就犯罪圈、刑罚量问题的些许感想》,《云南大学学报(法学版)》2007 年第 5 期。

[21]付艳茹、马强:《大数据背景下职务犯罪预防途径和方法》,《中国人民公安大学学报(社会科学版)》2015 年第 6 期。

[22]贺麟:《道德进化问题》,《清华大学学报(自然科学版)》1934 年第 1 期。

[23]黄俊杰:《"中国诠释学"的类型与研究方法》,《山东大学学报(哲学社会科学版)》2023年第6期。

[24]陈兴良:《刑法教义学中的规范评价》,《法律科学(西北政法大学学报)》2023年第2期。

[25]周琪:《西方学者对腐败的理论研究》,《美国研究》2005年第4期。

[26]唐亚林:《官商利益输送四种典型形态》,《领导文萃》2015年第6期。

[27]陈怡梦:《多元社会正义构建的"家族相似性"——罗尔斯和沃尔泽正义理论方法比较》,《理论与现代化》2018年第1期。

[28]李圣杰:《贿赂罪与对价关系》,《月旦刑事法评论》2016年第3期。

[29]李圣杰:《贪污治罪条例与刑法典之整并》,《月旦刑事法评论》2017年第7期。

[30]郝力挥、刘杰:《对受贿罪客体的再认识》,《法学研究》1987年第6期。

[31]黎宏:《受贿犯罪保护法益与刑法第388条的解释》,《法学研究》2017年第1期。

[32]张明楷:《受贿犯罪的保护法益》,《法学研究》2018年第1期。

[33]许恒达:《贿赂罪与对价关系》,《月旦刑事法评论》2016年第3期。

[34]刘艳红:《我国应该停止犯罪化的刑事立法》,《法学》2011年第11期。

[35]赵秉志:《改革开放40年我国刑法立法的发展及其完善》,《法学评论》2019年第2期。

[36]吴建雄、门甜:《完善我国反腐败涉外法规的思考——基于中国知网反腐败涉外研究文献分析》,《新疆师范大学学报(哲学社会科学版)》2023年第2期。

[37]陈雷:《我国反腐败刑事立法之犯罪化与轻刑化问题研究》,《犯罪研究》2008年第5期。

［38］时延安：《中国刑法的宪法根据及其约束力》，《中国刑事法杂志》2023 年第 2 期。

［39］张明楷：《宪法与刑法的循环解释》，《法学评论》2019 年第 1 期。

［40］陈梅：《马克思主义利益论视阈下腐败犯罪的生成原因与预防》，《云南社会科学》2018 年第 2 期。

［41］赵秉志：《刑法修正案（七）的宏观问题研讨》，《华东政法大学学报》2009 年第 3 期。

［42］高铭暄、曹波：《中英受贿犯罪立法比较研究》，《法学杂志》2016 年第 8 期。

［43］金泽刚：《刑法修正与法益多元化理论》，《东方法学》2023 年第 6 期。

［44］刘伟、刘玉晨：《新时代中国共产党政党形象的建构逻辑及价值彰显》，《社会科学家》2023 年第 10 期。

［45］孙国祥：《职后酬谢型受财行为受贿性质的理论证成》，《人民检察》2015 年第 1 期。

［46］车浩：《法定犯时代的违法性认识错误》，《清华法学》2015 年第 4 期。

［47］李翔：《论创设性刑法规范解释的不正当性》，《法学》2012 年第 12 期。

［48］陈晓明：《量刑指南的模式比较及总体评价》，《法治研究》2017 年第 2 期。

［49］高一飞：《美国刑事审前听证程序公开及对我国的借鉴意义》，《比较法研究》2017 年第 1 期。

［50］石经海、严海杰：《中国量刑规范化之十年检讨与展望》，《法律科学》2015 年第 4 期。

［51］陈磊：《贪污受贿犯罪量刑均衡问题实证研究》，《政法论坛》2020 年第 1 期。

（二）外文期刊

［1］Wilson J Q, Kelling G L.Broken Windows："The Police and Neighborhood Safety".*Atlantic monthly*,1982.

［2］森村.J. R. Lucas："On Justice, 1980".*Journal of the Association of Political & Social Sciences*,1982,95.

［3］Altshuler D S."Tunneling Towards Capitalism in the Czech Republic".*Ethnography*,2001,2(1).

［4］Black, William K.(2005)."When Fragile becomes Friable：Endemic Control Fraud as a Cause of Economic Stagnation and Collapse".*Financial Crime and Fragility under Financial Globalization*.19(12).

［5］Breslin,Brigid；Doron Ezickson；John Kocoras(2010). "The Bribery Act 2010：raising the bar above the US Foreign Corrupt Practices Act".*Company Lawyer. Sweet & Maxwell*.31(11).

［6］Campbell,Stuart Vincent(2013)."Perception is Not Reality：The FCPA, Brazil,and the Mismeasurement of Corruption".*Minnesota Journal of International Law*.18(1).

［7］Elliott,Kimberly Ann(1950)."Corruption as an international policy problem：overview and recommendations".*Washington*,*DC：Institute for International Economics*.27(10)：175-229.

［8］"Global White Collar Crime Survey：Anti – bribery and corruption". https：//www.whitecase.com/sites/whitecase/files/white-collar-survey-37-web. 2019-2-11.

［9］Hamilton,A.；Hudson,J.(2014)."Bribery and Identity：Evidence from Sudan".*Bath Economic Research Papers*,21(14).

［10］Shao, J.；Ivanov, P. C.；Podobnik, B.；Stanley, H. E. (2007).

"Quantitative relations between corruption and economic factors". *The European Physical Journal*.56(2).

［11］Wilhelm, Paul G. (2002). "International Validation of the Corruption Perceptions Index: Implications for Business Ethics and Entrepreneurship Education". *Journal of Business Ethics*.Springer Netherlands.35(3).

［12］Richard A Posner, "An Economic Theory of Criminal Law", 85 *Columbia Law Review*, 1985.

［13］Ronald. Gainer, "Federal Criminal Code Reform: Past and Future", 2 *Buffalo Criminal Law Review* 45.

［14］Dennis J. Baker, "Constitutionalizing the Harm Principle", *Criminal Justice Ethics*, 2008.

（三）硕博类论文

［1］王丹芳:《所有权、控制权和利益输送行为研究——来自中国自然人控制公司的证据》,厦门大学 2006 年博士学位论文。

［2］苏东民:《俄罗斯职务犯罪研究》,黑龙江大学 2015 年博士学位论文。

（四）报纸类

［1］高鑫、周凌如:《"打干亲"成腐败新温床 "一禁了之"难以治本》,《检察日报》2015 年 8 月 18 日。

［2］刘世昕:《审计揭开丁书苗与刘志军间的黑色利益链》,《中国青年报》2015 年 7 月 20 日。

［3］郄建荣:《9 个项目被查出利益输送超 8 亿元:西电东送 7 家公司私设巨额小金库近 14 亿元》,《法制日报》2014 年 6 月 17 日。

［4］潘铎印:《切断利益输送的"隐形桥梁"》,《人民法院报》2016 年 7 月 6 日。

[5]莫丰齐:《有一种污染源来自利益输送》,《京华时报》2010年7月27日。

[6]关福金:《国家公职人员输送利益的认定与处理》,《检察日报》2014年10月15日。

[7]蒋荣志、苏丹:《"利益输送"入罪考量》,《江苏法制报》2012年9月11日。

[8]张驰:《刑事案件中利益输送现象特点简述》,《江苏经济报》2012年10月25日。

[9]刘世昕:《利益输送、特定关系人成大案突破口》,《中国青年报》2012年12月25日。

[10]杨建顺:《完善行政裁量权是依法行政的内在要求》,《检察日报》2014年8月20日。

[11]王丛虎、王晓鹏:《推进公共资源交易信用管理精细化》,《中国政府采购报》2017年11月17日。

（五）电子网络类

[1]《巡视组:中国电科存在通过关联交易进行利益输送问题》,人民网,http://politics.people.com.cn/n/2015/0617/c1001-27172043.html。

[2]《中央巡视组:中国邮政集团设备采购中利益输送突出》,央广网,http://news.cnr.cn/native/gd/20151022/t20151022_520241767.shtml。

[3]《中央巡视组:中国铝业一些领导人员内外勾结、吃里扒外》,央广网,http://news.cnr.cn/native/gd/20151018/t20151018_520185355.shtml。

[4]《巡视组:中石化管理人员利用掌握资源搞利益输送》,中国新闻网,https://www.chinanews.com.cn/gn/2015/02-06/7043365.shtml。

[5]中央纪委国家监委网站,https://www.ccdi.gov.cn/special/zyxszt/2014dsl_zyxs/fkqk_2014dsl_zyxs/201502/t20150209_51128.html。

[6]《"不落腰包"也算腐败》,中国共产党新闻网,http://cpc.people.com. cn/pinglun/n/2013/0816/c78779-22588195.html。

[7]《今年首轮巡视 26 家央企:利益输送链触目惊心》,中国新闻网, https://www.chinanews.com.cn/m/cj/2015/02-12/7056574.shtml。

[8]《教育实践活动第一批总结暨第二批部署会议在京召开》,中国政府网,https://www.gov.cn/guowuyuan/2014-01/20/content_2591058.html。

[9]中央纪委国家监委网站,https://baijiahao.baidu.com/s?id=1770731742605481756&wfr=spider&for=pc。

[10]《李克强在国务院第三次廉政工作会议上发表重要讲话》,中国政府网,https://www.gov.cn/xinwen/2020-07/23/content_5529484.html。

[11]吉星:《利益输送入罪的法理学思考》,道客巴巴网 2016 年 7 月 4 日,https://www.doc88.com/p-2488952567971.html。

[12]静女棋书:《新型职务犯罪案件中有关利益输送的思考》,360doc 个人图书馆网站,http://www.360doc.cn/article/343613_473056787.html。

[13]马亮:《"疫苗之殇,监管何以屡屡失手"》,凤凰网评论 http://govre-form.cupl.edu.cn/info/1023/4556.html。

[14]《江西省人民政府原副省长李贻煌受贿、贪污、挪用公款、国有企业人员滥用职权案一审开庭》,新浪财经网,https://finance.sina.com.cn/roll/2018-11-23/doc-ihpevhck3227809.shtml。

[15]《江西省原副省长李贻煌一审被判十八年》,人民网,http://legal. people.com.cn/n1/2019/0131/c42510-30601336.html。

[16]《安徽省原副省长周春雨受贿、隐瞒境外存款、滥用职权、内幕交易案一审宣判》,新华网,https://news.sina.com.cn/o/2019-02-22/doc-ihrfqz-ka8234372.shtml。

[17]《盘点 5 年政法机关惩腐:获无期徒刑"大老虎"达 19 人》,网易新闻网,https://www.163.com/news/article/D10TF1AO0001875N.html#fr=email。

后　记

伴随着丰庭公寓铁门的"咣当"声，似乎一瞬间被拉回到了 2015 年 8 月……面对着新生儿般的文稿，百感交集，说不出多少兴奋，倒是几许木讷，积攒了长时间的焦虑与忙碌，松散麻木的瞳孔习惯性地转动于电脑的屏幕上，如"祥林嫂"般呆滞。然而，大凡为了那点点滴滴的"创新"，都需要孤寂的守候和自我的另一种对话方式。一指指敲打出的字符，倒更觉得像是亲生。虽依然丑陋，但毕竟萌发了一种自我实现的小感动，说其"小"，不仅在于距离老师的期待还很漫长，还在于写博士论文所夹杂着的那份情理之中、意料之外的东西。

时间似乎总要承载许多感动。于此，非常感谢我的导师陈晓明教授，感谢老师迥异时贤、优容不弃。他学术上严肃但平日里从不缺乏"父爱"，话虽不多，却待人真诚、善良，甚是感怀、感动——感恩。当老师给出"利益输送防治的刑法意义"这个题目时，望着知网个位数的资料（多为报刊新闻报道），内心是"一脸茫然"，积极请教得到的质疑远多于意义。命题作文是"反腐"的剧本，如何用新办法解决老问题这是必须正视的现实。带着疑问和"任务"就这样上路了。曾北上北京，南下台湾，不停地翻阅资料、诚恳咨询，心中也慢慢闪现出一丝光亮，直到赴政治大学访学交流后，半开半掩的心门似乎悄然被打开了，也似乎明白了老师的良苦用心。也许"困难"才是有意义的，应该是努力的一个方向……

利益输送防治刑法意义的研究，既要钻进去，也要跳出来，犹如蹲在坑道里"挖矿"一般，既要讲技术方法，还要注意安全和效率。虽然每一锹都比地面常态领域作业艰辛，但却能够体味到意外的惊喜和对未来进行后续研究的憧憬，坦白地说，反腐毕竟也是一个讲不完的故事。探索是一个美好的过程，至于结果如何，我努力呈现自己所"了解和理解"的"意义"，其他似乎已是心不住于妄，也不住于静——唯止一心而已。呐喊与彷徨、期待与落寞，想尽力写得"虚张声势"些，以谢老师知遇之恩和自我成长。基础虽弱，水平有限，却也竭力使自己的视野与老师们以及其他读者的视野能够"融合"而期待引发些许"共鸣"。

在厦门的时光里，南普陀的钟声与白城沙滩的海风总能轻唤珍藏于内心的那份情，感恩、包容、分享、结缘。于此，还应致敬李兰英教授所提供的学术交流机会、平台以及关照，感谢刘志云老师、周赟老师给予我多次蹭饭的可能和学业上的指导及帮助，还要祝福老师：刘连泰教授、何丽新教授、彭莉教授、朱福惠教授、张榕教授、周东平教授……感激川外黄清同学为我翻译的德语资料，感激在厦门—南昌演绎"双城记"相遇的每一个"您"和厦大的一切"遇见"，难忘同门、同学、同事的陪伴与帮助，"爱"早已镌刻为温暖前行的动力。此外，很是喜欢丰庭公寓老吴养的那株美丽百合，静好无殇，如《这个杀手不太冷》里那个意大利人里昂每日抱来抱去的那株盆栽，以及有幸收养了几个月的那只流浪猫"小白"……

最后，特别想对多月不见的爱人和儿子说，家是我前行的方向，然而特殊时段却注定要逆向而行，有所为，有所爱，有所憧憬，你们是我的未来！对母亲说声，您在，家就在——

每日，每夜，总能在丰庭四处听到白城海面传来货轮低沉的汽笛声，是归航？还是远行？不得而知，也从未曾想，但总是会在灵魂深处泛起一种无以言说的感觉和情愫，不仅触动了思乡之情，在很大程度上一直欣赏船上的"水手"、欣赏他们披荆斩浪的勇气,汹涌澎湃中的从容:山从容,才以蔚然气度作岁月的见证;水从容,河流才一路逶迤,永不停息。亦期未来用从容之心,守望简单的幸福。铭记时光! 感恩有您! 祝福明天!

责任编辑：洪　琼

图书在版编目（CIP）数据

刑法学视野下的利益输送犯罪研究 ／ 杨晓培著.
北京 ：人民出版社，2025. 4. -- ISBN 978 - 7 - 01 - 027080 - 7

Ⅰ. D914. 392

中国国家版本馆 CIP 数据核字第 20256ST894 号

刑法学视野下的利益输送犯罪研究
XINGFAXUE SHIYE XIA DE LIYI SHUSONG FANZUI YANJIU

杨晓培　著

人民出版社 出版发行
（100706　北京市东城区隆福寺街 99 号）

北京中科印刷有限公司印刷　新华书店经销

2025 年 4 月第 1 版　2025 年 4 月北京第 1 次印刷
开本：710 毫米×1000 毫米 1/16　印张：21.5
字数：350 千字

ISBN 978 - 7 - 01 - 027080 - 7　定价：99.00 元

邮购地址 100706　北京市东城区隆福寺街 99 号
人民东方图书销售中心　电话（010）65250042　65289539